São Paulo da Cruz

Caçador de almas

Pe. Luís Teresa de Jesus Agonizante,
PASSIONISTA

São Paulo da Cruz

Caçador de almas

Fundador da Congregação Passionista

Dados Internacionais de Catalogação na Publicação (CIP)
(Câmara Brasileira do Livro, SP, Brasil)

Agonizante, Luís Teresa de Jesus
São Paulo da Cruz : o caçador de almas : fundador da Congregação Passionista / Luís Teresa de Jesus Agonizante ; tradução Vicente do Nome de Jesus. – 1. ed. -- São Paulo : Paulinas, 2020.

(Biblioteca Paulinas – Espiritualidade)

Bibliografia
ISBN 978-85-356-4583-5

1. Paulo da Cruz, Santo, 1694-1775 – Biografia I. Título II. Jesus, Vicente do Nome de

19-2432   CDD-922.22

Índice para catálogo sistemático:
1. São Paulo da Cruz – Biografia   922.22

Angélica Ilacqua - Bibliotecária - CRB - 8/7057

Título original da obra: *São Paulo da Cruz: o caçador de almas*
Fundador da Congregação Passionista.

1ª edição – 2020

Direção-geral: *Flávia Reginatto*
Editora responsável: *Vera Ivanise Bombonatto*
Tradução: *P. Vicente do Nome de Jesus*
Copidesque: *Mônica Elaine G. S. da Costa*
Coordenação de revisão: *Marina Mendonça*
Revisão: *Sandra Sinzato*
Gerente de produção: *Felício Calegaro Neto*
Produção de arte: *Tiago Filu*

Nenhuma parte desta obra poderá ser reproduzida ou transmitida por qualquer forma e/ou quaisquer meios (eletrônico ou mecânico, incluindo fotocópia e gravação) ou arquivada em qualquer sistema ou banco de dados sem permissão escrita da Editora. Direitos reservados.

Paulinas
Rua Dona Inácia Uchoa, 62
04110-020 – São Paulo – SP (Brasil)
Tel.: (11) 2125-3500
http://www.paulinas.com.br – editora@paulinas.com.br
Telemarketing e SAC: 0800-7010081
© Pia Sociedade Filhas de São Paulo – São Paulo, 2020

NOTA À NOVA EDIÇÃO

A primeira edição desta biografia é a pequena *Histoire de Saint Paul de la Croix* (*História de São Paulo da Cruz*) de 1867, escrita em francês pelo Passionista P. Louis-Th. de Jésus Agonisant (Pe. Luís Teresa de Jesus Agonizante). Em 1869, após a canonização de São Paulo da Cruz (1867), o autor publicou uma edição mais ampliada (segunda edição); em 1873, foi publicada a terceira edição, e, em 1888, a quarta edição. Esta última edição foi traduzida em espanhol em 1914, e em italiano em 1952. A edição italiana foi traduzida em português pelo Pe. Vicente do Nome de Jesus, Passionista, e publicada pela editora O Calvário, em São Paulo, em 1958, com o título *Vida de São Paulo da Cruz. Caçador de almas*.

Esta edição, revista e melhorada, publicada a distância de mais de sessenta anos, nasce da saudade dos que leram o *Caçador de almas* e ficaram fascinados pela figura de São Paulo da Cruz, na certeza de que ele exerce ainda um fascínio nas pessoas que se aproximam dele: jovens e adultos, leigos, religiosos e sacerdotes. Seu carisma e sua espiritualidade são atuais, como é atual a força redentora da Cruz de Jesus.

A Família Passionista do Brasil (FPB), celebrando os 300 anos da fundação da Congregação Passionista (2020), quer agradecer ao seu Fundador com este presente ao povo brasileiro.

Pe. Giovanni Cipriani, Passionista
Superior provincial da Província da Exaltação da Santa Cruz

APRESENTAÇÃO

"*Animarum venator, Evangelii praeco et Lucerna fulgieis*". Com razão, a Igreja, numa antífona da Liturgia das Horas do "Próprio" dos Passionistas, saúda São Paulo da Cruz como: "Caçador de almas, Arauto do Evangelho, Lucerna resplendente".

"Caçador de almas", assim era chamado Paulo da Cruz, pelo seu intenso desejo de levar as pessoas a conhecer o amor de Deus no Cristo crucificado. Por mais de quarenta anos, ele viajou por todas as regiões da Itália e, com a luz do exemplo e da palavra, sustentada e corroborada pelo poder dos prodígios, converteu inúmeros pecadores, reduziu os errantes à fé e foi guia espiritual para muitas pessoas desejosas de seguirem o caminho da santidade.[1]

De onde Paulo da Cruz aprendeu a sabedoria da qual era repleto? De qual rica fonte ele tirou a força e o espírito que tornou sua palavra tão eficaz para a conversão e a direção espiritual das almas? A resposta dos que o conheceram é unânime: das chagas de Cristo crucificado. Se, de fato, Paulo não deixou de estudar nos livros dos homens, ele aprendeu sobretudo do *Crucifixo*, o livro que sempre tinha sob seus olhos, sempre meditava e carregava em seu coração, tanto que se tornou o assunto principal de sua pregação e de sua orientação espiritual, fazendo próprio

---

[1]. Nas suas *Cartas* (nesta obra identificadas como *Lettere* ou Lt), que somam mais de 32 mil, embora as que chegaram até nós são pouco mais de duas mil, Paulo da Cruz se revela um profundo e equilibrado orientador espiritual. As cartas são endereçadas a pessoas de todo estado de vida e condição social: papas, bispos, padres, religiosos e religiosas, casais, solteiros, jovens etc. Nelas, ele, mantendo sempre constante sua insistência na centralidade da Paixão de Jesus na vida cristã, revela experiência de vida, profundo conhecimento do ânimo humano, equilíbrio teológico e moral, tanto que podemos chamá-lo de "pedagogo místico".

o programa do apóstolo Paulo: "Nós pregamos Cristo crucificado" (1Cor 1,23). Por isso, ele podia escrever às pessoas que dirigia espiritualmente: "A meditação sobre a Paixão de Jesus é o caminho mais fácil para deixar os vícios e chegar à santidade".

A Paixão de Jesus se tornou o centro da espiritualidade, da vida e do apostolado de Paulo da Cruz. Para ele, a "Paixão de Jesus é a obra mais estupenda do amor de Deus por nós",[2] o "Remédio para curar todos os males do nosso tempo",[3] o "Meio mais eficaz para converter os pecadores", é uma "Escola de santidade".

Olhando para a Cruz de Jesus, Paulo vê nela a revelação do amor divino, pois "a Santa Paixão de Jesus Cristo é obra do amor infinito de Deus". É por isso que muitas de suas cartas iniciam sempre com as palavras: "Que a Paixão de Jesus Cristo esteja sempre gravada em nossos corações".

Falando da Paixão de Jesus, Paulo da Cruz fala de "*Memoria Passionis*" (Memória da Paixão) e de "esquecimento": lembrar algo que está esquecido. Quando fala de "esquecimento" da Paixão, ele quer contrastar uma maneira sentimental, moralista ou cultual de se lembrar da Paixão, com outra forma de fazer "memória", que é viva, relacional e transformadora, pois a "Paixão de Jesus é a escola para aprender todas as virtudes".[4]

A meditação sobre a Paixão de Jesus, para ele, não podia ser apenas um chorar sobre as dores de Jesus (sentimentalismo), nem uma representação mental das cenas evangélicas (intelectualismo), mas devia levar a pessoa para uma profunda comunhão com Cristo e uma experiência de seu amor pessoal por nós: "Se você está meditando sobre a agonia de Jesus no horto das oliveiras, transporte-se para esse horto e fique sozinha com Ele. Olhe para Ele com compaixão, com viva fé e amor, e diante daquelas gotas de sangue, pergunte a Ele: 'Meu querido

---

[2.] Lt. II, 450, 26 de março de 1753.
[3.] Lt. II, 213, 10 de janeiro de 1741.
[4.] "Minha filha em Jesus Crucificado... Diga abertamente ao Pai celeste, mas com profunda fé, que o mundo vive esquecido da Paixão de seu filho Jesus, que é o milagre dos milagres do amor de Deus, a fim de que mande os servos desta Congregação a fazerem soar a trombeta da palavra divina com o intuito de despertar o mundo que está adormecido" (Carta a Lúcia Burlini, 17 de agosto de 1751).

Jesus, por quem você sofre?' Ouça o que Ele responde ao seu coração..." (Carta, III, 148-9). Em outra carta, escreve: "Esse grande Deus, que por amor a nós se tornou humano e quis tanto sofrer por nós, está mais perto de você do que sua própria pele. Portanto, filha, fale com ele de coração para coração" (Cartas, II, 562). Esse colóquio "de coração a coração" com Jesus é o núcleo e o diferencial da oração e da meditação de Paulo da Cruz.[5]

Nas suas cartas, ele insiste continuamente em "fazer memória" da Paixão de Jesus. "Fazer memória", para ele, é um exercício que envolve a pessoa inteira (emoções, inteligência e vontade) e a orienta nas escolhas e projetos da vida. É ir até o centro do coração, não apenas para lembrar os acontecimentos da Paixão, mas para entrar no "mistério do amor da Paixão de Jesus". É um "exercício interior", é entrar em oração contemplativa.[6] Resultado desse exercício é uma "vida transformada", uma "resposta de vida" ao amor de Jesus, completamente colocada ao serviço da salvação dos irmãos e das irmãs e totalmente orientada a buscar e a fazer a vontade de Deus. Para Paulo, o exercício da *Memoria Passionis* leva para uma vida plenamente teológica, vivida na fé, na esperança e na caridade.[7]

"A Paixão de Jesus é um mar de amor e um mar de dor". Essa é a profunda intuição de Paulo da Cruz. Na meditação da Paixão de Jesus

---

[5.] Cf. Paul Francis Spencer CP, San Pablo de la Cruz y la Pasión de Cristo. In: L. D. Merino; R. Ryan; A. LPPI, *Pasión de Jesucristo*. Madrid: San Pablo, 2015.

[6.] Para Paulo da Cruz, o caminho para alcançar a contemplação divina é imitar a humanidade de Cristo: "Não se pode passar à contemplação da imensa divindade sem entrar pela porta da humanidade divina do Salvador" (I, 289). Por essa razão, ele aconselha a levar sempre na oração algum mistério da paixão de Jesus: "A recordação dos sofrimentos de Jesus, juntamente com a imitação de suas virtudes, nunca deve ser abandonada" (Lt. II, 166).

[7.] É isso que nos lembra, também, o Papa Francisco: "Levando com Cristo nossas cruzes e dificuldades diárias, aprendemos com Ele a capacidade de entender e aceitar a vontade de Deus [...]. O caminho para a santidade passa pela cruz. Nesta perspectiva, devemos olhar para todo sofrimento: doença, injustiça, pobreza e fracassos. Para nós, a Cruz é uma fonte de purificação, de vida e força no espírito [...]. Queridos doentes, encontrem consolo na cruz do Senhor Jesus, que continua a sua obra de redenção na vida de cada homem [...]. Queridos casais, mantenham um relacionamento constante com Cristo Crucificado, para que o seu amor seja cada vez mais verdadeiro, fecundo e duradouro" (Audiência geral, 13 de setembro de 2017).

não podemos nos fixar somente nas dores de Jesus, pois ela é "obra de amor". Os pregadores de sua época enfatizavam mais o sofrimento e a dor de Jesus na cruz. Havia quase a exaltação do sofrimento. Nesse pensamento teológico, a dor e o sofrimento eram "dom" de Deus. Por isso, a única maneira para seguir a Jesus era procurar-se dor e sofrimento através de penitências corporais até mesmo sangrentas.

Paulo da Cruz, sem deixar o lado da dor, destaca principalmente o amor que leva Jesus a morrer na cruz. Do mar de amor do Pai, dizia ele antecipando a hodierna teologia da Cruz, flui o mar de dor de Jesus; do mar da Divina Caridade, flui o mar da Paixão de Jesus. São dois mares em um só.

Na experiência mística pode-se ter uma percepção desta vida íntima da Trindade, por meio do que ele chama de "amor doloroso e dor amorosa", uma experiência que contém, no fundo, uma profundíssima alegria.[8]

A expressão mais bela e sintética dessa doutrina de Paulo da Cruz encontra-se em uma carta escrita à monja Gandolfi, mas também contida em muitas outras cartas escritas para leigos/as:

> O amor é uma virtude unitiva e faz próprios os sofrimentos do Amado Bem. Se você se sentir toda invadida, por dentro e por fora, pelas dores do Esposo, faça festa; mas, posso dizer-lhe que esta festa é feita na fornalha do Divino Amor, porque o fogo que penetra até a medula dos ossos, transforma o amante no amado, e misturando-se totalmente o amor com a dor, a dor com o amor, faz-se um misto amoroso e doloroso, mas tão unido que não se distingue nem o amor da dor, nem a dor do amor, tanto que a alma amante se alegra em sua dor e faz festa em seu doloroso amor. Acredito que você vai entender minha loucura.[9]

[8.] Adolfo Lippi. La spiritualità della croce proposta da Paolo ai laici. In: San Paolo della Croce, *Lettere di formazione e direzione spirituale ai laici*, a cura di Max Anselmi, Passionista, Volume I, Tomo I, pp. 107-108.

[9.] Cf. Carta à Ir. Colomba Geltrude Gandolfi, 10 de julho de 1743.

"Jesus na cruz revela-nos a beleza e a força do amor." Para Paulo da Cruz, é o amor que ilumina a Cruz e torna o coração do Crucificado de uma beleza única. Jesus, que na cruz aparece aos olhos humanos, desfigurado e sem beleza, a ponto de obrigar os espectadores a desviar o rosto (cf. Is 53,2-3), manifesta plenamente a beleza e a força do amor de Deus. É por isso que na cruz Jesus aparece o "mais belo entre os filhos do homem" (Sl 45,3). Meditar a Paixão de Jesus é aprender que a beleza dos sentimentos é mais humanizadora do que a beleza da pele.[10]

* * *

Para manter viva a "Memória da Paixão" de Jesus Cristo (*Memoria Passionis*), Paulo da Cruz funda a *Congregaçao da Paixão de Jesus Cristo (Passionistas).*[11] Na *Regra* de 1720, ele apresenta a identidade do religioso Passionista: ter uma contínua memória da Paixão de Jesus, e, como mestres de oração, promovê-la no mundo. "Saibam, amadíssimos, que o principal objetivo de ir vestidos de preto (de acordo com a inspiração especial que Deus me deu), significa vestir-se de luto em memória da Paixão e Morte de Jesus... e nunca se esquecer de ter conosco uma contínua dolorosa e amorosa memória; cada religioso procure sugerir às pessoas de meditar sobre os tormentos e o amor de nosso dulcíssimo Jesus".

Portanto, "promover, no coração de todos, a devoção à Santa Paixão de Jesus" é a missão principal da Congregação Passionista.

Para Paulo, os religiosos da Congregação da Paixão são chamados "para trabalhar na vinha de Jesus Cristo e promover a Paixão e a memória

---

[10]. "A beleza do amor salvífico de Deus manifestado em Jesus Cristo morto e ressuscitado" (Papa Francisco, EG 36). Essa é uma mensagem muito atual. Diante do culto da beleza do corpo, infelizmente separada da beleza dos sentimentos, podemos lembrar as palavras de K. Gibran: "A beleza não está no rosto; a beleza é uma luz no coração", e de F. M. Dostoievski: "A humanidade pode viver, sem ciência, pode viver sem pão, mas não pode viver sem beleza... é a beleza que salva o mundo". É essa beleza do Cristo crucificado que atrai os jovens em busca do sentido da vida.

[11]. Ele iniciou no monte Argentário, Itália, reunindo um grupo de companheiros que se dedicavam à oração e à pregação de missões populares e de retiros centrados no mistério da Paixão de Cristo.

da Paixão do Senhor, tão esquecida na maior parte do mundo".[12] Os Passionistas devem preferir "os lugares mais pobres e abandonados... aonde ninguém quer ir" e levar as pessoas a "conhecer o amor de Deus revelado na Paixão de Jesus"; pois, para Paulo da Cruz, o verdadeiro pobre é quem não conhece o amor de Deus e não sente que é amado por ele.

Em 2020, a Congregação Passionista celebra seus trezentos anos de fundação. Hoje ela está presente em 62 países, continuando a missão confiada pelo Fundador: despertar nos corações a "grata memória" da paixão de Jesus, a "obra mais estupenda do amor divino... o milagre dos milagres de Deus", e caminhar com os crucificados, compartilhando suas ansiedades e esperanças. "Conscientes de que a Paixão de Cristo continua no mundo até ele voltar em sua Glória, compartilhamos das alegrias e ansiedades da humanidade a caminho para o Pai. Desejamos participar das tribulações dos homens, especialmente dos pobres e abandonados, confortando-os e aliviando-lhes os sofrimentos" (Const. 3).

* * *

Paulo da Cruz, depois de ter fundado a Congregação dos Passionistas, fundou também a Congregação das Religiosas (1771), as Monjas Passionistas, às quais deu a mesma Regra com algumas variações de acordo com a necessidade da diferença do sexo. As Monjas, de vida contemplativa, promovem a *Memoria Passionis* por meio de sua vida de oração e penitência. No pensamento do Fundador, é uma única Congregação, com a mesma finalidade, onde a vida contemplativa sustenta o trabalho missionário dos Religiosos, e estes cuidam da formação das monjas.

Família Passionista

O movimento despertado por Paulo da Cruz, ao longo do tempo, se expandiu e contagiou Institutos de Vida Consagrada, leigos e leigas. Eles se inspiram à rica espiritualidade de Paulo da Cruz e o amam com terno amor de filhos e filhas, constituindo a Família Passionista. Hoje ela é composta de:

---

[12] Lt. I, 519.

- *Religiosos Passionistas*: "Viver em comunidade para anunciar o Evangelho da Paixão, com a vida e o apostolado".

- *Congregação das Monjas da Paixão de Jesus Cristo* (Contemplativas): "Irradiar no coração da Igreja o Amor do Crucificado".

- *Irmãs Passionistas de São Paulo da Cruz*: "Viver, testemunhar e promover a 'Memória da Paixão' de Cristo e das Dores de Maria que continuam na história da humanidade".

- *Instituto Missionário Secular da Paixão*: Consagradas/os "chamadas/os a permanecer no mundo, na doação total de si mesmo a Deus, seguindo o Senhor Jesus no mistério da sua Paixão redentora".

- *Comunidades Leigas Passionistas* (CLPs): Viver e testemunhar "Cristo Crucificado, poder de Deus e sabedoria de Deus" (1Cor 1,24) na "própria e peculiar característica secular" (LG 31).

* * *

Em 1911, os Passionistas chegam no Brasil. No final de 1800 e início de 1900, houve o êxodo de milhares de italianos para a Argentina e o Brasil. Essa emigração levou o Papa Pio X a promover e encorajar os Institutos religiosos – entre eles os Passionistas – a realizarem novas fundações nesses países, garantindo assim a assistência religiosa aos emigrantes e promovendo obras sociais.

O bispo Dom João Francisco Braga, enquanto estava em Petrópolis, leu a biografia do jovem Passionista São Gabriel de Nossa Senhora das Dores e passou a ter uma grande estima pela Congregação Passionista. Quando ele foi transferido para Curitiba, encontrou colônias de italianos que precisavam de assistência religiosa. Constatando o lamentável abandono espiritual em que se achavam as populações litorâneas de origem italiana, escreveu uma carta aos Passionistas italianos que estavam na Argentina, pedindo-lhes ajuda. Em setembro de 1911, os primeiros Passionistas chegaram a Curitiba. Em seguida, vieram outros, e ficaram no Paraná e em São Paulo.

Em 1947, chegou à Bahia outro grupo proveniente da região central da Itália, a pedido do então cardeal arcebispo de Salvador, Dom Augusto Álvaro da Silva. Os Passionistas, além de servir com ardor missionário a arquidiocese nas paróquias da cidade baixa de Salvador, foram se desdobrando em vastas regiões ao leste e sul da Bahia, transformando em fervorosas comunidades as populações dos lugares que os bispos lhe confiavam.

Em 1953, do centro-sul da Itália, chegou outro grupo no Espírito Santo e em Minas Gerais, indo para as periferias, dando assistência às populações mais pobres e pregando missões populares.

Da Holanda, em 1958, chegaram mais Passionistas e foram para o interior de Goiás. O povo da diocese de São Luís de Montes Belos sente ainda o cheiro da sua presença, do seu trabalho, da sua entrega total ao povo.

O exemplo de vida comunitária e missionária dos Passionistas atraia os jovens brasileiros, desejosos de serem "companheiros" de São Paulo da Cruz. E a Congregação Passionista cresceu tanto nesta "Terra de Santa Cruz", que ela hoje está presente na maioria dos estados do Brasil, e até enviando missionários para o exterior.

Santuário de São Paulo da Cruz

Em 2003, na celebração dos cinquenta anos de vida missionária dos Passionistas em terras mineiras, o cardeal Dom Serafim Fernandes de Araújo, arcebispo de Belo Horizonte, elevou a igreja Matriz do Barreiro a Santuário de São Paulo da Cruz, com a justificativa: "Este é o santuário da misericórdia", vivida e pregada por São Paulo da Cruz.

O Santuário, promovendo o carisma e a espiritualidade de São Paulo da Cruz, dá impulso à tradição da religiosidade popular mineira no culto ao *Bom Jesus*: uma devoção centrada no mistério da sua *Paixão e morte na cruz*. A Paixão de Jesus sempre exerceu impacto no povo mineiro, que, nos sofrimentos e no amor de Jesus na cruz, encontra um retrato vivo de sua própria existência marcada pela injustiça social, sofrimento e opressão. A antiga devoção popular mineira do Bom Jesus conserva, no santuário, sua mensagem atual.

No Santuário há um altar com a imagem de São Paulo da Cruz, que aponta o Crucificado, com um olhar firme, místico e humano. As pessoas vão a ele para pedir fé e força para carregar as cruzes cotidianas, pedir a graça de uma cura, sobretudo a do câncer, a bênção para uma vida em gestação no ventre da mãe, ou para agradecer pelo dom de uma vida que nasceu.

No altar há algumas de suas relíquias: um *ex ossibus* (pedaço de osso de seu corpo); uma *opa* usada, quando jovem, Paulo pregava nas ruas de Castellazzo; um "distintivo Passionista", usado pelo santo na pregação das missões populares; uma "réplica" do corpo-relicário que está em Roma.

* * *

Vimos como a *contemplação do Crucificado* modelou Paulo da Cruz e o fez um profundo místico, ardoroso missionário, pessoa profundamente humana, grande arauto da Paixão de Cristo, fundador de Congregação, prudente e profundo orientador espiritual, incansável pregador de missões populares e santo, a partir de duas intuições e experiências místicas: "A Paixão de Jesus é a maior e mais estupenda obra do amor de Deus para conosco"; "A Paixão de Jesus é o remédio mais eficaz para curar os males do mundo".

A força necessária para tanta dedicação lhe vinha dos longos e intensos momentos passados em contemplação diante do Crucificado, do qual colhia todo o ardor, convicção e persuasão de sua eloquência que arrebatava multidões e conduzia muitos ao amor de Deus.

Paulo da Cruz faleceu em Roma em 1775. À distância de muitos anos, a voz eloquente do "caçador de almas" não se extinguiu com a morte. Ele continua orientando as almas através de suas cartas – um verdadeiro "Tratado de mística e ascética cristã" –, nas quais ele soube derramar todo o seu coração de apóstolo e de orientador espiritual, e sugerir práticos e eficazes ensinamentos de vida e de perfeição cristã. Ele continua, também, mantendo viva a *Memoria Passionis* através da vida e do apostolado de seus filhos e filhas da Família Passionista.

Lendo este livro, o leitor se dá conta de que os apelidos dados a Paulo da Cruz não são exageros: "caçador de almas", "gigante da Cruz", "místico e apóstolo do Crucificado", "apóstolo dos bandidos", "pedagogo místico", grande "diretor de almas" etc. Ele se define, com muita humildade, um "milagre da infinita misericórdia de Deus".

A todos nós Paulo da Cruz deixa uma recomendação: "Se quiser passar bem o dia, inicia-o meditando por cinco minutos a Paixão de Jesus".

19 de outubro de 2019,
Festa de São Paulo da Cruz
Pe. Giovanni Cipriani, Passionista
Superior provincial da Província da
Exaltação da Santa Cruz

CRONOLOGIA DE PAULO DA CRUZ

1694 – 3 jan.	Paolo Francesco Danei, sucessivamente *Paulo da Cruz*, nasce em Ovada (Itália), "na alvorada". Filho de Lucas Danei e Ana Massari. É o secundogênito de 16 filhos, dos quais 11 morrem na infância.
1694 – 6 jan.	Recebe o sacramento do Batismo, em Ovada.
1713	Aos 19 anos, Paulo diz que teve uma "conversão" ouvindo a pregação do pároco falando sobre o amor de Deus. Alguns estudos afirmam que foi no dia 22 de julho, festa de Santa Maria Madalena.
1716	Lucas Danei, com a família, após ter mudado várias vezes de domicílio, volta a Castellazzo (AL), sua terra de origem.
1716	Paulo se alista voluntariamente na Cruzada promovida pelo papa Clemente XI para defender os lugares da "Terra Santa". Durante a adoração Eucarística, em Crema (CR), na quinta-feira antes da Quaresma, 20 de fevereiro, há uma "iluminação espiritual" e compreende que deve combater na construção do Reino de Deus, servindo-se de outras armas!
1719 – 23 abr.	Recebe o sacramento da Crisma, em Castellazzo (AL).
1720 – No verão	Aos 26 anos recebe uma "iluminação interior": Nossa Senhora vestida de hábito preto. Paulo compreende que deve reunir companheiros e fundar uma Congregação cujos membros devem vestir-se de luto e promover a contínua memória da Paixão de Jesus.

1720 – 22 nov.	Na capela do bispado de Alessandria, pelo bispo dom Gattinara, recebe o hábito preto da Paixão. É o "nascimento" da Congregação Passionista.
1720 – 22 nov. a 01/01/1721	Paulo, após a "vestição", de noite volta a Castellazzo e inicia o "retiro" dos quarenta dias, na igreja de São Carlos. Lá, ele vive uma profunda experiência mística e escreve as primeiras *Regras* da nova Congregação (de 02 a 07 de dezembro) e o *Diário espiritual*. A partir daí seu nome será *Paulo da Cruz*. Alguém escreveu que "Paulo entra em São Carlos como um noviço e sai como fundador".
1721 – out.	Primeira viagem a Roma para encontrar o Papa. Na basílica de Santa Maria Maior, em Roma, diante da imagem de Nossa Senhora, "saúde do povo romano", faz o voto de "dedicar sua vida a amar e fazer amar Jesus Crucificado".
1722 – 1725	Paulo da Cruz e o irmão João Batista vivem em diversas ermidas: Monte Argentário (GR), Gaeta (LT) e Itri (LT).
1725 – 21 maio	Estando em Roma para o "Jubileu', o papa Bento XIII, em "viva voz", o encoraja a reunir companheiros e a "atuar a inspiração divina".
1726 – 1728	Paulo da Cruz e o irmão João Batista cuidam dos doentes no hospital São Galicano, em Roma: uma experiência de total gratuidade para com os pobres e desfavorecidos.
1727 – 7 jun.	É ordenado sacerdote por Bento XIII, na Basílica de São Pedro, junto com seu irmão João Batista.
1727 – 8 jun.	Na festa da Santíssima Trindade, Paulo da Cruz e o irmão João Batista celebraram a "primeira missa" na capela do hospital São Galicano.
1727 – 27 jul.	Morre-lhe o pai Lucas Danei, em Castellazzo (AL).
1728 – 1737	Paulo da Cruz e o irmão João Batista se estabelecem definitivamente no Monte Argentário, no eremitério de Santo Antônio, dedicando-se à catequese e ao apostolado nas cidades vizinhas.

1730	Paulo da Cruz e João Batista pregam a primeira "missão popular" na cidade de Talamone (GR), e começa a reunir os primeiros companheiros.
1737 – 14 set.	É inaugurado o primeiro Convento da Congregação, no Monte Argentário: "Retiro da Apresentação de Nossa Senhora ao Templo".
	Uma parte decisiva da vida de Paulo da Cruz é vivida no Argentário (15 anos), ambiente onde ele mais vive sua experiência contemplativa. Não podemos entender sua experiência mística fora da paisagem do Monte Argentário.
1741 – 15 maio	Primeira aprovação das Regras pelo papa Bento XIV, que exclama: "Esta Congregação, nascida por último, pela sua espiritualidade e pela missão na Igreja, devia ser a primeira".
1741 – 11 jun.	Paulo da Cruz e seus "companheiros" – cinco sacerdotes e um irmão – emitem a primeira profissão religiosa. O povo começa a chamá-los de *Passionistas*.
1744 – 1775	Fundação de 11 Retiros (Conventos).
1746 – 10 dez.	Morre-lhe a mãe, Ana Maria Massari, em Castellazzo (AL).
1747	É eleito superior-geral da Congregação e sempre será reconfirmado neste cargo até sua morte.
1748 – 1767	Prega várias "Missões populares" e Retiros espirituais. Escreve milhares de cartas de direção espiritual.
1755 – 6 abr.	Em Verona (FR), alguns leigos reúnem-se para dar início à "Confraria da Paixão de Nosso Senhor Jesus Cristo". A Regra é a mesma dos Passionistas, adaptada para os leigos e aprovada pessoalmente por Paulo da Cruz.
1765 – 30 ago.	Morre João Batista, irmão e companheiro fiel de Paulo da Cruz.
1767 – 9 jan.	É inaugurada a primeira casa em Roma: "Residência do Santíssimo Crucifixo". Uma pequena casa com jardim, perto de São João de Latrão.

1767	Morando no Convento de Vetralla (VT), Paulo da Cruz padece de grave doença.
1769 – 23 nov.	Papa Clemente XIV aprova solenemente a Congregação.
1770 – 1771	Morando na casa em Roma, Paulo sofre uma nova doença grave.
1771 – 3 maio	Fundação das Monjas Passionistas e do mosteiro de Tarquínia (VT).
1773 – 3 dez.	Posse do Retiro dos Santos João e Paulo, em Roma, doado pelo papa Clemente XIV. Paulo da Cruz se transfere para Roma.
1774 – 26 jun.	Papa Clemente XIV visita Paulo da Cruz no Retiro dos Santos João e Paulo, a quem chama de "meu paizinho".
1775	Recebe a visita do papa Pio VI no Retiro dos Santos João e Paulo.
1775 – 18 out.	Paulo da Cruz morre em Roma, às 16h45, aos quase 82 anos de idade.
	A Congregação conta com 12 conventos e 176 religiosos.
	Alguns dias antes, Paulo da Cruz tinha falado: "Deixo a Congregação bem fundada".
1786	Primeira biografia de Paulo da Cruz, escrita pelo Pe. Vicente Maria Strambi, Passionista, bispo e santo.
1867 – 29 jun.	Paulo da Cruz é proclamado santo pelo papa Pio IX.
1880 – 25 abr.	Os restos mortais de *São Paulo da Cruz* são transferidos para a capela a ele dedicada na Basílica dos Santos João e Paulo, em Roma, até hoje Casa geral da Congregação Passionista.

IMPRIMATUR

NIHIL OBSTAT

São Paulo, 3 de abril de 1958

Pe. Danilo Della Rosa

IMPRIMI POTEST

São Paulo, 3 de abril de 1958

Pe. Boaventura de Santa Maria

Provincial

IMPRIMATUR

São Paulo, 16 de abril de 1958

Paulo Rolim Loureiro

Bispo Auxiliar e Vigário Geral

NO PÓRTICO

Deste monumento de piedade, que é a vida de São Paulo da Cruz, queremos insculpir estas nossas breves palavras de parabéns ao egrégio Autor e desvelado Tradutor por no-la terem dado e de agradecimento a Deus por havê-la inspirado.

Ademais: uma palavra de conselho aos nossos queridos diocesanos para que leiam este precioso livro.

E ainda: uma bênção aos que isto fizerem.

São Paulo, 15 de abril de 1958.

+C. Card. Motta

PREFÁCIO

Nos praedicamus Christum crucifixum
(Nós pregamos Cristo Crucificado)
(1Cor 1,23)

Eis um santo moderno, mas *plasmado à antiga*, como se exprimiu um grande Pontífice.

A Igreja, Esposa de Cristo, é de uma fecundidade perene. Jamais cessa de gerar novos eleitos e, no decorrer dos séculos, aparecem constantemente em seu firmamento novas estrelas, anjos da terra que ao céu se elevam.

Paulo da Cruz!... O imortal Pio IX o beatificava no dia 1º de maio de 1858 e, aos 29 de junho de 1867, o mesmo Pontífice, com solenidade das mais esplêndidas e memoráveis que o Cristianismo costuma oferecer à piedade dos fiéis, à presença da Igreja universal na pessoa de seus representantes reunidos sob as augustas cúpulas da Basílica de São Pedro, na Metrópole do mundo católico (Roma), ornava com a auréola dos santos o Fundador da Congregação da SS. Cruz e Paixão de Nosso Senhor Jesus Cristo.

E não é este um santo que, desaparecido na obscuridade dos tempos, tenha ressurgido das espessas nuvens do passado, como se costuma dizer. Nem os prodígios de sua vida são frutos exóticos da imaginação de uma piedade exaltada ou de lendas poéticas. Não, seus milagres não são um símbolo, mas pura realidade.

Ele pertence aos nossos dias. Não decorreram, ainda 100 anos desde seu feliz trânsito.[1] Nossos pais puderam vê-lo e ouvi-lo.

[1.] Esta admirável biografia foi escrita na segunda metade do século XIX. (Nota do tradutor.)

Em Roma, onde permaneci por muitos meses por ocasião de sua canonização, tive a felicidade de, por assim dizer, ver e abraçar nosso tão querido pai (Paulo da Cruz), no convento dos Santos João e Paulo, ainda perfumado de sua doce presença. Lá está, ora transformada em capela, sua celazinha, testemunha de suas celestes visões. Ao seu lado e em comunicação com ela, o pequeno oratório onde, debilitado pelos anos e trabalhos, oferecia o santo Sacrifício. Podem-se ainda ver o grande Crucifixo que costumava levar às missões e, num mostruário, objetos de seu uso: a túnica, o cinto de couro, as sandálias, os manuscritos (sermões e cartas) e instrumentos de penitência – santas relíquias que nós, seus filhos, conservamos com o duplo sentimento da fé e do amor.

Nesse santuário íntimo, preferia eu celebrar todos os dias a santa Missa e – coisa admirável, que não consegui explicar – nele experimentava a doçura de sua presença muito mais que na basílica onde, sob o altar da esplêndida capela que lhe é dedicada, repousa seu corpo, revestido da túnica de Passionista, tendo entre as mãos as santas Regras e sobre o peito o Crucifixo de missionário.

Foi nesse convento, onde pude conversar com diversos padres anciãos formados na vida claustral pelos que se haviam abastecido da seiva dos exemplos e ensinamentos do santo Fundador, que escrevi boa parte desta biografia.

Existem, em língua italiana, diversas biografias de são Paulo da Cruz. Li-as todas. Examinei-as e comparei-as com atenção.

O primeiro biógrafo do Santo foi o venerável Vicente Maria Strambi,[2] que recebeu de suas mãos o hábito de Passionista, com ele conviveu, assistiu seus últimos momentos e o amou com extrema ternura. Com que

---

[2.] São Vicente Maria Strambi foi sucessivamente missionário, professor de teologia no convento dos Santos João e Paulo, em Roma, reitor dessa casa, provincial, consultor geral. Em 1801, Pio VII o nomeava bispo de Macerata e Tolentino. Confessor da fé, foi exilado, em 1808, para Novara e, em seguida, para Milão. De volta à sua diocese, empreendeu com novo vigor seus trabalhos apostólicos. Foi chamado muitas vezes a Roma para pregar ao sacro Colégio dos Cardeais.
Suplicou por muito tempo a Pio VII que o exonerasse do Episcopado, com a intenção de se retirar entre seus irmãos Passionistas. Leão XII, por fim, o atendeu, mas com a condição de que fosse residir no Quirinale (então palácio dos Papas).

dedicação, com que entusiasmo lhe escreveu a vida! Com que encantos nos apresenta essa alma, com a qual entrelaçara a própria, esse coração, que sentira palpitar sobre o próprio! Não se cansa de contemplar as ações de Paulo, tão puras e tão belas, citando detalhadamente os processos de canonização, já então introduzidos. (Pio VI os fizera começar logo após a morte do santo, mas as revoluções que assolaram a Europa os interromperam). Talvez essa biografia viesse à luz demasiado cedo. Notam-se nela interrupções, repetições, falta de ordem cronológica... Não deixa, todavia, de ser precioso manancial do qual me servi copiosamente.

Os processos, continuados após a morte de Vicente Strambi, proporcionaram-me também numerosos documentos. São grossos *in-folios*, que muitas vezes me confundiram com sua própria riqueza, mas que recompensaram abundantemente minhas laboriosas investigações, oferecendo-me novos fatos de grande importância.

Eis as fontes do meu trabalho, revestidas de todos os caracteres de incontestável autenticidade. Só me resta um temor: o de não ter conseguido, por minha incapacidade, destacar como convinha a doce e maravilhosa figura do Santo.

I

Heroico amante da cruz, como o grande Apóstolo das Gentes; solitário, penitente e de pureza ilibada, como João Batista; louco de amor por Jesus Crucificado e pela santa pobreza, como Francisco de Assis; ávido de sofrimentos e desprezos, como João da Cruz; apóstolo ardente, como Domingos e Inácio; taumaturgo como os maiores santos da Igreja; fundador de uma Congregação religiosa... Eis São Paulo da Cruz.

A caridade devia fazer de Vicente uma vítima. O Papa cai enfermo. O servo de Deus, que o assistia, oferece sua vida pelo Pontífice. Este se restabelece instantaneamente, enquanto alguns dias após, ao primeiro de janeiro de 1824, o santo bispo deixa a terra. Suas sagradas relíquias são veneradas na basílica dos santos João e Paulo, em Roma.
Aos 17 de junho de 1843, Gregório XVI assinou o decreto de introdução da causa de beatificação de dom Strambi. Numerosos foram os milagres que Deus operou pela intercessão de seu fiel servo. Foi beatificado por Pio XI, no ano santo de 1925, e canonizado por Pio XII a 11 de junho de 1950.

Foi no Calvário, nas Chagas adoráveis do Redentor, que ele absorveu esses tesouros da mais sublime santidade.

Imagem viva de Jesus Crucificado, Paulo recebeu suas sagradas chagas no próprio coração, no qual Nosso Senhor gravou *os instrumentos do seu cruel martírio*.

Fiéis, sacerdotes, bispos, cardeais e, principalmente, os Sumos Pontífices honraram-no durante sua vida com a veneração que inspiram os santos.

Assinalaram-lhe o longo apostolado duríssimas provações e a mais admirável fecundidade. A Paixão de Jesus Cristo era o manancial de suas inspirações; gloriava-se de *não saber outra coisa senão Jesus Cristo e Jesus Cristo Crucificado*. Apóstolo poderoso em palavras e obras, arrebatou ao inferno inúmeras almas e conquistou brilhantíssimas vitórias sobre o erro, sobre o vício, sobre o demônio. Curou enfermos, deu vista a cegos, ouvido a surdos, fala a mudos, movimento a membros paralíticos; ressuscitou mortos, aplacou tempestades, penetrou nos segredos das consciências e do futuro. Em resumo, foi revestido desse soberano poder que Deus se compraz em comunicar aos maiores santos.

Sua eloquência tinha repentinos lampejos, gritos d'alma, inspirações divinas. Era muito superior a essa fria e mesquinha retórica que mede o sentimento com régua e compasso. Pertencia à grande escola de apóstolos que elevam e salvam o mundo. Somente a santidade podia dar-lhe essa eloquência que a arte jamais conseguirá. Nada, portanto, mais comovente que a pregação do nosso santo. Relembra o tempo dos Crisóstomos, dos Agostinhos, dos Efrens e dos Vicentes Fêrrer. Falava o missionário aos ouvintes e estes lhe respondiam com gemido e soluços. Armado, por vezes, de instrumentos de penitência, açoitava-se cruelmente, fazendo jorrar o sangue, que, misturado ao de Cristo, vertia sobre as almas, em torrentes de misericórdia e de amor.

"Basta, padre! Basta! Sim, sim, estamos convertidos!", bradavam de todos os lados. A eloquência do sangue produzia copiosos frutos de salvação, pois muitos eram os que acorriam para ouvi-lo; de toda parte chegavam penitentes para se confessar com ele; apelidavam-no o SANTO, o PAI das almas!...

"É disposição da Providência", exclama Bossuet, "que para anunciar Jesus Cristo não bastam as palavras, é necessário algo de mais forte a fim de persuadir o mundo empedernido. É necessário falar-lhe a linguagem das chagas, é preciso comovê-lo, pelo sangue". O próprio apostolado de Jesus Cristo não surtiu real eficácia e fecundidade enquanto, do alto da cruz, não se fez ouvir a voz do sangue: "*Et ego, si exaltatus fuero a terra, omnia traham ad meipsum*" [Quando eu for elevado da terra, atrairei todos a mim] (Jo 12,32). A palavra pode entusiasmar, mas somente o sangue convence. A arte faz o orador, o sofrimento produz o apóstolo. Eis o poderoso atrativo que arrasta os povos atrás desses humildes missionários, revestidos de grosseira túnica, descalços, cingidos com cinto de couro.

Ouve-se por vezes dizer: "Religiosos trajados desta maneira já não são para o nosso século". O contrário é que é a verdade. Justamente a este século de orgulho, de sensualismo, de concupiscência, que melhor remédio se poderá opor que o apostolado que fala aos sentidos, o apostolado da humildade, do sofrimento, da pobreza, virtudes a todos manifestas? Não crerá o mundo nas austeridades praticadas pelo apóstolo no recesso de sua cela; mas poderá negar as pegadas sangrentas deixadas nos caminhos pelos seus pés feridos?

Pela Paixão de Jesus Cristo, são Paulo da Cruz conduzia as almas ao mais alto grau da contemplação. Para ele a sagrada Paixão era o princípio, o progresso e o término da vida espiritual, sendo ao mesmo tempo o manancial da purificação da alma e o meio mais rápido para adquirir as virtudes e chegar, enfim, à união com o sumo Bem. Veremos como ele próprio chegou, por este caminho, à mais alta santidade.

Escolhera-o Deus para fundar em sua Igreja uma nova Congregação. Dolorosa e, quase diríamos, assustadora missão! Com efeito, quantas humilhações e padecimentos não teve que tolerar! Quantas lutas! Quantos obstáculos! Que fortaleza e heroísmo de alma, que fé inquebrantável, que virtude constante não eram necessárias, principalmente nessa época em que as Ordens religiosas vinham sendo mal vistas, perseguidas e como que desterradas da civilização!

Quantas vezes, permita-me dizê-lo, quantas vezes, ao escrever estas páginas, ao narrar tantas angústias e agonias, as lágrimas me umedeceram involuntariamente os olhos!

Ó meu Deus! Uma virtude menos sólida certamente teria se entregado ao desespero! Um piloto menos valoroso teria deixado o timão, abandonando navio! Fazia-se necessário uma força sobrenatural. Eis porque Paulo costumava repetir: "O Fundador é o divino Crucificado"...

II

Não nos propusemos a escrever a apologia das Ordens religiosas. Muitas e eloquentes canetas já trataram magistralmente o assunto. Diremos apenas algo sobre a obra do nosso santo.

O religioso Passionista dedica-se ao apostolado da palavra. Não há como negar que, sem o apostolado religioso, lacuna profundamente lamentável haveria no ministério evangélico, quer em relação à glória de Deus, quer no que diz respeito ao bem das almas. Por isso a Igreja, inspirada pelo Espírito Santo, sempre o tem favorecido e defendido com sua autoridade infalível.

Os grandes servos de Deus, particularmente santo Agostinho, procuraram resolver o problema da conciliação da vida contemplativa com a ativa para a salvação das almas e santificação do apóstolo. Com efeito, a vida ativa não está isenta de escolhos: o ministério paroquial, por exemplo, requer do sacerdote uma atividade contínua, expondo-o a duplo perigo: ao isolamento, se quiser se afastar demais das relações externas; ao esgotamento espiritual, se quiser fugir demais do isolamento. A vida puramente contemplativa tem também seu apostolado, sem dúvida o mais poderoso e fecundo, o da oração. Disse-o o Divino Mestre: "Escolheu a melhor parte" (Lc 10,42). Contudo não é este o apostolado propriamente dito de que Jesus Cristo nos dá exemplo em sua divina pessoa e na de seus apóstolos. Ele associou estas duas vidas, e esta vida mista constitui o apostolado próprio do religioso. Quem deseja trabalhar eficazmente na salvação das almas deve antes concentrar-se em Deus. Pela contemplação o apóstolo atrai o fogo do céu, pela pregação o comunica à terra.

A vida ativa cansa a alma, debilita-a, esgota-a, distrai-a, embora não seja ininterrupta. A vida puramente contemplativa, com suas austeridades corporais, rigorosas e contínuas, enfraquece as forças físicas e subtrai ao corpo o vigor necessário para os labores evangélicos. É necessário um meio termo, que harmonize as duas sem causar-lhes prejuízos, de maneira que uma sirva de contrapeso à outra ou, melhor, de poderosa motivação, que a eleve e anime. Foi o que o divino Espírito Santo inspirou a Paulo da Cruz: muita solidão, muita contemplação, muita mortificação, para alimentar o fogo sagrado na alma; mas sem excesso, a fim de não debilitar o corpo nem lhe diminuir as forças que exige o apostolado. Eis a solução do problema. Eis o Passionista, tal qual o plasma o seu Instituto.

Convém antecipar ao leitor uma observação, antes de lhe descrever a vida de são Paulo da Cruz. É que as austeridades da Regra, mesmo antes de sua aprovação, ficaram muito aquém das que praticava o santo Fundador, pois este, dotado de espírito ardente, por vezes excedia os limites comuns na prática das mortificações exteriores, como ele mesmo confessava no fim de sua vida.

Unindo-se na Congregação a vida ativa à contemplativa, torna-se necessária uma prudente harmonização de austeridade e suavidade. E é isto o que mais chama a atenção nas admiráveis Constituições escritas pelo servo de Deus. Sei por experiência própria (e outros também o experimentaram) que as regras mais delicadas não só conseguem observá-las plenamente, mas chegam mesmo a robustecer-se com seu exato cumprimento.

Passemos a dizer algo sobre o espírito do Instituto.

Perfeita obediência ao Papa; humilde reverência aos Bispos; grande respeito aos sacerdotes e aos párocos, com escrupuloso cuidado em acatar suas atribuições; prudência na fundação de novas casas, para, longe de debilitar a ação do pastor, prestar auxílio ao seu zelo: eis o desejo do santo Fundador.

As obras de Deus jamais se hostilizam entre si. Muito pelo contrário, auxiliam-se mutuamente. A história aí está para demonstrar sua indissolúvel união. Jamais a perseguição feriu o clero regular sem que viesse em seguida a ferir o clero secular. Depois dos mosteiros, a Igreja; depois do monge, o vigário. Exército de Deus, unamo-nos contra o exercito de satanás.

A alma do Instituto é o pensamento contínuo da Paixão de Jesus Cristo. O religioso Passionista está sempre com Maria ao pé da cruz, para meditá-la, imitá-la, pregá-la: *Passioni stat*.

A Paixão!... É muito importante saber que ela não oferece ao espírito, e muito menos ao coração, horizontes limitados. É um oceano sem fundo e sem praia! É o infinito!

A Paixão não começa propriamente no horto das Oliveiras nem termina no Calvário. Desde o primeiro instante da Encarnação, dizem os santos, teve início a longa agonia do divino Redentor; e sempre tem havido e sempre haverá Judas, Pilatos e Judeus para perpetuarem as sangrentas cenas do Getsêmani, do Pretório e do Gólgota.[3]

Vai o Passionista evangelizar os povos sempre acompanhado de uma grande imagem do Crucifixo, que coloca a seu lado no palco. Pela manhã, começa sua instrução com um pensamento sobre a sagrada Paixão e, à noite, após o sermão sobre as verdades eternas, encerra seu dia de apostolado com a meditação sobre uma passagem da mesma.

Ser apóstolo é adaptar-se à capacidade de todas as inteligências, evangelizando indistintamente cidades, vilas ou povoados, claustros, hospitais e prisões, povos cultos e analfabetos... onde quer que haja uma alma para salvar! Eis a preparação imposta ao Passionista pela sua Regra. Regra inspirada por Deus ao Fundador, como veremos.

Mas qual a utilidade desta nova Congregação?

Além dos três votos comuns a todos os Institutos religiosos, pronuncia o Passionista um quarto voto: de propagar no coração dos fiéis a devoção à sagrada Paixão de Jesus Cristo. Quando o ilustre Pontífice Bento XIV aprovou as Regras escritas por São Paulo da Cruz, ao considerar atentamente este quarto voto, exclamou: "Esta Congregação é a última a aparecer, quando deveria ter sido a primeira".

Ah! Venerável Sucessor de Pedro, não virão, porventura, tempos em que os cristãos hão de esquecer que são discípulos de um Deus crucificado? Tempos em que, adorando a um Deus coroado de espinhos, coroar-se-ão de rosas? Tempos em que nada mais se estimará e desejará no

---

[3.] "Cristo estará em agonia até a consumação dos séculos." Pascal. (Nota do tradutor.)

mundo senão o luxo, o prazer, o ouro? Não virão tempos em que a humanidade decrépita há de se tornar totalmente indiferente em matéria de religião, de tudo zombando: da ciência, da eloquência e da apologética? Lançarão os sábios raios de luz sobre o erro; os oradores exaurirão todos os recursos do gênio; destruirão os dialéticos todas as armas do sofisma; mas nada será capaz de comover as almas degeneradas. Pois bem, urge apresentar o divino Redentor com suas lágrimas, com seu sangue, com suas chagas palpitantes, com seu Coração aberto. Sim, eis como se há de apresentá-lo a este século, tão miserável por uma parte, que chega até aos confins do desespero, por outra tão soberbo que se irrita contra a justiça de Deus, levantando, como o espírito do orgulho, a cabeça altiva para blasfemar contra o raio que justamente o fere. Eis o Senhor crucificado, a misericórdia infinita, maior que todos os crimes! Eis o Amor!... Quem resiste ao amor não possui coração.

Graças a Deus, por mais depravada que seja a alma humana, sempre nela permanece uma centelha de ternura. Depositemos sobre ela as brasas do divino amor, do amor crucificado e ver-se-ão prodígios. Com efeito, que maravilhas não opera nas almas a recordação da Paixão de Cristo! Para junto da cruz que se devem chamar os soberbos, os pecadores, os próprios incrédulos. E do amor nascerá a fé.[4]

III

Provas autênticas da missão extraordinária de são Paulo da Cruz são os milagres que Deus operou por seu intermédio, milagres estupendos, que recordam os dos maiores taumaturgos. Nada queremos ocultar nesta

---

[4]. Dizia-nos em Paris, onde temos uma casa da Província Inglesa, um dos mais ilustres arcebispos da Inglaterra: "São os Passionistas os verdadeiros apóstolos da Inglaterra. Parece que foram criados e colocados no mundo para esse pobre reino. Os protestantes ingleses experimentam grande atrativo pelas suas pregações sobre a Paixão de Jesus Cristo. Eis porque os vossos padres conseguem levá-los em grande número para o grêmio da Igreja Católica".
Com imenso prazer de nosso coração, nós mesmos pudemos verificar, em França, Espanha e América, que nossas humildes pregações, embebidas no Sangue do Redentor produzem frutos admiráveis. Um pároco, em cuja igreja pregáramos as santas missões, escrevia-nos: "Esta Quaresma foi toda Passionista. Preguei sobre a sagrada Paixão e obtive na Páscoa frutos extraordinários".

biografia. Reproduzimo-los com toda simplicidade, como se encontram nos processos de canonização, pois foram discutidos e aprovados pela maior e mais esclarecida autoridade desta terra...

A vida dos grandes santos, sua influência sobre as almas e especialmente os princípios do Cristianismo não se explicariam sem o milagre. Ocorre naturalmente a dúvida, insolúvel para o homem que reflete: Como pode alguém praticar tão austeras penitências, superiores às forças da natureza, sem ter íntimas comunicações com o céu? Como explicar esse entusiasmo das almas, essa atração irresistível dos povos para com os santos, senão por causa dos prodígios ou, pelo menos, da graça que produz, por intermédio desses poderosos apóstolos, os maiores milagres na ordem moral? Com efeito, como explicar essas notáveis conversões a simples voz de um homem; essas repentinas mudanças dos prazeres para as maiores austeridades, da opulência para a mais perfeita pobreza, do egoísmo para o mais heroico sacrifício? *"Haec mutatio dexterae Excelsi"* [Esta mudança é obra do Altíssimo].

É o milagre uma das maravilhas do amor e da misericórdia de Deus e, ao mesmo tempo, poderoso auxilio da fé. O milagre é a mão de Deus manifestando-se ao homem sob o véu do prodígio. Por ele entrevê o homem a Deus, sem se espantar nem se sentir oprimido pelo peso de sua infinita majestade. Sem dúvidas, por vezes o milagre aterra, como vemos no Evangelho, mas não rompe o equilíbrio do mundo moral. Não subtrai ao homem a liberdade: está em seu poder o dar-se ou não a Deus, merecer ou desmerecer. O milagre, assim como a graça, não impele, atrai. Os corações dóceis rendem-se à sua luz; os soberbos, ao invés, revoltam-se, exasperados, empedernindo-se no mal, como Faraó e tantos outros. E para descartar-se do milagre, que lhes perturba a consciência manchada e confunde o cego orgulho, preferem, como os fariseus, atribuí-lo a satanás. Mas de onde nascem essas reiteradas impugnações contra os prodígios divinos senão de serem eles a prova evidente da verdade católica? Deus é o autor dos milagres. Pode ele operá-los para confirmar o erro? Certamente não. Somente o Cristianismo foi assinalado por esses admiráveis portentos; logo só ele é o depositário da revelação divina. Não podendo os ímpios suportar a verdade, que lhes declara guerra às paixões, negam-lhe este selo divino. Repudiam sumariamente o milagre, preferindo viver em contradição com a crença de todos os povos, inclusive a dos grandes gênios, como foram os Crisóstomos, os Ciprianos, os Agostinhos, os Bossuets etc.

A exemplo dos historiadores, que são a glória dos nossos dias, nada calamos nem diminuímos na vida de São Paulo da Cruz. Preterir esses fatos maravilhosos seria tirar à flor o seu perfume, aos mistérios celestes o seu inefável encanto. Vacilar pelo pusilânime temor dos vãos sarcasmos dos sofistas seria desrespeitar a Deus, aos santos e aos próprios homens, aos quais a maldade dos tempos chega a velar a verdade. Não deixou Jesus de operar prodígios, muito embora soubesse que deles se haveriam de escandalizar e por eles o haveriam de caluniar os fariseus; e continua a operá-los na Igreja e no mundo todo. Calar, dissimular os prodígios divinos não seria envergonhar-se do Mestre? Suprimir o sobrenatural da vida dos santos seria subtrair-lhes o que há de mais resplandecente na sua coroa de glória.

Além do mais, não é raro verem-se homens incrédulos abrirem os olhos à luz, ao lerem narrações autênticas das obras do poder divino. Não devemos, portanto, descuidar de nenhum meio para lhes comunicar a paz e a esperança que a fé nos proporciona.

No século XVIII, enquanto Voltaire zombava do sobrenatural, operavam-se os prodígios que vamos referir; pois, quanto mais o espírito humano se revolta contra os prodígios do alto, tanto mais se compraz Deus em multiplicá-los para o triunfo da verdade.[5]

---

5. Coisa singular! Voltaire, o mais cruel e implacável inimigo que Jesus jamais teve no decorrer dos séculos, nasceu um mês e meio após são Paulo da Cruz. Aquele foi instrumento do demônio para mover guerra a Cristo, destruindo com suas envenenadas produções literárias, os fundamentos da fé e induzindo multidão incalculável de pessoas a negar os mistérios da Redenção; Paulo foi o apóstolo zelosíssimo que, com seus suores, sua abnegação sem limites, com estupendos milagres, recordou ao mundo as dores, as afrontas e o amor infinito do divino Crucificado, conduzindo assim inúmeros pecadores obstinados aos pés do Redentor. Voltaire, com suas sátiras e ímpias seduções, arrastou para trás dele, num plano de guerra à virtude e à moral, muitos literatos da época, que com seus escritos propagaram o ódio ao Cristianismo. Paulo reuniu, também, em torno a si, santos e zelosos companheiros, os quais, secundando seus desígnios de apóstolo, reconduziram ao Senhor os corações que dele se haviam afastado. Voltaire, animado pelo espírito diabólico, trabalhou para materializar os homens, incitando-os aos gozos brutais de todos os apetites da

IV

Os que negam os milagres negam também os heróis de santidade e dizem: já se não veem santos como outrora!

Não admiram tais palavras. Garantem os Santos Padres que, por vezes, fulgores divinos jorravam do semblante do Salvador. E os corações de boa vontade, por pecadores que fossem, reconheciam-no como Deus, ao passo que os maldosos, particularmente os adoradores de si mesmos, não viam em Jesus Cristo senão um homem como os demais. Para aqueles era o Filho de Deus, para estes não passava do filho do Carpinteiro. O mesmo se dá com relação aos santos. Ocultam-se aos olhos dos homens, envolvendo-se nos véus da humildade; mas quando a luz divina os invade, espancando as sombras, só as almas bem dispostas os compreendem. Como para os esplendores da fé, faz-se necessário aí o que chamaríamos de sexto sentido.

"Já não se vêem santos que operem milagres!", dizia-se no tempo do Santo Cura d'Ars. No entanto o humilde pároco curava os enfermos, revelava os segredos das consciências, predizia o futuro, expelia os demônios!...

Sim, ainda há e sempre haverá tais santos, porque sua tríplice missão de ensinar a verdade, de consolar os que sofrem e de expiar os pecados dos homens é indispensável na terra. Haverá, porventura, diminuído o poder de Deus ou a virtude da Cruz que transformou a humanidade?

Paulo da Cruz entregou-se inteiramente a Jesus Crucificado e Jesus Crucificado o fez um de seus santos mais ilustres. Nele veremos a esplêndida harmonia entre a natureza e a graça, assim como, sem descuidar os dons naturais, soube corresponder ao chamamento divino. Verdadeiramente admirável é o espetáculo de uma alma, como nós ferida em sua

---

carne e à absoluta e total independência de toda autoridade. Paulo, com suas extraordinárias penitências, com seu total desprendimento de todas as criaturas, pregou ao mundo a mortificação dos sentidos, a submissão às leis divinas e humanas e a destruição do pecado. Ainda mais: para melhor manifestar como Deus elegera a este seu apostolado para contrabalançar a influência dessa escola de impiedade, que reconhecem em Voltaire seu guia e mestre, Paulo da Cruz foi receber no céu o prêmio de suas heroicas virtudes senão depois que o orgulhoso *inimigo pessoal de Cristo* terminou sua vida cheia de iniquidades com morte de réprobo. Dir-se-á, talvez, que são casualidades. Quem poderá, todavia, compreender os desígnios da Providencia?

origem, que se eleva, pela generosidade do sacrifício, à vitória, à fecundidade da fé, às sublimes alturas da caridade, chegando mesmo a refletir, ainda aqui na terra, a encantadora beleza dos eleitos já coroados no céu! Que consolação e que esperança para todos nós! Se Deus chega a transfigurar os seus santos nesta terra, ante nossos olhares, não nos será lícito exclamar: eis o que nós também seremos um dia?

V

A biografia de um santo não é um livro de literatura, mas de piedade. Deve, pois, ser escrita com fé e amor, com alma e coração. O leitor, por sua vez, deve compenetrar-se desses sentimentos e nela procurar, não a satisfação da vã curiosidade, mas o puro alimento para seu espírito; não emoções passageiras, mas impressões duradouras e eficazes, absorvendo o que convém à sua alma, ao seu estado, a fim de corresponder às graças recebidas do céu.

Nem tudo é imitável nos santos. Cada qual foi destinado por Deus para uma determinada missão. E as graças celestes são proporcionadas à missão recebida. Na vida de são Paulo da Cruz há muito que admirar e que descrever: suas virtudes cristãs, para serem imitadas pelos simples fiéis; suas virtudes religiosas, para estímulo das almas consagradas a Deus; suas virtudes apostólicas, para modelo dos sacerdotes e missionários.

Eis o plano principal desta obra. Secundariamente, porém, nos oferecerá, outrossim, exemplos preciosos: as mães cristãs poderão compenetrar-se na nobre missão que receberam de Deus de santificar seus filhos; as jovens piedosas encontrarão conselhos práticos para se preservarem dos perigos do mundo e progredirem nas virtudes; as almas desoladas, provadas por tentação ou pelo *inexorável tédio da vida humana*, hão de recobrar ânimo; os pecadores, ao lerem as generosas e sinceras conversões, animar-se-ão, a confiar em Deus, sempre misericordioso; todos, enfim, hão de ver que o Calvário é *o verdadeiro caminho que leva para o céu*.

Agradecendo a Deus, "autor de todo dom perfeito", admiremos as surpreendentes e extraordinárias operações da graça, a beleza desses caminhos sublimes e das manifestações divinas. Mas não ambicionemos tais favores; porque, se compreendêssemos o martírio que causam aos santos essas gloriosas, porém tremendas manifestações, só o pensar nelas causaria espanto e temor à nossa debilidade.

Na vida dos santos, aqui na terra, nota-se um desequilíbrio entre o natural e o sobrenatural: o amor, demasiado forte para a natureza frágil, se torna para eles um tormento, como teremos ocasião de observar em são Paulo da Cruz. Tormento com relação a Deus, pois a alma, a quem é dado contemplar a eterna formosura, sente-se violenta e irresistivelmente atraída pelo sumo Bem e, ao mesmo tempo, presa pelas duras cadeias desta vida mortal. Daí essas elevações e arrebatamentos, voos da alma que, em seus veementes anseios para se unir a Deus, arrasta consigo o corpo; daí esses êxtases, seguidos frequentemente de desfalecimentos amorosos sob o peso de suas inefáveis delícias, estado inexplicável da alma amante, causado pela ausência do objeto amado. Tormento também com relação aos homens. Quem pode penetrar os sofrimentos íntimos da alma de um santo? Vê-se ela desterrada; este mundo lhe é como uma terra estranha, cuja linguagem desconhece.

Enfim, se tratando de apóstolos – e é o caso do nosso santo – com que ardor não desejam eles entregar a Deus todos os corações!... Ao verem, porém, que os homens resistem à graça e ao seu zelo, que duvidam do que eles creem com fé esclarecida, que as almas correm para a perdição eterna, quão imensa não é sua dor por não poderem levar a Deus o mundo inteiro! Estas angústias só se podem comparar às de um coração materno, que vê seu filho precipitar-se num incêndio, sem poder salvá-lo.

Daqui procede a eloquência dos santos, que em nada se parece com nossos frios conceitos, com nossa pobre linguagem.

Que palavras inflamadas não devia ter Paulo da Cruz para manifestar os ardores que lhe abrasavam a alma, depois de ter contemplado em tão frequentes visões as realidades de um mundo superior?

Não invejemos nos santos as sublimes manifestações do céu. É mais agradável e mais seguro pôr-se ao amparo da sombra acolhedora da fé e dos mistérios suavíssimos dos Sacramentos. A fé e os Sacramentos são a invenção mais admirável do poder divino, a harmonia mais suave e inefável da graça com a natureza. Neles, Deus se manifesta a nós como no crepúsculo para não nos deslumbrar e se revela como através de tênue véu, sem afetar a delicadeza do ser humano e, na frase de Bossuet, *nos faz o bem sem o percebermos*.

VI

Julguei necessárias estas reflexões para facilitar a leitura da presente biografia. Deus sabe quanto desejo reproduzir na minha narração a alma do apóstolo e quanto amor quisera inspirar para com esta arrebatadora figura, fazendo-a reviver, encarnando-a nestas páginas, embora pálidas e descoloridas.

Confesso que muitas vezes, no decurso desta história, ao considerar a grandeza do meu empreendimento e, por outra parte, a minha deficiência, bem como a falta de tempo em razão dos meus ministérios apostólicos, dificilmente consegui vencer o desalento que de mim se apoderava. Todavia, a oração e a obediência sustentaram-me o ânimo. Por vezes, um olhar à cruz me fazia voltar ao trabalho. Outras, prostrando-me de joelhos, dizia: "Oh! Jesus Crucificado! Visto como devo escrever a vida de um santo que tanto se esforçou pela vossa glória, olhai para a minha pobreza, para a minha miséria!... Escrevei vós mesmo, Senhor, ou permiti-me, pelo menos embeber a pena em vosso Coração, inesgotável tesouro de graça, donde brotam as inspirações da fé!... Vosso divino Pai será glorificado, será exaltada vossa cruz e, talvez, alguma alma será consolada!... Queira, Senhor que o Instituto da vossa Paixão possa iluminar os povos e nações onde ele estiver presente! Que os filhos da vossa Cruz, com suas palavras, sacrifícios e exemplos, estimulem as almas a se consagrarem inteiramente ao vosso amor e consigam a glória bem-aventurada que lhe merecestes com o vosso precioso Sangue".

O Autor.

ABREVIAÇÕES

A. Cis.	Acta Congregationis SS. Crucis et Passionis D. N. J. C. (ano e página). Revista interna oficial da Congregação Passionista.
Boll.	Bolletino della Congregazione della SS. Croce e Passione di N. S. em língua italiana.
Lt.	Lettere di S. Paolo della Croce, isto é, Cartas de São Paulo da Cruz reunidas e anotadas pelo Pe. Amadeu Passionista, editadas em 1924, em 4 grossos volumes (volume e página).
OAM.	Oraison e Ascencion Mystique de St. Paul de la Croix, Louvain, 1930 (página).
PAM.	St. Paul de la Croix Apôtre o Missionaire (página).
PAR.	Processo Apostólico de Roma (página).
PO.	Processo de Orbetello (página).
POV.	Processo ordinário de Vetrala.
POR.	Processo ordinário de Roma (página).
S. 1	Sumário dos Processos ordinários (página e parágrafo).
S. 2	Sumário dos Processos Apostólicos (página e parágrafo).
VS.	*Vida de São Paulo da Cruz* escrita por Vicente Maria Strambi, em italiano, edição de 1786 (página).

CAPÍTULO I
1694-1709

Nascimento de Paulo

A bela e fecunda Itália, berço de tantos santos, foi a pátria de São Paulo da Cruz.

Nasceu em Ovada, república de Gênova, em 3 de janeiro de 1694.

O pai, Lucas Danei, natural de Castellazzo, diocese de Alexandria, era de família tradicionalmente ilustre, mas decaída do antigo esplendor.[1]

A mãe, Ana Maria Massari, descendia igualmente de nobre linhagem. Sua terra natal foi Rivarolo, na república de Gênova, mas desde a infância vivia com a família em Ovada.

Aí também se estabelecera Lucas, ainda jovem, na casa de um tio sacerdote, pe. João André Danei.[2]

Realizou-se o enlace matrimonial do virtuoso casal em 6 de janeiro de 1692.

Modelo perfeito de união conjugal, mais cobiçosos dos bens imorredouros do Céu que das efêmeras riquezas da terra, buscavam em honrado comércio[3] o necessário para o sustento da numerosa prole.

[1.] S. 1. 48 § 32.
[2.] A 25 de fevereiro de 1685, casara-se Lucas em primeiras núpcias com Maria Catarina De Grandis, sobrinha do Arcipreste de Ovada, a qual vinha a falecer aos 14 de agosto de 1690, sem deixar filhos.
[3.] A família Danei possuía algumas terras em Castellazzo (S. 1. 45 § 5). O Pe. Antônio Danei, irmão de São Paulo da Cruz, diz que quando o pai morava em Cremolino tinha um pequeno negócio (S. 1. 44 § 1). O nosso santo numa de suas cartas se diz "filho de um pobre *tabaqueiro*" (Lt. I, 200). Em Ovada ainda hoje se indica o lugar onde Lucas teria tido um negócio de fazendas (Mem. dei Primi Campagni, pár. 14-15); outros afirmam que era vendedor ambulante.

Homem virtuoso e devoto, Lucas encontrava suas delícias na prece, na leitura de livros edificantes, nomeadamente nas biografias dos santos.

Ah, se todos os pais lhe seguissem o exemplo! Nessas fontes hauria virtudes tão sólidas que por Deus houvera sacrificado os mais caros interesses, as mais puras afeições, a própria vida, enfim. Apesar dos compromissos de esposo e pai, aspirava ao martírio.[4]

Para com o próximo era justo, bom e indulgente; no leito de morte, coroa sua vida com um ato da caridade mais heroica.[5]

Igual fisionomia espiritual, realçada com os suaves atrativos de esposa e mãe, encontramos na incomparável figura de Ana Maria.

Humilde, recatada e piedosa, vivia para o lar e para a Igreja, repartindo seu tempo entre Deus e a família.[6] Dedicava-se às lides domésticas e à educação dos filhos como a dever sagrado.

De paciência inalterável, reprimia qualquer sentimento de revolta e, ao invés de irromper em palavras de censura, seus lábios tão meigos só sabiam proferir esta expressão de bênção: "Que Deus vos torne santos!".[7] Doçura tão constante granjeou-lhe o afeto de quantos dela se acercavam. Foi a mulher forte de que falam as Letras Sagradas. Ao falecer-lhe o esposo, em agosto de 1727,[8] suportou sozinha e sem queixa, apesar das contínuas enfermidades,[9] o peso da numerosa família.

Modelo de perfeição, entregou a alma ao Criador em idade avançada, indo receber o prêmio de suas virtudes em setembro de 1746.[10]

Um documento do Vicariato de Roma endereçado ao próprio Paulo em 1726, aludindo ao seu nascimento, diz ter ocorrido acidentalmente fora do domicílio habitual da família por aí se achar Lucas *ratione mercaturae*, isto é, por comércio (Boll. 1928, p. 117).
4. POR. 2148.
5. S. 1. 49 § 36.
6. D. A. Francisco Lamborizio depõe: "D. Ana era senhora humilde, devota, sem luxo e tida por todos como uma santinha" (S. 1. 52 § 50).
7. S. 1. 56 § 64.
8. Lt. I, 90.
9. S. 1. 56 § 64.
10. Lt. II, 549.

Estas as plantas eleitas de onde desabrochou flor tão pura, cujo aroma de santidade vamos aspirar.

Dezesseis filhos, preciosas dádivas do Céu, vieram alegrar o coração daqueles santos pais.

É comum entre famílias numerosas que Deus costume escolher os privilegiados de sua graça.[11] Paulo foi o primogênito, se não levarmos em conta uma irmãzinha que o precedeu, mas viveu apenas três dias. Nesse amado filho pressentiam os pais desígnios extraordinários.

Todo o tempo que o trouxe em suas entranhas, jamais sentiu a mãe os sofrimentos que precedem a maternidade.[12] Seu nascimento foi assinalado de circunstâncias extraordinárias. Sendo noite, luz maravilhosa inundou o quarto com resplendor tão vivo que as lâmpadas pareciam apagadas.[13] Paulo será a luz radiante que há de dissipar as trevas em que jaz o século XVIII. Veio ao mundo no dia da oitava da festa de São João Evangelista; como este, há de permanecer em espírito ao pé da cruz.

Foi batizado no dia da Epifania, que quer dizer "manifestação de Jesus". E ele manifestará ao mundo, pela pregação, os mistérios do Redentor. Recebeu o nome de Paulo Francisco. Como o Apóstolo das gentes, será o missionário de Jesus Crucificado e, a exemplo do excelso patriarca, fundará uma Congregação alicerçada na mais rigorosa pobreza.

Mulher prudente e cristã, quis Ana Maria alimentar com o próprio leite o filho pequenino, e este, com o leite, recebeu a piedade materna. Bem cedo deu claríssimas provas do que viria a ser um dia. Como se já possuísse o uso da razão, alimentava-se apenas de quatro em quatro horas,[14] indício da grande abstinência que guardaria mais tarde.

[11.] S. 1. 45 § 6.
[12.] Assim o depõe o Pe. Anônio Danei, que diz te-lo ouvido muitas vezes da boca de sua mãe (S. 1. 45 § 3).
[13.] São Paulo da Cruz numa de suas cartas diz ter nascido "pelo nascer do sol" (Lt. I, 166). Não quisemos alterar o texto, porque esse fato é referido por são Vicente Strambi, testemunha autorizadíssima (VS. p. 2) e as palavras um tanto vagas da carta facilmente se lhe podem acomodar.
[14.] S. 1. 45 § 6.

Sua infância

É no berço que o homem se forma para a virtude ou para o vício. Cumpre à mãe moldar a alma e as inclinações do filhinho para o bem, dando-lhe sólida educação religiosa, que permanecerá por toda a vida. Ana Maria, percebendo a extensão da imensa responsabilidade, pôs todas as suas virtudes a serviço desse altíssimo dever: elevação de inteligência, delicadeza de sentimento, bondade e energia, unção e piedade, mas, sobretudo, grande fé em Deus.

Com que solicitude zelou pelo tesouro que o Pai celeste lhe confiara!

Com que cuidado lhe depositou no coração pequenino a semente de todas as virtudes! Tinha-o sempre ante os olhos e se esmerava por afastar dele tudo o que pudesse encobrir-lhe a candura. E Paulo levará ao túmulo a inocência batismal!

Ensinava-o a conhecer, amar e servir o Pai celeste, narrando-lhe a vida dos santos anacoretas. E como estava intimamente unida a Deus, sabia dar às palavras tais acentos e tal expressão que o menino a ouvia com o maior interesse. Foi assim que nasceu nele esse amor à solidão, que se tornou a característica de sua vida.[15]

Falava-lhe da Paixão e Morte de Nosso Senhor, e nos olhos puros do pequeno borbulhavam lágrimas. Se, ao penteá-lo, Paulo se punha a chorar, como fazem geralmente as crianças, contava-lhe algum fato da vida dos santos, e era visível o pequeno passar do pranto à mais viva atenção, ainda conservando nos olhos as últimas lágrimas.

Outras vezes lhe colocava nas mãos o crucifixo, dizendo: "Vê, meu filho, quanto Jesus sofreu por nosso amor!".[16] E ele, fitando a devota imagem, como por encanto, deixava de chorar.

A santa mãe consagrara-o à Rainha das Virgens.[17] Dizia-lhe também repetidas vezes da obediência e docilidade do Menino Jesus e da ternura de Maria Santíssima, o que lhe despertava singularíssima devoção para com eles.

[15.] S. 2. 58 § 11.
[16.] S. 2. 59 § 17.
[17.] S. 1. 44 § 2.

E Paulo, de joelhos, mãozinhas postas ante suas imagens, comprazia-se em dirigir-lhes breves orações.[18]

Essa esmerada educação materna foi corroborada pelos exemplos do virtuoso pai. A lembrança de mãe tão santa permanecerá indelével na alma agradecida de Paulo Francisco, até ao final de sua longa existência. Dela discorria frequentemente em público, comovido, propondo-a como exemplo. Mais tarde diria: "Se me salvar, como espero, devo-o à educação que recebi de minha mãe".[19]

Felizes os pais que assim educam para Deus os seus filhos!

Crescendo Paulo em idade, crescia também na virtude. Desenvolvia-se-lhe natural tendência à solidão, à prece e à penitência, enquanto começava a revelar caráter brando e afável, talhado para a conquista dos corações. Fugia dos divertimentos infantis e, com seu irmãozinho João Batista, que, como veremos, lhe foi companheiro fiel nos labores apostólicos, entretinha-se em construir altarzinhos, adornando-os com flores e imagens do Menino Jesus e da Santíssima Virgem. Ali passava horas e horas recitando o terço, devoção que conservou até a morte.

Certa vez, enquanto oferecia essa prova de amor à Rainha do Céu, apareceu-lhe uma criança de encantadora formosura. Era Jesus, que se dignava recompensar, assim, a ternura que Paulo lhe votava.

Maria Santíssima também lhe manifestou de modo extraordinário, bem como a João Batista, sua materna proteção. Enquanto colhiam flores às margens do rio para ornamentar o altar da Virgem, ambos escorregaram e caíram no rio Olba.[20] As águas eram profundas e com cor-

---

[18]. S. 1. 46 § 9.
[19]. S. 1. 56 § 64.
[20]. Todos os melhores biógrafos do santo narram este fato. Enquanto, porém, são Vicente Strambi (p. 6) e pe. Filipe (ed. 1821, p. 10) dizem ter acontecido no Tânaro, pe. Bernardo Silvestrelli em suas *Memórias dos primeiros companheiros* (p. 16) e pe. Pio (p. 12) afirmam ter sido no Olba. Pe. Paulo José (p. 6) e pe. João Maria de Santo Inácio, na vida do ven. pe. João Batista, irmão do santo (p. 2), atestam simplesmente que, tendo caído os dois irmãos nas águas, quando estavam para se afogar, apareceu-lhes uma belíssima Senhora que os livrou da morte.
O Olba é um ribeiro que corre entre Ovada e Cremolino. As duas povoações distam 4 a 5 quilômetros entre si.

renteza. Paulo e João Batista estavam prestes a perecer... quando, de repente, veem uma senhora de sobre-humana formosura e majestade que, caminhando sobre as águas, lhes estende a mão e os livra da morte. Graça tão assinalada inflamou mais e mais o coração de Paulo no amor e no reconhecimento para com a sua libertadora e para com aquele divino Menino, cuja beleza o encantara.

Devoção à sagrada Paixão

Em idade muito tenra, comunicou-lhe Deus grandes luzes, o dom das lágrimas e da oração.[21] Embora desconhecesse o método de meditar, guiado pelo espírito de Deus, fazia frequentes e longas reflexões sobre a Paixão de Nosso Senhor, em que tanto o exercitara a piedosa mãe. Ana Maria, talvez sem o saber, preparava o caminho para os desígnios de Deus em relação a Paulo, ao inspirar-lhe tal devoção. Ele tinha sempre diante dos olhos a imagem de Jesus Crucificado, considerando os cruéis padecimentos do Redentor, enquanto as lágrimas lhe corriam abundantes. Jesus em pessoa ia preparando-o suavemente para uma missão providencial. Fazia com que seus padecimentos fossem atrativos irresistíveis para o coração de Paulo, começando, a partir daí, a distraí-lo com frequentes visões sobre sua vida, suas dores e sua morte. Apareceu-lhe certa vez com a cabeça coroada de espinhos, o rosto ensanguentado, as carnes maceradas!... Tão forte foi a impressão causada no bem-aventurado menino que, ao recordá-lo, experimentava extrema tristeza. Não é, portanto, de estranhar que começasse desde os mais verdes anos a amar os sofrimentos. Mortificava o gosto e martirizava o delicado corpo. De noite deixava a cama e deitava-se sobre

---

Dos registros de batismos e óbitos consta que a família Danei, desde 1701 a 1708, com exceção de um breve período em 1704, morou em Cremolino. Em Ovada conservava nesse tempo o negócio de fazendas e de outros objetos. Mas lá estavam os parentes de Ana Maria.

O caso teria acontecido no lugar chamado ainda hoje "Palâncola dei Carlini".

21. De seu irmão João Batista, criança ainda de oito anos, conta Paulo que "se levantava de noite... para rezar pelo espaço de três e mais horas" (S. 2. 58 § 12). Ora, quem pode crer que ele, um ano mais velho, continuasse na cama ou fizesse menos que o irmão? Três horas e mais de oração... mesmo no inverno!... Pode isto dar-se um dom particular de oração?

uma tábua, para assemelhar-se ao Salvador, que na agonia teve por leito o madeiro da cruz. Com frequência, no silêncio da noite e sempre de joelhos, meditava os cruéis padecimentos de Jesus. Às sextas-feiras, principalmente, entregava-se a muitos rigores, absorto nos tormentos do Homem-Deus. Assentava-se à mesa, triste, pálido e com lágrimas nos olhos. Conseguia-se a custo fazê-lo comer um pedaço de pão, que banhava com suas lágrimas.[22]

João Batista aprendera com Paulo a amar as austeridades e a oração. Eram vistos sempre juntos na prática das mortificações mais rigorosas. A Paixão de Nosso Senhor era o pensamento quase contínuo do nosso santo. Reunia muitas vezes os irmãozinhos e lhes falava da Paixão com vigor e unção verdadeiramente singulares em tão tenra idade.[23] Seus jovens ouvintes comoviam-se ao vê-lo chorar, chorando com ele. Assim, pela penitência e pela prece, preparava em seu coração um santuário ao Deus da Eucaristia, que em breve iria receber pela primeira vez. A mãe não se descuidava de enviá-lo ao catecismo paroquial, impondo-se o dever de repetir ao filho aquelas verdades da fé. Não se tem cabal certeza da época em que Paulo recebeu pela primeira vez a sagrada Comunhão. Acredita-se, no entanto, que logo após ato tão solene foi enviado pelos pais a Cremolino para terminar os estudos, pois é certo que então se achegava repetidas vezes à sagrada mesa, com fervor angélico.[24] Embora nos faltem documentos, é fácil conjecturar ter Deus favorecido com graças notáveis essa alma privilegiada em dia tão memorável, crescendo Paulo, a partir daí, de virtude em virtude, jamais cessando de marchar com enormes passos pelo caminho da santidade.

---

[22] É verdade que sua irmã Teresa nos conta estas coisas como acontecidas em Castellazzo. Como, porém, Paulo demonstrou desde pequenino grande espírito de penitência, podemos crer já assim procedesse de longa data.
[23] S. 1. 46 § 12.
[24] Infelizmente, nenhuma notícia temos acerca da primeira Comunhão do nosso santo. Mas pelo depoimento de seu irmão José, segundo o qual os pais continuamente os exortavam a frequentar os santos Sacramentos (S. 1. 50 § 37); pelo fato de terem em Ovada um tio sacerdote, pe. João André, padrinho de Paulo, e pela rara piedade do jovem, podemos concluir que deve ter sido admitido bem cedo ao Banquete Eucarístico.

A Eucaristia será sua felicidade e sua força. Ela irá preservar esse lírio de toda e qualquer mancha. O Tabernáculo será a torre inexpugnável onde Paulo resguardará a virtude.

Seus primeiros estudos

Tinha o nosso santo cerca de dez anos. Lucas, notando no filho inteligência lúcida e memória feliz, resolveu confiar-lhe sua educação a mestre virtuoso. Incumbiu, pois, de tão delicada missão um amigo seu religioso, carmelita de Cremolino.[25]

A docilidade do discípulo, sua inteligência, a aplicação ao estudo e à piedade, conquistaram a simpatia do mestre. Esmerou-se este na instrução e educação do aluno, levado por suas qualidades e pela amizade que o unia a Lucas Danei.

Paulo Francisco correspondeu às solicitudes do mestre e às esperanças do pai, sobrepujando os progressos nos estudos além do que se podia esperar de sua idade.

Diz São Vicente Maria Strambi:

> Não há dúvida que os dotes naturais foram causa desses progressos, mas a causa principal a temos na aplicação ao estudo unida à serenidade de espírito e à tranquilidade do coração, isento de paixões perturbadoras da inteligência. Aplicando-se Paulo mais tarde a estudos profundos e assíduos, aprendeu a raciocinar com solidez, a expressar-se com elegância, insinuação e eloquência. Sua palavra era grave, brilhante e comovente, o que muito agradava e impressionava seus ouvintes no decurso das pregações.[26]

O estudo, que soube converter em oração, não lhe alterou a piedade, de maneira que os progressos na ciência dos santos não foram menos notáveis.

[25.] S. 1. 47 § 21.
[26.] VS. p. 18.

Multiplicava os exercícios de piedade. Jamais deixou a meditação; diariamente assistia à santa missa e o máximo possível se alimentava do pão dos Anjos. O tempo que lhe restava do estudo e das aulas, empregava-o em piedosas leituras e visitas ao Santíssimo Sacramento e à Santíssima Virgem.

O trabalho e a oração foram como que o aroma a lhe preservar a alma da menor culpa. A modéstia, o candor e a piedade prognosticavam que viria a ser um grande servo de Deus.

Terminou seus estudos literários aos 16 ou 17 anos.

CAPÍTULO II
1709-1715

Sua juventude

No fim de 1709, a família Danei se transferiu de Ovada para as proximidades de Gênova (Campo Ligúrio).[1] Não havia diminuído no santo jovem o fervor nem as práticas de piedade. Apesar do aconchego da família, ele vivia no meio do mundo, em idade em que a imaginação é ardente, fáceis as impressões e o coração, afetuoso.

Iluminado pela graça, compreendeu que o lírio da inocência somente se conserva entre os espinhos da mortificação e sob o orvalho do Céu. Austeridade, oração, modéstia angelical, desprezo pelo mundo, estudo constante e trabalho assíduo... eis o baluarte que lhe defendeu a virtude.

Tal foi sua vida dos 15 aos 20 anos.

Talvez cause estranheza o fato de Paulo, todo fervor e piedade, ainda não ter manifestado vocação religiosa ou sacerdotal. É que ele tinha altíssimo conceito do sacerdócio, não ousando aspirar a tão sublime dignidade. Mais tarde a aceitará, mas tão somente por obediência. O que desejava era ocultar-se num deserto, lugar inacessível, e lá viver como os antigos anacoretas. Ter-se-ia, sem dúvida, afastado do convívio do mundo, não fosse a resistência do diretor espiritual, que o considerava arrimo necessário aos pais.[2]

[1.] De um documento descoberto no arquivo geral da Congregação Passionista e publicado no Boletim de 1928, pp. 117-118, consta que a família Danei, quando Paulo contava 15 anos, se transferiu para a diocese de Gênova, onde permaneceu por cinco anos. De lá foi para Tortona, passando aqui mais três anos. Cumpre, pois, corrigir os antigos biógrafos, que supõem ter ela passado diretamente de Ovada para Castellazzo.
[2.] Lt. IV, 218.

Paulo jamais se deixou levar por fervores juvenis, mas, guiado por raro discernimento, lançou-se sem reserva às mãos do pai espiritual, cuja voz para ele era a mesma de Deus. Esperava, pois, em silêncio, a hora da Providência.

Chegamos a um dos momentos mais solenes da vida espiritual do nosso santo. Quando Deus tem altos desígnios para uma alma, começa por purificá-la, humilhando-a. Não concede missões extraordinárias, senão à pureza perfeita e à profunda humildade. É assim que vai preparar em Paulo seu "vaso de eleição", adornando-o com os mais preciosos dons para torná-lo admirável instrumento de suas misericórdias. Vejamos em que circunstâncias lhe concedeu essa graça, que chamaremos de "preparatória" aos seus adoráveis desígnios.

Uma graça extraordinária

Paulo teria por volta de 20 anos.[3] Assistia a uma instrução familiar de seu pároco, quando, brilhante e improvisadamente, uma luz lhe iluminou o mais recôndito da alma e lhe mostrou sua miséria e seu nada.[4] Apesar de tão exemplar e virtuoso, julgou-se grande pecador. Tão vivo foi o sentimento de seu mísero estado que lhe arrancou torrentes de lágrimas.

Diremos por meio de piedoso autor:

> Quando Deus, por um raio de sua luz, faz conhecer à alma a pureza que dela exige, dá-lhe, outrossim, maior conhecimento dos próprios defeitos, obrigando a examiná-los com severidade e investigar as mais recônditas inclinações, tanto viciosas como naturais. Prouvera a Deus que os pecadores chorassem seus maiores crimes com tanto pesar como Paulo chorou, então, suas mais leves faltas.[5]

Desse insigne dom resulta o profundo desprezo por si mesmo, com absoluto desapego de toda criatura e grande zelo à glória de Deus e pela

---
[3.] S. 1. 69 § 65. Isto deve ter acontecido pelo ano de 1713.
[4.] S. 2. 147 § 2.
[5.] Alleaume, *Os sofrimentos de Jesus*, t. I, cap. II.

salvação do mundo. Esse toque divino exige constante fidelidade à voz do Céu. Com efeito, assim como a pessoa fiel pode elevar-se ao mais alto, pode a infiel descer ao mais profundo.

Deparando-se com um coração dócil, essa graça produziu os melhores frutos em Paulo Francisco. Colocado nessa região de luz, resolveu o santo jovem dar-se inteiramente a Deus. Percebeu insólita transformação interior, por ele chamada, em sua humildade, "conversão", e que nada mais era senão aumento de virtude.

Muitos santos foram provados nesse crisol, quando o Senhor se comprazia em confiar-lhes alguma missão extraordinária. Afigurou-se, pois, a Paulo nada ter feito até então pela glória de Deus. Em sua alma apenas via pecados. Desejando purificar a vida passada por uma confissão geral, foi lançar-se aos pés do ministro de Deus, acusando-se das mais leves faltas como se fossem enormes pecados. Sentiu arrependimento tão veemente que derramou amargas lágrimas e feriu sem piedade o peito com uma pedra, à imitação de São Jerônimo, na gruta de Belém.[6]

Provações espirituais

Quando Deus nos concede alguma graça particular, faz-se necessário preparar-nos contra os ataques do inimigo da salvação.

Enquanto Paulo se inebriava no divino amor, desencadeou o demônio contra ele a mais terrível das tentações. Dúvidas a respeito da fé acometeram-lhe o espírito, apossando-se dele a perturbação, a angústia e a perplexidade.[7]

Houvera, porventura, ofendido a Deus, seu soberano Bem? Não combatera devidamente os pensamentos, que lhe moviam tão violenta guerra?

Não sabendo como tranquilizar-se, corria à igreja e derramava sua mágoa aos pés do divino Mestre, apoiando a cabeça fatigada na mesa da comunhão.[8]

[6.] S. 1. 69 § 65.
[7.] S. 1. 755 § 95.
[8.] S. 1. 164 § 66; 742 § 23.

Ignoramos quanto duraria a provação; certo é, porém, que no dia de Pentecostes, quando implorava o socorro do Senhor, sentiu elevar-se à alta contemplação, e o Espírito Santo esclareceu-lhe a inteligência com abundantes luzes, com que se lhe dissiparam para sempre todas as dúvidas.[9]

Entre os cruzados

Essa divina claridade acendeu-lhe também no coração labaredas de amor a Jesus Crucificado, com ardentes desejos de sacrificar-se pela sua glória. Por vezes, Deus dá às pessoas sede ardente de imolação, sem manifestar-lhes o gênero de sacrifício que lhes pede. Ao divino patriarca são Francisco, refere são Boaventura, mostrou-lhe em visão magnífico palácio repleto de resplandecentes armas marcadas com o emblema da cruz.

"Para quem são estas armas e este palácio tão encantador?", perguntou o santo. "São para ti e teus soldados", respondeu-lhe uma voz. E ele, julgando-se chamado a combater sob a bandeira dos reis da terra, já se dispunha a partir, quando a mesma voz lhe fez compreender que aquilo significava os combates espirituais a serem travados sob o estandarte do Rei dos Céus.[10]

Desejoso de atirar-se às batalhas do Senhor, Paulo entregou-se a profundas reflexões.

Por aquele tempo, a república de Veneza fazia grandes preparativos de guerra contra o império muçulmano, prestes a lançar formidável exército contra a Europa. Roma acabara de elevar sua voz poderosa, a qual sempre comovera e salvara a Europa da barbárie otomana.

Clemente XI convidara, em duas Bulas, os príncipes cristãos para uma aliança contra esses inimigos da civilização e da cruz. O Santo Pontífice, atemorizado pelo perigo que a cristandade corria, não se contentou em equipar os navios de seus Estados, mas apelou para todos os fiéis a fim de aplacarem a cólera divina com penitências e jejuns, e ordenou preces públicas para implorar o auxílio do alto.[11]

[9.] S. 1. 164 § 65; OAM. p. 8.
[10.] Cuthbert, *Vie de St. François d'Assise*, livro I, cap. II, p. 44.
[11.] Aconteceu isto em 1715 (cf. Rohrbacher, livro 88, 9).

Paulo exclama para si mesmo: "Eis as batalhas a que Deus me chama!".

Combater por Jesus! Ser mártir da fé! Derramar o sangue por tão nobre causa!... Tais pensamentos lhe acenderam o entusiasmo no coração e, sem perder tempo, alistou-se como voluntário em Crema, na Lombardia.

Ei-lo soldado, exercitando-se no manejo das armas, disposto a pelejar contra o inveterado inimigo da fé. Em novo gênero de vida, não olvidava o seu Deus, frequentando, como em Castellazzo, a oração e os sacramentos.

Prestes a embarcar em Veneza rumo ao Oriente, foi adorar o Santíssimo Sacramento, solenemente exposto. Enquanto orava, o Senhor o fez compreender claramente que o chamava para a mais alta e santa milícia: a dos apóstolos do Evangelho. Deus falara e Paulo já não vacila. Solicita e obtém a devida baixa, retornando à cidade natal.

De regresso, hospeda-se em Novello, na casa de uma família composta unicamente do marido e da esposa.

Estes, de idade avançada e sem filhos, uniam à imensa fortuna sólida piedade. Descortinando no jovem peregrino, de maneiras afáveis e nobres, tesouros de virtudes ocultas sob o véu da modéstia, resolveram adotá-lo por filho e legar-lhe o rico patrimônio.

Manifestaram a Paulo o propósito, mas este cortesmente o recusou, pois desejava consagrar a Deus o coração completamente desprendido de tudo e de todos.[12]

[12.] Até agora os biógrafos nada mais podiam dizer a respeito de sua vida militar, visto como só dispunham do brevíssimo relato de Teresa. O instrumento demissorial, publicado em 1928, acenando às diversas localidades e ao tempo que nelas Paulo se deteve, fornece-nos ótimo fundamento para acreditarmos que isso se passou sendo ele soldado. De modo que, tendo-se alistado em Crema, teria passado uns poucos meses na diocese de Parma, alguns na de Ferrara, um ano na de Alba (provavelmente em Novello), indo depois para Tortona, de onde, fazendo já três anos que aí morava a família, partiram juntos para Castellazzo, mais ou menos pelo ano de 1717 ou 1718 (cf. *Esprit et Vertus de St. Paul de la Croix*, p. 4; S. 1. 46 § 7).

CAPÍTULO III
1715-1719

Crescendo sempre em fervor

Transferindo-se com a família para Castellazzo, o soldado de Cristo recomeçou todos seus exercícios de piedade, esperando que a vontade de Deus lhe manifestasse qual a sua vocação.

Desde esse instante, entregou-se de vez à contemplação dos tormentos do Redentor, envidando todos os esforços para identificar-se com esse divino modelo, mediante a mais rigorosa mortificação.

Raras vezes dormia no leito. Teresa, sua irmã, notou-o e, desejando esclarecimentos, dirigiu-lhe algumas perguntas a respeito. Paulo, que desejava somente a Deus por testemunha, nada respondeu. No entanto, a irmã, que o vira subir muitas vezes ao sótão com João Batista, suspeitou de que passassem a noite lá. E, quando ambos estavam ausentes, ela se deparou ali com umas tábuas sobre alguns tijolos e um crucifixo. Foi o que declarou com juramento no processo de beatificação.[1]

Outra testemunha também declarou que Paulo dormia muito pouco e sobre tábuas nuas, com tijolos por travesseiros, meditando de tal maneira, sem interrupção, os cruéis tormentos de Jesus Crucificado.

Após breve e torturante descanso, levantavam-se ambos, até no mais rigoroso inverno, para entregar-se à contemplação do Sumo Bem.

A meditação inflama o amor e com o amor nasce o desejo de assemelhar-se à pessoa amada. Com a cruz em uma das mãos e na outra o

---
[1]. S. 1. 46 § 15; 69 § 65.

instrumento de penitência, Paulo oferecia a Deus seu corpo, como hóstia viva, ao gravar na própria carne as chagas de Jesus. Certa vez a mãe ouviu, em meio às trevas da noite, o ruído espantoso e lúgubre do instrumento de penitência e o narrou depois, soluçando, à filha.[2]

Também o pai os surpreendeu um dia, quando se feriam cruelmente com correias de couro, e não pôde deixar de exclamar: "Vocês querem se matar?".[3]

Tão grande era o ardor que estimulava o nosso santo na prática da penitência que João Batista, embora muito fervoroso, teve inúmeras vezes de arrancar-lhe das mãos o açoite.[4] Quase sempre antecipava a hora de se levantar e, sem fazer ruído, para não despertar o irmão, entretinha-se com Deus em altíssima contemplação. Às sextas-feiras, mais rigorosas eram as penitências e mais austero o jejum. Contentava-se com uma fatia de pão, que mendigava de joelhos, banhando-o com abundantes lágrimas. A bebida, diz-nos testemunha ocular, consistia numa mistura de fel e vinagre. A irmã, que já suspeitara, surpreendeu-o certa vez com o fel nas mãos, perguntando-lhe, aflita: "Que vais fazer com isto?". O jovem ficou em silêncio, lançando o conteúdo em pequeno frasco, que se esmerava em esconder. Quando Paulo deixou o lar paterno, certo dia Teresa, ao varrer a casa, bateu no frasco com a vassoura e o quebrou. Diz são Vicente Strambi:

> Coisa admirável! Apenas quebrado o vaso, difundiu-se pela habitação estranho perfume, que surpreendeu a todos. A piedosa irmã recolheu os fragmentos, examinou-os com atenção e notou que ainda estavam impregnados do fel que o servo de Deus aí guardara. Levou um fragmento a uma de suas tias, Rosa Maria, irmã corista no convento de Santo Agostinho, que também se inebriou com aquele delicioso perfume, revelando Deus por esse prodígio quão agradáveis lhe eram as austeridades de seu servo, em louvor da Paixão santíssima de Jesus Cristo![5]

[2.] S. 1. 46 § 15.
[3.] S. 1. 48 § 27.
[4.] VS. p. 438.
[5.] VS. pp. 9-10; S. 1. 47 § 16, § 26.

Eis como Paulo e João Batista estimulavam-se mutuamente na prática da mortificação. Espetáculo comovente, que Deus e os Anjos contemplavam com amor e que o mundo, sensual e frívolo, jamais poderá compreender: dois delicados jovens, calcando com os pés as flores da vida, lançam-se em busca dos sofrimentos com o mesmo afã com que outros se atiram ao lado dos prazeres!...

Não pensemos, contudo, que a mortificação cristã esteja sempre despojada dos encantos da sedução. Não, pois a pessoa se eleva e se enobrece à medida que se desprende dos sentidos, ao passo que se degrada e se avilta ao se tornar escrava das paixões. Da cruz, que abrasa, ressuma tal felicidade, que não há como comparar às alegrias da terra. De fato, a generosidade do sacrifício derrama nesses dois jovens privilegiados inexauríveis torrentes de celestiais consolações.

É assim a primavera da santidade. Deus atrai os eleitos pela doçura infinita do seu amor, saciando-os no manancial dos prazeres santos e dos divinos arrebatamentos. Então a terra nada mais representa para eles. Parecem ter asas. Voam ou, para falar com muito acerto, são elevados pelo sopro do Alto ao pórtico celeste. Estado este que oferece, sem dúvida, inefáveis atrativos; no entanto, nada mais é do que o começo da vida espiritual. Se durasse sempre, tornando fácil a santidade, seus merecimentos não seriam tão grandes, nem tão preciosa a coroa, e a pessoa jamais conseguiria a perfeição. Chega, pois, o momento em que se deve passar do Tabor ao Calvário, atravessando desertos áridos e as trevas da provação. Paulo não o ignorava. Sabia que a terra não é lugar para desfrutar de Jesus Cristo, mas para sofrer por ele. Quando, pois, essas inebriantes delícias lhe inundavam o ser, humilhava-se, aniquilava-se, acercava-se mais e mais dos espinhos da cruz, multiplicando as mortificações.

De volta a Castellazzo, inscreveu-se na Confraria dedicada a Santo Antão, cumprindo o regulamento com escrupulosa fidelidade. Eleito presidente, em todas as festas dirigia aos confrades uma fervorosa palestra.[6] A igreja era-lhe o lugar predileto. Nela, passava muitas horas do dia e da noite, modesto e recolhido, aos pés do Tabernáculo. Participava cotidianamente do Santo Sacrifício da missa; comungava ao menos três vezes

---

[6.] S. 1. 48 § 30.

por semana;[7] recitava no coro, com os sacerdotes, o divino Ofício, ou lá permanecia em oração.[8] Tão frequentes e prolongadas eram as visitas à igreja que era voz corrente: "Se desejardes encontrar o jovem Paulo, procurai-o na igreja".

Para ele, a noite mais deliciosa do ano era a de Quinta-Feira Santa. Costumava passá-la diante do santo sepulcro, aos pés do Deus do Calvário, acompanhando-o, com lágrimas e suspiros, nos diversos passos da Paixão.[9]

Oh, noite ditosa a que se passa junto ao sepulcro do Salvador! Noite de trevas e de luzes, de dor e de alvor! Quantas graças o doce Jesus não concede ali às pessoas que sofrem e velam com ele!

Assistindo certa vez ao Ofício das Trevas, ao ouvir as palavras: "Cristo se fez por nós obediente até à morte", sentiu-se penetrado do vivo desejo de imitar a Jesus Crucificado. Emitiu o voto de obediência, tomando por lema estas palavras de São Pedro: "Sede, pois, submissos a todos os homens por amor de Deus" (1Pd 11,13).[10] E, a partir daí, obedecia não somente aos superiores, mas até aos irmãos e a todos os que o mandavam, de modo a tornar-se, por amor de Deus, o mais submisso e dócil dos homens.[11]

Na igreja, sua modéstia inspirava devoção. Permanecia muitas horas de joelhos em terra, sem apoiar-se, com as mãos cruzadas sobre o peito, transpirando viva fé e profunda humildade. Atraiu assim a atenção da condessa Canefri, que todos os anos vinha de Alexandria passar o verão em Castellazzo. Comovida por exemplo tão edificante, interrogou ao sacristão quem era aquele jovem. De volta ao palácio, comunicou ao marido a agradável impressão que tivera: "Sem dúvida", exclamou, "aquele jovem está por tomar graves resoluções. Grandes coisas se hão de ouvir a seu respeito".[12]

[7.] S. 1. 70 § 70.
[8.] S. 1. 69 § 65.
[9.] S. 1. 84 § 25.
[10.] S. 1. 754 § 90; S. 2. 562 § 2.
[11.] S. 2. 565 § 18.
[12.] S. 1. 49 § 35.

Ao pé do altar, Paulo se absorvia em Deus, parecendo privado de toda sensibilidade física. Certa ocasião, enquanto adorava o Santíssimo Sacramento, exposto na igreja dos Capuchinhos, caiu-lhe sobre o pé um banco bastante pesado. Como se nada tivesse acontecido, continuou imóvel.

Diz são Vicente Strambi:

Seu companheiro, que nos relata o fato, ao ver escorrer o sangue, advertiu-o. Mas o santo, como se nada ouvisse, continuou na mesma atitude. Terminada a função, quis o outro obrigá-lo a entrar no convento para medicar-lhe a ferida, ao que recusou, dizendo: "Isto são rosas em comparação ao que sofreu Jesus e ao que merecem os meus pecados".[13]

As forças que amparavam o santo jovem nas austeridades e contra as seduções do mundo, hauriu-as no amor a Jesus Crucificado e na recepção frequente dos sacramentos. Uma Comunhão servia de preparação a outra, que era sempre mais fervorosa, ativando-lhe o vivo desejo de unir-se novamente a Jesus Sacramentado. Mais tarde, diria ao confessor: "Naqueles primeiros anos, deu-me Nosso Senhor o desejo de duas coisas: da sagrada Comunhão e do sofrimento".[14]

Seu confessor

Persuadido de que a obediência é o meio mais eficaz para o cumprimento dos divinos desígnios, desde o momento em que fizera a confissão geral entregara-se sem reserva à direção de seu pároco.[15] O sacerdote, admirado dos singulares caminhos percorridos pelo penitente e desejando discernir o princípio que lhe animava o agir, submeteu-o a duras provações. Humilhava-o e mortificava-o. Quando se apresentava na sacristia para se confessar, dizia-lhe o severo confessor que o atenderia na igreja; fazia-o esperar longo tempo, despachando-o sempre por último. Dizia-lhe,

---

[13]. S. 1. 136 § 12.
[14]. S. 1. 70 § 70.
[15]. É bom lembrar que não se trata do pároco da confissão geral, feita em Campo Ligúrio.

então, com aspereza: "Vamos, depressa!". E, quando o humilde penitente acusava alguma dessas imperfeições inevitáveis, de que só os santos se acusam, repreendia-o como dos maiores crimes.

É lamentável como esse diretor ultrapassava, por vezes, os limites da prudência. Chegou a despedi-lo da mesa eucarística, negando-lhe a Comunhão, como a pecador público, quando era maior a afluência do povo. Tal humilhação causava profunda ferida no amor de Paulo. Não obstante resignava-se em silêncio, imolando ao Deus do Calvário seu ardente desejo de se unir misticamente a ele.[16]

Em outra ocasião, enquanto orava no coro da igreja, sentiu-se arrebatado pelo divino amor, entre delícias e lágrimas. A fim de ocultar esses dons, cobriu o rosto com a capa. O implacável diretor correu para ele e, arrancando-a com desdém, o admoestou severamente: "É assim que se há de estar diante do Santíssimo Sacramento?".[17]

E Paulo, de caráter vivo e sensível, sorvia, por amor a Jesus Crucificado, o amargo cálice dessas ignomínias.

Dizia-lhe a natureza ou o demônio: "Abandona esse confessor e procura outro". Ao que respondia o heroico jovem: "Não, o demônio não há de levar a melhor; continuarei, custe o que custar.[18] Este é o confessor talhado para mim, pois me faz baixar a cabeça".[19]

No carnaval, quando muitos se entregam desenfreadamente a divertimentos profanos, dirigia-se nosso santo à igreja para adorar o Santíssimo Sacramento e reparar os ultrajes feitos à majestade divina. O confessor, que participava de uma festa familiar, quis submetê-lo a novo tipo de prova. Chamou-o e o intimou, com a severidade habitual, a que tomasse parte na dança. Nada mais contrário aos sentimentos do servo de Deus. Que penitência inesperada! Que fazer? Como conciliar o voto de obediência com as repugnâncias por tal divertimento?... Apressou-se Nosso Senhor a tirá-lo da angustiante situação, porquanto, no momento em que se dispunha a obedecer, cessou de improviso a música... é que todas

---

[16.] S. 1. 636 § 245.
[17.] S. 1. 637 § 245.
[18.] S. 1. 636 § 245.
[19.] S. 1. 71 § 72.

as cordas dos instrumentos se romperam!... Tomados de espanto, todos reconheceram nisso o dedo de Deus, e o confessor se convenceu de que Nosso Senhor destinava a grandes coisas o santo jovem.[20]

Proposta de casamento

Todavia, nova provação o esperava. Seus pais, desfavorecidos dos bens de fortuna, tinham que manter numerosa família.

Todas as suas esperanças repousavam em Paulo. Então, um de seus tios, o sacerdote Cristóvão Danei, desejoso de reintegrar a família no antigo esplendor, resolveu, de acordo com os pais de Paulo, uni-lo em matrimônio com rica e virtuosa donzela.

O êxito da empreitada parecia-lhe assegurado com o propósito de legar ao sobrinho todos os seus bens. Tratava-se, no entanto, de proporcionar-lhes uma entrevista, a fim de que tudo se ajustasse.

Paulo, porém, que já se entregara sem reserva a Deus, recusou tão sedutoras ofertas. Às instâncias do tio, respondia cortesmente não julgar que fossem esses os desígnios divinos sobre ele. O sacerdote, porém, aferrado sem dúvida à convicção da época, de que os primogênitos são destinados por Deus a perpetuarem a família, replicou-lhe ser seu dever aceitar a proposta em consideração aos pais, a quem o enlace iria tirar do humilde estado em que se encontravam. Contudo, ele permanecia inflexível.

Todos os membros da família juntaram, então, seus rogos aos do tio. O jovem sempre irredutível! Julgando a modéstia a causa da negativa e abusando da ascendência de tio e sacerdote, Cristóvão o obrigou a acompanhá-lo à casa da moça. O humilde filho da obediência dispôs-se a segui-lo. Eis, porém, reproduzido o belo e edificante exemplo de São Francisco de Sales: o angélico jovem nem sequer levantou os olhos para vê-la; pelo que nada se concluiu. No entanto, o tio pretendia triunfar a todo custo.[21]

[20.] S. 1. 71 § 71.
[21.] S. 1. 531 § 225.

Herança preciosa

Cruel perseguição para o espírito de Paulo! Os sentimentos mais opostos agitavam-lhe a alma. De um lado, o propósito de corresponder ao chamamento divino; de outro, o amor aos pais atrelado às mais duras dificuldades… Nessa dolorosa perplexidade, implorava o auxílio do Alto. E Deus lhe veio em ajuda de maneira extraordinária.

O tio cai enfermo e falece inesperadamente, deixando-lhe os bens para garantir o bom êxito de seus planos. Mas o santo herdeiro renunciou generosamente à herança na presença do vigário forâneo.

Tomou para si apenas o breviário e, dirigindo-se ao crucifixo, os olhos banhados em lágrimas, exclamou: "Ó meu Jesus Crucificado, protesto que de tal herança desejo apenas este livro de oração, porque vós somente me bastais, ó meu Deus! Meu único Bem!".[22]

Daí se infere quanto o servo de Deus amava a pobreza e a pureza de coração, consagrando-lhes igual estima, e às quais o texto sagrado promete a bem-aventurança celeste.

Eis as duas asas que o elevaram acima das vulgares realidades do mundo e com as quais desenvolverá crescente apostolado pela glória de Deus e salvação das pessoas.

Primeiros ensaios de apostolado

Vimo-lo, desde os mais verdes anos, oferecer aos irmãozinhos exemplos de todas as virtudes. Entretinha-os diariamente com piedosas leituras e se esforçava por infundir-lhes terna e sólida devoção à Paixão de Jesus Cristo.

O zelo, porém, que lhe incendeia todo o coração reclamava mais espaços onde projetar suas benéficas irradiações.

Mal ingressara na Confraria de que já falamos, impuseram-lhe o cargo de presidente. Fora eleito por unanimidade. Ao presidente cumpria dirigir nas reuniões uma exortação espiritual aos confrades. E Paulo o

---

[22.] S. 1. 707 § 159.

fazia magistralmente, comunicando às palavras tal calor e graça, tanta doçura e unção, que penetravam os corações. Logo atraiu para si a população toda, desejosa de ouvi-lo.

Aos domingos, explicava também a doutrina cristã às crianças.[23] Esses primeiros ensaios de zelo granjearam-lhe total influência. Desta se aproveitou Paulo para formar uma associação de jovens, inspirados pelo mesmo amor à solidão e à prece. Com eles ia, com frequência, espairecer pelos campos, entretido em colóquios familiares, repletos de unção, insinuando-lhes o desprezo do mundo e o amor à virtude, na qual alguns, como refere o santo, se tornaram exímios.

Ensinava-lhes o modo de meditar a Paixão de Jesus Cristo, evidenciando-lhes, assim, o caminho seguro e rápido que conduz à perfeição. Dentre eles, oito abraçaram o Instituto dos Servos de Maria, oito ingressaram na Ordem de Santo Agostinho e quatro vestiram o hábito de São Francisco.[24]

Tinha para com os pobres e enfermos grande solicitude e cuidados maternos. A fim de proporcionar-lhes assistência pronta e regular, fundou um sodalício, alistando seus companheiros nessa milícia de caridade, cujo zelo avivava com a palavra e o exemplo. Distribuía esmolas aos pobrezinhos, de joelhos, em atitude de profunda veneração.[25] Quando enfermos, assistia-os continuamente, prodigalizando-lhes todos os cuidados corporais e espirituais.

Sua caridade os seguia além do túmulo, sufragando-os com a esmola da oração. Os cadáveres mais infectos, qual outro Tobias, carregava-os aos ombros. Tais exemplos levavam seus jovens amigos a imitá-lo.[26] Fixando os olhares naquela sepultura aberta, lia, como em grande livro, a miséria das coisas terrenas. Certa vez, as reflexões sobre a vaidade do mundo causaram tal impressão a um de seus companheiros que se apressou a ir abraçar a cruz de Cristo nas austeridades do claustro.

[23.] S. 1. 48 § 30; 46 § 13.
[24.] S. 1. 69 § 65; S. 2. 70 § 51.
[25.] S. 1. 47 § 18, 24.
[26.] S. 1. 70 § 67.

A voz dos prodígios

Paulo empreende novo apostolado: resolve pôr fim aos escândalos de alguns jovens libertinos. Não era fácil a tarefa; porém, a força do Todo-Poderoso veio-lhe em auxílio. Deus comunicou-lhe o dom de penetrar as consciências e ler no âmago dos corações. Ao acercar-se dos pecadores, estranho mau cheiro lhe revelava a fealdade de tais pessoas. Dizia-lhes com convicção: "Meu amigo, cometeste tal pecado. Vai confessar-te!".[27] O espanto e a vergonha se apoderavam do culpado, que julgava sua falta conhecida apenas de Deus. Paulo, porém, com toda doçura o animava, o dispunha ao sacramento da Penitência e o encaminhava a um bom confessor, para que lavasse no sangue do Cordeiro as máculas da alma. Os que se lhe mostravam dóceis recebiam de Deus abundantes graças; os que, ao contrário, lhe desprezavam as admoestações, eram amiúde castigados exemplarmente. Predizia-lhes, na persuasão de profeta, os espantosos castigos que mereciam.

Um jovem chamado Damião Carpone era o escândalo da mocidade de Castellazzo. Paulo caridosamente o exortou a mudar de conduta: "Toma cuidado, meu amigo! Se continuares assim, perecerás em breve e de morte trágica". O infeliz desprezou o aviso. Meses depois, nos campos banhados pelo rio Bormida, encontraram-lhe o cadáver transpassado por várias punhaladas. Fora assassinado em uma de suas excursões noturnas.[28]

Um pai, amargurado pela má conduta do filho, suplicou a Paulo que o ajudasse a mudar de vida. O nosso santo falou ao jovem com muita caridade, exortando-o a pedir perdão ao pai. "Pedir perdão a meu pai? Jamais o farei", respondeu o desalmado. "Recusas pedir perdão? Pois bem, em breve morrerás".[29] Passados alguns dias, embora tivesse ótima saúde, o desventurado morreu de forma repentina.

Após esses fatos, subiu de prestígio no conceito de todos a santidade de Paulo Francisco. Formou-se em torno dele um misto de temor e de afeição que confere tanto poder aos homens de Deus. E Castellazzo

---
[27] S. 1. 69 § 66.
[28] S. 1. 822 § 10.
[29] VS. p. 11.

se transformou. Já não se viam os abusos até então inutilmente criticados pelos ministros do Evangelho.

Um dia, relataram a Paulo que duas senhoras francesas se encontravam sem asilo e sem pão. Duplamente infelizes essas estrangeiras, pois, além de indigentes, não eram católicas. Isso bastou para excitar-lhe o zelo e a caridade. Pediu aos pais que lhes dessem hospedagem por amor a Cristo.

Convertê-las, fazendo-as ingressar no redil da verdadeira Igreja, eis a principal aspiração de Paulo. Conseguiu em parte seu intento, pois uma delas renunciou ao protestantismo e foi por ele colocada no convento de Santa Maria, de Alexandria.[30]

Eram as primícias do apostolado do nosso santo, que contava apenas vinte e cinco anos de idade. E quantas virtudes e boas obras já praticara! Esses primeiros anos, primavera espiritual, de tão doces recordações, jamais se lhe apagariam da memória.

Que conceito tão elevado já poderíamos formar de Paulo e da sua juventude, se ele mesmo, em sua velhice, chegado já ao cume da perfeição e da cruz, teria dela saudade![31]

---

[30]. S. 1. 47 § 24.
[31]. S. 1. 69 § 65.

CAPÍTULO IV
1716-1719

Novo diretor

O diretor espiritual de Paulo, já o vimos, era o pároco de Castellazzo.

Notando no jovem dons extraordinários, sinal de grandes desígnios do Senhor, julgou bem confiá-lo à direção de sacerdote mais versado nos caminhos de Deus.

A Providência conduziu o nosso santo a frei Jerônimo de Tortona, religioso capuchinho, do convento de Castellazzo.[1]

O novo diretor, dotado daquele tato divino que nenhuma qualidade natural pode suprir, divisou em Paulo Francisco uma dessas almas nobres, predestinadas à eminente santidade. Começou, pois, a guiá-lo pelo caminho da perfeição e permitiu-lhe a Comunhão diária, secundando-lhe o ardente desejo de viver constantemente unido a Jesus.

Com direção tão esclarecida, Paulo se entregou com maior fervor ao divino serviço. Temendo, porém, a estima e louvores humanos, comungava e fazia prolongadas meditações ora numa igreja, ora noutra, dando preferência às menos frequentadas.[2]

Dócil às inspirações da graça, elevou-se rapidamente aos mais altos graus da contemplação divina.

Tão admiráveis progressos alarmaram a frei Jerônimo, que, desconfiando das próprias luzes e temendo embargar as operações do Divino Espírito Santo, aconselhou ao penitente que consultasse um seu coirmão,

---

[1]. S. 1. 53 § 53.
[2]. S. 1. 71 § 73.

célebre pela ciência e pelos labores apostólicos, de raro talento na direção espiritual: frei Colombano de Gênova, residente em Ovada.

Paulo tinha que percorrer cerca de trinta quilômetros a pé para encontrar com o frei Colombano, mas fazia-o de bom grado, quer para obedecer ao diretor, quer porque o santo capuchinho o atraía pelas luzes e pela coragem que suas palavras lhe infundiam.

Deus prepara o fundador dos Passionistas

Estamos em 1718 e Deus começa a revelar a Paulo a ideia da fundação de um Instituto religioso.[3]

Nosso Senhor costuma dar à pessoa certa tendência para o sacrifício que lhe prepara. A princípio vagamente; depois, com segurança e clareza. É uma espécie de iniciação diária, conduzida com infinita suavidade. Assim, da noite escura não se passa à luz meridiana sem que precedam o alvorecer e a aurora, preparando a vista para o resplendor do dia.

Ó maravilhoso agir da Providência! Por essa inclinação ao bem pronunciada, como provém de Deus, o diretor perito na ação misericordiosa da graça pode descobrir as vocações extraordinárias.

Eis por que, no trabalho ainda secreto das vocações, a pessoa necessita de firme direção. Caso contrário, fácil seria afastá-la do verdadeiro caminho, desconhecendo quem a dirige os desígnios de Deus.

Paulo comunicava a frei Colombano as primeiras luzes a respeito da futura Congregação. Por vezes, era um grande desejo de retirar-se na solidão, ou a inspiração de reunir companheiros, bem como de andar descalço e revestir-se de pobre túnica.

O diretor ouvia tudo e examinava com a máxima atenção, e, perito como era, concluiu, enfim, serem luzes vindas do alto.

[3.] Trata-se, ainda, de uma vaga ideia de retirar-se para fazer penitência (S. 2. 718 § 67). Vem-lhe, depois, inspiração de reunir companheiros para viverem juntos e trabalharem pela salvação das almas. Após dois anos, teve uma visão na qual lhe foi revelado em concreto o que devia fazer.

Ouçamos, porém, o nosso santo a respeito do modo como Deus o guiava. Esta página inspirada, escrita por ordem do confessor e em que se revelam as comunicações de Deus, respira verdadeiro encanto.

Eu, Paulo Francisco, pobre e indigno pecador, o último dos servos de Jesus Cristo, cerca de dois anos depois que a infinita bondade de Deus me chamou à penitência, ao passar certa vez pelas praias de Gênova, deparei-me com uma pequena igreja solitária sobre um monte, em Sestri Levante, dedicada à Santíssima Virgem do Gazzo. Ao contemplá-la, experimentei fortíssimo desejo de viver naquela solidão; porém, obrigado por dever de caridade a assistir meus pais, não pude levá-lo a efeito e guardei-o no coração. Tempos depois, não me lembro do mês nem do dia, senti novo impulso, muito mais forte, de retirar-me à solidão. Essas inspirações Deus as dava a mim com grande suavidade interior.
Ocorreu-me ao mesmo tempo a ideia de vestir-me de túnica preta da lã mais ordinária, andar descalço e viver na mais rigorosa pobreza. Numa palavra, aspirava viver, com a graça de Deus, vida penitente. Esse pensamento jamais me abandonou. Um atrativo sempre mais forte chamava-me ao ermo, não unicamente à igreja de que falei, mas a qualquer solidão.
Tinha somente em vista seguir os amorosos convites de meu Deus, cuja infinita bondade me impelia a abandonar o mundo. Como não pudesse dar cumprimento a esse desejo, por ser eu indispensável à família, isto é, a meu pai, à minha mãe e a meus irmãos, mantinha sempre secreta a minha vocação, abrindo-me tão somente com o padre espiritual.
Ignorava os desígnios de Deus sobre mim, pelo que não pensava senão em desprender-me dos afazeres domésticos para retirar-me mais tarde à solidão.
Contudo, o soberano Bem, que em sua infinita misericórdia tinha outros desígnios sobre este miserável verme da terra, não permitiu que me libertasse então de tais encargos. Quando estava prestes a desembaraçar-me, novas dificuldades surgiam, aumentando mais e mais aqueles anseios. Por vezes pensava em reunir companheiros, ideia que se me fixara no íntimo da alma.[4]

[4.] Lt. IV, 217-218.

Essas primeiras luzes eram apenas o esboço da santa obra a que Deus o destinava. O jovem multiplicava as preces e as mortificações, rogando a Nosso Senhor sinais mais claros de sua divina vontade. Em breve essas luzes se tornarão mais frequentes e mais inequívocas.

De tempos em tempos, Deus fazia-lhe compreender, por locuções internas, que o destinava a uma obra importantíssima, difícil e repleta de sofrimentos. Outras vezes, atraindo-o a si com suave arrebatamento, dizia-lhe: "Far-te-ei ver em breve quanto deves padecer pelo meu nome".

Um dia, enquanto rezava diante do Santíssimo Sacramento, segredou-lhe o Senhor: "Meu filho, quem de mim se aproxima, aproxima-se dos espinhos".[5]

Ouçamos a Paulo:

Enquanto orava, vi nas mãos de Deus um açoite formado de cordas, como uma disciplina. Nele estava escrita a palavra "amor". Ao mesmo tempo, Nosso Senhor dava à minha alma altíssimo conhecimento de que iria açoitá-la, mas por amor, e a alma se lançava alegremente para o açoite, a fim de abraçá-lo e beijá-lo em espírito. Com efeito, depois que Deus, por sua infinita bondade, me deu essa visão, logo se seguiram grandes sofrimentos, e eu tinha plena certeza de que vieram porque Deus me dera conhecimento infuso disso.[6]

Doença misteriosa

Paulo devia ser Apóstolo e plasmar apóstolos. Estava destinado para ser chamado à vida mais espinhosa, ao martírio do apostolado. Duas coisas são necessárias para a sua completa submissão ao sacrifício: o perfeito conhecimento da misericórdia de Deus e de sua infinita justiça.

Quanto à misericórdia, já o instruíra Jesus, mostrando-se a ele em sua Paixão; vai fazê-lo sentir agora a justiça. À visão do amor, seguiu-se a visão espantosa do inferno. Contemplou por instantes os horríveis sofrimentos dos condenados.

[5.] S. 1. 319 § 75; OAM. p. 41.
[6.] Lt. IV, 219.

Estava acamado por contusão em uma das pernas. De repente, é assaltado de pavorosos estremecimentos. Perde os sentidos e prorrompe em altos brados, misto confuso de palavras de raiva e de desespero.

Não é fácil imaginar o espanto dos irmãos João Batista e Teresa, que lhe vieram em socorro, vendo-o tremer dos pés à cabeça, desfigurado, tendo estampada no rosto a sensação de horror, e exclamando: "Não! Jamais direi o que vi".[7]

Roga que chamem o pe. Jerônimo, com o qual se entretém longo tempo em secreta conversação. Sua irmã, que, levada por repreensível curiosidade, se pusera a auscultar na porta, ouviu-o exclamar: "Oh, pe. Jerônimo, como é longa a eternidade!".

Mais tarde, confiou a alguém que naquela ocasião fora transportado pelos Anjos ao inferno e lá contemplara, apavorado, os sofrimentos eternos dos condenados.[8]

Sacrifícios pela direção

Quando se chegou a compreender o infinito do inferno e o infinito do Calvário, tudo está compreendido: o pecado e sua malícia; o ser humano e o seu preço; Deus, sua justiça e sua misericórdia.

Estava plasmado o apóstolo da Paixão!

Com que ardor não trabalhará para purificar as almas no sangue do Redentor e libertá-las dos castigos que acabara de presenciar?!

Os desígnios de Deus são insondáveis! Quando mais necessitava o nosso santo daqueles diretores, em vista das graças extraordinárias com que Deus o favorecera, ambos lhe são arrebatados. O pe. Jerônimo e o pe. Colombano, em consequência das eleições capitulares da província, passaram a outros conventos.

Provavelmente a conselho deles e para ter direção estável, tomou o servo de Deus por confessor o revmo. cônego penitenciário

---

[7.] O fato aconteceu em 1719-1720, depois de alguns jejuns e penitências.

[8.] No OAM. pp. 21-26 citam-se os depoimentos com as relativas fontes (cf. S. 1. 72 § 74).

da catedral de Alexandria, Policarpo Cerruti, doutor em teologia e direito canônico.

Eis o que mais tarde Paulo escreveu sobre ele em uma carta:

> Notifico-lhe que dois sacerdotes se uniram a nós. Outros quatro nos foram enviados da Lombardia pelo meu antigo confessor, que é cônego penitenciário da catedral de Alexandria e que, quando eu ainda estava na vida secular, dirigiu minha pobre alma. Ele os provou e posso fiar-me bem do juízo desse servo de Deus, pois é bastante culto.[9]

Paulo abriu de par em par a alma ao cônego Cerruti. Este, ao ouvir coisas tão insólitas, temendo ilusões e desejando levá-lo pela via segura da humildade, mostrava-se indiferente e o tratava com severidade. Fazia-o esperar manhãs inteiras antes de ouvi-lo em confissão, embora houvesse percorrido seis quilômetros em jejum.[10]

Quando lhe referia suas elevadas aspirações e santos desejos, ao invés de aconselhá-lo e dirigi-lo nas dúvidas, repreendia-o, atribuindo tudo a alucinações.

Paulo escolhia, geralmente, a Paixão de Cristo como assunto de meditação, prova da infinita caridade de um Deus imolado pela nossa salvação. Daí remontava ao soberano Bem, como a águia olha o sol: sublime contemplação, em que os inefáveis ardores de seu amor encontravam dulcíssimo refrigério. Dir-se-ia que o cônego Cerruti pretendia dirigi-lo por veredas bem diversas daquelas a que Deus o chamara, contrariando o parecer do pe. Jerônimo e do pe. Colombano.

Repreendia-o asperamente como presunçoso, ordenando-lhe que não meditasse sobre o futuro, senão sobre o pecado, a morte, o juízo, o inferno e o paraíso, ou qualquer outro ponto da via purgativa.

Dura provação para essa alma já tão sublimada por Deus!

---

[9]. Lt. II, 235.
[10]. S. 1. 71 § 73.

Apesar de lhe custar duros sacrifícios constranger sua alma a palmilhar o caminho comum, obedeceu com simplicidade de criança, conquistando vitória sobre si mesmo. Pôs-se, com efeito, a meditar sobre o pecado.

O Senhor, porém, que se compraz nas pessoas dóceis e desapegadas de si mesmas, recompensou-lhe a obediência. Outorgou-lhe ao espírito clarividências celestes, suspendeu-lhe as operações do entendimento, atraiu-o a si com doçura e força irresistíveis, e, em rápidos voos espirituais, elevou-o ao conhecimento dos altos mistérios da fé.

Mas como relatar o martírio dessa alma?

Por um lado, não queria deixar o caminho traçado pelo diretor; por outro, Deus o atraía invencivelmente por veredas superiores. Lutas dolorosas a lhe multiplicarem os tormentos do coração!

Não resistiu a natureza a essa rude prova. Caiu gravemente enfermo; esteve entre a vida e a morte. Deus, porém, quis conservar-lhe a existência para sua glória, fazendo com que se restabelecesse perfeitamente.

Continuava Nosso Senhor, nos êxtases, a revelar-lhe, embora veladamente, o futuro Instituto da Paixão. Apresentava-lhe misteriosa túnica preta, repetindo-lhe ao espírito: "Meu filho, quem me abraça, abraça os espinhos".[11]

Paulo compreendeu que iria tornar-se realidade a aspiração que havia muito vinha alimentando: esconder sua vida no silêncio e na austeridade. Mas, como o diretor contemporizasse, vivia em contínuas e penosas incertezas.

Deus favoreceu-o, então, com graça muito específica. Fiel à obediência, continuava a meditar sobre os Novíssimos. Ao chegar à consideração do paraíso, foi de modo extraordinário arrebatado em Deus. Segredou-lhe o Senhor no mais íntimo da alma estas palavras: "Meu filho, no Céu o bem-aventurado não estará unido a mim como amigo a amigo, mas como o ferro penetrado pelo fogo".[12] E, no mesmo instante, como a luz divina lhe sublimasse a inteligência, elucidando-lhe o espírito, conce-

---

[11]. S. 1. 319 § 75.
[12]. S. 1. 72 § 74.

beu altíssimo conhecimento da transformação da alma bem-aventurada em Deus, da visão de Deus na luz de Deus e do amor divino comunicado pelo mesmo Deus com o esplendor de sua glória. Compreendeu, enfim, no mistério da glorificação dos eleitos, coisas inefáveis que a linguagem humana não pode exprimir.[13]

Paulo e seu Instituto terão por especial encargo pregar a Jesus Crucificado. Por isso, comprazia-se Deus em mostrar-lhe no Calvário a única estrada do paraíso, fazendo-lhe a mesma revelação que ao grande Apóstolo das Gentes, que, arrebatado aos Céus, ouvira palavras tão sublimes que não é dado ao homem repeti-las na terra (2Cor 12,4). Como Paulo de Tarso, o nosso santo porá toda a sua glória na cruz de Cristo, pregando Jesus Crucificado a todos os povos.

---

[13] S. 1. 72 § 74; 164 § 66; cf. OAM. pp. 17-20.

CAPÍTULO V
JANEIRO A NOVEMBRO DE 1720

Dom Francisco M. Gattinara

Até esse momento, a vida de Paulo fora feita de sacrifícios, de abnegação, de humildade.

O confessor reconheceu, enfim, na humildade e na constância do penitente a generosidade de sua alma e dele concebeu tal estima a ponto de reverenciá-lo como santo, destinado às honras dos altares.

Agora já eram evidentes os sinais de que Deus o escolhera para fundar um novo Instituto. Urgia, pois, que se pusesse em relação com a autoridade competente, o bispo diocesano.[1]

É possível acreditar que este já tivesse notícia do servo de Deus, porquanto a virtude do santo jovem espalhava o bom odor de Jesus Cristo não somente em Castellazzo, mas por outras localidades, inclusive, Alexandria. Por toda parte se falava da santidade de sua vida como de verdadeiro prodígio.

É nosso dever pagar aqui sincero tributo de reconhecimento e gratidão ao sábio e santo pontífice, escolhido por Deus para lançar a pedra fundamental do Instituto.

Dom Francisco Maria Albório de Gattinara nasceu em Pavia, em 1658, de família ilustre. Foi um desses homens singulares, enviados por Deus à terra para o bem das pessoas. Inteligência privilegiada, coração nobre e generoso, desapegado das vaidades do mundo e das doçuras do lar, consagrou-se ao Senhor aos dezesseis anos, na Congregação dos Clérigos

---

[1]. S. 1. 72 § 74.

Regulares de São Paulo, chamados Barnabitas. O estudo e a piedade fizeram-no grande apóstolo do Evangelho. Possuía todas as qualidades do verdadeiro orador sacro.

Dominava-o uma só paixão: ganhar pessoas para Deus. Manifestava tal zelo frequentemente, sem querer, com os soluços, eloquência do coração, que iam ferir o coração dos ouvintes, conquistando para Nosso Senhor os mais empedernidos pecadores. Seus sermões eram interrompidos pelas lágrimas, tornando-se proverbial a expressão: "Que é que derrama com mais abundância no púlpito o pe. Gattinara, os suores ou as lágrimas?".

Como prêmio por suas virtudes, ou melhor, para o bem das pessoas, Clemente XI, em 1706, o nomeia bispo de Alexandria, e Bento XIII, em 1726, o transfere para a sede arquiepiscopal de Turim. Essa promoção serviu para fazer brilhar ainda mais as virtudes insignes do santo prelado.

"A grandeza", diz Bossuet, "longe de enfraquecer a bondade, a auxilia a comunicar-se, como o chafariz que lança para o alto suas águas a fim de se espalharem mais e correrem melhor".

Modelo perfeito de pastor, suas primeiras solicitudes foram para o clero, porção preciosíssima do seu rebanho, a quem não cessava de incutir, mais com o exemplo do que com as palavras, o verdadeiro espírito sacerdotal.

Dedicou igualmente grande parte de seu apostolado à salvação e à santificação das pessoas.

Pai dos pobres, empregava todos os recursos para aliviar-lhes as misérias, lamentando não poder ajudar a todos. É impossível converter em algarismos os tesouros que derramou sobre a miséria dos indigentes. Como se isso não bastasse, a exemplo do divino Mestre, imolou a própria vida por seu rebanho.

Em 1743, após desoladora guerra, sobrevieram, como costuma acontecer, a peste e a fome. Compreendeu o bispo que chegara a hora do supremo sacrifício. Renovou, então, os exemplos de Carlos Borromeu e dos maiores servos de Deus, oferecendo-se em holocausto para a salvação do seu povo. Ordenou solene procissão de penitência, a que tomou parte, apesar da idade avançada.

De volta à catedral, dirigiu à consternada congregação palavras repletas de ternura paternal. Ao terminar, levantou os olhos ao Céu, suplicando ardorosamente à divina justiça que, se ainda exigia reparação, descarregasse os golpes sobre o pastor, mas poupasse o rebanho.

A vítima foi aceita: não terminara o sermão e já era acometido do mal que consumaria o sacrifício. Dias depois, recebia o santo ancião das mãos de Deus a coroa merecida pelo heroísmo de sua caridade.

Tal foi o ilustre bispo, de quem Paulo recebeu a humilde túnica da Paixão.[2]

O piedoso jovem pôs-se inteiramente em suas mãos, como se fosse nas do Altíssimo. Fez a confissão geral e comunicou-lhe as luzes recebidas do Senhor.

O prudente prelado, depois de ouvi-lo com atenção, ordenou-lhe trazer por escrito as revelações com que Deus o favorecera.

Lendo o manuscrito de Paulo, o bispo não teve dificuldade em reconhecer nele o selo divino. Comovido, banhando com suas lágrimas aquelas páginas inspiradas, exclamou: "Aqui está o pai das luzes!...".

Qual a origem desses segredos celestes, que fazem chorar de ternura o santo diretor? Paulo nos diz:

> No verão p.p. (não me recordo o mês nem o dia, porque não o anotei; lembro-me tão somente que era o tempo da colheita do trigo), em dia de semana, terminava de comungar na igreja dos Capuchinhos de Castellazzo, quando me senti de todo absorto e profundamente recolhido. Tornei, sem demora, à casa e ia tão concentrado como se estivesse em oração. Antes de lá chegar, senti-me arrebatado em Deus, com recolhimento ainda mais profundo. Todas as potências de minha alma se abismavam no soberano Bem. As criaturas todas desapareceram do meu pensamento e meu interior se inundava de celestiais suavidades.
> Vi-me de repente revestido de preto até o chão, com uma cruz branca sobre o peito. Sob a cruz estava escrito o nome santíssimo de Jesus, também

---

[2.] *Biografia dos homens ilustres da Cong. dos Barnabitas*, ed. 1751, p. 152.

em letras brancas. Momentos depois, ainda enlevado em Deus, vi que me apresentavam a túnica, adornada com o sagrado nome de Jesus e com a cruz branca.

A túnica era preta, e eu a osculava com alegria. Quando me foi apresentada, não divisei forma corpórea: vi-a em Deus. Com efeito, a alma conhece que é Deus porque ele mesmo a faz compreender pelos movimentos internos e pelas luzes que lhe derrama no espírito, de maneira tão sublime que é dificílimo explicar.

O que, então, a alma compreende é algo de tão sublime que não se pode referir nem escrever. Para exprimir-me o melhor possível, direi ser à maneira de visão espiritual, como Deus se tem dignado conceder-me muitas vezes, quando se compraz em enviar-me particular provação.[3]

Em verdade esse jovem, ainda na vida secular, já falava a linguagem de Santa Teresa e de São João da Cruz. Vê-se que possuía o mesmo Mestre divino. E continua:

Depois da visão do santo hábito e do emblema sagrado, Deus aumentou-me o desejo de reunir companheiros e de fundar, com a aprovação da santa Igreja, uma Congregação, que tivesse por título: "Os Pobres de Jesus".

A partir daí, imprimiu-me no espírito os dizeres das santas Regras a serem observadas pelos Pobres de Jesus e por mim, seu humilíssimo e indigno servo.

Nossa Senhora aparece-lhe

Certo dia, enquanto orava, Paulo viu a Santíssima Virgem trazendo nas mãos o mesmo santo hábito, com a diferença de que a palavra "Jesus" era seguida por estas duas: "*XPI Passio*". E, imediatamente, viu-se revestido daquele hábito.[4] Compreendeu que a grande empresa a que Deus o chamara devia realizar-se sob o patrocínio e poderoso auxílio da Santíssima Virgem.

Essas visões revelam tais características de verdade que ninguém, ainda que pouco versado em assuntos espirituais, deixará de reconhecer,

---

[3.] Lt. IV, 218-219.
[4.] Lt. IV, 222 n.; VS. p. 358.

à primeira vista, a ação de Deus. Contudo, para poder explicar o que havemos de referir do nosso santo, diremos algo sobre a origem e os efeitos das visões. Ouçamos a São João da Cruz, mestre nessa matéria:

> Se, na obscuridade de uma noite profunda, brilhar resplandecente luz, divisaremos clara e distintamente os objetos que o espesso véu das trevas nos ocultava. Apenas desapareça essa luz, cairemos novamente na obscuridade, mas esses objetos continuarão profundamente gravados em nossa memória.

Eis o que se passa nas visões celestiais.

Oculto sempre nas secretas escuridões da fé, o divino Sol da inteligência, que é a mesma Verdade, faz sentir à alma, por uma luz muito viva, que ela se encontra nesse Sol ou, como diz Paulo, no "imenso", e é nesse instante que lhe descobre o que deseja revelar-lhe e nela permanece impresso com tanta clareza, sendo impossível duvidar, mesmo quando a luz tiver desaparecido.

"Tenho mais certeza", diz Paulo, falando de suas visões, "daquilo que vejo em espírito pela sublime luz da fé do que se o visse com os olhos corporais".

E aduz a razão de que os olhos podem enganar-se por algum fantasma, ao passo que em tais visões, conforme Deus lhe fizera compreender por conhecimento infuso, impossível é o erro.[5] Aliás, Santo Agostinho já dissera que a Verdade imutável ilumina a inteligência de maneira inefável.[6]

Ao desaparecer essa luz, a pessoa cai de novo em trevas, isto é, volta às debilidades da natureza corrompida, chegando a sofrer repugnâncias e desalentos ocasionados pela dificuldade da tarefa ou pelas hesitações e dúvidas, não a respeito da autenticidade das revelações, mas da sua interpretação e maneira de executá-las, e, enfim, pelo temor de pôr obstáculos, com incorrespondências, à obra de Deus.

---

[5]. Lt. IV, 219.
[6]. De Civit. Dei, lib. XVI, cap. 6.

Nesse estado se achava o espírito de Paulo, após as visões que acabamos de referir. O bispo, a quem prestava minuciosa conta, examinava-o com a discrição e a reserva exigidas em semelhantes casos, sem se pronunciar.

Por essa razão, Paulo ainda não se decidira. Inquieto e indeciso, inclinava-se a realizar o desejo que tivera outrora de consagrar-se a Deus em alguma Ordem religiosa.

Certo dia em que, seguindo em solitária estrada, mais do que nunca era perseguido por esse pensamento, apareceu-lhe a Santíssima Virgem. Estava revestida de túnica preta e trazia no peito virginal o "emblema sagrado", extremamente branco, sobre fundo preto. Era o emblema em forma de coração encimado por pequena cruz, tendo no centro o lema da Paixão e, embaixo, três cravos.[7]

Maria, ostentando no rosto a tristeza do Calvário, dirigiu-lhe estas palavras: "Vês, meu filho, como estou de luto? É por causa da dolorosíssima Paixão do meu amado Filho Jesus. Deves fundar uma Congregação, cujos membros se revistam de um hábito igual a este, em sinal de contínuo luto pela Paixão e Morte de meu Filho".[8] E desapareceu.

Os sentimentos que o empolgaram nessa dulcíssima aparição faziam-no exclamar, muitos anos após, inebriado de prazer: "Oh, como era formosa!"...

Dissiparam-se-lhe as dúvidas. Conheceu claramente a meta que lhe traçara a Providência. Compreendeu também que havia de ser angelical a pureza dos que trouxessem o hábito que a Virgem Imaculada consagrara, vestindo-o primeiramente.

Paulo é revestido do hábito religioso

O bispo não podia duvidar de que essas visões e revelações provinham de Deus. Além de implorar as luzes do Pai celeste, consultara

---

[7.] "JESU XPI PASSIO": Paixão de Jesus Cristo. XPI são letras gregas e formam a primeira sílaba da palavra Cristo; são encimadas por um sinal de abreviação.
[8.] PAR. 2301; OAM. p. 163.

os mestres na ciência dos santos, particularmente o pe. Colombano de Gênova, por quem nutria grande estima. Este residia no convento de Pontedécimo, perto de Gênova.[9]

Como vimos, o pe. Colombano aprovara o espírito de Paulo, a quem amava como a um filho em Jesus Cristo. Descobrindo nessas maravilhas a obra do Espírito Santo, apressou-se em dar o seu parecer ao digno bispo, suplicando-lhe que revestisse, o quanto antes, do santo hábito da Paixão o eleito do Senhor.

Possuímos uma carta desse religioso, escrita ao prelado no dia 25 de novembro de 1720. Após referir que Paulo passara por todos os graus da oração e era dotado do espírito profético, assim se expressa:

> Por intermédio de V. Sª ilustríssima, dignou-se o Pai das misericórdias e o Deus de toda consolação confortar-me. Passei por muitas penas ao conduzir as pessoas à perfeição; no entanto, hoje, graças à divina Bondade, vejo com alegria como é fácil a Deus enriquecer o pobre em um momento,[10] hoje, em que Paulo Francisco recebeu, creio, o santo hábito. Agradeço humildemente a V. Sª ilustríssima...

Esse notável diretor de almas verificou que o mestre de Paulo era o próprio divino Espírito Santo.

Demasiadamente clara se manifestava a vontade de Deus para que o bispo vacilasse ou retardasse em cumpri-la. Ordenou, pois, a Paulo que se preparasse para receber o santo hábito, o mesmo que Nosso Senhor e sua Mãe Santíssima lhe mostraram.

Ninguém jamais poderá descrever a felicidade do nosso santo! Todavia, como foi fugaz! Não devia Paulo reproduzir em si a imagem de Jesus Crucificado?

O divino Salvador desejara ardentemente beber o cálice da amargura que o Pai lhe oferecera, mas, na véspera do supremo sacrifício, perturbou-se-lhe a alma e experimentou todas as repugnâncias da natureza humana.

[9.] S. 1. 72 § 76; POR. 2426.
[10.] Eclo 11,23.

Paulo suspirava pela hora de sacrificar-se por Deus e pelas pessoas, em união com a Vítima do Calvário. Ao chegar, porém, o momento do sacrifício, as tristezas, os desalentos, o abandono e o tédio assaltaram-lhe o espírito. Esses combates interiores ele mesmo os descreveu mais tarde, em carta a um jovem, seu penitente, para animá-lo à vocação religiosa. Dizia-lhe:

> Sereis feliz, meu querido amigo, se fordes fiel em combater e vencer, não vos deixando arrastar pelos sentimentos da natureza, tendo unicamente em vista a Jesus Crucificado, que vos chama com especial bondade a segui-lo. Será ele para vós pai, mãe e tudo mais. Oh, se soubésseis os assaltos que tive que sustentar antes de abraçar a vida religiosa! A extrema repugnância que me insinuava o demônio e a ternura para com meus pais, cujas esperanças, conforme a prudência humana, se estribavam unicamente em mim! As desolações interiores, as tristezas, os temores, tudo me dizia: "Não resistirás!".
> Satanás fazia-me crer joguete de ilusões e que bem poderia servir a Deus de outra maneira; que esta vida não era para mim... além de muitas outras coisas que passo em silêncio.
> O que mais me entristecia era haver perdido o sentimento de devoção. Sentia-me totalmente árido e tentado de todos os modos; o simples toque dos sinos causava-me horror. Todos me pareciam contentes, exceto eu. Em suma, é-me impossível descrever todos os grandes combates que me assaltaram, sobretudo quando chegou o momento de tomar o santo hábito e deixar o lar paterno. Tudo isso é a pura verdade; há, no entanto, muitas outras coisas que não sei nem se posso explicar. Ânimo, pois, meu querido amigo! Deus, Nosso Senhor, dará ao vencedor o maná oculto e um nome novo![11]

A intrepidez que Paulo desejava inspirar àquele jovem, ele a alcançara com a pontual fidelidade à graça e com o olhar perenemente voltado para Jesus Crucificado. Desse modo, triunfou dos assaltos do inimigo e encontrou na vitória o segredo de completar com alegria o sacrifício.

---

[11]. Lt. I, 410-411.

O santo bispo foi o primeiro benfeitor desse "Pobre de Jesus Cristo". Com o auxílio de suas esmolas, Paulo comprou o mais grosseiro pano usado pelos indigentes da cidade, fazendo-o tingir de preto.[12]

Desejava consagrar-se a Deus no mesmo dia em que a ele se consagrara Maria Santíssima no Templo de Jerusalém. Como, porém, naquele ano, a festa da Apresentação caía na quinta-feira, marcou para o dia seguinte a vestidura, sexta-feira, que se harmonizava perfeitamente com o espírito da Congregação que haveria de fundar. Essa festa serviu-lhe de preparação.[13] Comungou com insólito fervor e visitou as igrejas de Castellazzo.

Cortou os cabelos em sinal de renúncia ao mundo, apresentando-se à tarde aos pais para solicitar a devida licença. De joelhos, ante os membros reunidos da família, que choravam copiosamente, pediu-lhes perdão das faltas e, segundo sua expressão, dos maus exemplos que julgava ter dado. Suplicou aos pais que o abençoassem, dando-lhe permissão de se consagrar inteiramente ao Senhor.

Eles, patriarcas dignos àquela época, resignados à Santíssima Vontade de Deus, abraçaram ternamente o dileto filho e, com os olhos rasos de lágrimas, deram-lhe, com a bênção, o suspirado consentimento. Jubiloso, como se superasse a maior das dificuldades, entoou o *Te Deum*, hino de ação de graças, e, a fim de implorar a misericórdia divina, recitou o *Miserere*.[14]

Quem não se comove ao imaginar essa enternecedora cena de despedida? Sublime luta da natureza e da fé, vencida por esta que diviniza o que há de mais doce e forte na natureza.

Grande, sem dúvida, foi o sacrifício de ambas as partes, mas refulgente, outrossim, será a coroa da vitória.

Como bem nos trazem à memória aqueles heróis da primitiva Igreja ao se despedirem dos velhos pais, que os abençoavam ao se encaminharem para a última batalha, coroada pelo martírio!

[12.] O pe. João Maria diz que Paulo comprou o pano e o mandou tingir de preto (S. 1. 73 § 77). Teresa ouviu dizer que o hábito lhe fora dado pelo bispo (S. 1. 57 § 4). Outra testemunha diz que lhe fora doado por Bartolomeu Spongati (PA. 214).
[13.] S. 1. 73 § 77.
[14.] S. 1. 48 § 28.

O próprio Salvador, segundo piedosa tradição, na véspera do sacrifício, ajoelhado ante a divina Mãe, pediu-lhe a bênção e o consentimento para a imolação suprema. Quis assim ensinar aos pais cristãos que, unindo o seu ao generoso sacrifício dos filhos, receberão também a glória imortal do paraíso.

No dia seguinte, Paulo dirigiu-se para Alexandria. No caminho, sentiu tanto frio que temeu não resistir à austeridade da vida que estava por abraçar. Era ardil do inimigo, mas o jovem atleta da cruz recobrou ânimo e confiança em Deus, prosseguindo a viagem.

Em Alexandria, disseram-lhe que o bispo estava ausente e só voltaria no dia seguinte, ao que Paulo replicou: "Ele voltará hoje". Foi o que sucedeu, e, vendo o servo de Deus, preparou-se imediatamente para a cerimônia, realizada em sua capela particular.

Ajoelhado ante o altar, o santo apertava ao coração a cruz do divino Mestre, prometendo-lhe viver sempre crucificado para o mundo.

O bispo benzeu o hábito preto da Paixão e, profundamente emocionado, dele revestiu o filho de sua alma. Não lhe permitiu, no entanto, trazer externamente no peito o "sinal" sagrado, julgando prudente esperar o beneplácito da Sé Apostólica.

Esse acontecimento, memorável na história de qualquer Ordem religiosa, deu-se em 22 de novembro de 1720, sexta-feira, na mesma hora em que Jesus, ao morrer pregado no infame madeiro, oferecia o preço de seu sangue pela redenção da humanidade.[15]

[15.] S. 1. 54 § 58.

CAPÍTULO VI
NOVEMBRO 1720 – JANEIRO 1721

Retiro de quarenta dias

Quando a alma generosa e confiante, apesar das lutas de toda espécie, se entrega sem reservas ao sacrifício, retira-se o tentador, aproximam-se os Anjos e Deus derrama sobre ela graças e consolações.

Desde o dia da vestidura, Paulo experimentou completa mudança interior. Dir-se-ia revestido do "homem novo".

Desvaneceram-se-lhe os temores e as trevas, sucedendo-lhes a paz, a alegria e as luzes do Céu. Doravante não teria outro desejo senão agradar a Deus, palmilhando os exemplos de Jesus Crucificado.

Ordenou-lhe o bispo que escrevesse as Regras do Instituto da Paixão, conforme se lhe fixaram na mente após as visões já descritas.

O santo se preparou em retiro de quarenta dias. Mas, para executar ordem de tão elevada transcendência, da qual dependeria o futuro do novo Instituto, que moradia Paulo iria escolher? Que lugar ou, melhor, que santuário lhe ofereceria bastante silêncio, recolhimento e paz para comunicar-se com o divino Espírito Santo?

Havia um cantinho solitário, sob uma escada, atrás da sacristia da igreja de São Carlos. Com a autorização do bispo, para lá se retirou, esperando, como em outro Cenáculo, a divina inspiração.[1]

[1.] S. 1. 62 § 65.

O quarto era triangular, baixo, estreito, úmido, repugnante à natureza. Jamais ali penetrava o sol, apenas tênue claridade de luz filtrada pela pequena janela.[2]

De acordo com o péssimo lugar, mortificava-o o rude traje, verdadeiro cilício. Tinha sempre a cabeça descoberta e os pés descalços. Poucos sarmentos e algumas palhas sobre a terra nua constituíam-lhe a cama, onde, revestido do santo hábito, desfrutava de breve repouso.[3]

À meia-noite se levantava, tremendo de frio, indo à igreja, onde recitava Matinas e *Laudes* e meditava durante duas horas.[4] De manhã, ajudava nas missas e recebia a sagrada Comunhão. Disciplinava-se várias vezes ao dia até derramar sangue. Passava outras longas horas em oração. Todo o seu alimento consistia num bocado de pão, recebido de esmola. A bebida era simplesmente água.[5]

Com tais austeridades, à imitação de São Bento na gruta de Subiaco e de Santo Inácio na cova de Manresa, segregado do mundo, preparava-se para receber das mãos de Deus o código sagrado, que deveria reger a futura Congregação de apóstolos.

Detenhamo-nos por alguns instantes.

Aquele tenebroso recinto devia ser teatro de um desses dramas interiores em que o Céu e o inferno, Deus e satanás disputam uma alma.

Quem irá introduzir-nos naquela cela, a fim de presenciarmos lutas tão heroicas? O mesmo jovem atleta.

Possuímos precioso documento, um diário, escrito por sua mão, por ordem do bispo, que desejava ser informado a respeito das diversas fases por que Deus conduzia o servo fiel.[6] Percorramo-lo de relance, dando a palavra, quanto possível, ao nosso santo.[7]

[2.] S. 1. 62 § 66; 73 § 78. Este lugar foi restaurado pelo arcipreste Gasti pouco depois da morte do santo. Hoje é uma capelinha onde se pode celebrar a santa Missa.
[3.] S. 1. 60 § 23.
[4.] S. 1. 73 § 79.
[5.] S. 2. 674 § 4.
[6.] S. 1. 68 § 64.
[7.] A importantíssima Quaresma que, com seu diário, revelou a excepcional grandeza mística de São Paulo da Cruz, começa a 23 de novembro de 1720 e termina a 1º de janeiro de 1721.

Durante as longas horas de oração, Paulo permanecia sempre de joelhos. O corpo, tiritante de frio e extenuado pelo jejum e pelas vigílias, reclamava alívio. No entanto, o servo de Deus resistia com indômita energia aos reclamos da natureza.

Confortava-o na luta o seu Senhor Sacramentado. A Comunhão, farol de amor, manancial de luz, proporcionava-lhe indizível contentamento, sendo levado a exclamar:

> O frio, a neve, o gelo causavam-me inefável prazer. Desejava-os ardentemente, dizendo ao meu Jesus: "Vossos tormentos, ó Deus do meu coração, são dádivas do vosso amor...". Assim, inebriava-me do meu Jesus, em altíssima suavidade e doce paz, sem movimento algum das potências da alma, que ficava recolhida.[8]

Por vezes, a sagrada Eucaristia, abrasando-lhe o peito em chamas de amor, lhe alentava e fortificava o corpo. Ouçamo-lo:

> Ó misericórdia infinita do nosso soberano Bem! Esta maravilha, conforme Deus me faz entender, provém do grande vigor que o Pão dos Anjos comunica à alma, que repercute também no corpo.[9]

Outras vezes, distrações importunas interrompiam-lhe a oração. Sua alma, porém, não permanecia menos absorta em Deus, continuando a alimentar-se, conforme se exprimia, do santíssimo manjar do divino amor. Eis como Paulo o explica, com encantadora simplicidade:

> Afigurai-vos uma criança que tem os lábios colados ao seio materno: suga o leite e agita as mãozinhas e os pés; revolve-se continuamente, faz movimentos com a cabeça e coisas semelhantes, mas não cessa de sorver o alimento, porque não retira a boca do peito materno. Melhor seria, não

---

O Diário, desde que foi publicado, em 1924, tem sido estudado com o maior interesse pelos teólogos mais eminentes em Mística.

[8]. Lt. I, 4.
[9]. Lt. I, 7-8.

há dúvida, se ficasse quieta; porém, continua a alimentar-se. O mesmo sucede com a alma.

A vontade é a boca, que não cessa de tomar o leite do divino amor, muito embora se agitem a memória e a inteligência. Sem dúvida, melhor seria que essas potências permanecessem tranquilas e unidas.[10] Não sei explicar-me melhor, porque o Senhor não mo dá a conhecer de outra maneira.

Com esta linguagem, que se assemelha à de são Francisco de Sales, nota-se bem a graça infusa de oração extraordinária, uma das mais elevadas e que precede ao que os doutores chamam "embriaguez do santo amor". Paulo dá a entender que passou por esse último e por outros graus da mais alta contemplação, pois fala de potências "tranquilas e unidas".[11]

O Senhor, de vez em quando, deixava-o em aridez e desolações interiores. Envolviam-lhe a alma – é ele quem nos diz – as mais profundas trevas. O espírito maligno, com repetidos ataques, tudo fazia para desviá-lo de sua santa resolução. Excitava-o à impaciência e à cólera, sugerindo-lhe horríveis blasfêmias contra a misericórdia divina. Isto não era mais que uma aragem a lhe perpassar pelo espírito, mas era o suficiente para dilacerar-lhe o coração. Invocava o nome de Maria, sua doce Mãe, e rogava ao Senhor que o livrasse daquelas sugestões infernais.

Quanto a outras provações, como aridez e melancolia, não desejava ver-se livre delas nem rogava a Deus que as afastasse; temia até o menor alívio. Escreveu ao bispo:

> Quando me acomete essa espécie de penas e aflições (não sei como chamá-las), afigura-se-me estar submerso num abismo de misérias e ser o homem mais infeliz do mundo. Minha alma, no entanto, abraça-as, porque sabe ser esta a Vontade de Deus, e recebe-as como pedras preciosas, ofertadas por Jesus. E exclamo com Santa Teresa: "Ou sofrer ou morrer".[12]

---

[10]. Lt. I, 5.
[11]. OAM. p. 30-80; *Diário*, com introdução e comentário do P. Estanislau.
[12]. Lt. I, 6.

Seu irmão João Batista foi visitá-lo, desejoso de abraçar a mesma vocação. O santo tinha por ele tão grande estima que se julgava indigno de sua companhia. Comunicava-lhe os segredos do coração, mas, em se tratando dos sofrimentos, quase nada lhe dizia, temendo as consolações da confidência. Costumava dizer: "Tememos ser privados do sofrimento, mais do que teme o avarento perder os seus tesouros".[13]

Conhecia o valor do sofrimento no exercício da contemplação. Dizia a seu diretor:

> Eis o que Deus me faz compreender: a alma que Nosso Senhor quer elevar à altíssima união consigo, pela oração, deve mirar, na mesma oração, o caminho dos sofrimentos; dos sofrimentos, digo, sem consolação sensível. A alma, de certo modo, não sabe onde está; não obstante, por altíssimo conhecimento infuso, compreende que está nos braços do celeste Esposo, alimentando-se com o leite de seu infinito amor.
> Entendi, ademais, no íntimo da alma, quando atormentado por aflição particular, que Deus "dará ao vencedor o maná oculto" de que nos fala a Sagrada Escritura.
> O maná oculto é o mais doce alimento do santo amor. A alma, na santa oração, desfruta de repouso profundo com o amável Esposo.[14]

Deus, por meio desta oração passiva, comprazia-se em tomar posse da alma de seu fiel servo. O santo continua:

> Quisera que todo o mundo compreendesse a grande mercê que faz Deus à alma enviando-lhe aflições, sobretudo sem lenitivo, porque então ela se purifica como o ouro no crisol, torna-se formosa e voa para junto do soberano Bem, para nele se transformar, sem perceber como isso sucede.[15]

Fala em seguida dos assaltos do demônio para perturbar a alma, na contemplação das perfeições divinas, e a compara ao rochedo em meio ao mar embravecido. Açoitado pelas ondas, permanece imóvel, e o bater

---

[13]. Lt. I, 12.
[14]. Lt. I, 9.
[15]. Lt. I, 12.

das vagas espumantes o tornam mais alvo, libertando-o das escórias que o obscureciam.

> O demônio, invejoso desse sublime estado da alma na oração, ao ver que não pode arrancá-la das poderosas mãos de Deus, envida todos os esforços para ao menos perturbá-la, quer com tentações, quer com imaginações e pensamentos distrativos. Esse acúmulo de pensamentos pode obscurecer por instantes a contemplação com que o Amado a favorece, mas a luta a purifica, como os vagalhões purificam os rochedos.[16]

Quanto mais Nosso Senhor enriquecia a Paulo de dons sobrenaturais, tanto mais ele se humilhava.

Certo dia teve o desejo de ser o último dos homens, o lodo da terra. Suplicou com lágrimas ao Senhor, pela intercessão de sua divina Mãe, que lhe concedesse a perfeição da humildade e lhe manifestasse o que nessa virtude há de mais agradável a seus olhos. No mesmo instante percebeu no coração a voz de Deus: "Quando te lançares em espírito aos pés de todas as criaturas e até dos demônios, então mais me agradarás".[17]

A partir daí, penetrou profundamente nos segredos da humildade. Eis a lição que nos dá:

> Compreendi que, quando alguém desce até às profundezas do inferno, até aos pés dos demônios, eleva-o Deus até o paraíso. Como o demônio pretendeu sublimar-se ao mais alto dos Céus e, por seu orgulho, foi precipitado no mais profundo abismo, assim a alma que se humilha até esse abismo faz tremer a satanás e o confunde, e Deus a exalta até o paraíso.[18]

Desde esse dia, Paulo adquiriu esse baixo conceito de si, tão admirável nos santos que Deus deseja alçar à mais sublime grandeza, e jamais cessou de considerar-se abismo insondável de iniquidades e misérias. Essa

---

[16.] Lt. I, 13-14.
[17.] Lt. I, 6.
[18.] Lt. I, 6.

profunda humildade era como luz suprema a dissipar-lhe da alma as trevas do amor próprio e do orgulho e a dispô-lo à união mais perfeita com o Sumo Bem. O laço dessa união, que lhe ocultava a vida em Deus com Jesus Cristo, era, sobretudo, a humilhação do Verbo divino.

Jesus Crucificado, alvo único dos pensamentos e afetos de Paulo, inspirava-lhe o ardente desejo de padecer, para comparticipar dos frutos da sagrada Paixão:

> Quando falo ao meu Jesus a respeito dos seus tormentos, digo-lhe: "Ah, meu soberano Bem! Enquanto éreis açoitado, quais os sentimentos do vosso Santíssimo Coração?! Ó querido Esposo de minha alma, quanto vos afligíeis à vista dos meus enormes pecados e ingratidões! Ó amor do meu coração, pudesse eu morrer por vós!...". E imediatamente percebo que meu espírito nada sabe dizer e está fixo em Deus com os sofrimentos de Jesus, comunicados à minha alma. Outras vezes parece desfazer-se-me o coração.[19] Ao relembrar ao meu Jesus seus sofrimentos, acontece às vezes que, depois de um apenas, sou forçado a calar-me, porque minha alma não pode mais falar e parece desfalecer; fica assim abismada em altíssima suavidade misturada com lágrimas, com os sofrimentos do Esposo impressos em si mesma, imersa no Coração e na dor do dulcíssimo Esposo Jesus.[20]

Certa manhã, após o banquete divino, o solitário da igreja de São Carlos, unido a seu Deus, antegozava as delícias do amor celestial, quando foi arrebatado em êxtase. Compreendeu a inefável felicidade que, na clara visão de Deus, procede do amor beatífico...[21]

Essa revelação da pátria é verdadeiro tormento para a alma desterrada...

Com efeito, enamorada da formosura irresistível que acabara de contemplar, já não podia viver na terra. Era-lhe a vida perene martírio, o corpo, pesadíssima cadeia, que desejava romper para unir-se a Deus lá na mansão eterna.

---

[19]. Lt. I, 3.
[20]. Lt. I, 8.
[21]. Lt. I, 6.

Não, a alma não podia sofrer esse desterro, se a Providência não lhe amenizasse os ardores do amor ou, ao menos, não lhe entregasse o universo onde espraiar as expansões do coração.

Escreve as regras do futuro Instituto

Foi tal o zelo que desde esse dia o inflamou que, com muita boa vontade, por uma só alma teria sacrificado a vida.

Que imensa dor não sentia ao considerar o grande número de pessoas que se perdem por não estarem orvalhadas com o sangue divino do Cordeiro!

Apresentava-se-lhe, então, ao espírito o grande meio de salvação que oferece o apostolado na comunidade. Reunir companheiros, seguirem a mesma regra, trabalharem unidos para conduzir ao bom caminho os perdidos, eis a sua ambição. Parecia-lhe antever uma legião de homens apostólicos, de quem não se julgava digno de tê-los por filhos e a quem de boa mente se entregaria como o último dos servos; via-os deixarem a solidão e, imagens vivas de Jesus Crucificado, com a luz da divina palavra aumentada em eficácia pelo bom exemplo, dissiparem as trevas do erro e despedaçarem os grilhões do vício.

Contava os pecadores convertidos; enumerava as pessoas puras, que alçavam o voo para o Calvário, a fim de resguardar a inocência à sombra da cruz. Magníficos sonhos de apóstolo, que aspirava quanto antes realizados! Por esse motivo, pedia a Deus, com muito fervor e abundantes lágrimas, caso fosse essa sua vontade, que lhe inspirasse as Regras dos "Pobres de Jesus".

Em 8 de novembro, sexto dia de sua admirável quarentena, enquanto orava, após a Comunhão, implorava o auxílio da bem-aventurada Virgem e dos santos, brilhante luz celeste resplandece a seus olhos.

Vê o Céu aberto e, prostrados ante o trono da infinita Majestade, Maria Santíssima, os anjos, os santos, particularmente os fundadores de Ordens religiosas, a solicitarem do Senhor o estabelecimento do Instituto da Santíssima Cruz e Paixão de Nosso Senhor Jesus Cristo.[22] Deus ouvira

---
[22] Lt. I, 4.

suas preces. O Céu se interessava pelo bom êxito da obra que ele tinha em vista. E Paulo agradecia a Deus que, para a glória da cruz, se dignava servir-se de tão vil instrumento, de tão grande pecador.

Cheio de confiança em Nosso Senhor e inspirado pelo divino Espírito Santo, pôs-se a redigir as Regras do novo Instituto.

Conquanto jamais houvesse lido Regras de nenhuma Congregação, escrevia com tanta rapidez e facilidade como se alguém as ditasse para ele. Em seis dias, sem deixar nenhuma de suas práticas de piedade, estavam terminadas.[23]

Não é, portanto, de estranhar, como dissemos na introdução desta biografia, que nelas brilhasse o selo de justo discernimento e grande sabedoria.

Após referir essas visões, em que lhe fora inspirada a forma das Constituições, assim fala da Paixão de Nosso Senhor, base e coroa do novo Instituto:

> Ali, meus queridos irmãos, a simples lembrança da sexta-feira é suficiente para causar a morte a quem possui o verdadeiro amor... Não foi, porventura, numa sexta-feira que o meu Deus encarnado sofreu por meu amor, a ponto de imolar a vida sobre o infame patíbulo da Cruz?!...
> Ademais, refleti bem, irmãos meus, o motivo principal por que andamos vestidos de preto: conforme inspiração particular que recebi de Deus, é trajarmos luto em memória da Paixão e Morte de Jesus.
> Não nos esqueçamos, portanto, de tê-lo sempre presente. Que todos os Pobres de Jesus se esforcem por ensinar a quantos lhes for possível a piedosa meditação dos sofrimentos do nosso dulcíssimo Jesus Crucificado.[24]
> Eu, Paulo Francisco, pobre e miserável pecador, o mais indigno dos Pobres de Jesus, escrevi estas santas Regras na igreja paroquial de São Carlos, em Castellazzo, lugar que me foi designado pelo Exmº Revmº senhor dom Gatunara, bispo de Alexandria, no dia em que tomei o santo hábito.

---

[23]. Escreve as Regras de 2 a 7 de dezembro.
[24]. Lt. IV, 220.

Comecei a escrevê-las no dia 2 de dezembro de 1720 e terminei-as aos 7 do mesmo mês. Antes de começar a escrever, recitava Matinas e fazia oração mental. Em seguida, revigorado, levantava-me e me punha a escrever. O inimigo infernal não deixou de assaltar-me, sugerindo-me repugnâncias e suscitando-me dificuldades; mas, com o auxílio da divina graça, pus mãos à obra.

Sabei que, ao escrever, o fazia com tanta pressa, como se alguém me estivesse a ditar do alto de uma cátedra.

Manifesto estas coisas para que se saiba que tudo o que aqui se acha é particular inspiração de Deus. Quanto a mim, nada mais sou do que iniquidade e ignorância. No entanto, sujeito tudo ao juízo dos meus superiores. Louvado e glorificado seja o Santíssimo Sacramento em todos os altares do mundo!

Paulo Francisco, indigno servo dos Pobres de Jesus.[25]

Estavam escritas as Regras. Todavia, o santo continuava em seu retiro, alternando penas e alegrias.

No dia 26 de dezembro (1720), enquanto orava diante do Santíssimo Sacramento, ao pensar nos infelizes que não creem na presença real, vieram-lhe à mente os países arrancados do seio da Igreja Católica pela pretendida Reforma, particularmente a Inglaterra. Em 29 do mesmo mês, ao meditar a sagrada Paixão, apresentou-se-lhe à vista a imagem daquele país, cognominado outrora a "Ilha dos Santos". Sentia-se atraído, de maneira especial, a rezar por aquele reino, que desejava regar com o próprio sangue. Pediu instantemente a Nosso Senhor que dissipasse as trevas que o envolviam e fizesse nele reflorescer a antiga fé. E continuou a rezar pela Inglaterra durante toda a vida.[26]

Veremos no decurso desta história como esses primeiros pressentimentos tomarão caracteres mais precisos, manifestar-se-ão com luzes mais vivas.

No último dia do recolhimento, 1º de janeiro de 1721, antegozou a felicidade que Deus lhe preparava em recompensa de seu amor

---

[25]. Lt. IV, 221.
[26]. Lt. I, 14, 16.

a Jesus Crucificado. Enquanto tinha no coração o Deus da Eucaristia e abundantes as lágrimas lhe corriam, sentiu-se intimamente unido à humanidade santíssima do Verbo e, segundo sua expressão, teve altíssimo e sensível conhecimento da divindade, como se a alma se dissolvesse em Deus. Fruiu "maravilhas de doçura e sublimidade superiores a toda linguagem humana".[27]

Aprovação do bispo

Com a alma radiante e transformada, deixa, então, a solidão daquela cela e se apressa em apresentar ao prelado as Regras do novo Instituto.

Dom Gattinara, antes de aprová-las, embora nelas reconhecesse as operações do Espírito Santo, julgou nada dever omitir de quanto exige a prudência em assunto de tamanha importância. Quis consultar o grande servo de Deus, frei Colombano, tão competente em discernir as verdadeiras inspirações do Alto. Ordenou, pois, a Paulo que partisse para Gênova, distante de Alexandria cerca de sessenta quilômetros.

Tinha que atravessar os Apeninos, então cobertos de neve. Tão escarpados e perigosos eram os caminhos que até os mais audazes e experimentados viajantes tinham dificuldade em conseguir vê-los. Muitos lá ficavam sepultados sob a neve ou precipitados nos abismos pela impetuosidade dos ventos.

Fortificado pela obediência, pôs-se Paulo em viagem. Atravessou gelos e neves, descalço e de cabeça descoberta, revestido apenas da túnica, insuficiente para preservá-lo do rigoroso frio. A fim de cumprir quanto antes a vontade do bispo, caminhou dia e noite através dos penhascos e precipícios daquelas horríveis montanhas.

Ao frio excessivo, juntava-se o temor dos lobos, que vagavam ao seu derredor. Por defesa, levava apenas o crucifixo no peito.

Se de manhã, ao nascer do sol, experimentava algum alívio, aumentava-se-lhe o temor quando via cair do alto das montanhas enormes blocos de gelo.

[27.] Lt. I, 17.

De repente, assaltam-no ladrões, intimando-o a entregar-lhes todo o dinheiro que porventura possuísse, sob pena de o assassinarem.

Paulo lhes diz que nada tem, pedindo, de joelhos, que lhe conservem a vida. Comovidos pelas virtudes do peregrino, consentem que prossiga a viagem sem causar-lhe nenhum mal.

Chega, finalmente, ao cimo da montanha, na noite para ele memorável da Epifania, a tiritar de frio, esgotado, quase desfalecido de fome.[28] Deus, porém, jamais abandona aos que nele confiam. O servo de Deus encontrou alguns policiais, a quem pediu, de joelhos, como costumava, alguma coisa para comer.

À vista daquele jovem faminto, transido de frio e em atitude tão humilde, comoveram-se e lhe deram algum alimento para restaurar as forças. Paulo jamais olvidou esse benefício, conservando sempre especial afeto pelos soldados. Nas missões, prodigalizava-lhes todos os cuidados, costumando dizer que fora por eles socorrido nas maiores necessidades.

No decorrer da viagem, não lhe faltaram zombarias e insultos. Em Gênova teve que suportar amaríssimos sarcasmos. Nada respondia, humilhando-se e confundindo-se no íntimo do coração.

"Confesso", diria mais tarde, "que aquelas zombarias e irrisões me causavam grande bem à alma."[29]

Diante de tantos sofrimentos, teve a imensa satisfação de rever o antigo diretor. Frei Colombano, por sua vez, ficou contentíssimo em abraçar o filho em Jesus Cristo, revestido do santo hábito da Paixão.

Qual o parecer do pe. Colombano acerca das Regras escritas pelo servo de Deus? Nenhum documento possuímos a respeito; podemos, contudo, afirmar, sem receio de engano, que o santo e sábio religioso, que tanto batalhara para a fundação do Instituto, reconheceu-as como inspiradas pelo Espírito Santo, pois, logo após o regresso de Paulo a Alexandria, foram integralmente aprovadas pelo bispo.

Como o santo prelado de Alexandria e o sábio diretor frei Colombano, admiremos também os prodígios de graça, de amor e perfeição

---

[28.] S. 1. 292 § 141.
[29.] S. 1. 80 § 15.

operados pelo Altíssimo no solitário de São Carlos. Oh, quão depressa chega ao cimo da montanha a alma generosa, completamente abandonada nas mãos de Deus!

Qual a causa de tão rápida ascensão? É que Paulo se entregara sem reservas a Jesus Crucificado e, esquecendo-se de si, generosa e heroicamente se abismara e se perdera no seio da Vontade de Deus.

Estamos apenas nos alicerces do edifício, mas, pela solidez da base, ser-nos-á fácil conjecturar qual será seu remate ou coroamento. Não ignoramos o que Nosso Senhor pretende de Paulo da Cruz. Antevemos que será poderoso contra o mundo, contra o inferno e diante de Deus. Levantar-se-á contra o mundo, vencerá inferno e arrebatará de Deus seu poder e suas graças. Será, numa palavra, apóstolo, na viva reprodução de Nosso Senhor Jesus Cristo, único modelo e eterno ideal.

Como Nosso Senhor, à voz do eterno Pai, deixava o deserto, após o retiro de quarenta dias, para dar princípio à vida apostólica, também Paulo, à voz do bispo, vai inaugurar um apostolado cuja fecundidade não terá limites.

CAPÍTULO VII
JANEIRO – SETEMBRO 1721

Na ermida da Santíssima Trindade

A solidão conservava a alma de Paulo Francisco em contínuo recolhimento. Pequena ermida ao lado de pobre igreja, a um quilômetro e meio de Castellazzo, foi o lugar onde, por determinação do bispo, fixou provisoriamente residência.

Ali, segregado do mundo, passou cerca de quinze dias na contemplação e na penitência.[1]

Em relatório inserido no processo de canonização, narra-se que lá lhe apareceram os demônios em forma de monstruosos animais. Essas aparições renovar-se-ão amiúde. Vamos anunciá-las à medida que se apresentarem, para resumi-las todas em capítulo especial, a fim de não incorrermos em demasiadas repetições.

Paulo não recebera de Deus unicamente a incumbência de trabalhar, no silêncio dos desertos, pela própria santificação; devia ser grande obreiro evangélico, antes mesmo de receber o caráter sacerdotal.

Não era inédito na história da Igreja simples religiosos exercerem o apostolado da Palavra. Santo Antão e os solitários da Tebaida vinham do

---

[1]. Segundo Paulo Sardi, o nosso santo teria ficado um mês na ermida da Santíssima Trindade (S. 1. 62 § 39); José Danei, depois de ter lembrado os quarenta dias passados em São Carlos, diz que passou alguns na Trindade e foi em seguida para Santo Estêvão (PA. 174). A verdade é que o nosso Paulo, no dia da Epifania, se achava nos montes de Gênova (S. 1. 79 § 15) e, em 25 de janeiro, da ermida da Santíssima Trindade se transferia para a de Santo Estêvão (Lt. I, 19). Tem razão, pois, o nosso autor em dizer que a demora na Santíssima Trindade foi apenas de uns quinze dias (cf. S. 1. 60 § 26).

Egito a Alexandria para combater os sectários de Ário. Santo Efrém e São Francisco de Assis, apenas diáconos, anunciavam a Palavra divina.

O apostolado era um dos pontos capitais das Regras aprovadas por dom Gattinara. O prelado conhecia, portanto, os desígnios de Deus a respeito de Paulo. Não ignorava, outrossim, o zelo do santo religioso. Para dilatar-lhe o campo de trabalho em proveito das pessoas, transferiu-o, no dia 25 de janeiro, da ermida da Santíssima Trindade para a de Santo Estêvão, mais próxima da cidade, e ordenou-lhe que explicasse o catecismo às crianças na igreja paroquial de São Carlos.

Na ermida de Santo Estêvão

Paulo achou a nova residência tão conforme aos seus desejos que escreveu uma carta de agradecimento àquele a quem chamava de "amado pai em Jesus Cristo".

> Apenas direi a V. Exª Revmª que sua caridade me proporcionou nesta solidão verdadeiro paraíso. Muito embora V. Exª não procure recompensa, certo estou de que a infinita liberalidade do nosso dulcíssimo Esposo Jesus lhe concederá e grandemente, pelos imensos benefícios que V. Exª tem prodigalizado e continua prodigalizando a este abismo de iniquidade. Lugar mais conveniente, recolhido e afastado da agitação do mundo não seria fácil encontrar senão no deserto. Espero, cooperando com as santas inspirações do nosso Deus, será neste ermo que ele irá falar-me ao coração...[2]

Os primeiros companheiros

O primeiro a agregar-se a Paulo em sua vida de penitência foi seu irmão João Batista. Aos dois cenobitas juntou-se um jovem chamado Paulo Sardi, cujo recolhimento, espírito de oração e amor ao jejum causavam admiração ao nosso santo, fazendo-o exclamar: "Que alma santa!".

[2.] Lt. I, 19.

Ambos os postulantes desejavam ardentemente vestir o santo hábito. Aquela ermida pode considerar-se como o berço do Instituto nascente. Ali se plasmavam esses dignos modelos de virtude e perfeição.[3]

Possuíam apenas pequeno quarto. Os móveis consistiam num crucifixo, numa disciplina pendurada na parede e numa rústica cama com uma colcha remendada. Como não pudessem acomodar-se os três em local tão acanhado, Paulo Sardi pernoitava na casa dos pais. Quem iria repousar naquele pobre leito? Ambos os irmãos o recusavam e, após longas orações na igreja, descansavam sobre o assoalho nu, em uma espécie de cripta, debaixo do altar-mor.

Paulo pendurara na parte exterior da ermida pequena cesta com a inscrição: "Esmola para os Pobres de Jesus".[4] Das ofertas, guardavam apenas um pouco de pão, de que se alimentavam uma vez ao dia, distribuindo o restante aos pobres. Esse escasso e paupérrimo alimento parecia-lhes assaz delicado. Desejavam submeter-se ao mais rigoroso jejum.

Eis o que escreve Paulo ao venerando pontífice, dileto diretor de sua alma: "Pensei em comer uma só vez cada dois dias, mas esperarei maior inspiração de Deus. Informá-lo-ei de tudo para que se digne abençoar-me".[5]

Frequentemente declinava o dia sem que os solitários de Santo Estêvão tivessem se alimentado.

Certo dia, Lucas Danei foi visitá-los. Encontrou os admiráveis jovens pálidos e tremendo de frio. Perguntou-lhes se já haviam comido alguma coisa. Foram obrigados a confessar que até aquela hora nada haviam recebido da caridade pública. Comovido, prometeu enviar-lhes algum alimento. Agradeceram de coração, suplicando-lhe, porém, que deixasse ao cuidado da Providência prover-los do necessário. Lucas, com a autoridade de pai, ordenou-lhes que comessem por obediência tudo o que lhes enviasse. Os pobres de Jesus uniram naquele dia à abundante alimentação o mérito do jejum e da obediência.[6]

[3.] Lt. I, 18; S. 1. 903 § 18.
[4.] S. 1. 136 § 13.
[5.] Lt. I, 20.
[6.] S. 2. 86 § 93; S. 1. 58 § 7.

Paulo, quando deixava o retiro, acompanhado sempre de um dos companheiros, andava todo recolhido e de olhos baixos. Apelidaram-no de "anjo da modéstia". A todos saudava com as palavras: "Louvado seja Nosso Senhor Jesus Cristo".

Em pleno apostolado

Logo que se transferiu para Santo Estêvão, levou ao conhecimento do pároco a ordem do bispo de explicar o catecismo às crianças, e que era seu desejo começá-lo no próximo domingo.

Sendo tempo de carnaval, o sacerdote julgou melhor que tais instruções tivessem início na Quaresma.

Condescendeu docilmente o humilde servo de Deus, mas, ao voltar a Santo Estêvão, ouviu, na oração, a voz do Senhor repreendê-lo asperamente. Compreendeu, então, que todo tempo é propício para a prática do bem, quando esta é ordenada por Deus.

No domingo, pegou o crucifixo e percorreu as ruas de Castellazzo, tocando a campainha e bradando: "Ao catecismo, na igreja de São Carlos!".

O templo ficou repleto, não somente de crianças, mas também de adultos. Paulo dedicava-se a esse santo exercício com todo ardor de seu zelo. Aquelas breves instruções produziram frutos inesperados, alegrando sobremaneira o coração do bispo.

Aproveitando-se do grande prestígio do catequista, mesmo em sua terra natal, não duvidou o sábio prelado afastar-se das regras ordinárias da Igreja, em se tratando do bem das pessoas. Ordenou ao religioso, o qual nem sequer galgara o primeiro degrau da hierarquia sacerdotal, que subisse ao púlpito para expor ao povo as verdades da fé e pregar sobre a Paixão de Nosso Senhor Jesus Cristo.

Abençoou Deus o agir do prelado, mostrando ter sido por inspiração do Espírito Santo que ele concedera tal dispensa a quem o Céu cumulara de tantos dons extraordinários.[7]

[7.] Lt. I, 26-27.

Terminadas as instruções, inúmeras pessoas acompanhavam Paulo à ermida, não se saciando de vê-lo e ouvi-lo.[8]

O bispo quis que o servo de Deus pregasse um tríduo solene durante o carnaval. O santo obedeceu. Ao cair da tarde, com a cruz aos ombros, percorria as ruas da cidade, seguido de numeroso cortejo, entoando cânticos sagrados. Era o convite para ouvirem a Palavra divina.[9]

Quando subia ao púlpito, a igreja estava repleta.

Ao contemplar o pregador, de hábito preto e rosto macilento, mas inflamado de caridade, ao ouvir-lhe as palavras, ora terríveis, ora afetuosas, a multidão, comovida, implorava em altas vozes a misericórdia divina.[10]

O demônio procurou certo dia perturbar o auditório, agitando furiosamente uma mulher possessa. O servo de Deus descobriu o ardil do Espírito maligno, impôs-lhe silêncio e o demônio calou-se. Todos, atemorizados, começaram a clamar: "Perdão... misericórdia...". E a palavra de Paulo redobrou de eficácia. Os dias de desordens e pecados transformaram-se em dias de penitência e oração. Não houve danças nem festas nem quaisquer desses divertimentos perigosos para a virtude. E o mais interessante é que ninguém manifestou descontentamento. Apenas um jovem desejou solenizar o casamento com baile público. Paulo soube disso e, para impedi-lo, encaminhou-se, com a cruz alçada, ao lugar da dança. Ainda lá não chegara e já os convivas, envergonhados e confusos, se dispersaram.

O que, porém, melhor provou a eficácia de suas prédicas foi a reforma dos costumes e as numerosas confissões. Basta dizer que os confessores, não podendo suportar tão ingente fadiga, lamentavam-se do zelo do jovem pregador. Um deles chegou a dizer-lhe: "Que é isso? Não nos deixam tempo nem para alimentar-nos!". Ao que Paulo replicou docemente: "Que hei de dizer? Essas pessoas pertencem a Deus e é ele quem as converte. Nada tenho que ver com isso".

---

[8]. S. 1. 108 § 2.
[9]. S. 1. 61 § 31.
[10]. S. 1. 109 § 3.

As mulheres não traziam nenhum adorno, senão a modéstia; entravam na igreja decentemente vestidas e de cabeça coberta.

Para fortalecer no bem aquele povo e garantir-lhe a perseverança, mandou o bispo que o jovem apóstolo continuasse as pregações durante a Quaresma. Aos domingos, Paulo deixava aos companheiros o encargo de ensinar o catecismo às crianças; em seguida, subia ao púlpito, discorria sobre alguma verdade da fé e terminava com exortação prática, fundamentada quase sempre na Paixão de Nosso Senhor, esforçando-se por incutir em todos o ódio ao pecado e o amor à virtude. Várias vezes por semana, de manhã, às mulheres e, à noite, aos homens, falava, na igreja da ermida, sobre a sacratíssima Paixão de Nosso Senhor Jesus Cristo, ensinando-lhes o método prático de meditá-la. Ao terminar, entoava um cântico composto por ele mesmo, conforme os diversos passos da Paixão.[11]

Essa Quaresma foi, se assim nos podemos exprimir, o remate na renovação espiritual da cidade.

Tornaram a Deus os corações e reconciliaram-se os mais rancorosos inimigos. Dois nobres de Castellazzo, ambos de sobrenome Maranzana, nutriam entre si ódio implacável, escandalizando a população. Párocos, pregadores, religiosos, todos haviam trabalhado em vão para reconciliá-los. Tal vitória Deus a reservara a Paulo. Ambos foram uma tarde a Santo Estêvão ouvir o pregador. Paulo Sardi reconheceu a um deles e avisou ao servo de Deus. Paulo tomou por assunto do sermão a prece de Nosso Senhor no alto da Cruz: "*Pater dimitte illis*" [Meu Pai, perdoa-os!]. A caridade do Salvador deu-lhe tal força às palavras que penetraram naqueles corações empedernidos e deles desterraram todo rancor. Terminada a prática, foram à cela do santo, onde, admirados pelo encontro inesperado, abraçaram-se e se reconciliaram, com imenso júbilo de seus corações.

Paulo exortou-os a se confessarem naquela mesma tarde e, em reparação do escândalo, quis que comungassem juntos no dia seguinte, na igreja paroquial de São Martinho. Edificante espetáculo para a cidade!

[11.] S. 1. 61 § 30.

Belo triunfo para o Evangelho![12] Aqueles homens, até então inimigos irreconciliáveis, foram vistos, um ao lado do outro, no banquete sagrado da paz e da caridade!

Surgiu, certa ocasião, violenta disputa entre diversos homens. Temiam-se graves desgraças, porque a altercação quase chegara às vias de fato. Acorreu Paulo e, pondo-se de joelhos no meio deles, apresentou-lhes o crucifixo e pediu que se acalmassem por amor de Jesus Cristo. Cessou imediatamente a contenda e o grupo se dissolveu.[13]

Quantas reconciliações com Deus e com o próximo não obteve o jovem durante aquela Quaresma!

Chegada a Semana Santa, o compassivo coração de Paulo enterneceu-se mais e mais no amor a Jesus Crucificado. Comoção extraordinária embargava-lhe a voz; gemidos e soluços interrompiam-lhe o sermão. Na sexta-feira, pôs aos ombros pesada cruz e na cabeça, uma coroa de espinhos, os quais a penetravam tanto que o sangue lhe escorria pelo rosto. Assim foi visitar o santo sepulcro em todas as igrejas de Castellazzo, renovando aos olhos de todos a jornada cruenta de Cristo pelas ruas de Jerusalém.[14]

Chegou ao conhecimento das localidades vizinhas o grande bem operado por Paulo em Castellazzo. Os marqueses Del Pozzo, que já o conheciam e lhe admiravam a virtude, desejaram que fosse pregar em suas terras de Retorto e Portanova.[15] Dirigiram-se ao bispo, que de boa vontade anuiu aos anseios daqueles piedosos senhores, enviando o nosso missionário àquelas paragens, logo depois da Páscoa.

Também lá o povo acorreu em grande multidão para ouvi-lo.[16] Muitos, para assistir aos sermões, tinham que atravessar o Olba. Certo dia, estando o rio a transbordar pelas águas do degelo, meteu-se em pequena embarcação número excessivo de pessoas. Apenas se haviam afastado da margem e foram de improviso arrastados pela correnteza.

[12.] S. 1. 903 § 20.
[13.] S. 1. 904 § 26.
[14.] S. 1. 109 § 3.
[15.] Lt. I, 27.
[16.] S. 1. 109 § 4.

Estava a barca a soçobrar, quando, em meio da angústia e dos gritos dos passageiros e dos espectadores, apareceu o servo de Deus. Abençoou com o crucifixo aqueles infelizes e a embarcação chegou inesperadamente à outra margem.[17]

O acontecimento aumentou a veneração que lhe tributavam como santo poderoso, tanto em obras como em palavras. E foram também abundantes os frutos colhidos naquelas missões. Terminava-as com procissões de penitência, a que tomavam parte pessoas da mais alta distinção.

A marquesa Del Pozzo acompanhava-as sempre descalça, e o missionário carregava aos ombros pesada cruz, que a boa senhora teve a consolação de obter e que ainda hoje se conserva como preciosa relíquia no castelo dos marqueses Del Pozzo.[18]

Após essa excursão apostólica, Paulo voltou à solidão, para retemperar a alma na prece e na penitência.

O Tabernáculo e o Calvário eram os mananciais de água viva em que seu coração hauria novo rigor. Por essa contínua união com Deus, pôde suportar constantemente as fadigas do apostolado e as austeridades do claustro.

Não hesitava, porém, em sacrificar a vida contemplativa, tão doce ao seu coração, quando a caridade o exigia. Ao saber que alguém estava enfermo, apressava-se em ir consolá-lo; prestava-lhe os mais humildes cuidados e, frequentemente, ao benzê-lo com o crucifixo, obtinha-lhe de Deus a saúde.

Um senhor chamado José Longo achava-se em tal estado de debilidade que não podia ingerir alimento nenhum. Paulo foi visitá-lo e lhe preparou certa bebida, apresentando-a como excelente remédio. Bastou o enfermo ingeri-la para logo recuperar as forças e a saúde. Todos consideraram tal cura como graça obtida pelas orações e pelos méritos do servo de Deus.

---

[17]. S. 1. 60 § 24.
[18]. S. 1. 61 § 23.

Narremos outro ato de virtude, ainda que repugnante à delicadeza do nosso século. Havia em Castellazzo um homem chamado André Vergetto, que sempre levava à ermida de Santo Estêvão a lenha necessária para o fogo. Sucedeu que o pobre homem se feriu em uma perna e a chaga se transformou em úlcera gangrenosa. A gratidão levou Paulo à cabeceira do enfermo. Depois de consolá-lo, quis ver a chaga, que exalava cheiro insuportável. O servo de Deus não pôde dominar repentino movimento de repugnância, mas, contemplando naquelas chagas as de Jesus Crucificado, mandou ao enfermo que voltasse o rosto para o outro lado e... passou a língua na ferida!

Vergetto, que o percebera, comoveu-se deveras. Paulo suplicou-lhe que não dissesse nada a ninguém. No dia seguinte o médico, admirado, encontrou a ferida cicatrizada. Vergetto, completamente restabelecido, pôde levantar-se e andar como se nunca tivesse ficado doente. Não soube, todavia, guardar silêncio; divulgou por toda parte a cura maravilhosa e foi a Retorto relatá-la aos marqueses Del Pozzo.[19]

A ermida de Santo Estêvão era refúgio de quantos necessitassem de conselhos e consolação. Para lá ia toda classe de pessoas, inclusive, eclesiásticos e religiosos. Paulo acolhia todos com bondade e delicadeza, como costumam fazer os santos. Por vezes, convidava-os, com toda simplicidade, a tomarem alguma coisa. Oferecia-lhes, sem lhes levar em conta a posição social, suas míseras provisões.

Certa manhã, ao receber a visita da marquesa Del Pozzo, colocou sobre a mesa uma cebola e algumas folhas de salada, com o pão recebido de esmola. A gentil senhora aceitou a oferta, julgando-se feliz em sentar-se à mesa da santa pobreza.

Noutra ocasião, enquanto Paulo discorria sobre assuntos espirituais com certo jovem de distinta família (mais tarde, ótimo sacerdote), presenteou-o uma benfeitora com um pãozinho temperado com azeite e sal. O servo de Deus o recebeu com reconhecimento e o serviu ao hóspede. Após havê-lo comido, o jovem perguntou se havia alguma coisa para beber.

---

[19]. S. 1. 871 § 1-2.

Paulo sorriu e, apontando para o poço, disse: "Oh, temos aqui uma adega de infindáveis provisões...".

Estes fatos podem parecer menos importantes. É certo, no entanto, que nos fazem experimentar grande satisfação pelo encanto da amabilidade, que não se afasta dos santos, até nos momentos mais graves e penosos da vida.

Por essa época, Paulo experimentou a mágoa de ver diminuída a incipiente comunidade. Paulo Sardi caiu enfermo. Não pôde resistir a vida tão austera e teve que deixar aquele a quem considerava como pai e por quem sempre nutrira a mais terna veneração. Elevado mais tarde ao sacerdócio, nomeado cônego da Igreja colegial de Alexandria, foi sempre sacerdote exemplar. Após a morte de Paulo, testemunhou nos processos o que observara na ermida de Santo Estêvão.[20]

---

[20]. Da correspondência do nosso santo com Sardi, restam dez cartas. Cf. Lt. III, 116-130.

CAPÍTULO VIII
SETEMBRO A NOVEMBRO DE 1721

Paulo vai a Roma

Deus abençoava a olhos vistos a obra do jovem apóstolo: evidenciavam-no os maravilhosos frutos de seu zelo. Contudo, para seu remate e perfeito acabamento, eram necessários dois lugares: Jerusalém e Roma. Jerusalém, a Paixão de Jesus Cristo!... Roma, a autoridade divina, sem o que toda obra é estéril, sem vida. Roma comunica ao que lhe pertence o germe fecundo de vida e imortalidade.

Ver Jerusalém, regar com lágrimas a terra banhada pelo sangue divino, eis o desejo que lhe inspirava a perene contemplação dos sofrimentos do seu Deus. Quão feliz seria se pudesse visitar os Lugares Santos e exclamar: "Aqui entrou Jesus em agonia; ali recebeu o ósculo da traição!... Eis o Pretório, onde foi açoitado e coroado de espinhos!... a via dolorosa regada pela sangue do Cordeiro!... o Calvário, onde se levantou a cruz, junto à qual permaneceu em pé a Mãe das Dores!...".

Paulo se persuadira de que, no drama do Gólgota, o coração se lhe havia de saciar de caridade, e a sede ardente de padecer apagar-se-ia nas "fontes do Salvador".

Uma peregrinação à Terra Santa era, então, coisa dificílima, particularmente para um pobre de Jesus Cristo. O servo de Deus renunciou, pois, a essa aspiração, submetendo-se sem reservas à vontade do diretor. Deliberou, todavia, ir ao monte Varallo.

Escreve ao bispo: "Já que não me é dado ir a Jerusalém, onde sofreu por mim o amabilíssimo Jesus, queria ao menos visitar o monte Varallo".[1]

---

[1]. Lt. I, 22.

Que é que lhe oferecia o monte Varallo, a ponto de substituir a peregrinação a Jerusalém?

Nos confins do Vale de Sésia, próximo à fronteira suíça, eleva-se graciosa colina rodeada de montanhas, em cujo cimo surge bela igreja consagrada a Maria, onde, em pequena gruta, há uma reprodução do Santo Sepulcro. Na encosta da colina, forrada de vegetação e entrecortada de atalhos, edificaram-se trinta e oito capelas, que representam, em ricos baixos-relevos, os mistérios da Paixão, Morte e Ressurreição do Salvador.[2] Em meio àquelas augustas imagens, reina o silêncio profundo dos desertos, interrompido apenas, nas horas de oração, pelos cânticos piedosos dos filhos do seráfico Patriarca, a rivalizarem com a mais bela e imponente natureza, no louvor às maravilhas do Criador.

Lugar algum, exceto Jerusalém, ofereceria atrativos mais em consonância com os sentimentos de Paulo.

Não conseguimos, infelizmente, descobrir documentos mais pormenorizados a respeito dessa peregrinação, mas temos coisas bastante importantes a dizer de sua viagem à Cidade Eterna.[3]

Impulso superior chamava-o ao centro do catolicismo, ao manancial da fé. Nesse mesmo ano de 1721, Inocêncio XIII fora eleito Sumo Pontífice. Havia muito tempo que Paulo desejava lançar-se aos pés do Vigário de Jesus Cristo, de quem uma só palavra dependia o novo Instituto.

Dom Gattinara compreendeu, outrossim, que essa viagem era necessária para a grande obra de Deus. Aprovou, pois, o projeto e o abençoou como inspiração do Céu. Deu a Paulo cartas testemunhais, em que, após declarar que o revestira com o hábito da Paixão, o recomendava à caridade de todos. Chamava-o: "Jovem adornado de insignes virtudes – *Praeclaris virtutibus coruscantem*".[4]

[2.] São Carlos Borromeu gostava de se retirar nessa solidão do monte Varallo; lá o acometeu a última doença.

[3.] São Paulo da Cruz esteve no monte Varallo? Não há documentos explícitos que o provem. Parece, todavia, que lá esteve.

[4.] S. 1. 54 § 58. O documento traz a data de 18 de abril de 1721 e é válido para dois meses. A partida ocorreu em princípios de setembro.

Para cumprir a vontade divina, sacrificou o servo de Deus, generosamente, as mais puras afeições: pátria, pais, irmãos, tudo, enfim.

Em meio às lágrimas da família e do povo de Castellazzo, tendo por única provisão a confiança em Nosso Senhor, partiu nosso herói para Gênova. Lá o acolheu nobre e piedoso cavalheiro, dando-lhe hospitalidade e custeando-lhe a viagem.[5]

Enquanto esperava o dia da partida, João Batista, que não podia sofrer a ausência do irmão, foi procurá-lo, suplicando-lhe com lágrimas que o levasse consigo. Paulo, ignorando ainda os desígnios de Deus, aconselhou-o a voltar à casa paterna. "Pois bem", exclamou João Batista por luz profética, "pode partir, mas não terá sossego sem seu irmão".[6] E regressou a Castellazzo, enquanto Paulo embarcava para Roma.

Misterioso convite de Maria

Em 8 de setembro, dia da Natividade da Santíssima Virgem, o vento cessou de improviso e o navio deteve-se, imóvel, à base de imenso penhasco.

"Monte Argentário!", bradaram os marinheiros. Ao ouvir esse nome, Paulo sentiu o coração ferido, vindo-lhe à lembrança aquelas doces palavras: "Paulo, vem ao monte Argentário, onde me acho só...". Estas palavras ele as ouvira tempos atrás, quando orava ante uma imagem de Maria. Compreendeu também que a calmaria, o parar súbito da embarcação em frente ao monte Argentário não eram simples casualidade, mas um segundo chamado de Nossa Senhora.

Os marinheiros desceram à praia para colher alguns figos silvestres; o servo de Deus, porém, ao examinar com atenção a montanha, divisou, por volta do meio-dia, elevando-se do mar, várias grutas ou celas semelhantes a colmeias, cavadas na rocha.

Sentiu ali dulcíssima elevação do espírito em Deus, aumento do santo amor e atrativo inexplicável para aquele ermo.

[5.] S. 1. 80 § 16. Segundo são Vicente Strambi, foi o Marquês Pallavicini.
[6.] VS. p. 37.

À tarde, houve algum vento, e o navio continuou a rota. Paulo, no entanto, experimentava sempre grande fervor. "Com aquelas disposições", diria mais tarde, "ter-me-ia aventurado até os confins da terra, por amor do meu Jesus".[7]

No dia seguinte, entraram no porto de Civitavecchia, onde foram obrigados, tripulação e passageiros, a quarentena.[8] O santo estava desprovido de tudo, mas os oficiais sanitários davam-lhe diariamente, por compaixão, dois vinténs, com que comprava dois pãezinhos.

Empregou o tempo em passar a limpo as Regras compostas no retiro de São Carlos e em instruir nos rudimentos da fé o pessoal do lazareto.

Terminada a quarentena, tomou o caminho de Roma. À noite, extenuado de cansaço e de fome, foi a um albergue, pedindo por amor de Deus alguma coisa para comer. Um espanhol, tão pobre como ele, deu-lhe pequena esmola. Ao amanhecer, prosseguiu viagem. Depois de muito caminhar, avistou a grande cúpula de São Pedro que, ao longe, parecia isolada; ele caiu de joelhos, beijando respeitosamente aquela terra regada pelo sangue do Príncipe dos Apóstolos e de tantos mártires.

Entrando pela porta Cavalleggeri, maravilhoso quadro surge ante o olhar: a esplêndida colunata ao redor da praça de São Pedro; as duas fontes, lançando para o alto imensos jatos de água; o colossal obelisco a decantar os triunfos da cruz e o reino imortal do Cristo; à direita, o Vaticano, palácio mais augusto do mundo; em frente, a incomparável basílica de São Pedro... todas essas magnificências da fé comoveram-lhe profundamente a alma. Pareciam dizer-lhe: "Aqui está a coluna e o fundamento da verdade".

Absorto nesses grandes pensamentos, foi prostrar-se ante o sepulcro do Príncipe dos Apóstolos. Enquanto orava, espessas nuvens toldaram-lhe de repente o céu da alma: presságio, sem dúvida, das provações que teria de suportar em Roma. Após longa e penosa oração, ao percorrer as ruas da cidade, pessoas da plebe escarneciam-no por vê-lo descalço e tão pobremente vestido. Outras, porém, caridosas, o conduziram

---

[7.] VS. p. 38, S. 1. 80 § 16.
[8.] Lt. I, 51.

ao magnífico hospital da Santíssima Trindade, onde a nobreza romana, tanto eclesiástica como secular, se comprazia em prestar os mais humildes serviços aos pobres e enfermos. Costumava-se ali lavar os pés dos peregrinos. Qual não foi a surpresa de Paulo ao ver diante de si um dos mais ilustres cardeais da santa Igreja, o Exm.º Tolomei, da Companhia de Jesus, cuja humilde caridade a todos edificava.[9]

Na manhã seguinte, assistiu à missa, comungou, fez prolongada oração e dirigiu-se ao Palácio Apostólico, a fim de solicitar audiência com o Santo Padre.

Um dos contínuos do Palácio repeliu-o, ao vê-lo tão pobremente vestido e com ares de mendigo, repreendendo-o com desdém: "Quantos embusteiros aqui chegam diariamente! Retire-se, então...".[10] De igual maneira fora tratado o humilde São Francisco, quando, pela primeira vez, solicitou audiência com Inocêncio III. Paulo aceitou a humilhação sem queixar-se, exultando por tratarem-no como julgava merecer.

Não é em vão que nos diz o Evangelho: "Quem se humilha será exaltado", pois, no mesmo palco dessas humilhações, o veremos coroado da mais fúlgida glória capaz de aureolar a fronte de um homem.

Adorando os desígnios da divina Providência, retirou-se Paulo em silêncio. Ao perceber que as forças o abandonavam, aproximou-se de uma fonte. Enquanto comia um pedaço de pão, ganho no hospital da Santíssima Trindade, apareceu-lhe um mendigo pedindo esmola. O servo de Deus repartiu com ele o mísero bocado, dizendo: "Irmão meu, toma a metade deste pão".

Ei-lo, pois, por divina disposição, a vagar pela grande cidade, sem obter, apesar das melhores recomendações do bispo, a audiência com o Santo Padre. Ei-lo só, abandonado, desprezado...

---

[9] Vistos de perto, eis o que são esses cardeais, descritos pelos nossos livres pensadores como pessoas opulentas e soberbas. Os príncipes da Igreja lavam os pés dos pobres, cuidam das chagas dos enfermos nos hospitais, respiram o hálito dos empestados e morrem vítimas da caridade, como sucedeu ao cardeal Altieri, em Albano! Pode-se dizer – e nós já o presenciamos – que a bondade, a simplicidade e a humildade são o atributo do sagrado Colégio, tanto em Roma como no mundo inteiro. Edificar-nos-emos no decorrer desta história com exemplos admiráveis.

[10] S. 1. 80 § 17.

Para consolar-se do mau êxito da viagem, foi à igreja de Santa Maria Maior orar diante da imagem da Virgem, na capela Borghese.[11] Ali sentiu renascer-lhe na alma imensa confiança. Mais tarde as esperanças converter-se-iam em feliz realidade. Emitiu, então, o voto de propagar a devoção a Jesus Crucificado, distintivo do seu Instituto.[12] Quando entregava a Congregação ao patrocínio da divina Mãe, ouviu no íntimo da alma a voz de Maria a reiterar-lhe o convite para o monte Argentário. Oferecia proteção ao pobre peregrino, por todos desamparado!

Dirige-se ao monte Argentário

Uma barca estava de partida para Civitavecchia, e o proprietário permitiu, por caridade, que Paulo embarcasse nela.

A modéstia do santo irritou a um passageiro, que deveria, pelo estado que abraçara, respeitar a virtude. Chegou a cumulá-lo de injúrias. Paulo suportou tudo em silêncio; condoía-se tão somente do escândalo dado aos marinheiros.

Chegados a Fiumino, passou o santo viajante a outra embarcação, onde foi também objeto de mil ultrajes. Tudo aceitava como precioso tesouro, julgando-se merecedor de maiores insultos.[13] Desembarcou em Santa Severa e dirigiu-se a pé para Civitavecchia, onde, não encontrando alojamento, pernoitou sob o pórtico do hospital.

Ao amanhecer, continuou viagem para Corneto. Ali, os padres Agostinianos o hospedaram com muita caridade.

A noite seguinte passou-a em Montalto, onde um bom sacerdote o acolheu com carinho. Ao romper da aurora, pôs-se novamente a caminho, julgando poder chegar ao monte Argentário naquele dia. O terreno a percorrer era imenso areal, árido, abrasado pelo sol, semeado aqui e acolá de alguns arbustos, infestado de répteis venenosos. As águas estagnadas tornavam o ar úmido e malsão. Não havia estrada. Algumas trilhas, que se cruzavam frequentes vezes, deixavam o viajante em penosa incerteza.

[11.] Essa imagem é atribuída ao pincel de São Lucas.
[12.] S. 1. 169 § 84.
[13.] S. 1. 655 § 73; VS. pp. 39-40.

Caminhou o dia todo, quase em jejum e exausto de cansaço. Para cúmulo de angústia, não experimentava aquela suavidade interior que, em outras ocasiões, lhe tornavam tão agradável o padecer. Apoderaram-se-lhe da alma o tédio e profunda melancolia. As trevas da noite vieram aumentar o horror daquelas paragens inóspitas. Descobriu por fim um casebre de pastor, onde procurou abrigo, deitando-se sobre um punhado de feno; foi-lhe, porém, aquela noite um contínuo martírio.[14]

Depois de outras provações, chegou, finalmente, a Porto Ercole, lugarejo situado ao sopé do monte Argentário. Dirigiu-se à casa do arcipreste, mons. Antônio Serra, que o tratou com muita benevolência e lhe disse que no alto da montanha havia uma ermida, outrora convento dos Agostinianos, sob o título de Anunciação…

Paulo apressou-se em galgar aquelas alturas, levando como farnel um pouco de pão, esmola do caridoso sacerdote.

Sigamo-lo e com ele contemplemos o esplendor daquela natureza, que bem se harmonizava com sua alma austera e sedenta de solidão. A partir de agora o Argentário oferecer-nos-á muito interesse. Descrevamos em pormenores a Auvérnia do Patriarca da Paixão.

O monte Argentário

É imensa elevação que se alarga e se ergue à medida que avança pelo Mediterrâneo. O mar forma ali bela enseada, onde se encontra o famoso porto de Hércules,[15] dominado por um outeiro, em cujo cimo se ergue o forte de monte Filipe.

Do lado do mar, reveste-se a montanha de matizada vegetação, formada por arbustos, por cerejeiras marinhas de fruto vermelho vivo, ressaltadas no fundo verde, pela ramagem dos bosques, pelos tapetes de relva, pelos ramalhetes de mirto com bagas purpúreas, pela aroeira, pelo

---

[14.] A descrição é um tanto dramática; mas lembremo-nos de que se trata do litoral, por volta do fim setembro de 1721, tempos em que ainda não se conhecem os benéficos saneamentos dos nossos dias.

[15.] De onde provém o nome italiano "Portercole".

alecrim, pela alfazema e por outras plantas aromáticas, alegrando a vista e convidando ao desfrute dos seus perfumes.

Do lado oposto, o cenário se apresenta mais vago e impreciso. Das montanhas e colinas avista-se majestoso lago, separado do mar por estreita faixa de terra. O lago se divide em duas partes. Numa das extremidades da linha que o recorta, está situada a praça-forte de Orbetello, rodeada de água por todos os lados. A montanha, que banha os pés naquelas cerúleas ondas, entrecortada por terrenos agrestes onde medram arbustos e árvores, oferece à vista o encanto de uma variedade muito pitoresca.

Subitamente, eleva-se o cume em escarpados penhascos ou se espraia em planos suavemente inclinados, onde, por vezes, o terreno dá lugar a verdejantes campinas e a pequenos castanheiros. Ali, a três quilômetros e meio da costa, não longe de mananciais de águas frescas e cristalinas, em meio às ruínas de antigo mosteiro, está a humilde ermida da Anunciação, contígua a pequeno jardim, com um parreiral, de onde pendiam alguns cachos de uva quando lá chegou o servo de Deus.

O encanto da natureza e o profundo silêncio que a dominava acalentaram-lhe suavemente a alma na contemplação das divinas belezas do Criador.

Apelidou essa montanha de *Mons sanctificationis*, "monte da santificação", que convida as pessoas a desprender-se da terra e a elevar-se a Deus. E bem harmonizava o nome àquela solidão, pois, desde a origem do cristianismo, vira florescer à sombra de suas azinheiras a prece, o jejum, todas as virtudes, enfim. São Gregório faz menção, em seus *Diálogos*, dos eremitas do monte Argentário. Refere que um deles, indo a Roma em visita ao sepulcro de São Pedro, ressuscitou um morto na presença do quadragésimo diácono.[16]

Monte Argentário era também um dos lugares visitados pela nobre Fabíola em suas santas peregrinações, quando percorria as ilhas e o mar etrusco, penetrando nas profundas enseadas das praias mais ocultas, à

---

[16] Dial. III, 17.

procura dos cristãos perseguidos para aliviar-lhes a indigência, como nos refere são Jerônimo.[17]

Paulo estava destinado a continuar naquela montanha o sacrifício de louvor e adoração, oferecido outrora pelos antigos anacoretas.

Chegado à ermida, lá encontrou somente algumas celazinhas, uma humilde capela e antiga pintura da Anunciação, toda estragada. A pobreza e o abandono do santuário contribuíram para torná-lo a seus olhos mais atraente e mais sagrado. A imagem de Maria recordava-lhe os convites que recebera da divina Mãe para estabelecer-se ali, a fim de fazer-lhe companhia em sua solidão.

Experimentou por alguns dias doces consolações. Não usufruía, contudo, daquela completa paz e tranquilidade que se encontra no perfeito cumprimento dos divinos desígnios. Recordou-se, então, do que em Gênova lhe dissera João Batista: "Pode partir, mas não terá sossego sem seu irmão...". Resolveu, pois, ir buscá-lo...

Para assegurar a posse daquela propriedade, foi ter com o bispo de Soana e Pitigliano, sob cuja dependência estava a igreja da Anunciação.

Volta a Castellazzo

Desceu a Orbetello. Estava na praça de São Francisco de Paula, à espera de que a divina Providência lhe proporcionasse algum abrigo onde passar a noite, quando um religioso da Ordem dos Mínimos, movido de compaixão à vista de jovem tão pobremente trajado, obteve licença do superior para levá-lo ao convento, tratando-o com muita caridade.

O servo de Deus vislumbrou no padre guardião douta e santa religião, tomando-o mais tarde por confessor.

De Orbetello, dirigiu-se para Pitigliano, residência comum do prelado. Ao atravessar aquelas inóspitas campinas, indeciso muitas vezes sobre o caminho a tomar, implorava de joelhos o auxílio do Anjo da Guarda,

---

[17.] Ep. 30 "Ad Oceanum": "Os monges do Ocidente", p. 161.

e sempre acertava. Ao cair do sol, chegou a Manciano. Lá encontrou um sacerdote a quem solicitou indicação da casa paroquial.

"O pároco sou eu", respondeu-lhe rispidamente. "Que deseja?" "Que me desse hospitalidade por esta noite." "Não!", replicou o sacerdote. "Passam por aqui tantos aventureiros... e basta um para fazer mal a cem pessoas." "Sou capaz de cometer todos os crimes", respondeu com afabilidade o santo, "mas, com a graça de Deus, espero jamais os cometer."[18]

A humildade encerra em si encantos que subjugam os corações. Enternecido por resposta tão humilde e discreta, recebeu-o o pároco em sua casa, cumulando-o de gentilezas. No dia seguinte, ao chegar a Pitigliano, soube que o bispo estava em Pienza. Embora cansado, para lá se dirigiu, percorrendo mais de oitenta quilômetros. O prelado, dom Fúlvio Salvi, acolheu-o com carinho, concedendo-lhe o que pedia.

Dali, sempre mendigando o pão, prosseguiu viagem através da Toscana.

Como de costume, também nessa jornada muito teve que sofrer. Frequentemente, não encontrando hospedagem, pernoitava ao relento. Alcançou, finalmente, Pisa, de onde partiu para Livorno, em cujo trajeto dois sacerdotes, que deveriam encorajá-lo para a virtude, cumularam-no de injúrias por seu estranho trajar. É que, para compreender o hábito religioso e a alta perfeição que simboliza, faz-se mister habitar as altas regiões da fé. Paulo, humilde, sem responder nada, não perdeu a paz nem a tranquilidade, porque vivia absorto na recordação das injúrias suportadas por Nosso Senhor em sua Paixão. Um nobre cavalheiro tomou-lhe a defesa, repreendendo os zombadores: "Que estão fazendo? Por que insultam a este pobre servo de Deus?... Quem conhece os desígnios do Céu a seu respeito? Quem sabe quantos companheiros terá um dia?...".[19]

Esse elogio, inspirado talvez por luz profética, causou maior aborrecimento ao humilde religioso do que as afrontas recebidas.

Em Livorno, alojou-se no "Oratório da Morte", onde aos pobres só se dava cama. Para comer, pediu esmola a alguns mercadores. Recebeu de

---

[18.] S. 1. 82 § 21.
[19.] S. 1. 656 § 73.

um judeu alguns níqueis, com que pôde comprar um pouco de vinho e pão. Comeu um pouco e guardou o resto.

No dia seguinte, depois da missa, encaminhou-se para o porto. Ali, junto de uma fonte, diante de muita gente, comeu o pão que guardara. "A vergonha que experimentei", diria mais tarde, referindo o fato, "serviu de ótimo tempero".

Obteve passagem grátis para Gênova num vapor movido a vela. Deram-lhe um dos lugares mais incômodos, alimentando-se do sobejo dos marinheiros.

Em Gênova, tiveram que fazer quarentena.

Vista do porto, a soberba Gênova oferece aos olhos do observador, especialmente à noite, sob aquele céu transparente da Itália, quadro verdadeiramente encantador: os jardins embalsamados do perfume das laranjeiras e das mais belas flores; o murmúrio de inúmeras fontes, que não silenciam dia e noite; os magníficos palácios de mármore, os cânticos de festa, o resplendor de mil luzes a reverberar-se nas ondas do mar; tudo concorre para fascinar e arrebatar imaginações juvenis.

Paulo, embora muito austero, não ficou insensível àquele espetáculo e foi acometido de profunda melancolia. Mas tudo suportou "por amor daquele Deus que tanto sofreu por nós".[20]

---

[20]. S. 1. 81 § 20; VS. 39-42.

CAPÍTULO IX
1721-1723

João Batista recebe o santo hábito

Logo que desembarcaram, Paulo foi a uma das igrejas da cidade. Depois de longa oração, prosseguiu viagem para Alexandria.

Grande júbilo experimentou ao rever, após tantas provações e fadigas, a dom Gattinara. Este o abraçou como a um filho muito amado.

O santo prestou-lhe conta minuciosa da viagem. Contou-lhe como descobrira a santa montanha para onde Maria o chamara e suplicou-lhe que se dignasse a revestir também João Batista do santo hábito da Paixão, permitindo a ambos irem se ocultar naquele ermo.

O prelado sentiu muito privar a diocese de um santo e de um apóstolo, mas, ciente de que Paulo Francisco era guiado pelo Espírito Santo, favoreceu-lhe os desejos.

João Batista exultou de alegria ao receber tal notícia.

Realizou-se a vestidura no dia 28 de novembro de 1721, oitava da Apresentação. Paulo derramava doces lágrimas de consolação.

Passaram os meses mais rigorosos do inverno na ermida de santo Estêvão, edificando a todos com vida angélica.

Impacientes por voarem para o Argentário, apenas o inverno começa a ceder, preparam-se para partir.

Ao divulgar-se a notícia em Castellazzo, a consternação foi geral. Como se estivessem para perder um pai amantíssimo, exclamavam:

"Jamais tornaremos a ver o nosso anjo tutelar, que tanto nos consolava, dirigindo-nos pelo caminho da salvação".[1]

Seus pais, embora resignados, sentiram também profunda mágoa. O nosso santo, apesar da pena que lhe dilacerava o coração, confortava-os o melhor que podia. Aos irmãos e irmãs deu santos conselhos. Julgamos conveniente anotar aqui suas palavras, testemunho da caridade que lhe inflamava o coração.

Adeus à família

Que a santa paz de Jesus Cristo, que excede todo entendimento, guarde o nosso coração.

Mui queridos irmãos e irmãs em Jesus Cristo: eu, pobre pecador, Paulo Francisco, vosso irmão e indigno servo dos Pobres de Jesus, vejo-me obrigado, para obedecer às santas inspirações do Céu, a deixar esta cidade e retirar-me à solidão, a fim de convidar não somente as criaturas racionais, mas também as que são privadas de razão e entendimento, a chorarem comigo os meus enormes pecados e cantarem os louvores de Deus, a quem tanto ofendi.

Antes de partir para aquele santo retiro, creio ser obrigação minha deixar-vos alguns avisos espirituais, para progredirdes sempre e com desdobrado fervor no santo amor de Deus.

Em primeiro lugar, observai com grande exatidão a santa lei de Deus.

Tende afeto filial para com este Deus que nos criou e nos remiu; pois é ele digno de todo amor.

Sabei, meus queridos, que, quanto mais ternamente ama o filho a seu pai, mais teme ofendê-lo e desgostá-lo.

Este santo amor será barreira que vos impedirá de cairdes no pecado.

Amai a Deus, amai a este terno Pai, com amor ardente; depositai nele a mais doce confiança. Que todas as vossas orações, palavras, suspiros, penas e lágrimas sejam verdadeiro holocausto oferecido a seu infinito amor. Para manterdes esse santo amor, frequentai os sacramentos. Não vos aproximeis do santo altar se não para abrasardes sempre mais a alma nas labaredas do divino amor.

---

[1]. S. 1. 902 § 15.

Ah, meus queridos irmãos, nada vos digo sobre a preparação para a sagrada Comunhão, porque suponho a fareis com toda diligência possível. Lembrai-vos de que se trata do ato mais sublime que se possa praticar.

Ide frequentemente à igreja para adorar o Santíssimo Sacramento e visitai com grande piedade o altar da Santíssima Virgem.

Não passeis um dia sem dedicardes meia hora ou, ao menos, quinze minutos à oração mental sobre a dolorosa Paixão do Salvador. Recordai continuamente as dores do nosso Amor Crucificado, convencendo-vos de que os maiores santos, que hoje, embriagados, de amor, triunfam lá no Céu, chegaram à perfeição por esse caminho.

Tende afetuosa devoção às dores de Maria e à sua Imaculada Conceição, ao Anjo da Guarda, aos vossos santos Padroeiros e, particularmente, aos santos Apóstolos.

Recitai amiúde fervorosíssimas orações jaculatórias. Indicar-vos-ei algumas: "Oh, meu Deus, jamais vos houvesse ofendido!". "Esperança do meu coração, mil vezes a morte antes que tornar a pecar." – "Oh, meu Jesus, quanto vos amarei?" – "Oh, meu soberano Bem, feri, feri meu coração com o vosso santo amor!" – "Oh, meu Deus, quem não vos ama não vos conhece." – "Oh, se todos vos amassem, Amor infinito!" – "Quando estará minha alma abrasada em vosso santo amor?"

Nas tribulações e nas dores, direis: "Cumpra-se a vossa vontade, ó meu Deus!" – "Bem-vindas sejam as aflições!" – "Queridas penas, eu vos abraço e vos aperto ao coração!" – "Sois as pedras preciosas enviadas por Nosso Senhor." – "Oh, querida mão do meu Deus, beijo-vos amorosamente!" – "Bendito seja o açoite que, com tanto amor, me fere!" – "Oh, afetuoso Pai, bem fazeis em humilhar-me!"

Podeis recitá-las andando, trabalhando e até em companhia de outras pessoas, porque, se elas estão em derredor de vosso corpo, não estão em vossos corações. Com tais jaculatórias beneficiareis a alma, até em meio das mais graves ocupações.

Lede diariamente algum livro espiritual e fugi das más companhias, como se foge de satanás.

Obedecei, com a máxima exatidão, aos nossos pais: a obediência é pérola celeste. Foi por obediência que Jesus imolou sua vida santíssima no madeiro da cruz.

Compadecei-vos dos pobres. Sede justos para com todos. Pagai sem tardança o que deveis e, se não o podeis fazer, suplicai humildemente aos credores vos concedam adiamento.
Humilhai-vos diante de todos, por amor de Deus.
Suplico-vos, enfim, recordai-vos sempre do santo preceito do amor, último legado de Jesus aos apóstolos: "Dou-vos um mandamento novo, e é que vos ameis mutuamente, como eu vos tenho amado" (Jo 13,34).
Oh, que doce linguagem! Amai-vos, amai-vos mutuamente, meus queridos irmãos e irmãs! Jamais amareis a Deus, se vos não amardes uns aos outros. Jamais haja discórdia entre vós. Se por acaso pronunciardes qualquer palavra ofensiva, calai imediatamente para que a cólera não vos penetre no coração.
Deixo-vos, pois, nas chagas sagradas de Jesus e sob a proteção da Mãe das Dores. Sim, é onde vos deixo, bem como a todos os parentes.
Rogo à Santíssima Virgem inunde vossos corações com suas pungentes lágrimas, imprimindo neles a lembrança contínua da amaríssima Paixão de Jesus e de suas próprias dores.
Rogo-lhe, outrossim, vos conceda a perseverança no seu santo amor e a força e resignação nos sofrimentos.
Tende por especial Protetora a Virgem das Dores; jamais abandoneis a meditação dos padecimentos do Redentor.
Deus, em sua infinita misericórdia, vos cumule a todos de suas santas bênçãos. Rezai por mim.
Deo gratias et Mariae semper Virgini.
Vosso indigníssimo irmão,
Paulo Francisco,
o último dos servos dos Pobres de Jesus.[2]

Que admirável norma de vida cristã! Observância dos mandamentos, ódio ao pecado, frequência dos sacramentos, devoção à sagrada Eucaristia, à Paixão do Salvador, às dores de Nossa Senhora, aos Anjos e aos Santos; prática eficaz das orações jaculatórias, visitas ao Santíssimo Sacramento, leitura espiritual, o amor dos pobres e da justiça. E tudo coroado pela caridade, perfeição da lei!

Como remate, deixa-os nas chagas adoráveis do Redentor!

---
[2] Lt. I, 53-57.

A viagem

No primeiro domingo da Quaresma, após haver-se compenetrado dos sentimentos de Jesus conduzido pelo divino Paráclito ao deserto, expressos no Evangelho da missa, Paulo e João Batista partem para o monte Argentário.[3]

Embarcam em Gênova e chegam sem novidades a Civitavecchia, onde são obrigados a fazer a quarentena até a manhã de Quarta-Feira Santa. Nesse dia se dirigem a Porto Ercole, ansiosos por receber no dia seguinte a sagrada Comunhão, mas o sol já se ocultava no horizonte e eles ainda estavam nas vizinhanças de Burano, a vinte quilômetros da Montanha.

Naqueles ermos era impossível caminhar à noite, pois o terreno é agreste e repleto de atalhos. Sem teto e sem pão, deitaram-se na terra nua, sob um espinheiro. Ao levantar-se, aos primeiros clarões da aurora, estavam banhados de orvalho. Com o corpo enfraquecido, mas com o Espírito alentado pelo desejo de celebrar a Páscoa com Jesus no coração, prosseguiram apressadamente a viagem. Chegaram a tempo de assistir à missa solene. Jesus Sacramentado fez-lhes olvidar os sofrimentos passados e os fortificou para as provações futuras.

O arcipreste, mons. Antônio Serra, conhecido de Paulo, prodigalizou-lhes afetuosos cuidados, hospedando-os em sua casa. Após o desjejum, foram à igreja orar ante o santo Sepulcro. De joelhos, imóveis, passaram o resto do dia, a noite toda e a manhã seguinte, meditando os tormentos do Salvador.

No decurso de tão prolongada oração, o rosto de Paulo ora se tornava vermelho como brasa, ora pálido como cadáver. Que opostos sentimentos experimentava aquele coração enamorado? Ignoramo-lo. Todavia, tais colóquios serviram de excelente preparação à vida de recolhimento e austeridade que empreenderia muito em breve na vizinha montanha.

Terminadas as festas pascais, foram a Orbotello solicitar do governador militar, general Espejo y Vera, permissão para residir no monte

---

[3]. Era o dia 22 de fevereiro de 1722 (S. 1. 83 § 24). No dia 10 do mesmo mês, o bispo assinara um atestado de bom comportamento (S. 1. 55 § 59).

Argentário. Ao sair da igreja, avistou este os servos de Deus e lhes perguntou quem eram e de onde vinham. Paulo respondeu com cativante modéstia: "Somos dois irmãos a quem Deus inspirou o desejo de se entregarem à penitência no monte Argentário".

Comovido, o general, por aquele aspecto de penitência que distingue os santos, concedeu-lhes o que pediam. Partiram, então, para Pitigliano e, recebida a bênção do bispo, puseram-se logo a caminho da ermida da Anunciação.[4]

Como viviam no monte Argentário

Felizes por poderem, enfim, concentrar-se na contemplação de Deus, começaram uma vida mais angélica que humana.

Diversas horas do dia passavam-nas na pequena igreja, meditando e recitando o divino Ofício. A certa hora, dirigiam-se, separadamente, ao bosque. Lá, à sombra das azinheiras ou no interior de alguma gruta, auxiliados por aquela grandiosa e austera natureza, viviam mais no céu do que na terra.

Para evitarem vãs e importunas imaginações, conservavam a mente fixa na meditação dos Novíssimos, enquanto maceravam a carne com cruentas disciplinas.

Paulo dormia sobre a terra e João, sobre uma tábua. Levantavam-se à meia-noite para cantar Matinas, permanecendo em oração até às três horas. Em seguida, descansavam brevemente. Mas, ao ouvirem o gorjeio do rouxinol a saudar o romper da aurora, imaginando que tais criaturinhas os convidavam para louvar a Deus, levantavam-se e se punham novamente em oração.

Quando na fortaleza de monte Filipe rufavam os tambores, Paulo exclamava: "Reflete no que fazem os soldados da terra para defender quatro muralhas... Que não deverás fazer tu, soldado do Céu, em favor do reino espiritual de tua alma?...".[5]

[4.] S. 1. 84 § 24-26.
[5.] S. 1. 85 § 28; 735 § 181 seg.

De tudo se servia para elevar-se a Deus. A natureza toda lhe era verdadeira escola de virtude.

À sexta-feira, seu alimento eram as lágrimas. Para melhor unir-se às penas de Jesus Crucificado, inventara novo instrumento de penitência: uma lâmina de aço, toda eriçada de agudas pontas. Aplicava-a nas carnes desnudas antes das Matinas e somente a retirava após as Matinas do dia seguinte.

E todas essas mortificações pareciam pouco aos fervorosos anacoretas! Multiplicavam-nas ao aproximar-se das grandes solenidades, sempre precedidas de novenas. Celebrada a Epifania, internavam-se na mais profunda solidão, em memória da estada de Nosso Senhor no deserto. Aliás, bem pouco falavam entre si, para poderem falar com Deus e ouvir-lhe a voz.

E qual o alimento dos nossos solitários? De Pitigliano trouxeram alguns biscoitos e poucos bagos de uva passa, recebidos de esmola.[6] Alimentavam-se ordinariamente de raízes e ervas silvestres. Provada a constância de seus servos, Deus inspirou uma senhora de Orbetelloa a enviar-lhes algumas favas, aceitas com reconhecimento.[7] Comiam-nas amolecidas em água, sentados ao pé de uma fonte, que vertia acima da ermida.

Alguns caçadores e carvoeiros, ao ouvirem-lhes os piedosos cânticos e observarem-lhes o teor de vida, deles falavam naquelas redondezas como de dois santos de extraordinária austeridade. A partir daí, não lhes faltaram benfeitores e as ofertas espontâneas proporcionaram-lhes o necessário, embora continuassem sempre a alimentar-se de uma sopa inossa ou de pão e água. Nos dias festivos acrescentavam um pouco de vinho, quase sempre avinagrado.

Para dizer tudo em poucas palavras, solidão e silêncio, penitência e oração, eis a vida desses atletas de Cristo no alto do Argentário.

Lá, junto com a própria santificação, aprendiam a sublime arte da santificação do próximo.

[6.] S. 1. 84 § 27.
[7.] S. 1. 84 § 28; 704 § 139.

A alma abrasada no divino amor não pode encarcerar por muito tempo no âmago do peito as chamas que a devoram; é mister comunicá-las a outras pessoas, inflamando outros corações. Os nossos cenobitas desciam frequentemente da montanha para levar aos povos circunvizinhos as graças do Céu.

Aos domingos e dias santos, Paulo ia a Porto Ercole por caminhos semeados de espinhos e abrolhos. Terminada a santa missa, com autorização do arcipreste, explicava a doutrina cristã aos fiéis, que em multidão acorriam a ouvi-lo. Antes de concluir, descrevia, com ternura e fervor, uma das cenas da Paixão, ensinando a maneira prática de meditá-la.

João Batista exercitava o mesmo apostolado na parte oposta da montanha, em Porto Santo Estêvão, onde havia, desde tempos remotos, uma capela e algumas choupanas de pescadores.

CAPÍTULO X
1723-1725

Convite do bispo de Gaeta

A notícia de que no monte Argentário viviam dois santos extraordinários, êmulos dos heróis da primitiva Igreja, correu célere. Dom Carlos Pignatelli, bispo de Gaeta, desejou chamá-los à sua diocese. Escreveu a Paulo, convidando-os a irem auxiliá-lo na salvação do rebanho que Deus lhe confiara. E acrescentava: "Aqui encontrareis lugar favorável à vossa vocação; podereis trabalhar muito para glória de Deus e bem das pessoas".

O santo sentia deixar a solidão do Argentário, mas, consultando o Senhor na oração, decidiu partir.

Dom Salvi, embora pesaroso, deu-lhes cartas testemunhais, em que descrevia, em breves palavras, a vida apostólica de ambos: "Chamam-se Pobres de Jesus. Não possuem outra veste senão uma grosseira túnica de lã, sem capa, sem bastão e sem alforje. Mesmo em viagem, andam descalços e de cabeça descoberta. Unem a vida contemplativa à ativa, trabalhando para o bem espiritual das pessoas".[1]

Partiram nos últimos dias de junho de 1723.

Possivelmente tenha sido nessa viagem que travaram conhecimento com o cardeal Álvaro Cienfuegos, espanhol, religioso da Companhia de Jesus. Possuímos várias cartas em que o ilustre príncipe da Igreja demonstra aos Pobres de Jesus amizade cordialíssima, filiando-os a levarem a cabo o santo empreendimento que Paulo tem em mira.

[1.] Essa carta traz a data de 27 de junho de 1723, e eles partiram logo depois.

Ermida de Nossa Senhora das Candeias

Chegando a Gaeta, ganharam imediatamente todos os corações. Bastava vê-los para admirá-los. A realidade superava a fama que os precedia. Aqueles rostos ainda na flor da idade luzindo modéstia angelical, profunda humildade e amável austeridade; aquela túnica de grosseira lã, o cinto de couro, de onde pendia o breviário colocado numa bolsa, o crucifixo ao peito, descalços... tudo eram práticas de mortificação e desprezo do mundo. Em suas palavras, meigas e fortes ao mesmo tempo, havia algo de maravilhoso, que encantava e penetrava os corações, inspirando-lhes o amor à virtude.[2]

O bispo exultava de contentamento, como se tivesse encontrado um tesouro. Hospedou-os no palácio. Os dois religiosos ali permaneceram por algum tempo, como se estivessem no deserto. Após frugal refeição e breve repouso no pavimento desnudo, servindo-lhes o breviário de travesseiro, dirigiam-se à igreja, onde, ajoelhados ante o Santíssimo Sacramento, permaneciam muitas horas na contemplação do infinito amor de Jesus Hóstia.

Tão profunda piedade pasmava de admiração os fiéis.

Todavia, era a solidão o lugar predileto dos nossos santos, pois desejavam viver ocultos aos olhos do mundo. Obtiveram, finalmente, licença do bispo para retirar-se à ermida de Nossa Senhora das Candeias, situada em amena colina revestida de oliveiras, junto ao mar, cerca de dois quilômetros da cidade, ao poente do promontório de Gaeta. Possuía muitas celas. Assemelhava-se a um mosteiro, com pequena mas elegante capela, consagrada à Mãe de Deus. Fora outrora habitada por São Nilo e pelos monges basilianos, seus discípulos. Naquele momento lá estavam um clérigo e um ermitão, únicos guardiães do santuário.

O prelado ia visitar seguidamente a Paulo e João Batista, desfrutando de sua conversação. Para liberá-los das preocupações materiais da vida, encarregou disso o clérigo Tomás Ricinelli. Os Pobres de Jesus agradeceram de coração tanta bondade, mas não lhe aceitaram os préstimos,

---

[2.] S. 1. 65 § 2.

exceto quando eram atos de caridade em favor do próximo. Amantes da pobreza, desejavam continuar a viver como pobres.[3]

Praticavam as mesmas austeridades que no monte Argentário. Uma testemunha que os observara de perto depôs nos processos:

> Via-os descansarem brevemente sobre a terra nua, com uma pedra sob a cabeça. O jejum era cotidiano e bastante rigoroso: um pouco de pão e água, com sopa de legumes e ervas, temperadas sempre com a mortificação, porque, se possuíam azeite, faltava-lhes o sal, se tinham sal, faltava o azeite. Muitas vezes, para maior penitência, misturavam cinza nos alimentos. À noite, não comiam mais que 30 gramas de pão. Quando abundavam as esmolas, reservavam para si o estritamente necessário, distribuindo o resto aos pobres. Sucedia por vezes nada receberem, passando o dia sem comer.
> Se algum benfeitor lhes oferecia alimentos saborosos, como carne, peixes, recusavam-nos com delicadeza, dizendo: "Isto não é para nós". Quando não podiam recusar, davam-nos aos pobres.

Certo dia o bispo, para dar trégua a tão rígido jejum, enviou-lhes delicioso guisado. Quando o colocaram à mesa, Paulo exclamou: "Reflitamos por alguns instantes e haveremos de concluir que não somos dignos deste alimento, porque é muito saboroso e está admiravelmente preparado...". Ditas estas palavras, tomou-o respeitosamente nas mãos e o entregou ao pe. Ricinelli, suplicando-lhe que o desse de esmola ao primeiro pobre que passasse.

Evidenciou-se nessa ocasião como Deus revelava a Paulo coisas secretas. O sacerdote deu o guisado a um pobre chamado Ângelo, que, ao receber manjar tão delicado, julgou que estivessem zombando dele e não quis aceitá-lo; porém, quando lhe disseram ser presente de Paulo, só então se foi alegre, pensando no esplêndido banquete... Contudo, olhos invejosos e ávidos seguiam o pobre e o guisado... "O guisado inteirinho!... Nem um pedacinho para mim?!..." Terrível tentação!... O ermitão Braz

---

[3] S. 2. 52 § 241.

meteu-se em um atalho, correu e foi esperar o pobre na estrada, obrigando-o a dar-lhe boa parte da iguaria. Comeu-a em segredo, limpou os lábios e voltou sem temor à ermida, certo de que ninguém o observara.

Paulo, no entanto, com o rosto severo, foi-lhe ao encontro e o repreendeu asperamente, por deixar-se vencer por tão vil tentação. Envergonhado, Braz confessou sua falta. O espanto foi geral, pois sabiam todos que o santo não poderia saber o ocorrido senão por luz superior.[4]

"Na ermida de Nossa Senhora das Candeias" – são palavras da testemunha acima citada –, "a ocupação dos nossos solitários eram a oração e a leitura espiritual. Faziam-nas num acanhado coro situado acima da porta da Igreja. Pode dizer-se que a oração era contínua".

Descobrira Paulo pequena gruta em meio aos rochedos à beira-mar. Adornou-a de bela imagem da Virgem, tornando aquele secreto asilo um verdadeiro santuário. Lá passava, nas mais doces contemplações divinas, todo o tempo não ocupado em atos de observância, entregando-se a macerações e disciplinas tão cruéis que a rocha se manchava de sangue.[5]

Por vezes o demônio suscitava-lhe tempestades tão furiosas como as do mar que o santo tinha à vista. Paulo, longe de amedrontar-se, afeiçoava-se sempre mais àquela solidão, abismando a alma no oceano das divinas misericórdias. E Deus, que ordena aos ventos e às ondas, fazia retornar-lhe a paz ao coração.

As austeridades reduziram à extrema fraqueza os dois solitários. Entretanto, na debilidade corporal a alma hauria novas energias; quanto mais penava a natureza, mais o divino amor os inundava de delícias.[6]

Acolhiam os visitantes com suma e sincera delicadeza. Só tratavam de assuntos espirituais, levando todos à virtude.

Não querendo se afastar jamais do caminho da obediência, puseram-se sob a direção do santo pe. Tomás Perrone, a quem obedeciam cegamente, votando também ao próprio bispo a mais perfeita submissão.

[4.] S. 1. 646 § 1-5.
[5.] S. 1. 86 § 31.
[6.] S. 1. 647 § 13.

Recebe autorização para pregar

Não quis o prelado deixar ocultos os dons extraordinários descobertos em Paulo e João Batista.

Ei-los, por sua ordem, a ensinar o catecismo às crianças e a pregar aos fiéis na catedral de Gaeta. Assistiam dia e noite os moribundos, prodigalizando-lhes os mais humildes préstimos e dispondo-os para os últimos sacramentos. Não os abandonavam enquanto não exalassem o último suspiro.

Inúmeros foram os enfermos curados pelo simples contato das mãos de Paulo ou de seus lábios nas chagas cancerosas![7]

Esse herói de santidade estava plasmado para formar a outrem no desapego das coisas terrenas e no verdadeiro amor de Deus. Assim o compreendeu o bispo. Persuadido de que ninguém melhor do que Paulo poderia incutir em seus seminaristas o sublime ideal do sacerdócio, mandou-o que lhes pregasse o retiro espiritual em preparação às Ordens sacras.

Essa derrogação do costume até então seguido na diocese suscitou algumas críticas. Admiravam-se de que d. Pignatelli confiasse a simples religioso a incumbência de pregar aos futuros levitas.

Contudo, os sacerdotes mais doutos e santos aplaudiram a escolha. É que não ignoravam serem as palavras do santo repletas do Espírito de Deus. Exerceriam, portanto, salutar influência naquela geração de apóstolos.[8]

Paulo obedeceu, e os ordenandos, que o veneravam como a um santo, hauriram ótimos frutos, de modo a justificar-se plenamente o agir do prelado.

Rápida visita a Castellazo

Por esse tempo, ficara gravemente doente em Castellazzo um parente próximo do servo de Deus. Mau cristão, corria o risco de perder-se

---

[7]. Omitimos aqui um fato demasiado forte para quem não tenha estômago de santo. (Nota do tradutor.)
[8]. POR. 353.

eternamente. Desconsolados pela triste notícia, não duvidaram em enfrentar as fadigas de longa e penosa viagem. Puseram-se a caminho, no mês de outubro de 1723.[9]

Chegados a Castellazzo, o pe. João Batista adoeceu. Viram-se, pois, obrigados a retirar-se à ermida de Santo Estêvão, onde tiveram que permanecer até o mês de março do ano seguinte.[10]

Paulo avisou o ocorrido ao cardeal Cienfuegos, que lhe respondeu nestes termos: "Vossa prezada carta ser-nos-ia bastante agradável, não fosse a triste notícia da doença de vosso irmão João Batista. Sei, contudo, que qualquer visita do senhor é sempre desejada e bem-aceita por corações como os vossos…".[11]

Terminada a missão de caridade, retornaram a Gaeta.

Ao passar por Gênova, Paulo fez uma predição à mãe do arcebispo. A piedosa senhora, ao notar na igreja a modéstia e a piedade de Paulo, desejou falar-lhe. O arcebispo desaprovou-o, como efeito de mera curiosidade. Ela insistiu e seu desejo foi satisfeito. Talvez pressentisse a graça que receberia na entrevista. Paulo advertiu-a de que compareceria ao tribunal de Deus na próxima festa de São José. Passados alguns dias, a boa senhora adoeceu, falecendo na data predita.

D. Saporiti relatou o fato a um eclesiástico, que o depôs com juramento nos processos de canonização.[12]

De volta a Gaeta, pregou na catedral, durante a Quaresma, a numeroso auditório. Discorreu o apóstolo com tanto entusiasmo sobre o infinito amor de Jesus na Santíssima Eucaristia e sobre os sofrimentos de Nosso Senhor Crucificado que as lágrimas e os gemidos dos ouvintes se confundiam com os gemidos e as lágrimas do pregador. Era voz corrente: "Se não nos tornarmos santos com as práticas desse homem de Deus, jamais nos santificaremos".[13]

[9.] POV. 117.
[10.] Lt. I, 33, 59.
[11.] Boll. 1929, p. 150.
[12.] S. 1. 822 § 9; VS. p. 50.
[13.] S. 2. 53 § 243.

São Januário

Ao aproximar-se a festa de São Januário, foram a Nápoles venerar as relíquias do grande mártir. O secretário do senhor pe. Tomás Perrone ansiava acompanhá-los, mas como se sentia mal em viagens por mar, estava desistindo. Asseverou-lhe, então, o servo de Deus, que nenhum enjoo o molestaria, e assim sucedeu.

O nosso santo fez dessa viagem verdadeiro apostolado. Imenso foi o pesar dos passageiros e tripulantes por chegarem tão depressa a Nápoles, por terem apreciado tanto os ensinamentos do servo de Deus.

Hospedaram-se na casa dos pais do secretário. No dia de São Januário, ensinaram a todos como se devem venerar as relíquias dos santos. Testemunhas da liquefação do precioso sangue, beijaram com profundo respeito a ampulheta sagrada.

Uma cura milagrosa operada por Paulo naqueles dias aumentou a veneração dos fiéis aos santos peregrinos. Conduziram-no à paróquia de Santa Lúcia, à cabeceira de um enfermo, desenganado pelos médicos. Benzê-lo e curá-lo foi a mesma coisa. O agraciado levantou-se, divulgando por toda parte o prodígio.

Na véspera do regresso, enquanto esperavam vento favorável na casa do proprietário do navio, junto ao cais, grande multidão para lá se dirigiu. Ansiavam beijar-lhe as mãos e o hábito. Não sabendo como libertar-se daquelas demonstrações de veneração, puseram-se a falar-lhes da Paixão de Nosso Senhor e recomendar às mulheres a modéstia cristã, seu melhor adorno.

Chegaram a Gaeta depois de jornada verdadeiramente santa. O secretário pretendia pagar as despesas de ida e volta, mas o proprietário do navio nada quis receber, julgando-se feliz, dizia, por haver levado dois grandes servos de Deus.[14]

Enquanto Paulo permanecia na solidão de Nossa Senhora das Candeias, Deus preparava-lhe graça singularíssima. Também dessa vez seria um santo bispo o instrumento da Providência para o bem do Instituto.

---

[14]. S. 1. 66 § 57.

Vão a Troia

Governava a diocese de Troia, no reino de Nápoles, prelado de rara doutrina e eminente virtude. Quando recorria à Santa Sé no interesse da diocese, Clemente XI costumava dizer: "Devo contentá-lo; seu saber e delicadeza de consciência não lhe permitem pedir o que não possa justificar-se pela autoridade e exemplos da antiguidade". Inocêncio XIII e Bento XIII apelidaram-no de santo. Esse venerável pontífice era dom Santiago Emílio Cavalieri, tio materno de Santo Afonso de Ligório.

Quando Afonso, na flor da idade, resolveu consagrar-se a Deus, o pai pediu ao bispo que o dissuadisse da ideia do sacerdócio.

Eis a resposta de dom Cavalieri: "Meu querido José, eu também abandonei o mundo e renunciei ao direito de primogenitura para salvar a minha alma. Vê, portanto, que não posso aconselhar o contrário. Crer-me-ia condenado".

Estas palavras revelam a grandeza de alma do prelado, que se consagrara ao Senhor na vida religiosa antes de ser elevado à sede episcopal.[15] Apóstolo infatigável, sacrificava a vida pela salvação das pessoas. Sua principal devoção e a poderosa causa motriz de seu apostolado eram Jesus Crucificado e Jesus Eucarístico: a cruz e o altar. Concebera havia muito o mesmo projeto de Paulo da Cruz, a saber: fundar uma Congregação de sacerdotes consagrados à Paixão do Salvador. Soube, outrossim, por luz suprema que Deus suscitaria tal Instituto na Igreja. Quem seria o fundador? Ele ou outrem? Ignorava-o.

Tais eram seus pensamentos quando, por admirável disposição da Providência, os acontecimentos iluminaram-lhe a alma.

No reino de Nápoles e até na cidade de Troia, narravam-se coisas maravilhosas a respeito de Paulo e João Batista. Enalteciam-lhes, sobretudo, a devoção a Jesus Crucificado e à Santíssima Eucaristia. Eis a razão por que dom Cavalieri começou a querer bem àqueles dois desconhecidos. Ao refletir que os apóstolos da Cruz e do Tabernáculo poderiam fazer imenso bem a seu povo, escreveu-lhes carta expressa, muito carinhosa, suplicando-lhes que fossem evangelizar-lhe o rebanho.

[15.] S. 1. 86 § 32.

Antes de aceitar o convite, julgaram dever aconselhar-se com o cardeal Cienfuegos. Este lhes respondeu em data de 1º de agosto de 1724:

> Aprovo vossa viagem a Troia, a pedido do bispo, pastor de eminente santidade. Compartilho o parecer daquele digno prelado, isto é, de que Deus nem sempre mostra sua vontade por inspirações internas, mas, uma vez por outra, fá-la conhecer por vias extrínsecas. Peço-vos encarecidamente lembrar-vos de mim em vossas orações tão agradáveis ao Senhor, a quem suplico vos abençoe, cumulando-vos de graças.[16]

No santuário do monte Galgano

Conhecida a vontade de Deus, com permissão do bispo, de lá partiram para Troia. É inenarrável o que sofreram nessa viagem, empreendida nos excessivos calores de agosto. O pe. João Batista foi acometido de fortes dores de cabeça, que lhe abreviaram a disposição. Paulo teve violentas febres.

Sem provisões nem dinheiro, mendigavam o pão. Mas não encontraram quem lhes desse alimento nem pousada. Receberam apenas duas pequenas moedas. Essas provações não lhes alteravam absolutamente a paciência nem o fervor. Poderiam ter abreviado a jornada, dirigindo-se diretamente a Troia, mas quiseram visitar o santuário do monte Galgano.

Passaram a noite em oração à porta da gruta milagrosa, célebre pela aparição do arcanjo São Miguel. Ali, enquanto oravam, o pe. João Batista ouviu claramente misteriosas palavras: "*Visitabo vos in virga ferrea, et dabo vobis Spiritum Sanctum*" [Visitar-vos-ei com vara de ferro e vos enviarei o Espírito Santo].[17]

Tratava-se da revelação do que os esperava: duras provações mescladas de prazeres inefáveis. Ao mesmo tempo, Deus parecia dar-lhes como protetor São Miguel. O nosso santo teve sempre especial devoção ao

---

[16]. Boll. 1929, p. 150.
[17]. S. 1. 86 § 32.

príncipe da milícia celeste, que lhe apareceu diversas vezes. Certa ocasião, apresentou-se-lhe resplandecente de luz. Paulo perguntou-lhe se protegia a ele e a Congregação. Respondeu o arcanjo: "Velei sempre por ambos e jamais deixarei de fazê-lo para o futuro".[18]

Oferecer-nos-á esta biografia numerosas provas de sua poderosa proteção e contemplaremos os esplendores de sua deslumbrante espada. São Miguel é um dos patronos principais da Congregação.

Com dom Cavalieri

O bispo de Troia chorou, comovido, ao ver os servos de Deus e os estreitou de encontro ao coração. Ordenou que lhes dessem no palácio o necessário como lenitivo dos sofrimentos passados. E eles recomeçaram logo depois os exercícios de adoração ante o Santíssimo Sacramento, porquanto esse inefável mistério de amor atrai os corações como o ímã atrai o ferro. O santo prelado, embora enfermo, permanecia também prolongadas horas em íntimos colóquios com Jesus Hóstia. Os fiéis os acompanhavam. Ouçamos o biógrafo de dom Cavalieri: "Teve, outrossim, o santo bispo a inefável alegria de ver grande número de pessoas inflamar-se no amor do adorável sacramento dos nossos altares".[19]

Querendo ampliar os frutos produzidos pelos exemplos eloquentíssimos de Paulo, confiou-lhe, como fizeram outros bispos, o ministério da palavra. O obedientíssimo jovem, acompanhado de piedosa irmandade, pregava, à noite, nas ruas e praças da cidade. Aquela voz possante, a ecoar em meio às trevas, despertava o pecador do profundo letargio da culpa. O efeito singular produzido por tais prédicas induziu Paulo a introduzi-las nas missões.[20]

No palácio episcopal, onde não havia outros adornos senão imagens de Jesus Crucificado, habitavam os dois irmãos como nas pobres celas de Gaeta. Tendo ante os olhos os exemplos de um bispo que, para compartipar dos sofrimentos de Jesus Crucificado, se alimentava ordinariamente

---

[18]. PAR. 2374 in OAM. pp. 205-207.
[19]. VS. p. 55.
[20]. S. 1. 87 § 34.

de um bocado de pão e de algumas frutas, dormia sobre tábuas e tratava asperamente o corpo, Paulo e João Batista aspiravam por jejuns mais austeros e mais cruentas macerações. Não lhos permitiram, porém.

Admirado da santidade de dom Cavalieri, Paulo franqueou-lhe o coração, revelando-lhe todos os refolhos da alma e as inspirações do Céu a respeito da Congregação da Santíssima Cruz e Paixão de Nosso Senhor Jesus Cristo.

Verdadeiro dardo de luz para o venerável pontífice!

Eis, pois, o fundador da Congregação que, por convicção sobrenatural, sabia haver de surgir na Igreja de Deus! Apoderando-se-lhe, então, da alma os proféticos transportes do velho Simeão, apertou Paulo nos braços e entoou o cântico: "Contemplo uma obra que é toda de Deus!... Vereis grandes coisas!... Triunfará por veredas ocultas e maravilhosas!...".[21]

Acrescentou que desejava depor o peso do episcopado e ser dos primeiros a vestir o hábito da Paixão. A primeira casa deveria fundar-se em sua diocese. Paulo apresentou-lhe as santas Regras para que apusesse algumas anotações. Leu-as com toda atenção e escreveu como preâmbulo:

> Li com grandíssima consolação as Regras de vossa Congregação; maior foi, porém, meu contentamento em vê-las observadas. Ocorreu-me ao pensamento que Nosso Senhor nestes tempos em que confiou o governo da Igreja a um santo Pontífice e em que deseja restabelecer o antigo prestígio da hierarquia eclesiástica, queira, talvez, pela vossa conduta e dos vossos futuros companheiros, justificar sua causa e o zelo ardente de quem lhe faz as vezes na terra.

A partir daí o humilde prelado considerou o nosso santo como seu superior, admirando-lhe a grande sabedoria. À imitação de Paulo, também ele franqueou ao servo de Deus o santuário de sua alma, deu-lhe conta da oração e das luzes recebidas do Céu, nada ocultando do que dizia respeito à sua vida espiritual.

[21.] S. 1. 87 § 33.

Perfeita a harmonia dessas duas pessoas, como se fossem duas liras tangidas pelo Espírito divino. Uma dessas piedosas conferências espirituais foi assinalada por extraordinário prodígio.

Estavam recitando com muita devoção o símbolo dos Apóstolos, quando, ao ajoelhar-se às palavras: "Foi concebido por obra do Espírito Santo e nasceu de Virgem Maria", ambos, subitamente arrebatados em êxtase, tiveram a ventura de contemplar o inefável mistério da encarnação.

O santo bispo insistiu com Paulo e João Batista para que recebessem as sagradas ordens, dizendo-lhes ser essa a vontade de Deus, manifestada a uma dirigida dele, que dissera: "Terão numerosos prosélitos para propagar as glórias de Jesus Crucificado".[22]

Não fosse o estado precário de saúde, teria o bispo ido a Roma expor a Bento XIII a finalidade do novo Instituto e obter-lhe a aprovação.

Vão a Roma

Era o ano jubilar de 1725. Paulo resolveu ir em peregrinação à cidade eterna para lucrar o precioso tesouro de indulgências e prostrar-se aos pés do soberano Pontífice.

Diz seu biógrafo: "Dom Cavalieri encorajou aqueles grandes homens a empreenderem a viagem a Roma para obter da Santa Sé a aprovação da santa empresa; deu-lhes cartas comendatícias a vários cardeais e a outras personalidades da corte romana".

Doloroso o momento da separação daqueles três nobres homens, unidos pelos laços de terníssima caridade. Havia seis meses conviviam juntas, servindo a Deus e só dele se entretendo, consumindo-se como vítimas de amor a Jesus Crucificado. E não mais se tornariam a ver na terra! O piedoso bispo já o pressentira. Despediu-se deles por entre muitas lágrimas, dando-lhes a bênção. Os servos de Deus tomaram o caminho de Roma, seguidos pelas fervorosas preces do venerável prelado.

[22.] S. 1. 87 § 34.

CAPÍTULO XI
1725-1727

Encontro providencial

Em Roma, quando oravam fervorosamente ante o altar da Confissão do Príncipe dos Apóstolos, os dois irmãos foram vistos por monsenhor Marcelo Crescenzi, cônego da basílica Vaticana, logo depois cardeal da santa Igreja. Enternecido pela grande modéstia e recolhimento e pela pobreza do traje dos peregrinos, sentiu-se internamente impelido a perguntar-lhes de onde eram e o motivo que os trazia a Roma. Expôs-lhe Paulo a finalidade do Instituto da Paixão, acrescentando que viera solicitar do Soberano Pontífice a aprovação das Regras.[1]

O prelado notou na resposta tanta humildade e bom senso que dele concebeu elevada estima e afeição, inalteráveis até a morte. Muitos anos depois, em carta ao pe. Paulo, rememorava aquelas circunstâncias:

> Apraz-me relembrar-lhe que a nossa amizade teve início na igreja de São Pedro, no ano jubilar de 1725. Era então cônego daquela basílica, quando o vi com seu irmão, trajados de penitentes, descalços, a orar diante do altar da Confissão dos santos apóstolos. Concebi tal desejo de falar-lhes e informar-me de seu estado e vocação que ali mesmo lhes dirigi algumas perguntas. E foi assim que nos conhecemos. Em seguida foram apresentados ao cardeal Corradini e depois a Bento XIII, de feliz memória, que os ordenou sacerdotes. A origem de tão grande bem foi a sua visita aos santuários de Roma nesse traje.[2]

---

[1]. O pe. João Maria afirma que o primeiro encontro teria acontecido nas "Tre Fontane". O de São Pedro teria sido o segundo (S. 1. 87 § 35).
[2]. VS. p. 58.

A partir daí, jamais cessou o prelado de proteger Paulo e de favorecer a Congregação. Apresentou os dois irmãos, como dissemos, ao cardeal Corradini, seu íntimo amigo. O eminente príncipe da Igreja, grande sábio e coração magnânimo, verdadeiro pai dos pobres, reconheceu logo o tesouro de virtudes que enriquecia aqueles Pobres de Jesus, tendo imenso prazer em empenhar seu valimento em prol de seus amigos.[3]

Começavam a realizar-se as proféticas palavras de dom Cavalieri: "O Instituto é totalmente obra de Deus: virá à luz do dia por caminhos ocultos e maravilhosos".

Aí estão, com efeito, os dois personagens, havia pouco desconhecidos de Paulo, de quem se valeu Nosso Senhor para realizar os seus desígnios. Ainda veremos coisas mais maravilhosas. Teceram elogios tais dos dois irmãos que Sua Santidade desejou ouvi-los em Santa Maria *"in dominica"*, chamada vulgarmente *"navicella"*.

São apresentados a Bento XIII

Chegou, enfim, o dia por que Paulo tanto suspirara e pedira com orações e lágrimas; dia em que lhe era dado lançar-se aos pés do Vigário de Jesus Cristo, de quem uma só palavra era o suficiente para levar a efeito a magna obra da Providência.

Os homens de Deus vão de madrugada a Santa Maria e lá esperam com ansiedade o momento solene. São apresentados ao Papa.

A fé lhes faz ver no seu Vigário o próprio Jesus Cristo. Prostram-se e beijam-lhe os sagrados pés. Paulo, refere-o mais tarde, não pode articular palavras. Foge-lhe da mente todo pensamento e, sob o peso de profundo respeito, é todo confusão e mudez. Mas, encorajado pelas afetuosas palavras do Pontífice, expõe rapidamente o espírito do Instituto e conclui rogando-lhe a faculdade de reunir companheiros.

[3.] Crescenzi, criado cardeal e arcebispo de Ferrara, morreu em 1768. Nascera em 1694.

O Santo Padre ouve-o com benevolência e persuade-se do que lhe disseram o cardeal Corradini e mons. Crescenzi. E imediatamente lhe concede, *vivae vocis oraculo*, tudo o que pedira.[4]

Desse modo, em 1725, ano de indulgência e perdão, foi colocado o selo da autoridade apostólica na Congregação da Santíssima Cruz e Paixão de Nosso Senhor Jesus Cristo; época verdadeiramente memorável nos anais do Instituto.

Volta a Gaeta

Após entoar de coração cânticos de ação de graças ao Senhor, aos apóstolos São Pedro e São Paulo e aos mártires da cidade eterna, voltaram para Gaeta.

O primeiro a ter conhecimento da feliz nova foi o bispo de Troia. Satisfeitíssimo com notícia tão agradável, quando mais sofria a ausência de seus amadíssimos irmãos – assim os chamava em sua bondade –, respondeu-lhes nos termos seguintes:

Oh! Quanto me consola o saber – bendito seja Deus! – que podeis reunir--vos em comunidade com os que desejam imitar-vos! Não sou invejoso, mas *Aemulor Dei aemulatione*: tenho santa inveja do bispo de Gaeta, por vos possuir em sua diocese. Nada obstante, *in spe contra spem spero et confido*: confio e espero contra toda esperança.[5]

Que é que esperava? Ele mesmo o diz claramente em outra carta:

Se meus pensamentos não são temerários, espero e confio ter em minha diocese, antes de falecer, alguns dos vossos companheiros, caso os meus pecados não impeçam tão grande ventura.[6]

---

4. S. 1. 88 § 36
5. Boll. 1929, p. 233.
6. Boll. 1929, p. 234.

O santo bispo envidou todos os esforços por encontrar lugar conveniente e fundar uma casa do Instituto, pois ele e mais um sacerdote aspiravam terminar os dias revestidos da santa vestimenta da Paixão, entregando-se unicamente à prece, à penitência e à propagação das glórias e ignominias de Jesus Crucificado.

Paulo desejava proporcionar-lhe essa consolação e, ao mesmo tempo, viver ao lado de homem tão santo, mas graves razões o retinham em Gaeta, na ermida de Nossa Senhora das Candeias, admiravelmente conforme o Espírito do Instituto e aonde começavam a chegar alguns companheiros desejosos de consagrar-se à Paixão do Redentor.

Eram um sacerdote, que apenas conhecemos pela menção que dele faz dom Cavalieri, e o bom Ricinelli, o clérigo de que já falamos.[7] Este, havia muito se entregara à vida de comunidade com os servos de Deus, imitando-os com fervor admirável em todas as práticas de devoção e penitência. Resolvido a não mais deixá-los, aspirava pelo dia da vestidura.

Paulo chamou à ermida de "retiro"[8] para caracterizar o espírito do Instituto.

Ali formava, com o exemplo e a palavra, os primeiros filhos, estimulando-os a imitarem as virtudes de Jesus Crucificado. Foi, então, com mais clareza, que demonstrou possuir o dom de ler nas consciências e no futuro: dom esse que mais lhe realçou a santidade.

Certa pessoa, ligada pelos laços do matrimônio, aparentemente desprendida dos cuidados terrenos, estava, conforme se dizia, em contínua oração. Julgavam-na em íntimas comunicações com Deus e alguns afirmavam que a Santíssima Virgem a honrava por vezes com sua presença e seus colóquios. Apresentaram-na a Paulo, que, ao examinar-lhe o Espírito, concluiu ser tudo engano do demônio. Advertiu-a com muita caridade e ensinou-lhe o verdadeiro caminho da perfeição cristã. Mas foi em vão. Em breve, todos reconheceram a verdade do parecer do santo.[9]

---

[7]. S. 1. 3, III.
[8]. Esta a razão por que os Passionistas chamam suas casas de "retiros".
[9]. S. 1. 824 § 17.

Algumas pobres esposas de marinheiros esperavam seus maridos, ausentes havia muito. Como não recebiam notícias, estavam aflitíssimas, na suposição de um naufrágio. Foram ter com o santo, esperando palavras de consolo. Respondeu-lhes com o rosto sereno que nada temessem, porque os maridos, por quem tanto choravam, estavam sãos e salvos. Indicou-lhes até o lugar onde se encontravam naquele momento e afirmou que em breve chegariam com lucros consideráveis. O júbilo daquelas senhoras atingiu o auge quando tiveram a ventura de revê-los, como predissera o servo de Deus.[10]

Em outra ocasião, os mesmos cuidados e as mesmas esperanças levaram diversas senhoras à ermida, e Paulo, comovido, mandou-as voltar daí a três dias. Reuniu, entretanto, a pequena comunidade e puseram-se em oração. Ao revê-las, anunciou-lhes que o navio em que estavam seus esposos correra grande perigo de cair nas mãos dos turcos, mas não o permitira a misericórdia infinita de Nosso Senhor e dali a quatro dias entraria no porto. Quatro dias eram passados e a embarcação atracava no porto! Ao serem interrogados, narraram os navegantes, ainda tremendo, como por verdadeiro milagre haviam escapado dos cruéis inimigos do nome cristão, que por longo tempo os perseguiram a fim de levá-los cativos para a África.

Por sua vez, referiram-lhes as esposas a profecia do santo e os conduziram à ermida de Nossa Senhora das Candeias para agradecerem ao homem de Deus. "À Virgem é que deveis agradecer", disse Paulo, "pois foi ela quem vos salvou do iminente perigo de morte".

Estes e outros fatos não menos admiráveis atraíram à ermida verdadeiras multidões. As honras que lhes tributavam e as visitas sempre mais numerosas acabaram por tirar-lhes a doce quietude da solidão. A fim de se subtraírem à glória e reaverem o sossego da oração, deliberaram retirar-se para o santuário de Nossa Senhora da Cidade, no território de Itri, edificado no cume de alta montanha, cuja parte setentrional limita o horizonte de Gaeta.

À força de súplicas, obtiveram do bispo permissão de habitar aquele ermo, em companhia dos sacerdotes que velavam pelo santuário.

---

[10]. S. 1. 823 § 15.

Junto a Nossa Senhora da Cidade

Partiram com Ricinelli, pois o outro noviço abandonara as fileiras da milícia da Cruz. Percorreram onze quilômetros e meio para chegar ao sopé daquela alta montanha, desnuda e escarpada.[11] Resolutamente, empreenderam a subida. Após longa caminhada, divisaram, afinal, o santuário por entre a floresta de azinheiras que, qual diadema, o circunda.

Chega-se ao santuário por tortuosa vereda, em cuja beira surgem, aqui e ali, pequenas capelas com as estações da via-sacra.

A igreja está edificada ao lado de magnífica azinheira, ostentando a imagem da Virgem com o Menino Jesus nos braços. Diz a tradição que a imagem fora encontrada sobre a vetusta árvore.

Naquele profundo ermo, os homens de Deus podiam desfrutar livremente dos frutos da solidão e abismar-se com mais fervor às contemplações celestes. O canto dos divinos louvores e a santidade de Paulo e João Batista consagraram novamente aquele lugar abençoado. Colocaram-se sob a direção espiritual do venerável sacerdote Erasmo Tuccinardi, que, embora lhes refreasse o rigor das penitências, os mortificava de mil maneiras.

Tirou de Paulo e conservou como preciosa relíquia uma disciplina ensanguentada, confeccionada de sete cordas, de cujas extremidades pendiam outras tantas bolas de chumbo, com seis pontas de ferro cada uma. Impunha por vezes aos dois irmãos humilhações heroicas. Ordenava-lhes, por exemplo, levarem ao santuário grandes troncos de árvores, cortadas no mais espesso da floresta, e eles, alegres, obedeciam, carregando-os aos ombros, descalços, a derramar suor, através dos escabrosos atalhos.[12]

A santidade possui irresistível sedução. Os santos fogem do mundo para os desertos e o mundo teima em segui-los.

O desejo de ver e ouvir o apóstolo da Paixão atraía àquelas alturas numerosos peregrinos. Paulo, sempre pronto a deixar Deus por Deus, acolhia-os com a afabilidade dos santos, inflamando-os no amor a Jesus Crucificado.

[11.] S. 1. 67 § 60-61.
[12.] S. 1. 647 § 11-12.

Mais unidos pelos laços da graça que pelos vínculos do sangue, os dois irmãos auxiliavam-se mutuamente na subida para o cume da perfeição. Certa feita, discorrendo sobre assuntos espirituais com algumas senhoras que foram visitá-lo, Paulo sentiu, de repente, o fogo do santo amor refletindo-lhe o coração no rosto e começou a relatar com simplicidade diversas graças recebidas de Nosso Senhor, quando chegou João Batista. Como se o surpreendesse em alguma falta, disse-lhe em tom severo: "Ah, Paulo, Paulo! Aí estão os seus costumes!...". O santo interrompeu imediatamente a conversa, abaixou a cabeça em sinal de obediência e se encaminhou para a igreja, com grande edificação para aquelas pessoas.

Morte de dom Cavalieri

Dois meses ainda não eram decorridos da sua permanência no santuário de Nossa Senhora da Cidade, quando sobreveio a morte do estimado dom Cavalieri.

Após a carta de que falamos, o venerável pontífice, sempre com o desejo de possuir um retiro Passionista, confiara ao pe. Crivelli, da Companhia de Jesus, a incumbência de examinar vários lugares, escolhendo o que julgasse mais conveniente. O prelado escrevera a respeito aos servos de Deus, manifestando a esperança de tornar a vê-los no local: "Escolhido por tão admirável homem de Deus como é o pe. Crivelli". Satisfeito com os piedosos desejos do prelado, aprouve a Nosso Senhor tirá-lo do desterro e levá-lo para o repouso da pátria celeste. É de crer que Deus revelasse ao santo bispo seu próximo trespasse, pois, antes de adoecer, dissera com convicção: "Em breve morrerei... Não tardará o dia em que deporei o meu tabernáculo... Uma só coisa pedi a Deus, e esta espero conseguir: habitar, por sua infinita misericórdia, na casa do Senhor" (Sl 26,7).

Caiu gravemente enfermo na véspera dos Santos Patronos de sua Catedral, no 19 de julho de 1726, e pouco depois estava às portas do sepulcro. Anelando expirar nas chagas sagradas de Jesus, pediu a dom Ligório, bispo de Lucera, seu mais íntimo amigo, que viera assisti-lo, lhe colocasse nos lábios, no momento supremo, a imagem de Jesus Crucificado. Ao principiar a plácida agonia, o santo amigo, desfeito em lágrimas, apresentou-lhe o crucifixo e recitou a última oração: "Senhor, em vossas mãos entrego a minha alma". Esforçou-se o moribundo por repeti-la, beijando com amor o seu Jesus Crucificado. Percebeu-se que dizia em voz baixa: "Meu Deus e meu tudo", e sua alma foi unir-se ao Salvador na eternidade, precisamente no momento em que o pe. Crivelli, celebrando o Santo Sacrifício pelo agonizante, elevava a sagrada hóstia. Dom Cavalieri subia ao Céu juntamente com a Vítima divina, em 11 de agosto de 1727. Relatou mais tarde o nosso santo que a alma do prelado fora vista por um contemplativo entre os eleitos, no paraíso. Ao apresentar-se ante o trono da Santíssima Trindade, depois da primeira impressão do amor beatífico, rogou pelo estabelecimento e progresso do Instituto da Paixão. Nosso Senhor respondeu-lhe que sua oração fora ouvida. Esse contemplativo era Paulo, afirmam-no diversas testemunhas.

Perdera aqui na terra o dedicado e santo amigo, mas, certo de que adquirira no Céu poderoso intercessor, as lágrimas de pesar converteram-se em lágrimas de consolação.

Como a caridade de Nosso Senhor fizera daquelas duas pessoas uma só, os Passionistas, filhos de Paulo da Cruz, podem chamar-se também filhos deste grande bispo. Vão incluí-lo na série dos primeiros religiosos e o terão em eterna memória.

Partem definitivamente para Roma

Com a morte de dom Cavalieri, Paulo perdeu a esperança da propagação do Instituto no reino de Nápoles.

Volveu, então, seus olhares para Roma, onde as instituições piedosas, como plantas em terreno propício, germinam com mais vigor, lançam mais facilmente raízes e produzem abundantes frutos.

Quanto ao restante, o servo de Deus vivia abandonado às inspirações do divino Paráclito.

Em 14 de setembro, com o irmão e Ricinelli, deixou o santuário de Nossa Senhora da Cidade e seguiram para Gaeta, de onde, recebida a bênção do bispo, embarcaram para Roma.

Já vimos como a divina Providência lhe proporcionara, até nos degraus do trono pontifício, ilustres e generosos protetores. Um dos mais eminentes, glória da púrpura romana, foi o cardeal Corradini, verdadeiro pai dos pobres. Auxiliado por caritativo sacerdote, pe. Emílio Lami, recolhera S. Em.ª alguns mendigos em casa de aluguel. Entre eles havia crianças atacadas de lepra e de outras enfermidades não menos repugnantes. O bom sacerdote, ao passo que lhes curava as chagas com ternura verdadeiramente paternal, não olvidava ensinar-lhes a doutrina cristã. O cardeal não se contentava em admirar essa heroica abnegação; tratava também dos enfermos. Com suas abundantes esmolas e as da nobreza romana, pôde ampliar a instituição, transformando-a num pequeno hospital, muito bem aparelhado, onde podiam asilar-se cerca de cinquenta doentes. Visitava-os frequentemente. Certo dia, para lá levou o cardeal Orsini, íntimo amigo seu, então bispo de Benevento, também muito compassivo para com os membros sofredores de Jesus Cristo.

Essa a origem do belo hospital de São Galicano, que o cardeal Orsini, elevado à Cátedra Pontifícia, com o nome de Bento XIII, mandara construir junto à colina Janículo, quando Paulo e seus filhos chegavam a Roma.

O cardeal Corradini, a quem o Santo Padre nomeara protetor do incipiente hospital, recebeu-os quais enviados do Céu e solicitou sua cooperação. Esta não era, porém, a finalidade principal da vocação do santo. Não seria, porventura, encerrar em acanhados limites a caridade que lhe desabrochava do coração, grande como o universo? Deus não o chamara para ser o médico universal de todas as dores humanas? Não obstante o apóstolo deve começar a ver todos ao seu derredor, para medicar a todos. E é no hospital que se adquire essa rápida experiência, pois é lá que se abraçam todas as misérias espirituais e corporais. Paulo bem o compreendeu, condescendendo com o desejo do cardeal, persuadido de que essa abnegação atrairia bênçãos para o Instituto.

Deus, nas mais solenes promessas, submete a provas a fé dos seus eleitos. Ricinelli caiu doente e teve de ir respirar o ar nativo. Paulo, que o amava como a um filho, chorou sua partida; consolava-o, no entanto, a esperança de breve regresso. Mais tarde o fervoroso noviço pretendeu agregar-se novamente a Paulo, no monte Argentário, mas a mãe, que enviuvara, deteve-o em Gaeta, onde foi sacerdote exemplar e viveu o suficiente para render testemunho jurídico sobre as virtudes do santo.

Enfermeiros em São Galicano

Terminado o hospital e consagrada a igreja pelo Soberano Pontífice sob a invocação de São Galicano, em 8 de outubro de 1726 houve solene tomada de posse.

Espetáculo comovente que teria maravilhado aos Césares da Roma pagã! Marcha gloriosa, bem diversa da dos antigos triunfadores em demanda do Capitólio, arrastando, acorrentados, os míseros vencidos!

Aqui triunfam os vencidos da dor, divinizada no Calvário. Os enfermos, com passo lento ou carregados em carros, em liteiras ou nos braços de pessoas caridosas, avançam por entre a multidão comovida. Vai à frente João Batista, empunhando o estandarte da cruz; Paulo, os sacerdotes e os cardeais, entoando hinos, encerram o cortejo triunfal. Conduzem ao palácio da caridade aqueles pobres, enfermos, anciãos, crianças... que os patrícios da antiga Roma lançaram aos tanques para cevar as lampreias.

Os servos de Deus dedicaram-se àquela obra como "se abraçassem nos pobres o mesmo Jesus Cristo", segundo a expressão de Paulo.[13] Indizível a ternura e a caridade com que os instruíam nas verdades da fé, dispondo-os a receberem os santos sacramentos. Ensinavam-lhes a santificar os sofrimentos, prodigalizavam-lhes os mais humildes favores. Sua palavra inflamada abrasava-lhes os corações no divino amor.

Zelavam, outrossim, pelos enfermeiros, instruindo-os no segredo de transformarem em tesouros de méritos as nobres fadigas da caridade.

Recomendara-lhes o cardeal protetor que desenvolvessem ativa vigilância no desvelo aos doentes e velassem para que se não introduzisse nenhum abuso, ruína certa das obras mais santas.

Muitas vezes, o dever vai de encontro às paixões. Teria a caridade muitos atrativos, se sempre encontrasse reconhecimento. No entanto,

---

[13.] Lt. I, 69; S. 1. 88 § 38.

foram as injúrias a recompensa dos trabalhos prestados por Paulo e João Batista no hospital de São Galicano.

Respondiam com o silêncio e a paz, ditosos, dizia Paulo, "por termos ocasião de mortificar-nos e aplicar-nos ao desprezo de nós mesmos". Davam pouca importância às perseguições, contanto que não fossem prejudicados os interesses dos enfermos; mais sofriam e mais superabundavam de alegria. Escrevia o santo: "É esta uma vinha de preço inestimável ou, para melhor dizer, é a fogueira mais abrasadora da caridade... Deus seja bendito!".[14]

Se Nosso Senhor não deixa sem recompensa um copo de água dado por seu amor, quais não seriam as bênçãos do Céu em recompensa de tantos sacrifícios?

Em breve tornou-se o hospital "lugar de santificação" e verdadeira escola do Calvário, onde se aprendia a atender e a imitar a Jesus Crucificado. Os doentes, restabelecidos, saem dali com a consciência tão delicada que, no dizer de um escritor contemporâneo, pareciam sair de retiro espiritual.[15]

Tomaram por guia nos caminhos de Deus o superior do hospital, pe. Emílio Lami, que, notando neles sólida virtude, os mortificava publicamente. Certa vez, ministrou-lhes guardanapos bastante sujos, de que se tinham servido os mais repugnantes enfermos.

Em outra ocasião, viera visitar o hospital a marquesa de Vasto. Após acompanhá-la por todo o edifício, disse-lhe o pe. Lami: "Senhora, convém observar como aqui se pratica a virtude". Mandou chamar Paulo e João Batista e, sob fútil pretexto, repreendeu-os asperamente. Sem pronunciar nenhuma palavra, puseram-se imediatamente de joelhos, como se fossem culpados. Beijaram em seguida as mãos do superior, retirando-se tranquilos, com grande edificação da marquesa.

O pe. Lami amava-os ternamente. Costumava dizer serem eles o mais precioso tesouro do hospital.[16]

---

[14]. Lt. I, 72.
[15]. Breve ragguaglio dell'ospedale di S. Maria e di S. Gallicano, Roma, 1729.
[16]. POR. 1233; S. 1. 88 § 39.

CAPÍTULO XII
1727-1728

São ordenados sacerdotes por Bento XIII

Como o pe. Lami, também o cardeal Corradini amava e venerava a Paulo e João Batista. Grandemente admirados pelo zelo dos servos de Deus, julgaram que produziriam maior bem se fossem ordenados sacerdotes. Estes jamais aspirariam a tão sublime dignidade, não soubessem ser esta a vontade de Nosso Senhor, manifestada por dom Cavalieri. É que estavam compenetrados da divina excelência do sacerdócio!

O cardeal falou-lhes a respeito. A humildade dos dois irmãos opôs sua autoridade de superior, ordenando-lhes, em nome da obediência, se preparassem às Ordens sagradas.[1]

Incumbiu-se S. Em.ª de escrever ao bispo de Alexandria, dom Gattinara, que os revestira do santo hábito, solicitando as cartas dimissórias.

Os servos de Deus preparavam-se, com extraordinário fervor, à tremenda dignidade. Treinados, na solidão, nos sublimes mistérios da fé e nos ensinamentos das Sagradas Escrituras, apenas lhes faltava conhecer da teologia o necessário para as funções sacerdotais. Entregaram-se a esse estudo com todo entusiasmo. Tiveram por professor o pe. frei Domingos Maria, menor observante e pároco de São Bartolomeu, na ilha Tiberina.

Receberam a tonsura das mãos de dom Beccari, vigário-geral, em sua capela particular, em 6 de fevereiro de 1727, e as ordens menores no dia 23 do mesmo mês. Em 12 de abril seguinte, sábado, feitos os exercícios espirituais no noviciado dos padres jesuítas, em Santo André

[1.] S. 1. 88 § 40; S. 2. 738 § 169.

de Monte Cavallo, foram promovidos ao subdiaconato, na basílica de Latrão, e ao diaconato no dia 1º de maio, *extra tempora*, com dispensa apostólica, após o retiro espiritual na casa dos Lazaristas, no monte Citório. Finalmente, em 7 de junho do mesmo ano, sábado das têmporas de Pentecostes, foram ordenados sacerdotes na basílica Vaticana, pelo Santo Padre, o Papa Bento XIII.

No momento em que eram associados ao eterno sacerdócio de Jesus Cristo pelas mãos augustas de seu vigário, irradiavam-lhes do rosto tal fervor e modéstia a ponto de maravilhar o soberano Pontífice. Ao ver Paulo prostrado a seus pés, pronunciou com voz mais forte que as palavras: "*Accipe Spiritum Sanctum!*" [Recebe o Espírito Santo!]. Apoiou-lhe fortemente as mãos na cabeça e, tornando a juntá-las, acrescentou em tom penetrante: "*Deo gratias*", expressão que não está no Pontifical Romano, ditada sem dúvida pelo Espírito de Deus na ordenação de um santo, a quem, decorrido um século, na mesma basílica, seriam tributadas as honras dos altares.[2]

Terminada a cerimônia, o Papa conversou familiarmente com ambos os irmãos, dirigindo-lhes várias perguntas. Paulo respondia com respeito e simplicidade.[3]

O santo no altar

O nosso santo é, pois, sacerdote!... Vai tomar nas mãos o sangue do Cordeiro divino e oferecer a Vítima imaculada... Tudo eram transportes de alegria e êxtases de amor...

Nesse primeiro sacrifício oferecido por mãos tão puras, visitou Deus a seu "eleito" com assinalados favores. Muitos anos decorridos, ao recordar-se daquele momento feliz, derramava dulcíssimas lágrimas.[4] Ignoramos quais fossem esses favores, mas conhecemos uma visão admirável

---

[2.] Pio IX foi devotíssimo de São Paulo da Cruz. Publicou o decreto de sua canonização em 4 de outubro de 1866, na capela Vaticana em que o servo de Deus fora ordenado sacerdote.
[3.] Lt. I, 73 n.
[4.] S. 1. 89 § 41.

numa festa da Santíssima Trindade e todas as circunstâncias se unem a essa primeira hora de iniciação sacerdotal. Vejamo-lo.

Paulo rendia fervorosas ações de graças da santa missa, quando, arrebatado em êxtase, ouviu os anjos cantarem: "Ao Céu... ao Céu...". Raios de luz celeste desvelaram-lhe as belezas da eterna Jerusalém! A transbordar de alegria, contemplou os coros dos santos, a hierarquia dos anjos e a Rainha do paraíso, sobrepujando a todos os bem-aventurados pelo resplendor da glória, e viu... "Oh, que visão!...", exclamaria mais tarde, referindo-se àquelas maravilhas. Ante seus olhares estava a "humanidade do Verbo", manancial da glória, cujos fulgores enchem o paraíso. Contemplou, ademais, em meio a um oceano de luz e através de luminosos véus, a Trindade augusta. Penetrou, ao mesmo tempo, profundamente, no conhecimento das infinitas perfeições divinas, a ponto de poder exclamar: "Oh, que noção possuo, desde aquele arrebatamento, do poder, da sabedoria, da bondade e dos demais atributos divinos!... Altura incomensurável!... Impossível é descrever o que vi, pois não há expressões adequadas".[5]

Mais! O divino Espírito Santo mostrou-lhe o fulgurante trono que lhe estava preparado desde o princípio do mundo. A visão durou cerca de uma hora e meia.

Imaginemos com que fé e amor subiria Paulo ao altar!

Apesar de absorto nos augustos mistérios, cumpria escrupulosamente as cerimônias, nada julgando irrelevante nas coisas de Deus. Inflamava-se-lhe paulatinamente o rosto e lágrimas copiosas umedeciam os paramentos sagrados. Com o tempo, diminuíram as lágrimas, particularmente nas aridezes e desolações espirituais; porém, jamais deixou de chorar depois da Consagração.

Qual a fonte misteriosa e inesgotável dessas lágrimas? Ouçamo-lo em palestra com seus filhos: "Acompanhai a Jesus em sua Paixão e Morte, porque a missa é a renovação do Sacrifício da Cruz. Antes de celebrardes, revesti-vos dos sofrimentos de Jesus Crucificado e levai ao altar as necessidades de todo o mundo".[6]

[5.] PAR. 2323; OAM. pp. 17-20.
[6.] VS. p. 228.

Quando celebrava, afigurava-se-lhe estar no Calvário, ao pé da Cruz, em companhia da Mãe das Dores e do Discípulo predileto, a contemplar Jesus em suas penas. Essa a causa de tantas lágrimas, verdadeiro sangue da alma que, mesclado com o sangue divino do Cordeiro, eram oferecidas ao Pai Eterno para aplacá-lo e atrair sobre os homens graças e benefícios.

Revestir-se de Jesus Crucificado antes do Santo Sacrifício, Paulo o fazia diariamente, pois não subia ao altar sem macerar-se com disciplina finalizada em agudas pontas, enquanto meditava a dolorosa Paixão do Senhor, unindo-se espiritual e corporalmente aos tormentos do seu Deus. Terminada a santa missa, retirava-se a lugar solitário, entregando-se aos mais vivos sentimentos de gratidão e amor.

E prescreveu nas santas Regras esse método de preparação e ação de graças à santa missa.

Ao comentar as palavras do Evangelho *coenaculum stratum*, dizia ser o cenáculo o coração do padre, cuja integridade deve ser defendida a todo custo, mantendo-se sempre acesas as lâmpadas da fé e da caridade. Comparava também o coração sacerdotal ao sepulcro de Nosso Senhor, sepulcro virgem, onde ninguém fora depositado. E acrescentava: "O coração do sacerdote deve ser puro e animado de viva fé, de grande esperança, de ardentíssima caridade e veemente desejo da glória de Deus e da salvação das pessoas".

Zeloso pela rigorosa observância das rubricas, corrigia as menores faltas. Velava, outrossim, pelo asseio dos adornos sagrados. "Tudo o que serve ao Santo Sacrifício", dizia, "deve ser limpo, sem a menor mancha".

Vez por outra, Nosso Senhor mostrou com prodígios quão agradável lhe era a missa celebrada pelo seu fiel servo.

Celebrava certo dia na capela do mosteiro de Santa Luzia, em Corneto. Tinha como ajudante o ilustre personagem Domingos Constantini. Pouco antes da Consagração, envolveu-o tênue nuvem de incenso, embalsamando o santuário de perfume desconhecido, enquanto o santo se elevava a cerca de dois palmos acima do estrado. Terminada a Consagração, envolto sempre naquela misteriosa nuvem, alçou-se novamente ao ar, com os braços abertos. Dir-se-ia ser um anjo em oração.

O piedoso Constantini, de volta à casa, maravilhado, relatou o fato, glorificando a Deus, tão admirável nos seus santos.[7]

Retornemos, porém, ao hospital de São Galicano.

Visita inesperada

Os neossacerdotes, animados de novo espírito, desenvolviam maior atividade em prol dos queridos enfermos, sem interromper os estudos da teologia e das Sagradas Escrituras, sob o magistério do vigário de São Bartolomeu. Não lhes parecia suficiente o apostolado do exemplo: era necessária a ciência, luz do intelecto, triunfadora do erro. Deveriam ser, na casa de Deus, lâmpadas "acesas e fulgurantes". João Batista tornou-se muito versado nas Escrituras; Paulo adquiriu o dom da Palavra, forjadora de apóstolos.

Por esse tempo, receberam inesperada visita.

Os idosos pais, não tendo notícias dos dois filhos, enviaram a Roma José, irmão deles, que, desconhecendo a cidade, muito andou para encontrá-los. Extenuado pela longa viagem, foi acometido por violentíssima febre e fortes dores de cabeça. Não podendo suportar as dores, suplicou a Paulo, sentado junto ao leito, que lhe colocasse a mão na cabeça... Persuadira-se de que se restabeleceria pelos méritos do santo. Paulo descobriu as intenções do irmão e aconselhou-o que se recomendasse a Deus, em quem deveria confiar. Vencido, porém, pelas reiteradas súplicas do enfermo, pôs-se de pé e exclamou: "Pois bem, tem confiança. O sacerdote tem poder para ressuscitar os mortos...".

E colocando a mão direita na fronte de José, proferiu as palavras do Evangelho: "*Super aegros manos imponent et bene habebunt*" [Imporão as mãos sobre os enfermos e estes serão curados] (Mc 16,18). O irmão, então, adormeceu... Ao despertar, duas horas depois, já não sentia dor nenhuma. De volta a Castellazzo, inebriou de contentamento o coração dos pais, narrando maravilhas a respeito dos irmãos.

[7.] S. 1. 161 § 59.

Morte do pai

Contudo, as alegrias deste mundo são fugazes. A morte veio ferir o venerando Lucas Danei. Alguém, ao passar-lhe ao lado, inadvertidamente esbarrou nele com violência, lançando-o ao chão. A queda foi mortal. O primeiro pensamento do moribundo foi recomendar à família que não guardasse ressentimento contra o involuntário autor de sua morte. Abandonando-se totalmente ao divino beneplácito, recebeu os últimos sacramentos e abençoou a desolada família. A esposa, com coragem que somente a fé pode inspirar na hora do sacrifício, permaneceu de joelhos ao pé do leito do moribundo, a recomendar a Deus, com lágrimas e orações, o esposo querido, que a precederia na eternidade.

Assim descansou na paz do Senhor aquele modelo de cristão e de pai, cujas virtudes mereceram dar à Igreja um santo.[8]

A notícia da morte chegou a Roma no dia 16 de agosto.

A austeridade da vida, longe de entorpecer o coração, o faz, ao contrário, mais terno e sensível, enquanto o purifica. O amor de Deus acrescenta à piedade filial um não sei que de delicadeza afetuosa que a natureza sozinha não poderia dar-lhe.

Os pensamentos de Paulo e João Batista voam para a pobre mãe, sem arrimo e agravada com o peso de numerosa família. Que angústias lhe não dilaceram o coração?! Paulo compreendeu que só cartas não seriam suficientes em circunstâncias como essa. Se pudesse, voaria para junto da desolada mãe. Escreveu-lhe no mesmo dia as seguintes linhas, que transpiram, ao mesmo tempo, a mágoa do filho e a esperança do santo:

Viva Jesus!
Querida mãe. Profundíssimo pesar causou-nos a morte de papai; tanto maior, por ignorarmos as circunstâncias que a acompanharam. Mas creia, mamãe, adoramos imediatamente a vontade de Deus. Pela mesma razão deve a senhora consolar-se.

---
[8]. S. 1. 49 § 36.

Alegre-se, querida e venerável mamãe, pois nutrimos fundadas esperanças de que papai já esteja no Céu. Tudo faça para que os membros de nossa família participem da nossa alegria. Não posso escrever-lhe outra coisa. Dir-lhe-ei apenas que partiremos quanto antes para Castellazzo e, então, tudo faremos para ajudá-los, tendo unicamente em vista a glória de Deus. Acabamos de receber sua carta e hoje mesmo pediremos permissão para partir. Fá-lo-emos, se Deus for servido, nos princípios de setembro.
Reze por nós. Amanhã e nos dias seguintes aplicaremos a santa missa pela alma do nosso falecido pai.
Roma, 16 de agosto de 1727.
Seus afetuosíssimos servos e filhos,
Paulo Francisco e João Batista.[9]

É esta a linguagem dos santos. Chora o coração, mas a fé adora e revela a esperança como um raio do Céu. O primeiro golpe de uma grande dor consterna. O filho, ferido no coração, não tem forças para dizer outras coisas; porém, irá encontrar com a mãe, acompanhá-la no pranto, orientá-la para que tudo seja de maior glória a Deus e paz da família enlutada.

Ele também necessita de orações e pede-as à mãe extremosa. O sacerdote levará ao altar a sua aflição e banhará no sangue de Cristo a alma do pai, ternamente chorado.

Última visita a Castellazzo

Com autorização do cardeal Corradini, põem-se a caminho. Chegados a Castellazzo, após dois meses de penosa viagem, caem doentes.

Paulo ficou dois meses sem celebrar.

Foi, contudo, de grande consolação para a pobre mãe a presença dos amados filhos. Aconselharam-na a respeito dos negócios domésticos, encorajaram-na, avivando-lhe os sentimentos cristãos, fonte inexaurível de secretas doçuras nas contrariedades da vida.

---

[9]. Lt. I, 90.

Antes de retornarem a Roma (dezembro), aconselharam novamente aos irmãos, exortando-os a perseverarem na prática do bem e na fidelidade ao divino amor.

Acompanhados pelas lágrimas de todos e pela bênção da santa mãe, dirigiram-se a Gênova, a fim de embarcar para Roma.

Foi essa a sua última visita à terra natal; jamais, porém, se descuidou o nosso santo dos parentes. Como seu amor não se baseava na carne nem no sangue, tinha unicamente em mira a santificação dos entes queridos no humilde estado em que os colocara a Providência.

Anos depois, a bondosa mãe, cuja rara piedade já nos é conhecida, passava também ao eterno repouso.[10] A família Danei, que não conseguira melhorar suas finanças, passava por vezes alguma necessidade. Paulo, pela dupla influência que lhe davam o título de fundador de uma Congregação religiosa e as múltiplas e ótimas relações de amizade que possuía, poderia sobremaneira auxiliá-la. Nunca o fez, porém. Seus parentes deviam seguir a Jesus pobre pelo caminho seguro do Calvário. Exortava-os a sofrerem as privações da pobreza, qual mãe que encoraja o filho a suportar passageira dor, mas portadora da saúde e da vida. Escrevia-lhes:

> Crede-me, irmãos muito amados, vós sois os mais felizes do mundo. Pobres nesta vida, tereis, porém, se fordes ricos de fé, os tesouros da eternidade. Sabeis por que Deus vos submete a tanta indigência e trabalhos? É que deseja tornar-vos ricos para o Céu. Por esse meio assegura-vos a eterna salvação. Breve é o penar, pois não dura mais que um momento; eterna, todavia, será a felicidade.
> Dizei-me: que desejaríeis, se neste momento tivésseis que morrer? Terdes vivido em meio às riquezas, causa ordinária de graves pecados, e serdes lançados nas chamas do inferno ou, ao invés, terdes passado a existência na pobreza, como viveis, e voardes para o céu? Ânimo, pois, ânimo! Não duvideis. Deus não vos abandonará, sempre tereis o necessário.[11]

[10.] Ana Maria Massari morreu em meados de setembro de 1746 (Lt. II, 549).
[11.] Lt. II, 550.

É esta a maneira de amar os parentes em Nosso Senhor: ajudá-los a santificar-se no próprio estado.

O servo de Deus não descuidava de suas irmãs, temendo os perigos do mundo. A mãe já não estava entre elas, mas o nosso apóstolo lhes recordava frequentemente as suas virtudes, propondo-as como modelo. Recomendava-lhes a oração, o retiro, a modéstia, a vigilância sobre o coração, companheira inseparável das práticas religiosas, por ser a mais sólida muralha de proteção à virgem cristã. Ao irmão José escrevia:

> Meu querido José, recomendo-te diligente vigilância sobre as nossas boas irmãs. Reflete que elas, mais do que quaisquer outras, estão obrigadas a dar bom exemplo e a santificar-se, seguindo as instruções que lhes dei de viva voz e por escrito. Vivam retiradas, trabalhem, entreguem-se à oração e à frequência dos sacramentos. Sobretudo, não admitam visitas de estranhos, seja quem for. Devemos julgar bem de todos, não há dúvida, mas não se deve confiar demasiadamente em ninguém. Nosso Senhor, a Santíssima Virgem, os anjos e os santos devem ser os únicos confidentes da alma. "Deves fugir dos homens", dizia o anjo a Santo Arsênio.
> Nutro firme esperança de que as nossas irmãs hão de santificar-se e sirvam de exemplo para todas as jovens de Castellazzo. Conheço algumas pobres pessoas que, vivendo no mundo, fazem grandes coisas por Deus. Embora sofredoras e pobres, jamais deixam a oração. Oh! Como são ditosos os que conhecem a verdade e fogem da mentira, tão espalhada pelo mundo![12]

Com advertência e orações, Paulo soube conservar na nobre família dos Danei as antigas tradições de fé e piedade. Uma de suas irmãs, Teresa, a que observara com interesse as secretas mortificações de Paulo e João Batista, quando ainda na casa paterna, era venerada em Castellazzo como santa. Virgem amada de Deus, seguia, quanto lhe permitiam as enfermidades, as pegadas do santo. Estava acamada havia muito tempo, acometida de persistente febre. Paulo, que tanto lhe queria, encontrava-se a centenas de quilômetros da boa irmã, num dos retiros dos Estados Pontifícios, quando certa noite pareceu à enferma vê-lo em sonho, revestido

---
[12.] Lt. II, 550.

do santo hábito da Paixão, de estola roxa… abençoando-a com olhar meigo. Despertou no mesmo instante… desaparecera a querida imagem, mas – oh, agradável surpresa! – desaparecera também a febre.

Novamente em Roma

Fizemos esta digressão, enquanto o navio iniciava a viagem para Roma. Ei-los agora já no termo da jornada. Após dois meses de ausência, estão novamente no hospital de São Galicano. Parece que a viagem não foi muito boa. Sabemos, com efeito, que, logo ao chegar a Roma, Paulo e João Batista caíram enfermos de febre terçã, e o estado do nosso santo se agravou de tal forma que, por dezoito dias, não pôde celebrar, continuando acamado durante todo o inverno.[13]

A prova está concluída. Os apóstolos já estão formados na caridade, na paciência e na humildade. Soou a hora de fixá-los no verdadeiro caminho de sua predestinação, descortinando-se diante deles a larga estrada do apostolado.

Ter-se-ia de bom grado ocultado na obscuridade do hospital, porque a abnegação cristã procura a penumbra ao invés da glória, anela o silêncio mais do que a ostentação.

Quais os meios de que se servirá a Providência para atingir os seus intentos? Paulo está, por obediência e em virtude de um voto, preso à cabeceira dos moribundos. Parece haver olvidado as promessas que Deus lhe fizera sobre a fundação do Instituto… Engano. Ele as tem bem presentes, mas, como o justo vive de fé, caminha às cegas por onde Deus o conduz, sabendo que lhe executa as obras por veredas ocultas e misteriosas.

Com efeito, de modo totalmente imprevisto, Deus transferiu os dois irmãos de São Galicano para o monte Argentário.

Os servos de Deus adoeceram e a moléstia os foi minando paulatinamente a ponto de reduzi-los a extrema debilidade. Desejavam

---

[13.] De uma carta à marquesa Del Pozzo consta que, em 31 de outubro de 1727, Paulo se encontra novamente em Roma (Lt. I, 39). A doença que por dezoito dias lhe impediu de celebrar a santa Missa (Lt. I, 78) acometeu-o após o regresso de Castellazzo.

conservarem-se fiéis aos compromissos assumidos, mas tiveram que ceder, porque os médicos declararam que o mal se agravaria, se continuassem a respirar o ar insalubre do hospital.

Tal contratempo entristeceu bastante o cardeal Corradini, mas uma inspiração do Céu convenceu-o de que Nosso Senhor chamava os seus eleitos para propagarem a glória da Cruz. E S. Em.ª cedeu. De acordo com o cardeal Crescenzi, resolveu afastar todos os obstáculos e, ademais, auxiliá-los, na medida do possível, no cumprimento do divino beneplácito.

Obteve do Santo Padre um Breve, dispensando a Paulo e João Batista do voto de se consagrarem aos enfermos nos hospitais e permitindo-lhes celebrar pelo espaço de um ano, até serem provisionados de um "benefício" a cargo do cardeal protetor.

Mandou-os, pois, chamar e, embora inconsolável pela perda que teriam os enfermos, privados da caridade, ternura e abnegação sem limites dos santos irmãos, facultou-lhes dirigirem-se para onde Deus os convidava.[14]

Durante o tempo da provação, Paulo ouvia no íntimo da alma uma voz a bradar-lhe: "Ao monte Argentário! Ao monte Argentário…", enquanto irresistível impulso o impelia a dedicar-se aos interesses da futura Congregação. Diria mais tarde a venerável sacerdote: "Quando Nosso Senhor deseja algo para sua glória, não cessa de estimular-nos até sua realização. Eu ia ocultar-me no hospital de São Galicano e o Senhor me fez sair dele à força de impulsos internos".[15]

Tinha sempre presente a carta de dom Cavalieri, de santa memória. O douto prelado, ao saber do compromisso contraído com o cardeal Corradini a respeito do hospital de São Galicano, dissera-lhe claramente não serem esses os desígnios de Deus sobre eles. Eis as suas palavras:

> Tenho muita dificuldade em aprovar que continueis no novo hospital de Roma. Estou certo de que essa incumbência é diametralmente oposta à vossa vocação e ao que nos tem inspirado Nosso Senhor… É necessário

---

[14]. Lt. I, 79.
[15]. S. 1. 89 § 42.

esperar contra toda esperança: "*Propior est nostra salus quam cum credidimus*" [Nossa salvação está mais próxima do que julgamos] (Rm 13,11). Abraão, pai de nossa fé, enquanto sacrificava o filho, continuava a crer que seria o pai de todos os crentes... Nosso Senhor, nos opróbrios da Cruz, glorificava ao Pai Eterno. O Pai, naqueles vexames, desejava a glória do Filho... Permanecei firmes e inabaláveis, apesar de todas as dificuldades... Eu mesmo não sei o que escrevi.[16]

Estas proféticas palavras, escrevia-as o venerável bispo sem lhes compreender o misterioso sentido. Eventos futuros encarregar-se-ão de mostrar que foram inspiradas por Deus. O Senhor, por vezes, conduz a seus eleitos por caminhos aparentemente contrários aos seus desígnios. É que, nas obras divinas, o que se nos afigura revés é sempre ressurreição, porque ele se compraz comumente em tirar a vida do próprio âmago da morte.

Paulo, a quem o Senhor dissera: "Serás pai de numerosa família de apóstolos", vai encerrar-se em obscuro hospital. Deus rompe, afinal, esse laço, pela voz do Papa, afastando o santo de São Galicano, após revesti-lo da autoridade sacerdotal, indispensável à fecundidade do apostolado, à paternidade das pessoas e à magna obra a que o destinara. E não são, porventura, necessários ao apóstolo, para ser perfeito, o altar, o púlpito e o tribunal da reconciliação?

Com a permanência de Paulo no hospital de São Galicano, outros foram ainda os desígnios de Deus, ora claramente revelados.

O hospital, construído pelo Chefe da Igreja, é obra nascente. Necessita granjear desde o início a simpatia e a veneração gerais. Além da glorificação da dor, é necessária a da santidade. E quem melhor do que Paulo, cujas virtudes deixarão ali eterna memória, poderá dar-lhe esse prestígio? Ademais, terá ali início a pequena Congregação dos "Clérigos Hospitaleiros". Paulo da Cruz auxiliará a fundação. Ele lançará os fundamentos do espírito de caridade e sacrifício que deverá animá-la.

[16.] Boll. 1929, p. 237.

E não terá sua própria Congregação, nestes exemplos, eloquente lição de caridade? O Passionista, compenetrado do Espírito do Instituto, está sempre pronto a deixar o retiro para correr à cabeceira dos moribundos, como incessantemente recomendava o santo Fundador. "Se pelos nossos pecados", dizia ele, "Deus enviasse a peste, desejaria ser o primeiro a sair da solidão, a fim de socorrer os pobres empestados, e fá-lo-ia, com a graça de Deus, até o derradeiro alento".[17]

Na velhice, aos religiosos que lhe pediam permissão para ir ao hospital, dizia com entusiasmo: "Oh, que preciosa vinha é o hospital! Quanto bem lá se faz aos enfermos! Benditos sejais! Sim, ide servir àqueles pobres. Eu também iria de muita boa vontade, não fosse surdo e de saúde muito abalada. Mas Deus não o quer e estou contente".[18]

Paulo aspirava deixar aos filhos a preciosa herança de sua caridade e abnegação para com os pobres.

[17.] S. 1. 464 § 468.
[18.] S. 1. 465 § 468.

CAPÍTULO XIII
1728-1730

A caminho do Argentário

Deus manifestara a sua vontade.

Quais cervos sedentos em busca das fontes da água viva, Paulo e João Batista voam para o monte Argentário, futuro berço do Instituto da Paixão.

Chegados a Porto Ercole, souberam que a ermida da Anunciação estava habitada por certo anacoreta.[1] É verdade que, não longe, havia outra ermida dedicada a Santo Antão, mas em tal estado que lhes não pareceu bastante decorosa para nela se celebrar o divino sacrifício. Não obstante sobem ao monte, suplicando humildemente ao ermitão habitarem o santo lugar em união de caridade. A proposta foi recusada; nem sequer lhes permitia permanecerem na montanha... Em silêncio e calma, adoraram naquela recusa a vontade do Altíssimo e resolveram voltar a Castellazzo.

Descem ao porto de Santo Estêvão, onde três vapores estavam para zarpar. Conseguem passagem grátis em um desses navios. Ao primeiro vento favorável, as três embarcações põem-se em movimento.

Duas, desfraldadas as velas, põem-se rapidamente em movimento, ao passo que a terceira, em que se encontram os servos de Deus, não se move, por maiores esforços que façam os marinheiros. As outras embarcações veem a seu auxílio. Grossos cabos presos à popa esforçam-se por rebocá-la. Tudo inútil. Permanece imóvel como rocha. Admirados e estupefatos, os marinheiros temeram algum malefício ou castigo do Céu.

[1.] Lá estava Antônio Schiaffino, o conterrâneo que saíra de Gaeta.

Já não sabiam o que fazer, quando Paulo, que estivera em oração no camarote do proprietário da nau, vem acalmá-los, esclarecendo ser ele próprio a causa de o navio não se mover, visto como Deus queria que fixasse naquele monte sua morada.

Com efeito, apenas saltam em terra, ele e seu irmão, o barco se afasta da praia, sulcando rapidamente as ondas como os demais.[2]

Na ermida de Santo Antão

Mais uma vez, Nosso Senhor manifestara o carinho com que velava por eles.

Retornam à ermida de Santo Antão, resolvidos a tudo sofrer para cumprimento da santíssima vontade de Deus. De fato, a habitação estava em ruínas. O andar térreo era dividido em dois compartimentos, um dos quais servia de capela. No andar superior havia dois míseros quartos, cujo teto não os defendia do vento nem da chuva.[3]

Longe de desanimar, retiram os escombros e começam a restauração. Ao fim de alguns dias, a capela, embora pobre, tornou-se decente. Suprindo a falta de adornos, nela resplandecia o máximo asseio. No ano precedente (1727), falecera dom Fúlvio Salvi, grande admirador de Paulo e João Batista. Seu sucessor, dom Cristóvão Palmieri, manifestou-lhes igual afeto, permitindo-lhes habitarem aquela ermida e lá celebrarem o Santo Sacrifício.

O ar puro da montanha e o silêncio da floresta, a calma do espírito e do coração restauraram-lhes rapidamente a saúde e as forças. Recomeçaram, pois, o teor de vida, que já delineamos, ou seja, oração contínua, austeras penitências e o canto diurno e noturno dos divinos louvores.[4]

Alegraram-se sobremaneira os habitantes daquelas paragens ao rever os dois solitários, cujas virtudes tanto admiravam. O ermitão é que

---

[2.] Boll. 1922, p. 342.
[3.] Mesmo em 1736 não passava de mísero casebre, que inspirava aborrecimento e horror (Lt. I, 406).
[4.] S. 1. 90 § 43.

não estava satisfeito, muito embora Paulo empregasse todos os meios para atraí-lo a melhores sentimentos.

Meses depois, Nosso Senhor enviou-lhes um jovem piemontês, desejoso de se lhes associar na vida penitente. O santo Fundador recebeu-o como irmão leigo e, depois de avaliá-lo, revestiu-o do santo hábito, com o nome de João Maria. O recém-chegado permanecia muitas horas em oração com os sacerdotes, ajudava-lhes na missa e desempenhava os afazeres próprios do seu ofício. Desembaraçados dos cuidados temporais, puderam os padres empregar mais tempo aos estudos e à oração, preparando-se eficazmente para o ministério da palavra.

Apostolado em Porto Ercole

Em sua primeira visita pastoral a Porto Ercole, na Quaresma de 1729, dom Palmieri conheceu melhor os santos anacoretas, cuja fama se apregoava ao longe, e resolveu empregá-los na santificação do seu rebanho. Após prévio exame de moral, concedeu-lhes jurisdição sobre as consciências. Ademais, incumbiu-os de preparar o povo de Porto Ercole para a Comunhão pascal.[5]

Ambos trabalharam com extraordinário ardor na conquista daquelas pessoas. Os pecadores acorriam pressurosos a depositar aos pés "dos santos missionários do monte Argentário", como os chamavam, o peso de suas culpas. Com a paz no coração e a alegria na consciência, purificada no sangue de Jesus, retornavam para casa com firme propósito de jamais ofenderem o seu Deus.

A partir daí, os servos de Deus jamais deixaram de trabalhar na vinha do Senhor. Como o divino Pastor, andavam sempre em busca das ovelhas desgarradas. De volta à ermida, catequizavam os pastores, carvoeiros e caçadores, todos imersos na mais completa ignorância religiosa.[6] Amáveis e carinhosos, falavam-lhes de Deus e dos interesses da alma, convidando-os à recepção dos santos sacramentos. E tiveram a consolação

---

[5.] Boll. 1929, p. 204. O documento que o autoriza a ouvir confissões traz a data de 21 de março de 1729.
[6.] S. 2. 131 § 157.

de ver muitos deles orarem frequentemente na pequena igreja, ouvirem a santa missa e se aproximarem da mesa eucarística.

Pessoas de todas as condições sociais visitavam a ermida, atraídas pela santidade dos dois solitários. Recomendavam-se às suas orações, pediam conselhos ou purificavam a consciência no tribunal da confissão. Todos se retiravam edificados e consolados. Como alguns vinham de longe, Paulo não os despedia em jejum, mas, com encantadora simplicidade, oferecia-lhes, embora se tratasse de pessoas ilustres, os modestos recursos da ermida. Muitos aceitavam, por devoção, essas sagradas migalhas da indigência.

Aos domingos, pregavam e confessavam nas localidades vizinhas. Sábado à tarde, Paulo descia a Porto Ercole, passando a noite aos pés do Tabernáculo. Rezava pelas pessoas a quem iria repartir o pão da divina palavra. Na manhã seguinte, restaurava as forças com o sangue do divino sacrifício e se punha no confessionário a purificar e consolar a quem se aproximasse. Depois do almoço, percorria as ruas da cidade, convidando o povo para a doutrina cristã. Multidão de homens, mulheres, crianças e até soldados seguiam-no à igreja.[7] Suas palavras eram setas a inflamar os corações no amor a Jesus Crucificado. E o apóstolo ainda encontrava tempo para varrer e adornar a igreja, a escadaria e as ruas por onde iria passar o Santíssimo Sacramento! Podia dizer com o profeta: "Senhor, amei o decoro de vossa casa" (Sl 25,8).

Extraordinária era a eficácia desse ministério, corroborado pelo exemplo. Quantas pessoas, sentadas à sombra da morte, não se elevavam às regiões serenas da luz e da vida? Ouçamos testemunha ocular, um militar de grandes méritos:

> Ao ver o padre Paulo, tão pobre, tão desapegado das coisas terrenas, tão modesto no olhar, submetendo-se aos inferiores por amor de Deus, todos reconheciam nele verdadeiro servo do Altíssimo, unicamente ocupado na salvação das pessoas, sem levar em conta as fadigas e os desprezos. Recebiam alegremente de seus lábios a semente da doutrina

---

[7.] S. 2. 53 § 242.

evangélica, a qual produzia tão abundantes frutos a ponto de a cidade de Porto Ercole causar, por suas virtudes, verdadeira admiração às tropas espanholas e alemãs. Oficiais e soldados diziam jamais haver encontrado povo mais cristão.[8]

Fatos prodigiosos

Esse povo mereceu, por sua docilidade, prodigiosa recompensa.

Os santos, ao lado de uma potência para a conquista do Céu, são verdadeiros para-raios contra as calamidades da terra, como o atestam inúmeros e incontestáveis milagres.

Obscurecera-se o céu sobre a cidade de Porto Ercole. Espessas nuvens agitavam-se confusamente no espaço; relâmpagos e espantosos trovões pressagiavam deplorável furacão. Antevia-se a desolação dos campos assolados. Atemorizados, correm à presença de Paulo, em busca do auxílio de suas orações. Anima-os o santo e, tomando a cruz, abençoa os elementos desencadeados. Cai no mesmo instante o granizo em grande quantidade. Lamentavam-se todos, julgando perdida a colheita daquele ano. Passada a tempestade, vão pressurosos examinar os campos e os vinhedos. Qual não é a surpresa e a alegria daquele bom povo ao ver intactas as uvas e as demais frutas, como se houvesse caído apenas benéfica chuva![9]

Igual prodígio renovou-o Paulo na mesma cidade, anos depois, quando lá pregou em uma missão.

Em outra ocasião, percorria o servo de Deus as praias, quando se lhe apresentou um pescador dizendo-lhe, com lágrimas nos olhos, que havia quatro meses não apanhava peixes e, para o cúmulo da desgraça, encontrava as redes sempre laceradas. As despesas com a manutenção dos empregados obrigaram-no a contrair muitas dívidas, sem saber como saldá-las.

---

[8]. VS. p. 69.
[9]. VS. p. 79.

"Pe. Paulo", exclamava com os braços estendidos, "por caridade, benzei minhas redes e o mar!".

O homem de Deus pôs-se de joelhos, recitou as ladainhas da Santíssima Virgem e, após benzer com o crucifixo o mar e as redes, disse ao proprietário que tivesse confiança, pois Nosso Senhor viria em seu auxílio.

Ao cair da tarde, cheio de fé, o homem foi lançar as redes. Apanhou tão grande quantidade de peixe que deu para reparar os prejuízos passados. Reconhecido, enviou na manhã seguinte abundantes peixes aos solitários do Argentário. A partir desse dia, a pesca foi sempre abundante.

Primeiros companheiros

No mês de maio de 1730, o mais jovem de seus irmãos, Antônio, veio visitá-lo. Trazia uma carta e generosa oferta da marquesa Del Pozzo, cujas terras o apóstolo evangelizara, como dissemos. A morte arrebatara-lhe pessoas queridas. Suplicava-lhe que celebrasse algumas missas e lhe enviasse palavras de conforto. Paulo respondeu-lhe como somente os santos sabem responder. Eis algumas de suas expressões:

> A morte aumentou vossas penas... graças sejam dadas ao nosso verdadeiro Bem, por vos conservar pregada à Cruz... Ó Cruz amada! Ó santa Cruz! "Árvore da vida", em que está suspensa a eterna "vida", eu te saúdo, abraço-te e te aconchego ao coração! Senhora, estes são os sentimentos que devem animá-la na presente circunstância. Coragem, pois, coragem! Imite a mulher forte da "sabedoria". Sob fardo tão pesado, a parte inferior da alma tem que sofrer, não há dúvida, mas a parte racional, a mais alta do Espírito, fruirá doce repouso no seio de Deus. Não encare de frente os trabalhos, os encargos da casa ou quaisquer outros afazeres; mas fite seu olhar no querido Amor Crucificado, o nosso Jesus, o Rei das dores e das angústias. Tudo, então, lhe parecerá doce!
> Convenho em que agora não poderá dedicar muito tempo à oração e a outros exercícios de piedade. Com minha ordinária confiança em

Nosso Senhor, dar-lhe-ei, no entanto, uma norma para orar sem interrupção: "Sempre ora quem age bem". Suplico-lhe, portanto, tenha a Deus sempre presente em suas ações... Vigie incessantemente o coração com a lembrança de Deus, seu Amor e seu Bem; faça-o, todavia, suavemente, sem esforços... e quando Nosso Senhor lhe inspirar sentimentos de amor, detenha-se e os saboreie como a abelha saboreia o mel... Viva toda abismada no santo amor. Viva para o Amor e do santíssimo Amor. Amém.[10]

Essas expressões não se inventam; faz-se mister experimentá-las para as exprimir. Quem não ama, não as descobre.

O jovem Antônio, fascinado pelas virtudes dos irmãos e pelos encantos da solidão, decidiu consagrar-se também a Jesus Crucificado. Foi aceito como clérigo. Pouco depois, vem de Gênova um cônego muito erudito, pe. Ângelo Di Stefano, solicitando também a veste do Calvário. Entregou a Paulo uma carta do seu antigo diretor, pe. Erasmo Tuccinardi, em que lhe anunciava a próxima vinda de um pároco e de um clérigo. Chegaram no mês de setembro.

Eis os primórdios do humilde Instituto da Paixão.

Já perfaziam o número de sete os solitários do monte Argentário: quatro sacerdotes, dois clérigos e um irmão leigo. Percorriam com fervor e coragem as pegadas de Jesus Crucificado. Paulo regozijava-se no Senhor! Embora acanhada e pobre, nessa primeira residência se firmavam as esperanças do Fundador. Escreveu ao pe. Tuccinardi: "O retiro é pequeno, mas Deus é bastante grande para ampliá-lo. Assim o espero. Lancemos por alicerce pedras vivas e, sobretudo, sacerdotais".[11]

Para que todos estivessem decentemente alojados, com cortinas dividiu em celazinhas os dois quartos superiores. Cada uma comportava apenas um colchão, colocado sobre tijolos e tábuas. O acanhado quarto contíguo à capela servia de refeitório e de sala de estudo. Pequena choupana feita de palha de trigo e folhagem, situada na frente da porta de entrada, funcionava como cozinha.

---

[10]. Lt. I, 45.
[11]. Lt. I, 83.

Como viviam os primeiros Passionistas

Essa habitação rústica e pequenina foi testemunha de acontecimentos extraordinários.

No alto das montanhas, os rios são menos largos e majestosos que nas planícies; estão, todavia, mais perto do céu.

Os tempos heroicos das Ordens e Congregações religiosas são quase sempre, nos primórdios, tão humildes, tão pobres…

A vida admirável de Paulo da Cruz começou logo a reproduzir-se nos filhos. O Espírito Santo renovava no Argentário as maravilhas da Tebaida. Como o Fundador, os primeiros Passionistas vestiam grosseira túnica de lã preta, andavam sempre descalços e de cabeça descoberta. A alimentação era a mais frugal: legumes, hortaliças e, algumas vezes, peixe. Para maior mortificação, esses alimentos eram cozidos sem tempero algum, até mesmo sem sal. E quantas vezes nada havia! Nossos cenobitas jamais pediam o que quer que fosse, satisfeitos com as espontâneas ofertas da caridade. Não se dispensavam do jejum nem aos domingos nem nas festas de guarda. A rígida abstinência só se mitigava nas maiores solenidades: Natal, Páscoa, Assunção etc. Nesses dias, tomavam leite e comiam ovos.

Colhemos esses pormenores dos lábios de um companheiro de Paulo, humilde irmão leigo. Seu testemunho singelo, confirmado com juramento, tem todas as caraterísticas da verdade. Ouçamo-lo:

> À meia-noite nos levantávamos e íamos à igreja. Os padres cantavam Matinas e nós rezávamos o terço ou outras orações. Terminadas as Matinas, fazíamos juntos, pelo espaço de uma hora, oração mental. Havia disciplina quatro vezes por semana. Em seguida, quem o desejasse, podia descansar. Os demais se aplicavam ao estudo ou a qualquer exercício útil. De manhã, antes de clarear, retornávamos à igreja para Prima e Tércia. Ao divino Ofício seguia outra hora de oração mental; depois os padres celebravam a santa missa. Terminada a ação de graças, ocupavam-se por algum tempo, no quarto térreo, em ler e escrever. Dirigiam-se então separadamente para o bosque, cada qual com seus escritos.

Nós, irmãos leigos, ficávamos ocupados em outros trabalhos, quais sejam: cuidar da horta, cortar lenha e cozinhar alguns legumes…
Cerca das onze horas voltavam todos à ermida e iam à igreja recitar Sexta e Noa. O almoço era às onze e meia, seguido de breve recreio.
Recitavam Vésperas e, tomando novamente os escritos, dirigiam-se para o bosque. À tardinha, regressavam para rezar Completas, fazíamos uma hora de oração mental, recitávamos o terço e, no inverno, havia uma hora de estudo. A seguir tomávamos parca consoada, porque o jejum era cotidiano, excetuadas as festas…
Em suma, era tal a vida de Paulo, que todos o consideravam austeríssimo penitente e anjo em carne humana.[12]

João Orlandini, esse o nome do depoente, recebeu o santo hábito, mas não suportou vida tão austera por falta de saúde. O santo, por inspiração divina, disse-lhe:

Filho, é evidente que você não pode continuar nesta vida. Se recuperar a saúde, recebê-lo-ei novamente… mas não voltará mais, creia-me. Tema sempre a Deus, conserve-se em sua graça e lembre-se sempre do que lhe vou dizer: terá que carregar pesada cruz; leve-a com paciência e o Céu será seu.

Acrescenta Orlandini: "Voltei, portanto, para Orbetello, para junto de minha família, e tudo o que me disse o pe. Paulo na despedida se verificou e ainda se está verificando".[13]

Era o santo Fundador a alma daquela humilde família religiosa; estimulava-a mais com o exemplo do que com as palavras. Superava a todos no fervor, qual o painel de grande mestre que sobrepuja em beleza e perfeição as cópias dos discípulos.

Embora ocultasse suas penitências, algo transparecia e esse pouco eram verdadeiros prodígios. Adquirira completo domínio sobre si. Permanecia, por vezes, vários dias em absoluto jejum. Afirma-se nos Proces-

[12]. S. 1. 73 § 1; VS. pp. 65-66.
[13]. S. 1. 75 § 2.

sos que chegou a ficar quarenta dias sem comer nem beber. Para mitigar a sede ardente que o devorava, recorria à oração. Continuamente unido a Jesus Crucificado, fruía doçuras celestes, que lhe faziam olvidar as mais prementes exigências da natureza. Ordinariamente não repousava à noite, saindo às escondidas para ocultar-se numa gruta, nas vizinhanças da ermida. Era, todavia, o primeiro a chegar à capela para o canto de Matinas.

Para evitar singularidades, deitava-se por algum tempo no pobre e duro colchão. Tinha por travesseiro tosca pedra, julgando, em sua simplicidade, que ninguém o notara, exceto o confidente de sua alma, e semelhante nas virtudes, o pe. João Batista.

Durante o dia, adentrava no mais espesso do bosque e, tendo somente a Deus por testemunha, orava e martirizava suas carnes inocentes. Alguns pastores ouviram certa vez estranho barulho de correntes. Era Paulo a bater-se impiedosamente nas costas desnudas com cadeias de ferro… Ele usava essa terrível disciplina quase diariamente! Quando idoso, lançou-a numa fossa, exclamando: "Assim ninguém terá a tentação de usá-la".[14]

Noutra ocasião, certo caçador notou alguns espinheiros agitarem-se violentamente. Julgando tratar-se de javalis, armou a espingarda, deu mais alguns passos e… assombrado, viu o santo a revolver-se, todo ensanguentado, nos espinhos…

O pe. Fulgêncio de Jesus afirmou que muitas mortificações praticadas por Paulo só as conheceremos no juízo universal. O heroísmo de suas penitências apenas encontrava paralelo em sua profundíssima humildade.

Julgava-se o último e mais miserável dos homens. Escrevia: "Aqui louvam a Deus dia e noite. E eu? Ai de mim!… *Vir pollutus labiis ego sum*" [Sou um homem de lábios impuros] (Is 6,5).[15]

Esse baixo conceito de si fazia-o lançar-se frequentemente aos pés dos religiosos e implorar, com lágrimas nos olhos, o auxílio de suas orações. Deitava-se, por vezes, à porta da casa para ser tido como o mais vil dos mortais.

---

[14]. S. 1. 654 § 65.
[15]. Lt. I, 83.

Esperava da Providência os recursos necessários para aumentar a ermida, quando Deus inspirou a um benfeitor de Porto Ercole levar a cabo a santa empresa. Regozijou-se Paulo no Senhor. Já antevia a pequena habitação transformada em grande retiro, seminário fecundo de homens apostólicos. Isto lhe foi de muito estímulo para prosseguir os trabalhos em prol da Congregação.

Esperava que Clemente XII, sucessor de Bento XIII, falecido em 21 de fevereiro de 1730, continuasse a favorecer o Instituto, notadamente com a aprovação das Regras. Escreveu a respeito a mons. Crescenzi. Este, congratulando-se com ele pelo aumento da família religiosa, acrescentou: "Folgo em servi-los e auxiliá-los em obra de tanta importância. Entreguei sua carta ao cardeal Corradini, que muito se edificou com ela. S. Em^a está disposto também a fazer quanto dele depender…".

Deserções

Belas esperanças… de pronto, porém, desvanecidas…

É que Deus se comprazia em submeter o nosso santo a duras provas… Cumpria-se o vaticínio do venerável bispo de Troia, ao compará-lo com Abraão. Prometera o Senhor ao Patriarca numerosa posteridade e lhe ordenara que sacrificasse Isaac, o filho de suas esperanças…

Paulo recebe a mesma promessa e tem que sacrificar os primeiros companheiros, esperanças do Instituto. À semelhança do divino Mestre, o servo de Deus sofreu o abandono dos seus discípulos. Todos abraçaram com fervor as austeridades da Congregação, mas faltou-lhes força bastante para prosseguirem a rígida jornada.

Confessemos que uma Congregação recém-nascida, sem o prestígio do passado nem os recursos do presente, exige fé inquebrantável no futuro. São necessários heróis de abnegação que avancem corajosamente, seguindo o Fundador, até o cume da santidade. Assim contemplamos plêiades de santos em torno de Domingos de Gusmão, de Francisco de Assis, de Inácio de Loiola e de todos os grandes fundadores. Paulo da Cruz terá também valorosa falange de santos.[16]

[16.] S. 1. 90 § 44.

Mas, por agora, está só com seus dois irmãos. E a tristeza do abandono cresceu com o esmorecimento do benfeitor que, cedendo a pérfidas sugestões, decidira não mais cumprir a palavra dada para ampliação da ermida.

Paulo, amparado na cruz, suportou esse contratempo sem desfalecer. Derramou, contudo, sua mágoa no coração de mons. Crescenzi. Este respondeu exortando-o a não desanimar. Dizia-lhe que Deus, quando os interesses de sua glória o exigissem, abriria caminho para o estabelecimento do Instituto. Recomendava-lhe a santa perseverança. Paulo abandonou-se sem reservas nos braços da Providência. Ele escreveu a Tuccinardi:

> O barco está lançado ao mar sem vela nem remo, mas sob a direção do grande Piloto, que o conduzirá com segurança ao porto.
> Investem-no os ventos e as tempestades, para melhor resplandecer a sabedoria de quem o governa. Viva sempre Nosso Senhor Jesus Cristo, que nos tem dado força para tudo vencermos por seu amor!...
> Nas obras de Deus, quando as coisas baixam, então é que mais se elevam... Reze por nós, para podermos levar de vencida os nossos inimigos, fortemente armados contra nós...
> Que se cumpra sempre a Santíssima Vontade de Deus!...
> Desprezo de nós mesmos, união perfeita com a vontade divina... eis os pontos capitais da vida cristã.[17]

Como se conhece, na tribulação, a linguagem dos santos! Humilham-se e adoram; não vêm os homens, mas unicamente a Deus. Os inimigos de que fala Paulo são apenas os demônios. Eram eles que estimulavam os perseguidores e, raivosos, lhe apareciam sob formas horrendas, martirizando-o com pancadas.

Humilde, atribuía o abandono dos discípulos a seus inúmeros pecados. Todavia, essa nova provação, suportada com heroísmo, devia ser fecunda. Deus lhe enviaria novos filhos, filhos de orações e lágrimas, que seriam a glória do Instituto, adorno da Igreja e coroa do Pai amantíssimo.

---

[17]. Lt. I, 86.

CAPÍTULO XIV
1730-1733

Missões em Talamona

Teremos ocasião de contemplar, em todo o seu esplendor, o apostolado de Paulo da Cruz. Vimos apenas o prelúdio.

O Fundador está com 36 anos; trabalhará ainda durante quarenta anos na conquista das pessoas. Jamais deixará de anunciar Jesus Crucificado, no alto das montanhas, no profundo dos vales, em pleno mar, às margens dos rios, nas cidades populosas, nas humildes aldeias, nos hospitais, nos cárceres, nos patíbulos, nos campos de batalha, em meio aos empestados, bem como às religiosas e aos sacerdotes do Senhor. Em suma, onde quer que haja alguém a salvar, pecadores a perdoar e corações a inflamar no santo amor de Deus.

Nada o deterá no ardor de seu zelo: nem os calores do sol nem as geadas, as tempestades, o ódio dos homens, o furor do inferno, as enfermidades, o peso dos anos. Sempre debilitado e reanimado por novo vigor, assinalará as pegadas com o próprio sangue e cada passo será em benefício de todos, para glória de Deus, para triunfo da Igreja.

Para descrever essa inumerável messe de pessoas, seria preciso muitos volumes. Referiremos aqui apenas o necessário para nos dar a conhecer a vida do santo apóstolo.

O bispo de Soana sofria ao ver a diocese contaminada por pessoas de péssimos costumes, por malfeitores de toda espécie, vindos dos Estados limítrofes, acossados pela polícia. Quem conseguiria comover esses corações empedernidos, reformar-lhes os costumes e levá-los para Deus? Os apóstolos do Argentário... Esta a inspiração do prelado. Sabia por experiência possuírem ambos a ciência dos santos e o Espírito do Senhor.

Ao apelo do bispo, abandonam o deserto para, à imitação de João Batista, o precursor, pregar a penitência e, como o grande Apóstolo das gentes, anunciar Jesus Crucificado.

Sua presença já era a mais eloquente das práticas. A túnica ou, melhor, o cilício, os pés descalços, a austeridade da vida, aquela santidade atraente e grave ao mesmo tempo, aquelas palavras partidas de corações em chamas, eram luz para as inteligências, força para a vontade, bálsamo para os corações. Os mais obstinados pecadores caíam, vencidos, a seus pés...

O bispo não cabia em si de contente, bendizendo a bondade divina. Em dezembro de 1730, mandou-os pregar a santa missão em Talamona, outrora famoso porto da república de Sena, então pequena cidade de mil habitantes.

Eloquência e unção se aliam nos sermões dos humildes missionários. O auditório está suspenso desde as primeiras palavras. E passa da admiração ao estupor, do estupor ao entusiasmo. Paulo, no estrado, parece transfigurado. Raios de luz jorram-lhe do rosto. É Jesus quem fala pelos lábios de seu apóstolo. Fervor universal, emoções profundas e duradouras, reforma dos costumes, abundantes graças do Céu... eis os frutos dessa missão.

Certo dia, falava o santo a imenso auditório sobre os suplícios eternos, quando uma jovem entra na igreja e exclama com ênfase: "Oh! Tu, que não podes suportar uma dor de dente, como poderás suportar os tormentos do inferno, merecidos pelos teus pecados!".[1]

A jovem sofrera a noite toda forte dor de dente... Interpelação tão singular, com aquele olhar a penetrar-lhe o âmago da alma, comove-a profundamente. Terminado o sermão, ei-la aos pés de Paulo. Faz confissão geral, renuncia às vaidades do mundo e consagra-se a Deus pelo voto de virgindade. Chamava-se Inês Grazi e pertencia a uma das mais distintas famílias de Orbetello, quer pela posição social, quer pelos bens de fortuna. Embora não fosse má, era demasiado inclinada às diversões e pompas mundanas. Viera à casa de campo para entregar-se a frívolas

---

[1.] Cf. P. Francisco C. P. *Una perla nascosta*, p. 22; PO. 66.

distrações e descobriu as castas alegrias de um coração todo entregue ao puro amor de Deus. Possuía alma nobre e generosa, chamada por Nosso Senhor à alta perfeição.

Inês, a partir dali, considerou como pai quem a gerara em Cristo. Paulo adotou-a por filha espiritual, jamais cessando de cultivar para o Céu aquela flor do Calvário. Veremos como Inês será o instrumento de valiosa obra do santo Fundador. Permita explicar aqui por que caminho Paulo a conduziu a eminente santidade. Ouviremos, após ter ela voado para o Céu, os elogios que o servo de Deus tece a essa alma de escol.

O primeiro cuidado do santo diretor foi traçar-lhe as linhas mestras de uma regra de vida, que abrangesse todas as horas do dia. Nesse regulamento, destinado a uma jovem da alta sociedade, aparece-nos a escola de São Francisco de Sales: a doçura, a suavidade, a discrição, a liberdade de Espírito, juntamente com algo de grave e austero.

Vamos transcrevê-lo para utilidade de todos:

1 – Pela manhã, ao levantar-se, uma hora de meditação; a seguir, a Comunhão espiritual.
2 – Se possível, assista à santa missa.
3 – O tempo que restar até o almoço, empregue-o no trabalho, mas com o Espírito unido a Deus, em santo silêncio. Responda com amabilidade, graça e caridade aos que a interrogarem.
4 – Meia hora antes do almoço, leia alguma coisa e, se possível, recolha-se aos pés do Crucifixo pelo espaço de um quarto de hora, mais ou menos.
5 – Coma em paz, observando discreta mortificação.
6 – Depois do almoço, recreie-se em companhia dos demais, sempre, porém, com toda doçura e caridade.
7 – Trabalhe até o pôr do sol aproximadamente, com o espírito unido a Deus. Prepare-se então para a oração mental, que durará uma hora.
8 – Jante e desfrute de pequeno recreio. Retire-se em seguida, faça o exame de consciência, a leitura espiritual, a oração da noite e vá repousar.
9 – Recomendo-lhe a presença de Deus, fonte de todo bem.
Que Deus a abençoe.[2]

[2.] Lt. I, 105.

Paulo explicava este regulamento nas conferências espirituais e nas cartas que lhe escrevia.[3] Em pouco tempo, Paulo elevou essa mulher generosa e dócil, pela Paixão do Senhor, ao cume da divina contemplação. É que o Calvário é "o caminho rápido da perfeita santidade". Dizia-lhe o santo:

> Faça um pequeno ramalhete dos sofrimentos de Jesus e conserve-o no âmago da alma. De tempos em tempos, tenha algum colóquio íntimo com o Redentor sobre qualquer passo doloroso da Paixão, por exemplo: 'Oh, Jesus, meu sumo Bem! Contemplo o vosso rosto lívido, inflamado, coberto de escarros! Oh, meu dulcíssimo Amor! Como vos vejo todo ferido!... Ah, queridas chagas! Desejo guardar-vos sempre no coração.[4]

Instruindo-a como deve o cristão renunciar a si para seguir fielmente a Cristo, dizia-lhe também:

> Ditoso quem se desapega do próprio juízo e do próprio espírito! Profunda lição é esta! Nosso Senhor lha fará compreender, se a senhora puser seu contentamento na Cruz de Jesus Cristo e na morte de tudo o que não seja de Deus.[5]

Ensinando-lhe a amar os inimigos em Jesus, após recomendar-lhe sincera cordialidade para com eles, acrescenta:

> Pratique ao mesmo tempo algum ato interior de caridade, mas com ternura. Por exemplo: 'Oh, queridos de Jesus! Eu vos amo no Coração de Jesus! Eu vos amo no Coração de Jesus, ardente de amor por vós; ó benditos, amai por mim o querido Amor...[6]

---

[3]. Quem desejar conhecer a direção dada pelo santo a esta alma eleita, leia as 165 cartas que ainda se conservam (Lt. I, 96-353).
[4]. Lt. I, 108.
[5]. Lt. I, 107.
[6]. Lt. I, 108.

Na semana santa, escreveu-lhe:

Querida filha em Jesus Crucificado, convido-a a subir ao Calvário, para assistir aos funerais de Jesus, nosso Amor. Oxalá, quedássemos ali feridos pela divina caridade, até morrer de amor e de dor, chorando a Paixão e Morte do nosso verdadeiro Bem! Durante estes santos dias, celebrarei os divinos ofícios, colocando o coração da filha que Deus me deu nos Corações puríssimos e agonizantes de Jesus e Maria. Faça o mesmo com o coração do pobre pai que a divina Providência lhe concedeu.
Adeus, minha filha. Que Deus a abençoe e a abrase no seu santo amor.[7]

A piedosa virgem, fiel até à morte, foi o mais precioso fruto da primeira missão de Paulo em Talamona.[8]

Recebe de Clemente XII o título de missionário

O eco de seu apostolado na diocese de Soana repercutiu até Roma, e mons. Crescenzi bendisse a Nosso Senhor.

O leitor deve recordar-se de que Paulo e João Batista, ao deixarem o hospital de São Galicano, não possuíam título eclesiástico. O Santo Padre, por um Breve, concedera-lhes faculdade de celebrarem por um ano apenas. Por carta de mons. Crescenzi, sabemos que o cardeal Corradini desejava provê-los de um benefício, o que lhe não seria difícil, sendo ele prefeito da Dataria Apostólica. Paulo anelava apenas o benefício da solidão e das pessoas. Mons. Crescenzi obtinha-lhes prorrogação anual,[9] mas, ao ter conhecimento dos prodígios operados pelos dois amigos em Talamona, exclamou: "Agora vejo qual o título que Nosso Senhor deseja para seus fiéis servos". Pede, então, ao bispo de Soana que envie ao cardeal Corradini relação dos trabalhos apostólicos de Paulo e João Batista. S. Em.ª obtém-lhes, assim, de Clemente XII, por Rescrito de 23 de fevereiro de 1731, o título de "missionários".[10]

[7.] Lt. I, 184.
[8.] Alguns afirmam ter sido Inês Grazi conquistada para a graça na missão de Orbetello. Note-se, porém, que São Paulo da Cruz já lhe escreve como a uma pessoa muito conhecida desde 30 de dezembro de 1730 (Lt. I, 96).
[9.] Lt. IV, 191-192.
[10.] Lt. IV, 193.

Em 18 de julho do mesmo ano, sempre a pedido do benévolo Crescenzi, o Soberano Pontífice dirigia a dom Palmieri um Breve em que abençoava os Missionários Apostólicos, irmãos Danei, e concedia indulgência plenária e remissão de todos os pecados aos que assistissem às missões pregadas por eles.[11]

Estes favores estimularam ainda mais o zelo dos santos solitários, que, como Moisés, elevavam mãos suplicantes para o Céu e, como Josué, desciam à planície para combater valorosamente por Nosso senhor.

Apóstolo de Orbetello

Incontáveis vezes, o perfume de suas virtudes atraía pessoas ao Argentário. A piedosa Inês, de volta ao seio da família, em Orbetello, qual outra Samaritana, já não podia refrear os transportes da alma após aqueles colóquios com Paulo da Cruz. Muito contribuiu, então, para que em sua cidade natal se tornasse ainda mais venerado o nome de seu santo mestre.

A piedade subia à montanha à procura de estímulos; a luta, de triunfo; o infortúnio, de lenitivo.

Um dia, foi até lá certo Cúrcio Petri, cuja esposa, desenganada pelos médicos, estava em iminente perigo de morte. Os servos de Deus estavam na igreja orando. Cúrcio esperou à porta do templo e lhes relatou, chorando, o estado da esposa, suplicando-lhes que obtivessem de Nosso Senhor a cura dela. Movidos de compaixão, puseram-se novamente a orar. Instantes depois, Paulo levantou-se e disse a Cúrcio: "Volte para casa. Espero em Deus que a enferma vai se restabelecer". Petri, confiante, voltou para casa. Ao atravessar o lago, vieram dizer-lhe que a esposa melhorara de repente e estava fora de perigo.[12] No dia seguinte, ela levantou-se completamente restabelecida, o que comoveu todos os habitantes da cidade. A veneração para com Paulo chegou ao auge. O vigário-geral, mons. Bausani, relatou o fato ao cardeal Lourenço Altieri,

---

[11.] A Cis. 1931, p. 254. É concedida somente para sete anos. Daí se explica o rescrito de 1738 (cf. Lt. IV, 194).
[12.] S. 1. 27, XII.

titular de Orbetello, que se apressou em dar jurisdição em toda a Diocese aos apóstolos de Jesus Crucificado.

Novo campo evangélico descortinava-se ao zelo dos missionários. Para torná-lo fecundo, não pouparia fadigas, nem suores, nem lágrimas, tampouco sangue, quando necessário.

As primícias desse ministério em Orbetello foram sem alarde. O humilde missionário descia à cidade, confessava, visitava e consolava os enfermos, assistia os moribundos. Todos o chamavam de "O nosso padre santo".[13]

A divina Providência preparava assim os caminhos para a construção do primeiro retiro do Instituto, pensamento principal de Paulo nos labores do apostolado e nas preces da solidão. Nutria firme esperança de que o divino Espírito Santo lhe enviaria numerosos filhos para substituir os que desertaram das fileiras sagradas. Aspirava, pois, construir na querida montanha amplo retiro e igreja, para celebrar com decoro os divinos mistérios.

Nossa Senhora lhe mostra o local para o primeiro retiro

Passeando, certa ocasião, com o pe. João Batista, chegaram a um lugar chamado "Sítio de Santo Antão", de onde se descortinava vasta planície e prados verdejantes. Daquele lugar se contempla a magnífica paisagem de Orbetello, que parece flutuar nas ondas do lago. Puseram-se ambos de joelhos para adorar o Santíssimo Sacramento encerrado nas igrejas da cidade, como costumavam quando divisavam ao longe alguma torre. Enquanto recitavam as ladainhas da Santíssima Virgem, Paulo foi arrebatado em êxtase. Apareceu-lhe a Rainha do Céu e lhe revelou que no lugar onde se encontravam deveriam construir o primeiro retiro, sob o título da Apresentação, sendo essa vontade de Deus.[14]

Ao voltar a si, relatou ao pe. João Batista a visão que tivera. Renderam ambos fervorosas ações de graças a Deus, Nosso Senhor. Paulo, que

---

[13]. S. 2. 54 § 247.
[14]. S. 1. 91 § 45.

só tinha em vista o divino beneplácito, sabia esperar; nem o tempo nem as provações, nada absolutamente conseguia alterar-lhe a calma do espírito. Chegada, todavia, a hora de agir, nada o detinha.

Comunicou o projeto de construção ao capitão Marcos Antônio Grazi, pai de Inês, e a seu irmão, o revdo. pe. Santiago, sacerdote muito santo. Desde a admirável transformação de Inês, Paulo tinha naquela família seus maiores benfeitores.

Dirigiu em seguida humilde súplica às autoridades de Orbetello.[15]

Os magistrados reuniram o Conselho em 15 de julho de 1731. Defendeu o projeto com grande entusiasmo o fervoroso cristão e excelente orador Mateus Sanches.

Foi aprovada por unanimidade a verba destinada à construção e, para a compra do "sítio de Santo Antão", foi estabelecida uma renda perpétua sobre os bens comunais, como indenização à prebenda do Priorado da colegiada a que pertencia o sítio.

Escreveram ao cardeal abade Lourenço Altieri, suplicando-lhe que sancionasse a deliberação. Dirigiram, outrossim, um memorial à Congregação dos Bispos e Regulares, a fim de obterem da Santa Sé a faculdade de permutar aquela propriedade eclesiástica.[16]

Aqui encontrou a obra de Deus o primeiro obstáculo. O cardeal, sem dar sinal de oposição, não despachava o requerimento. Qual a causa? Ignoramo-lo. O que não padece dúvida é que S. Emª estimava imensamente os missionários do monte Argentário, jamais deixando de empregá-los para o bem espiritual do seu rebanho. Deus Nosso Senhor se comprazia em dar novo esplendor à fidelidade de seus servos e santificá-los mais e mais pela paciência. Passava o tempo sem que se levasse a cabo a empresa.

No ano seguinte (1732), ao examinar-se com maior atenção o local, verificou-se pertencer à família real. Então os ministros, notadamente o general Espejo, obtiveram do vice-rei de Nápoles despacho favorável.

[15.] Lt. I, 355.
[16.] S. 1. 91 § 45; A. Cis. 1931, p. 255; Lt. I, 356.

Sem mais tardança, nos meses hibernais, enquanto Paulo pregava na diocese de Soana, os habitantes de Orbetello transportaram para a montanha grande parte do material necessário à construção.

Sobrevieram, no entanto, novos acontecimentos, que pareciam desvanecer toda esperança. Formidável esquadra armava-se na Espanha, possivelmente contra as possessões do imperador da Áustria, na Itália. Foram reforçadas as guarnições e fortificadas as praças. Tudo prenunciava a guerra com o cortejo de males que a acompanham.[17]

Houve ademais, no princípio do verão, terrível epidemia em Orbetello. As tropas estrangeiras ali aquarteladas faziam temer o contágio. Faleceram inúmeras pessoas.

Paulo restaurava na solidão as forças esgotadas, quando soube da desoladora calamidade e voou para o teatro da luta. De dia e de noite, nos quartéis, nas prisões, nas casas particulares, onde houvesse um empestado a tratar ou uma alma a salvar, lá estava o nosso herói a prodigalizar os tesouros da santa caridade. A todos prestava os mais humildes ofícios, notadamente aos indigentes e abandonados.

Vítima da caridade, caiu afinal doente. Apenas teve forças para chegar à ermida. Contínuos acessos de febre reduziram-no a extrema fraqueza. Alimentava-se unicamente de pão dissolvido na água, com algumas gotas de azeite.[18] Esteve de cama até o mês de novembro.

Outras missões

Após breve convalescência, prosseguiu as missões na diocese de Soana, mas tão debilitado que causava compaixão a quantos o viam. Passou dois anos em alternativas de sofrimentos, solidão e apostolado; missionário ou anacoreta, distinguiu-se sempre pelos benefícios outorgados ao próximo.

João Fontana, rico senhor de Porto Ecole, havia muito sofria erupções cutâneas de caráter maligno. As mãos e o rosto apresentavam aspecto

---

[17.] S. 1. 92 § 45.
[18.] S. 1. 599 § 55.

horrível. Todos o evitavam como se fosse leproso. Esgotados os recursos médicos, recorreu ao poder de Paulo. Subiu ao Argentário e lançou-se aos pés do santo, rogando-lhe que o libertasse da ignominiosa moléstia. O servo de Deus encorajou-o, benzeu-o e o despediu. Tomado de alegria e esperança como jamais experimentara, João voltou para casa pouco antes do anoitecer. Na manhã seguinte, ao levantar-se, pareceu-lhe estar radicalmente curado, mas, temendo uma ilusão, chamou os empregados, ordenando que abrissem as janelas. Estava realmente curado.[19] Puseram-se todos de joelhos, rendendo sinceras graças a Deus, sempre prodigioso nos seus santos.

E o apóstolo de Jesus Crucificado continuava as santas missões.

No monte Orgiali, veio todo o povo ao encontro dos missionários; porém, ao vê-los descalços e trajados tão insolitamente, recebeu-os com vaias, assobios e insultos.

Sem se perturbar, Paulo pôs-se a evangelizá-los. Sua voz tomou um ar de solenidade que a multidão, passando subitamente do desprezo ao respeito, ouviu-o silenciosa e recolhida. Foi uma das mais frutuosas missões pregadas pelo nosso santo. Desapareceram as discórdias mais inveteradas, os jogos, a embriaguez e os costumes dissolutos. Monte Orgiali estava transformada![20]

---

[19]. S. 1. 893 § 84.
[20]. S. 1. 28 XVI.

CAPÍTULO XV
FEVEREIRO A OUTUBRO DE 1733

Primeira missão em Orbetello

Apesar da debilidade do corpo, entregava-se o infatigável apóstolo ao trabalho com todo ardor de seu zelo. Suas missões, assinaladas sempre por grandes prodígios, atraíam a atenção pública. À porfia, reclamavam-no os senhores bispos para suas dioceses.[1]

O cardeal Altieri foi um dos primeiros a chamá-lo para pregar em Orbetello, de onde já se haviam dissipado os temores da guerra, pois a armada espanhola tomara a direção da África para combater os infiéis. Paulo, que amava de coração aquele povo, aceitou a incumbência. A cidade toda exultou de alegria por desejar ardentemente ouvir a palavra do heroico "pai dos empestados".

Paulo e João Batista deram início à missão no mês de fevereiro de 1733. Ricos e pobres, oficiais e soldados da guarnição, todos o ouviam com muito recolhimento.[2]

As mulheres de Orbetello tinham o deplorável costume de vestir-se com pouca decência. Bradou o apóstolo com vigor contra esse abuso, e as leis da modéstia cristã foram respeitadas. Somente uma senhora francesa obstinou-se em não obedecer, colocando-se ostensivamente diante do púlpito para ser vista pelo pregador. Este, pacientemente, esperava que a luz divina abrisse, afinal, os olhos àquela mulher e ela reconhecesse a sua torpeza. Vendo, porém, desprezadas as admoestações, lançou sobre ela um daqueles olhares que refletem a indignação da divina justiça.

[1.] Boll. 1929, p. 205.
[2.] Durou de 4 a 17 de fevereiro. S. 1. 91 § 45; Boll. 1922, p. 343.

Prodígio!... O peito e os braços da impudente se tornaram no momento pretos como carvão!... Horrorizou-se a infeliz e, não podendo retirar-se por causa da multidão, cobriu-se o melhor que pôde. No mesmo instante, a graça de Deus a iluminou e a converteu. Terminada a prática, humilde e arrependida, lançou-se aos pés do missionário, confessou-se e prometeu reparar os escândalos passados. Paulo, mais inclinado à misericórdia que à justiça, milagrosamente a curou.

O prodígio abalou a cidade... A partir daí, as mulheres de Orbetello foram admiráveis pela modéstia. Mais de quarenta jovens, das mais distintas famílias, tornaram-se modelos de piedade e verdadeiras apóstolas, cujas palavras e exemplos incitavam as demais ao desprezo das vaidades mundanas e ao amor a Jesus Crucificado.[3]

A miséria do corpo é causa ordinária das misérias morais. Entre os pobres, havia famílias que habitavam obscuros e asquerosos cortiços. Pais e filhos viviam promiscuamente no mesmo recinto. Paulo pediu com insistência à causa daqueles infelizes e os ricos moveram-se à compaixão. Numerosas famílias deixaram aquele estado de aviltamento.

A missão estava para terminar.

Nada há que melhor nos dê uma ideia do Céu que o término de uma missão. O júbilo das pessoas reconciliadas com Deus, a paz dos corações, a harmonia nas famílias, os cânticos sagrados de triunfo e amor, o contentamento geral a transluzir em todos os semblantes... esse o espetáculo oferecido por Orbetello.

Prossegue a construção do retiro

O santo missionário ia deixá-los... Nas últimas recomendações, falou-lhes da grande obra do monte Argentário, interrompida por causa de seus pecados. Adorava os juízos divinos e se submetia às disposições da Providência. Abençoou o auditório desfeito em pranto e desceu do estrado. Todos se agruparam em seu redor, esforçando-se para lhe beijar a mão ou a capa. Com muito esforço, conseguiu libertar-se da multidão.

[3.] S. 1. 133 § 55 seg.

À porta da cidade e até às margens do lago, esperavam-no os ministros reais, os oficiais do exército, todos os maiorais da cidade. Chamavam-no com o doce nome de pai, protestando-lhe os mais vivos sentimentos de afeto e submissão e prometendo-lhe para muito breve a construção do retiro. Paulo agradeceu comovido e subiu no barco, enquanto a multidão o seguia com os olhos e o coração.[4]

Fiéis à promessa, conseguiram os fundos necessários para os alicerces, obrigando-se a novas cotas à medida que se adiantassem os trabalhos.

Paulo delineou a planta e iniciou-se a obra.

O edifício devia formar um conjunto harmônico de tudo o que fosse necessário, mas em conformidade com a pobreza religiosa.

Em 4 de março de 1733, em meio à entusiasta e comovida multidão de fiéis, colocou-se solenemente a primeira pedra. O santo estava ausente. Incumbindo o pe. João Batista da direção dos trabalhos, fora pregar a Quaresma em Piombino.[5]

Quaresma em Piombino

Na época em que nos encontramos, pela triste influência do século XVIII, tudo degenerara. As pregações quaresmais eram apenas vã e pomposa ostentação de frívola e presunçosa eloquência. Eloquência artificial que podia deslumbrar o povo, mas deixava as pessoas como as encontrava: o coração gélido, o Espírito sem convicção, a vontade indiferente.

Paulo detestava essas pregações tão contrárias à simplicidade evangélica e à eloquência dos Santos Padres. Nas Regras prescreveu aos missionários a eloquência apostólica: devem pregar, assim nas cidades como nas aldeias, a Jesus Crucificado, não com palavras que lisonjeiam a sabedoria humana, mas com as que revelam o Espírito e a virtude de Deus. Essa eloquência, o nosso santo a possuía em grau eminente.

Os habitantes de Piombino anelavam ouvi-lo de novo. Dom Ciani, bispo de Massa e Populônia, pediu ao servo de Deus que lhes pregasse

---

[4.] Boll. 1922, p. 343.
[5.] Lt. I, 393.

durante a Quaresma. Paulo aceitou, permanecendo, porém, sempre apóstolo. Ele costumava haurir sua eloquência nas chagas do Salvador. Subia ao púlpito abrasado de amor para comunicá-lo aos ouvintes.

As fadigas comuns de uma missão não lhe satisfaziam o zelo. Pregou contemporaneamente retiro espiritual às religiosas de Santa Clara, com fruto excepcional. Cinco daquelas religiosas, especialmente a irmã Querubina Bresciani, dirigida pelo servo de Deus por mais de 25 anos,[6] entregaram-se generosamente ao divino amor, morrendo em odor de santidade.

A fonte do pe. João Batista

Enquanto Paulo construía o templo interior nas pessoas, prosseguia-se o edifício do monte Argentário.

Lutava-se contra a escassez de água. O pe. João Batista recorreu a Nosso Senhor, que faz brotar de seus tesouros mananciais de água viva.

Animado de viva fé e certo do milagre, dirigiu-se com a Cruz alçada ao bosque vizinho, seguido dos coirmãos e dos operários. Deteve-se de repente, ajoelhou-se, orou por instantes e ordenou que cavassem ali.[7]

Aos primeiros golpes de picareta, jorrou límpido e abundante manancial. Conduzida por canos, a água serviu para a construção.

Continua até os nossos dias a alimentar abundantemente duas caixas: uma dentro do convento para uso dos religiosos, outra na praça da igreja para os peregrinos.

O favor divino incentivou sobremaneira os trabalhos. Quando o santo Fundador regressou de Piombino, as paredes estavam bastante altas. Ficou satisfeitíssimo. Fruiu por alguns dias as doçuras da solidão, retornando logo à missão. Conversões admiráveis e portentosos milagres multiplicavam-se nas missões pregadas por Paulo da Cruz.

[6.] Lt. I, 436-526. Dessa direção chegaram até nós 36 cartas.
[7.] Boll. 1922, p. 345.

As missões continuam

Em Satúrnia, antiga aldeia da diocese de Soana, embora o povo retornasse a Nosso Senhor, sangrava o coração do apóstolo pela penitência em favor de um pecador público, chefe de uma quadrilha de ladrões, temido por sua violência, rapinas e homicídios. Ademais, esse homem vivia em público concubinato. O mal parecia incurável em coração tão corrompido, tanto mais que não ouviria a palavra divina, destruidora do crime...

Como aproximar-se daquele sanguinário, sem se expor ao perigo de morte?

Os santos não temem a morte em se tratando da glória de Deus e bem das pessoas. Paulo, embora todos se esforçassem por dissuadi-lo, dirigiu-se à casa do facínora. Este, armado, saiu-lhe ao encontro, perguntando com arrogância e irritação: "Que deseja, padre?". O santo, tomando o crucifixo que levava ao peito, respondeu-lhe: "Que afaste de sua casa aquela infeliz". "Mas, padre, não há nisso mal algum!" "Ordeno-lhe que a mande embora!" Tais palavras foram como raios a abrandar o furor do celerado. "Quando devo despedi-la?" "Imediatamente", replicou o apóstolo. Deus tocara a alma do pobre pecador. "Sim, meu padre, eu o farei; mas depois me ouvirá em confissão?" "Pois não, meu filho", respondeu o terno pai, estreitando-o nos braços e banhando-o de lágrimas, "eu o confessarei, consolá-lo-ei e será feliz".

De acordo com o pároco, Paulo internou num abrigo a infeliz mulher. O lobo, com admiração e contentamento geral, transformou-se em manso cordeiro; o escandaloso, em humilde penitente.[8]

Essa conversão repercutiu por toda aquela paragem. Grande temor, no entanto, inquietava a muitos. Os ladrões não estariam irritados com Paulo pela conversão do chefe? Não se vingariam? O apóstolo nada temia; sua confiança repousava em Deus.

Terminada a missão, dirigia-se para Manciano, quando, ao atravessar extensa e solitária campina, ouve fortes latidos de cães. Levantou os

---

[8]. S. 1. 618 § 150.

olhos e viu ao longe, em atitude de quem faz planos sinistros, numerosos ladrões, armados até os dentes e rodeados daqueles animais amestrados em sua arte.

Era precisamente a quadrilha do ladrão convertido. Ao terem conhecimento do que sucedera ao chefe, estavam à espera do missionário. Paulo julgou-se perdido.

Bem diversas, porém, eram suas intenções. Aproximaram-se respeitosos e saudaram o servo de Deus. Aqueles homens, conhecedores perfeitos da perversidade do chefe, mais do que ninguém se impressionaram com aquela conversão e, somente podendo atribuí-la ao poder de um santo, desejavam vê-lo, conhecê-lo e venerá-lo.

Encorajado pela acolhida inesperada, começou a falar-lhes de Deus e dos interesses do espírito. Suas palavras penetravam-lhes nos corações insensíveis. Para ouvi-lo por mais tempo, acompanharam-no até às vizinhanças de Manciano.

Esse encontro não foi inútil. A boa semente lançou raízes naqueles corações e, regadas pelas orações do santo, não tardaram a produzir frutos.

Dias depois, ao deixar Manciano, Paulo encontrou novamente "os seus queridos ladrões", que lhe suplicaram que os ouvisse em confissão. Reconciliados com Deus, obtiveram perdão das vítimas de seus crimes e da justiça humana, que havia muito os perseguia!

Naquela época, os tribunais civis absolviam facilmente os criminosos que o rigor das penas não conseguia regenerar, mas que o desvelo maternal da Igreja reabilitava pelo arrependimento.

Contente por tantas conquistas, o apóstolo recolheu-se aos pés do crucifixo para haurir novas forças.

Suspensa a construção

Enquanto galgava o monte, procurava com o olhar o novo edifício para admirar seus progressos; mas o trabalho estava paralisado.

Explicaram-lhe que era ordem dos ministros reais.

Triste, passou a noite em oração. No dia seguinte, desceu a Orbetello para inteirar-se do motivo. Responderam-lhe que o vice-rei fora transferido para Nápoles e somente seu sucessor poderia dar licença para o prosseguimento dos trabalhos. A fim de evitar delongas, resolveu ir pessoalmente a Nápoles tratar do assunto. Apesar do calor intenso do verão, empreendeu a pé a longa viagem.[9]

Nada conseguindo, retornou ao monte Argentário, onde novas provações o esperavam. Não só não poderia continuar a construção, mas, talvez, até a parte construída fosse arrasada!...

Dor profunda para o coração do santo Fundador! Tanto maior quanto horizontes sombrios prenunciavam grandes calamidades... Mas ele irá suavizá-las com o calor de sua caridade...

Peregrinação a Coreto

Maria Santíssima lhe será a medianeira. Parte para Coreto...

Visitar o pobre casebre, onde o Verbo divino se dignou encarnar-se no seio imaculado da mais pura das virgens; beijar aquelas paredes sagradas; depositar no coração da Mãe as angústias do coração ferido: essas as aspirações de Paulo da Cruz.

"Lá irei mesmo de joelhos, se for necessário", exclamou o santo.

Dois prodígios se operaram durante a viagem.

Em Pitigliano, o dr. Gheraldini, grande amigo do homem de Deus, entregou-lhe uma carta para o pe. Pedro Bianchi, um parente, morador em Perugia. Um empregado de Gheraldini acompanharia Paulo até Cetona, através de verdadeiros desertos. Ao chegarem ao lugar denominado Cruz de São Cassiano, formou-se horrível temporal, anúncio de chuvas torrenciais. Ajoelhou-se o servo de Deus e orou por breve tempo. Coisa admirável! Chovia a cântaros; não, porém, na estrada por onde passavam!

[9.] Lt. I, 89, 382.

O guia julgou-o feiticeiro e confirmou-se nesse juízo quando, ao voltar, observou que de Cetona à Cruz de São Cassiano a estrada estava enxuta, mas começando dali tudo era água!

Gheraldini esclareceu-o, dizendo-lhe que tivera a ventura de acompanhar um santo!

O pe. Bianchi, ao ver Paulo descalço e mal trajado, tomou-o por vagabundo. Pô-lo à mesa dos empregados e fê-lo pernoitar em habitação separada, trancando-o a chave e a ferrolho. As janelas tinham grades de ferro...

O humilde servo do Crucificado notou todas aquelas precauções e alegrou-se no Senhor. Pediu apenas que viessem "soltá-lo" bem cedo, pois devia empreender longa viagem.

O eclesiástico esqueceu-se do pedido, e o sol já ia alto quando mandou a irmã abrir a porta ao prisioneiro, mas o santo já estava longe... "Sem dúvida", diz São Vicente Maria Strambi, "de lá o tirara a mão do Senhor, que sabe, quando lhe apraz, operar maravilhas".

CAPÍTULO XVI
1733-1736

Situação perigosa

Corria o ano de 1733. Escuras nuvens acumulavam-se no céu da Itália. Espanha, França e Sardenha confederaram-se para apoderar-se das possessões austríacas na Itália.[1]

No mês de outubro, enquanto os exércitos franceses e cardos invadiam a Lombardia, os espanhóis, desembarcados em Spezzia, marchavam contra a Toscana. O duque de Mântua, seu comandante, aquartelou-se na cidade de Sena. Era, portanto, para temer o cerco de Orbetello e de outras fortalezas do litoral. Contudo, irrompeu um destacamento inimigo, requisitando todos os animais da região e devastando os campos.

O infante dom Carlos, nomeado generalíssimo, avançou aceleradamente contra Nápoles, desprovida de tropas austríacas pela negligência do imperador. O ataque foi decisivo. Dom Carlos entrou, quase sem oposição, na cidade, conquistando em pouco tempo todo o reino. Coroado em Palermo, recebeu o nome de Carlos III.

Durante as vicissitudes da guerra, o vice-rei da Áustria, Visconti, dera ordem peremptória para que todos os vassalos das forças inimigas abandonassem, no prazo de um mês, o território dos Estados imperiais.

Terrível golpe para os solitários do monte Argentário! Paulo e seus filhos, vassalos do rei da Sardenha, deviam deixar, quiçá para sempre, a amada solidão! Orbetello unia suas lágrimas às do santo Fundador. Seu pai e arrimo em todos os infortúnios, aquele que por eles se sacrificara

---
[1.] Lt. I, 438.

heroicamente no decurso da epidemia, tinha de abandoná-los aos horrores da guerra!... Até os soldados se lamentavam...

O general austríaco, íntimo amigo do servo de Deus, decidia se o deixaria partir. Encontrou, afinal, um expediente para eximir os santos solitários de ordem tão rigorosa. Fez mais. Permitiu-lhes entrar e sair da fortaleza quando quisessem.

Conquistas

Ao passo que ambiciosos guerreiros se sacrificavam pela conquista de algumas terras com a espada que mata, Paulo, com a Cruz que salva, sacrificava-se pela conquista do coração das pessoas... Apesar da guerra, o nosso santo missionou diversas cidades das dioceses de Aquapendente, de Città della Pieve, de Soana e da Abadia das Três Fontes.

Dentre os muitos e portentosos milagres operados nessas missões, relataremos os dois seguintes.

Em Scanzano, diocese de Soana, um cônego, ameaçado de morte por seu parente, permanecia temeroso em casa. O santo foi à procura do homem vingativo. Vendo-o, ele pôs-se a correr. Paulo seguiu-o por longo tempo, através dos campos, rogando-lhe que parasse. Vendo que não obedecia, pegou o crucifixo que levava ao peito e bradou fortemente: "Se desobedeceres a este Cristo e não fizeres as pazes com teu parente, cairás morto na primeira fossa que encontrares".[2]

Atemorizado pela ameaça, deteve-se o culpado por alguns instantes, mas continuou logo a fugir de quem desejava salvá-lo. Ao aproximar-se, porém, de uma fossa, parou, refletiu, mudou de sentimentos e foi ter com o homem de Deus. Estava este a orar ao pé de uma árvore. Pediu-lhe perdão e ouviu de seus lábios palavras de paz e de conforto. Paulo mandou chamar o cônego. Abraçaram-se e reconciliaram-se para sempre.

---

[2] S. 1. 130 § 50.

Um tal Francisco Vivarelli, de Magliano, da mesma diocese, recebera de empréstimo de um sacerdote cem escudos. Ao saldar, prometera-lhe o credor destruir a promissória logo que chegasse a sua casa. Esqueceu-se, no entanto, de fazê-lo e faleceu logo depois. Os herdeiros, encontrando o documento, reclamaram de Vivarelli os cem escudos. Este, ao ver a letra, ficou desolado. Afirmou com juramento que saldara a dívida, alegando as circunstâncias em que o fizera. Não lhe deram crédito e recorreram ao juiz.

Paulo, por esse tempo, pregava missão em Magliano. Foi encontrar Vivarelli na esperança de que resolveria a contenda. O santo respondeu-lhe que iria consultar a Nosso Senhor, na santa missa. Logo após o Santo Sacrifício, convidou Vivarelli a acompanhá-lo até à casa do benfeitor onde se hospedara. Pôs-se novamente em oração, mandando em seguida chamar os herdeiros do falecido. Surgiu viva discussão entre os interessados, sem nada concluir.

Paulo tirou, então, da manga um documento e disse aos pretensos credores: "Meus filhos, vede se este recibo é do vosso tio. Observai se a caligrafia é dele". "Sim", responderam surpresos, "esta letra é do nosso tio. Não teríamos certamente movido causa judicial, se no-lo houvessem apresentado antes". E imediatamente rasgaram a promissória.

Paulo pegou o recibo, colocou-o novamente na manga e ninguém mais o viu.[3]

Preparativos de guerra

Enquanto o santo missionário regava com suores o campo evangélico, aproximavam-se os espanhóis do monte Argentário. Conquistadas Nápoles e Sicília, começou o duque de Montemar, em fevereiro de 1735, a concentrar na Toscana, por mar e por terra, grande contingente de tropas.

O ataque era iminente. O general austríaco, Espejo y Vera, vendo ser impossível, com os poucos soldados de que dispunha, atacar o inimigo, resolveu concentrar-se nas fortalezas e resistir o máximo possível.

[3.] S. 1. 895 § 91.

Reinavam em Orbetello e comarcas circunvizinhas o assalto e o terror; o perigo geral ameaçava também o santo apóstolo, pois estava em toda parte. Consolava os desalentados, elevava os ânimos e corações para o Céu. Penetrava nas fortalezas, doutrinava os soldados, ouvia-os em confissão e lhes comunicava o invencível valor do heroísmo cristão, que não teme a morte, por não temer a eternidade.

A glória de Deus reclamava certo dia a presença do apóstolo na vila de Santa Flora, província de Sena. A viagem era repleta de perigos. Nada, todavia, o retinha em se tratando da glória de Deus.

Ao regressar, foi preso por um destacamento de soldados espanhóis que, tomando-o por espião das tropas imperiais, o conduziram à presença do general, marquês de Las Minas, valoroso soldado como fervoroso católico. Certificou-se logo o marquês de que tinha diante de si um santo religioso e fez questão que almoçasse consigo. À tarde, Paulo pediu licença para partir e foi por entre demonstrações de afeto e veneração do general e dos soldados que deixou o acampamento. Permitiu Nosso Senhor o incidente a fim de que o apóstolo, no decorrer das batalhas prestes a eclodir, pudesse levar a todos, espanhóis e imperiais, os socorros da fé que, na caridade de Jesus Cristo, abraça todos os povos, sem distinção de partidos políticos.[4]

No mês de abril, surgiram as bandeiras inimigas. Montemar, terminando o cerco de Orbetello, passou o comando do destacamento ao general de Las Minas, com ordem de apoderar-se das alturas do monte Argentário, de onde seria relativamente fácil destruir a fortaleza do monte Filipe. Este, sem encontrar oposição, ocupou o monte, nele assentando a base das operações.

Não distante estava a ermida de Santo Antão. Desejou o general rever Paulo, cumulando-o de gentilezas. Muitas vezes quis tê-lo à sua mesa, edificando a todos a modéstia e mortificação do santo.

Como se fosse tempo pascal, Las Minas fê-lo confidente de sua consciência.

---

[4] POR. 1696.

O capelão militar

Em 16 de abril, sábado depois da Páscoa, começou a fortaleza. Viu-se, então, do que é capaz a caridade de um santo. Ao primeiro ribombo da artilharia, tomou o crucifixo e lançou-se ao fragor das batalhas, qual anjo consolador. Da fortaleza inimiga caíam por toda parte balas e metralhas. Um só pensamento dominava Paulo da Cruz: salvar as pessoas. Corria à procura dos feridos e moribundos, prodigalizando-lhes as consolações do Céu e purificando-lhes a consciência no sangue de Cristo.

Explode tão perto dele uma bomba que o deixa coberto de terra! Ao seu redor caem mortos e feridos. Não levando em conta os perigos, multiplica-se para acudir em toda parte onde haja alguém a reclamá-lo.[5]

Para confessar um soldado moribundo, não teme, com a intrepidez do herói, chegar precisamente aonde a artilharia causava maior destroço. Las Minas, testemunha da santa audácia do venerável amigo, não podendo moderar-lhe o zelo, fê-lo acompanhar por um soldado. A cada troar da artilharia imperial, este o adverte que se lance por terra. Se não ficou no campo de batalha, foi por patente proteção divina. É que Deus se compraz em ver os seus servos desprezarem a morte para salvar as pessoas.[6]

Entretanto, o apóstolo ainda não se dava por satisfeito. Infatigável, corria sob nuvens de fogo para o exército que sitiava Orbetello do lado oposto, dizimado por mortífera epidemia. Graças ao seu zelo, ninguém morria sem os últimos sacramentos. No começo, muitos soldados encontravam dificuldades para confessar-se por não compreenderem o italiano nem o espanhol. Paulo, todavia, aprendeu em pouco tempo seus idiomas, pelo menos o suficiente para ouvi-los em confissão.[7]

E, coisa extraordinária, somente explicável pelo ascendente da santidade: ambos os contendores davam livre acesso à caridade do servo de Deus! Dos sitiantes passava aos sitiados, que, ao verem-no, suspendiam

---
[5]. S. 1. 482 § 541.
[6]. PAR. 646.
[7]. S. 1. 508 § 125; 408 § 185.

o fogo da artilharia, abriam-lhe as portas e o recebiam como um amigo, como um pai. Tal foi a prudência que sempre guardou, tal a veneração que inspirava, que jamais deu motivo à mais leve suspeita.[8]

Após 29 dias de cerco, uma bomba fez voar pelos ares o depósito de pólvora. Monte Filipe rendeu-se, caindo, logo depois, Porto Ercole em poder dos espanhóis.[9]

Para ser completa a conquista, faltava apenas Orbetello, protegida pelo lago. Informado falsamente de que seus habitantes eram partidários dos imperiais, ordenou Las Minas que fossem devastados os vinhedos e os campos e bombardeada a cidade. Já preparavam o terreno e assentavam as baterias. Paulo, ciente dos acontecimentos, foi ter com o general e advogou a causa da infeliz cidade, desfazendo as calúnias.

A princípio Las Minas manteve-se irredutível. Mas, vencido pelas lágrimas do santo, exclamou: "Eu o faço em consideração ao seu pedido". E revogou as ordens. Não tardou a rendição da praça, como previra Paulo, e dias depois capitulava a guarnição.

O general, ao encontrar-se com o servo de Deus, disse-lhe: "O senhor tinha razão, pe. Paulo. Estou satisfeitíssimo com Orbetello. Agradeço-lhe de coração os conselhos que me deu".[10]

O santo exerceu extraordinária influência nos soldados espanhóis. Ouçamos suas palavras ao senhor Estêvão Cencelli, nobre patrício de Viterbo: "Cheguei a ser o dono daquele exército, pois, por sua bondade, tanto o general de Las Minas como os oficiais nada me negavam do que lhes pedisse". E, exaltando a piedade das tropas, acrescentava: "Eram verdadeiros cristãos! Com que fervor e entusiasmo vinham confessar-se! Ao dizer-lhes que ignorava o idioma castelhano, replicavam-me com vivacidade: 'Interrogue-nos, padre, sobre os mandamentos de Deus e dir-lhe-emos as nossas faltas'. E, graças a Deus, tudo saía perfeitamente bem".

[8.] S. 1. 478 § 515.
[9.] Boll. 1922, p. 346; "S. Paul Ap. et Missionaire", p. 148.
[10.] S. 1. 467 § 477; 395 § 103.

O mesmo senhor Cencelli, pelo trato familiar que mantinha com a oficialidade espanhola, pôde verificar pessoalmente e, por assim dizer, experimentar a grande estima que todo o exército professava a Deus e a alta opinião que formava de sua santidade.

Outros ministérios sagrados

Do teatro da luta levava o soldado de Cristo seu apostolado a campos mais pacíficos. O bispo da ilha de Elba anunciou por carta pastoral ao povo e ao clero a próxima chegada do grande missionário Paulo da Cruz, tecendo-lhe rasgados elogios. Considerava-o como extraordinário presente outorgado à terra pela misericórdia do Senhor, recomendando aos sacerdotes que fizessem o retiro espiritual sob sua santa direção.

Três meses consecutivos regou com seus suores aqueles campos apostólicos. Deus o recompensou com a abundância dos frutos colhidos. Portentosos prodígios acompanharam essas missões.

Em Rio residia uma senhora maltratada pelo marido por causa das calúnias de uma vizinha, que lhe devotava ódio mortal. A vítima, desfeita em pranto, foi desabafar com o santo missionário. Ele mandou chamar a caluniadora e falou-lhe com energia de que só é capaz o coração de um apóstolo. A infeliz parecia querer retratar-se. Aproveitando a boa disposição, fez vir à sua presença o marido da caluniada. E dirigindo-se à culpada: "Então, está disposta a retratar o que disse a respeito da esposa deste homem?". Como é difícil ao orgulho a reparação da calúnia! A mísera não soube vencer-se e, obstinando-se na culpa, respondeu com petulância: "O que eu disse a seu respeito é a pura verdade!". O defensor da inocência, repleto do Espírito de Deus, exclamou: "Pois bem, venha comigo à igreja e confirme ante o Santíssimo Sacramento o que disse".

E lá, ante o Tabernáculo, na presença de outro sacerdote, da vítima e do esposo, a mulher não titubeou em cometer execrável perjúrio, confirmando as calúnias. Em castigo, porém, pela audácia, ficou imediatamente possessa do demônio, que a elevou aos ares, enquanto da boca, espumante e colérica, lhe saía a língua toda. As testemunhas estavam apavoradas... Pondo-se em oração, recitou Paulo os exorcismos, e o Espírito maligno, passados instantes, deixou-a cair por terra sem sentidos. Retirando do Tabernáculo o cibório, o santo o aconchegou à cabeça da desventurada mulher. A virtude do Santíssimo Sacramento fê-la voltar a si e, com o coração lacerado pelo arrependimento, retratou-se de tudo o que dissera.[11]

Na mesma localidade, a voz do missionário tomou repentinamente solene e assustadora entoação, como se se dirigisse a obstinado pecador. Fixou os olhares no portal do templo, deteve-se por instantes e exclamou, imerso em profunda tristeza: "Oh! Tu somente queres permanecer obstinado na culpa?".

E, abraçando o grande crucifixo que estava sobre o estrado em que pregava, prosseguiu: "Eu, eu mesmo, com meu Jesus, virei converter-te".

Ao pronunciar estas palavras, elevou-se extático, voou por sobre o auditório, chegou até à porta da igreja e retornou ao mesmo lugar.

Estavam todos imóveis pelo inaudito milagre!

Ao chegar à ilha de Elba, nos primeiros dias de junho, Paulo encontrou-a assolada pela seca. Era o tempo da ceifa e não caíra uma gota de água! Ninguém queria ter o trabalho de colher alguns feixes de palha. O santo, implorando as bênçãos do Pai celeste, dizia-lhes, entretanto: "Confiança, meus filhos. Ide à messe e vereis como Nosso Senhor é bom...".

Considerando-o grande taumaturgo, obedeceram. E tão abundante foi a colheita que diziam, à maneira de provérbio: "O ano e a colheita do pe. Paulo".[12]

Após alguns dias de descanso no monte Argentário, prosseguiu as missões.

[11.] Cf. Vida, ed. 1821, pp. 191-192.
[12.] S. 1. 261 § 61.

Orbetello e Porto Ercole reclamavam novamente o obreiro evangélico. Voltara a reinar a paz naqueles arredores e desejavam entregar-se à meditação.

Em ambas essas missões, os soldados espanhóis se mostraram admiráveis na fé. Muito embora poucos entendessem bem o idioma italiano, a palavra do missionário penetrava-lhes o coração, fazendo-lhes derramar abundantes lágrimas. O general de Las Minas, em companhia dos oficiais, assistia aos sermões e, sob a direção espiritual do apóstolo, fez grandes progressos na virtude. Paulo ensinara-lhe a meditar os Novíssimos e a Paixão de Nosso Senhor, e o piedoso general empregava toda manhã duas horas nesse santo exercício. Aproximava-se frequentemente dos sacramentos, confessando-se sempre com Paulo, e entretinha-se em colóquios espirituais com o santo diretor, cujos conselhos seguia à risca. O mesmo fazia a esposa, mulher piedosíssima.

Não queremos passar em silêncio sobre o prodígio operado por Paulo na família Grazi. Foi o homem de Deus visitar o senhor Anastácio, atacado de gota. Agudíssimas eram as dores. Ao ver o servo de Deus, começou a bradar que não se aproximasse e muito menos o tocasse, pois não podia sequer suportar o contato dos lençóis. Exortou-o o santo a ter confiança em Deus, enquanto traçava com o dedo sobre o lençol o sinal da cruz, da cabeça aos pés do enfermo. O efeito foi imediato. Desapareceram as dores e Anastácio ficou curado. Não sabendo conter-se, bradou o miraculado: "Estou são!".

Rogou-lhe Paulo que se calasse, mas Anastácio, sem prestar-lhe atenção, repetiu com voz mais alta: "Estou curado! Já não sinto mais nada!".

O servo de Deus, lançando-se-lhe aos pés, conjurou-o, por favor, que guardasse silêncio; porém, ao perceber que eram inúteis os pedidos, saiu apressadamente, como se fosse surpreendido em grave delito. Aproximou-se, então, Anastácio da janela e pôs-se a bradar com toda a força dos pulmões: "Milagre! Milagre!".

Vestindo-se às pressas, saiu pelas ruas e praças da cidade, proclamando o prodígio.

Por essa época, o servo de Deus lançou mão de um expediente verdadeiramente heroico para converter a um grande pecador. Em uma tarde de inverno, chegou à ermida de Santo Antão célebre bandido, armado como andam tais pessoas. Paulo acolheu-o com a habitual afabilidade. Disse-lhe o bandido que havia trinta anos não se confessava. Paulo, por mais que se esforçasse para reconciliá-lo com Deus, nada conseguiu. Pediu-lhe que, pelo menos, aceitasse hospitalidade por aquela noite, no que concordou o pecador.

Na manhã seguinte, não se atrevendo a apresentar-se ao santo, pegou as armas e partiu furtivamente. Descia a montanha quando, ao passar por um reservatório de água gelada, via nele mergulhado o homem de Deus, com os braços estendidos em forma de Cruz. "Que está fazendo aí, pe. Paulo?", exclamou, estupefato. "Aqui estou", respondeu o santo com inflexão cheia de dor, "penitenciando-me por você".[13]

Essas palavras enterneceram, afinal, aquele coração de pedra. Não reteve as lágrimas e foi ajudar Paulo a sair do gelo, acompanhando-o até a ermida. A conversão fora integral. Oito dias de retiro sob a direção do caridoso padre, formaram-no na penitência e na vida cristã.

Novos companheiros

Essas inúmeras vitórias faziam o santo olvidar as ingentes e incessantes fadigas do apostolado.

Como prêmio de seu zelo, Deus aumentou o pequeno rebanho, formado por Paulo na escola da Cruz, a fim de enviá-lo mais tarde aos combates do Senhor.

No sábado das têmporas do Advento de 1735, o bispo de Soana ordenava sacerdote a seu irmão, Antônio. Ele celebrou a primeira missa na pequena igreja da ermida, assistido por Paulo e João Batista, que choravam de emoção. Dias após, chegou um jovem sacerdote de Pereta, diocese de Soana, de nome Fulgêncio Pastorelli. Quando clérigo, assistira a uma missão do pe. Paulo e, a partir daí, desejou ser Passionista. Tê-lo-ia feito

---
[13.] S. 1. 131 § 51.

imediatamente, não tivesse o santo o aconselhado a esperar a ordenação. O afeto que nutria pelo santo Fundador levava-o frequentemente ao Argentário, onde permanecia por vários dias em conferências espirituais com o servo de Deus.[14]

Sucedeu certa feita graciosa aventura, prova de que aqueles solitários não viviam para a terra. A primeira vez que o pe. Fulgêncio chegou ao monte, Paulo e seus companheiros quiseram preparar-lhe um "banquete". Acenderam o fogo e puseram a cozinhar algumas favas. Mas... começando a discorrer sobre a grandeza de Deus e as alegrias do paraíso, engolfaram tanto nesses santos e sublimes conceitos que olvidaram as favas e a ceia... No dia seguinte, deram com o fogo apagado, a panela fria e as favas queimadas...

Apresentaram-se outros postulantes, todos desejosos de assumir a veste da Paixão. Eram nove ao todo. Não sendo possível alojá-los na pequena ermida, construíram uma choupana de folhagem, coberta de palha, onde quatro deles pernoitavam. Eram pobres, mas felizes...

Como eram fervorosos e penitentes esses primeiros Passionistas!...

---

[14]. S. 1. 90 § 44.

CAPÍTULO XVII
1736-1738

Vai a Nápoles conferenciar com Carlos III

Paulo sentia não poder instalar melhor a querida família religiosa. A construção continuava suspensa por falta de recursos.

O irmão Marcos fora incumbido de conservar, ao menos, as paredes já levantadas. Quando em casa, Paulo comprazia-se em ajudá-lo pessoalmente. Um sacerdote seu amigo, ao vê-lo trabalhar, perguntou-lhe com que meios contava levar a cabo o edifício. Paulo respondeu: "Tenho apenas trinta soldados, mas conto com o auxílio de Deus".

A compra e o transporte dos primeiros materiais custaram muito e lhe consumiram as abundantes esmolas que recebera de Orbetello, e já não tinha coragem de solicitar novos auxílios, levando em consideração as devastações da guerra.

O general de Las Minas, que conseguira do rei licença para a continuação das obras, aconselhara-o a dirigir-se a Carlos III, cuja generosidade, dizia ele, corria parelha com sua bondade.

Após a festa de Santo Antão, no rigor do inverno, confiando a pequena comunidade à direção do pe. Fulgêncio, partiu para Nápoles com o pe. João Batista. Recebeu-os o rei durante o jantar. Perguntou-lhes com vivo interesse o motivo da viagem. Expôs-lhe o servo de Deus, em breves palavras, a finalidade do Instituto e os primórdios da construção do convento. Agradeceu a S. Majestade a licença concedida e concluiu afirmando contar com sua generosidade para o remate do edifício.[1]

[1.] Lt. I, 126.

Carlos III, contente por saber da existência de obra tão santa, imediatamente deu ordem para lhe entregarem cem dobrões.[2] Com este ótimo auxílio, prosseguiram velozmente as obras. Para acelerar mais os trabalhos, os próprios religiosos se uniram aos pedreiros. Todas as manhãs, após as orações e a santa missa, dirigiam-se à construção. Paulo, como servente, animava a todos com o exemplo e a palavra. Construindo o templo material, não descuidava do edifício espiritual das pessoas, incutindo no mestre e nos operários ódio mortal ao pecado, amor ardente à sagrada Paixão de Jesus e à Mãe das Dores.[3]

Quem pode descrever os transportes de alegria do santo Fundador? "Meu Deus", exclamava, "é esta a mansão do vosso amor, por vós preparada para os que vos amam".

Os demônios, divisando no edifício forte baluarte contra o seu poder, envidaram todos os esforços por lançá-lo por terra; destruíam de noite o que se levantava durante o dia. Contudo, força superior paralisou a teimosia diabólica. Vencidos pelas orações do santo, vingaram-se os espíritos infernais em sua pessoa, atormentando-o atrozmente, enquanto novas derrotas lhes infligia a paciência heroica de Paulo da Cruz.

Viagem a Pisa

De regresso da expedição militar à Lombardia, assentara o exército espanhol quartel em Livorno e Pisa, para onde teve que seguir o general de Las Minas. Este falou ao generalíssimo, duque de Montemar, a respeito do bem imenso que fizera Paulo em prol de seus soldados. O duque, que já admirava as virtudes do servo de Deus, convidou-o a pregar missão às tropas.

Paulo embarcou no Porto de Santo Estêvão em embarcação real, que navegava em companhia de outras embarcações. Já avistavam Livorno quando, repentinamente, se levantou furiosa tempestade. As outras naus, arrebatadas pelo furacão e feitas joguetes das ondas, soçobraram.

[2.] Lt. I, 383; Boll. 1922, p. 346. Dobrão era uma moeda de ouro. A. Cis. 1932, p. 401.
[3.] S. 1. 92 § 46.

Igual sorte ameaçava o barco em que se achava o nosso santo. Os marinheiros recolheram as velas, lançando mão dos remos; mas um deles fez-se logo em pedaços, deixando-os à mercê dos ventos. Paulo invocou o socorro da Estrela dos mares, recitando as ladainhas da Santíssima Virgem, e abandonou-se às mãos da Providência.

Os marinheiros, animados por suas palavras, conseguiram levar a embarcação ao porto, após ingentes esforços. Geral foi a estupefação, pois parecia inevitável o naufrágio.[4]

Depois de render sentidas graças à Mãe de Deus, Paulo apresentou-se ao duque, pondo-se à sua disposição. Combinaram a missão para a semana depois da Páscoa, na cidade de Sena. Paulo retornou imediatamente ao monte Argentário, levando abundantes esmolas recebidas do generalíssimo e dos demais oficiais espanhóis.

Nos últimos dias da Quaresma, partiu para Pisa com o pe. João Batista, mas a missão fora adiada, porque Madri ordenara que o exército deixasse aos poucos a Toscana.

A convite do vigário capitular de Chiusi, foram ambos realizar a missão naquela diocese.

Obstinadas perseguições

De volta à solidão, ao invés de doce e merecido descanso, encontraram perseguições e angústias tais que, sem especialíssima proteção de Deus, não teriam resistido. Os demônios e os homens coligavam-se para destruir o Instituto. Dir-se-ia haver Nosso Senhor entregue o santo às mãos dos inimigos. Ouçamos as cruéis angústias de sua alma, em carta confidencial a um amigo:

> Ó Deus! Como estão raivosos os demônios! Quanto dano causam as más línguas! Não sei para que lado voltar-me. Só Deus sabe como estou.[5] Aumentam de todas as partes as tempestades e de todos os lados sopram ventos contrários.

---

[4]. Lt. I, 132-133; S. 1. 254 § 43; 299 § 156.
[5]. Lt. I, 171.

Perseguem-no os demônios com perversidade e os homens com boa intenção. Bendito seja Deus!...

Em outra carta, escreveu:

Preparam-se novos combates. Como me sairei deles? Sucedem-se as tempestades, aumentam as trevas, os temores não se desvanecem. Os demônios atacam, os homens ferem com a língua. Por fora rudes assaltos, por dentro temores, trevas, aridez espiritual, desgostos e desolações.[6]

Vejamos de onde surgiu a tempestade.

Por inveja, julgava Porto Ercole injuriosa preferência à construção do retiro em território de Orbetello. O descontentamento chegou a explodir em burlas e insultos ao santo e a seus filhos.

O que, porém, mais amargurava o coração de Paulo era que as perseguições vinham também de Orbetello, onde alguns homens influentes viam com maus olhos o servo de Deus, talvez ofendidos por sua apostólica franqueza ou por motivos outros, que se envergonhavam de declarar. Não se atreviam, contudo, a combatê-lo abertamente, por causa da estima do povo e da proteção que lhe dispensavam os membros mais eminentes do governo.[7]

Com a ausência, porém, do general de Las Minas, não teve limites a audácia daqueles homens. Estimulados pelos demônios, começaram por desacreditá-lo publicamente. Ele devia abandonar o retiro... Inventaram as mais obscuras calúnias e urdiram a trama com tão fina malícia que nela prenderam até o eminentíssimo abade, aliás, de ânimo já prevenido, em virtude de outras falsas acusações.

Daí provieram ao homem de Deus tribulações sem conta. Chegaram os perversos a propalar que o cardeal ameaçara aos que auxiliassem os missionários do Argentário. Esses infames ardis enfraqueceram o amor dos fiéis aos seus benfeitores. Uns por temor, outros por respeito humano, outros ainda desalentados pelas calúnias, todos, enfim, deixaram de enviar ofertas à ermida. E os servos de Deus se viram reduzidos a tal indigência a ponto de alimentar-se somente de ervas silvestres.

[6.] Lt. I, 163.
[7.] Boll. 1923, pp. 148-150.

Em tais angústias, acrescidas por desolações espirituais e vexações diabólicas, gemia o santo:

Em que águas se encontra submerso o pobre Paulo. Ah! Deus flagela-me de maneira indescritível e temo que os sofrimentos aumentarão! Pedi ao Senhor que me castigue com misericórdia, mas me salve a alma, que tão caro lhe custou. Deus seja bendito![8]

A essas espantosas provações, aliava-se a ausência das doces consolações provindas ao missionário quando conquistava pessoas para o Céu.

Na missão pregada em Pitigliano, dor imensa invadiu-lhe o coração ao ver os fiéis, por torpes intrigas, oporem obstinadíssima resistência à palavra divina. Ambos os irmãos, desolados, abandonaram a ingrata cidade, sacudindo o pó de seus pés, como manda o Evangelho.

Para cúmulo dos males, caiu enferma a pequena comunidade, inclusive Paulo. Faltava até o necessário. O coração do santo, embora imerso na mais profunda mágoa, haurindo ânimo nas chagas do Salvador, alternava-se com os filhos queridos. Levantava-se penosamente do pobre leito para tratá-los com afeto verdadeiramente maternal.

Mas Deus velava por seus servos. De Parto Langone, ilha de Elba, chegou por esse tempo o fervoroso sacerdote Pedro Cavalieri para alistar-se na milícia da cruz. Não desanimou ao deparar-se com tanta penúria e tantos sofrimentos; porém, como enviado de Deus no momento supremo, serviu-lhes de enfermeiro e o fez com extremos de dedicação. Quando os viu completamente restabelecidos, foi regularizar os seus negócios e os da família e retornou ao monte Argentário para receber o santo hábito das mãos do Fundador.

Ademais, minorou a Providência a pobreza dos seus servos, ao despertar nas pessoas generosos sentimentos de caridade para com eles.

Piedosa senhora da diocese de Aquapendente enviou-lhes muito legumes e as religiosas de Piombino angariaram donativos em seu favor.

Já não passavam fome, mas... cresciam as perseguições.

---

[8]. Lt. I, 178, 170, 176; Boll. 1923, p. 151.

Intervenção de São Miguel Arcanjo

Juraram os inimigos expulsá-los do Argentário. Exasperados pela ineficácia das calúnias, lançaram mão da violência, julgando conseguir o que não conseguiram os demônios. Haviam de destruir o retiro, quase concluído!

Auxiliados pelas trevas da noite, quando tudo era silêncio em torno do edifício e os religiosos descansavam tranquilos na ermida, os desalmados, cegos pela paixão, foram de mansinho executar o plano sinistro. Já se aproximavam daquelas paredes sagradas, quando o mesmo poder misterioso que as defendera contra os demônios feriu-os de espanto e terror, fugindo uns para uma direção, outros para outra.[9]

Que tinham visto?

De pé, sobre um globo de fogo, empunhando cintilante espada, o arcanjo São Miguel a defender o edifício...

Foi assim que uma pessoa santa o contemplou.

Ciente do perigo por que passara a construção e da maneira como fora defendida, dedicou o santo Fundador um altar da nova igreja ao glorioso Arcanjo.[10]

Com sinais tão evidentes da proteção celeste, Paulo julgou dever dirigir-se ao eminentíssimo abade para desfazer as calúnias dos adversários. Por duas vezes foi a Roma,[11] escreveu inúmeras cartas, mas só após ingentes trabalhos conseguiu pôr à luz do dia a má-fé dos caluniadores.[12]

O cardeal, sempre temeroso de que os pobres e perseguidos religiosos não pudessem ter os altares suficientemente adornados, não permitiu o exercício do culto na nova igreja. Autorizou-os, apenas, a habitarem o retiro. Essa determinação levou ao auge a consternação do santo.

Todavia, esperou resignadamente que Deus mudasse o coração do prelado.

[9.] S. 1. 217 § 279.
[10.] S. 2. 524 § 171.
[11.] Lt. I, 170-171.
[12.] Lt. I, 365, 170; II, 50.

Como fosse excessivo o calor em 1737, os religiosos não podiam continuar na ermida sem perigo de graves enfermidades. Transferiram-se, pois, para o novo edifício. Mas surgiu outro inconveniente. Os sacerdotes, debilitados pela enfermidade que os acometera, deviam percorrer diariamente cerca de dois quilômetros e meio, descalços e por caminhos pedregosos, para celebrar na igreja de Santo Antão, quando a preço de enormes sacrifícios haviam construído esplêndida igreja.[13]

Paulo resolveu escrever ao senhor cardeal, rogando-lhe que provisionasse a nova igreja como oratório privado, para que pudessem os sacerdotes, ao menos, celebrar o Santo Sacrifício.

Acrescentava:

Assim, permaneceremos por mais tempo aos pés do crucifixo, visto não nos ser permitido trabalhar em prol das pessoas, administrando-lhes os sacramentos, como até hoje fizemos. Esperamos que a misericórdia divina, a quem de coração desejamos servir durante toda a vida, compadeça-se de nós. Na divina bondade, descansam todas as nossas esperanças. Rendemos graças ao nosso Amor Crucificado por nos haver fechado os caminhos humanos. Nossa confiança estriba-se unicamente em sua paternal bondade.[14]

Inauguração da primeira igreja do instituto

Não fora vã a confiança de Paulo. Como por encanto, as tribulações se converteram em alegria.

Nem chegara a carta a Roma e, por ordem de Clemente XII, com data de 31 de agosto de 1737, expedia-se um Breve em que facultava ao eminentíssimo abade delegar a quem lhe aprouvesse para benzer solenemente como oratório público a nova igreja erigida pelos dois sacerdotes Danei no monte Argentário: "Na mencionada igreja, sem prejuízo dos direitos paroquiais, administrar-se-ão os sacramentos e realizar-se-ão quaisquer outras funções eclesiásticas".

[13.] Lt. I, 367.
[14.] Lt. I, 375.

Eis a origem do privilégio: na festa da Assunção, sempre celebrada por Paulo com terníssima piedade, escreveu a mons. Crescenzi e, como se costuma dizer, derramando o coração no peito do amigo, referia-lhe as tribulações que o oprimiam. O prelado, de concerto com o cardeal Corradini, obteve da Santa Sé a suspirada mercê.[15]

O cardeal Altieri, ao receber o Breve Pontifício, como tinha em vista apenas a glória de Deus, considerou-o prova manifesta da divina bondade. Imediatamente, expediu ordem ao vigário-geral, Moretti, para benzer a igreja.

Convém saber que o cardeal sempre estimou os missionários do monte Argentário e, a partir daí, passaria a tratá-los com toda benevolência. Justa reparação aos sofrimentos que, involuntariamente, lhes causara, deixando-se enganar pelas calúnias dos detratores.[16]

Também em Orbetello e lugares circunvizinhos, as coisas mudaram de feição. O comando das guarnições fora confiado ao general Carlos Brom, católico fervoroso, que se mostrou zeloso defensor do santo perseguido.

Intimidados, relegaram os adversários as perseguições.

O povo, arrependido, ardeu em desejos de assistir à inauguração da igreja que, erigida no flanco da montanha, parecia desprender-se dos bosques de azinheiras para, de longe, convidar as pessoas à oração e elevá-las docemente para Deus.

Foi escolhido para a solenidade o dia 14 de setembro de 1737, festa da Exaltação da Santa Cruz.

Desde o raiar da aurora, inúmeras barquinhas sulcavam o lago, conduzindo os romeiros à margem oposta. Era bonito de ver aquelas alturas coalhadas de povo provindo de Orbetello e das localidades vizinhas, à espera do ato inaugural! Para realce da solenidade, lá estavam os magistrados da cidade, o general Brom com a oficialidade espanhola. A banda militar tocava hinos religiosos, cujos acordes repercutiam pelas quebradas da montanha...

---

[15]. Boll. 1923, pp. 215-218.
[16]. A. Cis. 1932, pp. 322-329; Lt. I, 372.

Chegou, enfim, o vigário-geral com o clero. Enfiou-se na igreja e revestiu-se dos paramentos sagrados. O santo Fundador, de corda ao pescoço, alçando o glorioso estandarte da cruz, dirigiu-se do convento para a igreja, seguido de oito filhos seus, quatro sacerdotes e quatro irmãos leigos. Descalços, graves e modestos, mostravam nos rostos macilentos, a par de celestial serenidade, o estigma de heroicas penitências.[17] De seus lábios entoavam, para o alto, hinos ao Senhor.

Recebidos à porta pelo clero, ingressaram no templo e iniciou-se a bênção solene do santuário, sob o título de Nossa Senhora da Apresentação.

Celebrada a santa missa com todo o esplendor do culto, proferiu o venerável apóstolo comovente sermão.[18] Todos estavam emocionados, inclusive Paulo.

Deus lhe reservara outras consolações.

O leitor certamente se lembrará do memorial enviado à sagrada Congregação dos Bispos e Regulares para a permuta da propriedade eclesiástica, contígua à ermida. Pois bem, o senhor cardeal abade, que desde o Breve de Roma se tornara um dos maiores benfeitores dos religiosos da Paixão, tudo fez para que se obtivesse aquele favor. Teceu-lhes os mais entusiásticos elogios. Chama-os de "sacerdotes zelosíssimos que, de há muito, com contínuas e ingentes fadigas, trabalham a serviço de Deus e para o bem de todos".

Fez questão de presenciar a assinatura do contrato firmado na casa consistorial de Orbetello. Estava também presente o tesoureiro de Sua Majestade, que mandou fosse lido o decreto real, pelo qual se outorgava aos sacerdotes Paulo e João Batista Danei e aos seus companheiros licença de colher lenha nos terrenos pertencentes à Coroa. Esse decreto fora obtido sem que Paulo o soubesse.

Meses antes, o general doara-lhe quatro alqueires de terra em elevada planície e na encosta da montanha. Esse terreno, unido à propriedade eclesiástica do Sítio de Santo Antão, formava encantador recinto circundado de bosques e mais um jardim enriquecido de límpido riacho.

---

[17] S. 1. 92 § 47.
[18] Boll. 1923, p. 218; Lt. I, 455.

Paulo não estava, todavia, plenamente satisfeito. Algo lhe faltava: conservar na nova igreja o Santíssimo Sacramento. Escreveu a um seu penitente, mais tarde santo Passionista:

> Meu querido amigo, o retiro está completamente terminado; as celas estão prontas. Só resta adornar um pouco a igreja para poder receber condignamente o Santíssimo Sacramento. Ó meu Deus! Uma hora me parece mil anos, enquanto não vir em nossa igreja o meu Amor eucarístico. Quando poderei, nas horas de profundo silêncio, orar ao pé do santo altar? Quem me dará asas de pomba para voar ao Coração sagrado do meu Jesus.[19]

Penou muitos anos à espera dessa suprema ventura, confiando sempre poder um dia ter sob o seu teto o Deus do Tabernáculo. Esmerava-se em adornar e embelezar a igreja, muito embora não pudesse enriquecê-la como desejava.

A novena da Apresentação

O cardeal abade presenteou-o com grande e magnífico quadro, da escola do cavalheiro Conca, representando a Santíssima Virgem ao consagrar-se a Deus no templo de Jerusalém.

Essa atenção agradou imensamente a Paulo; aliás, era tocar-lhe na fibra mais sensível do coração, pois a Apresentação de Maria ao templo foi sempre uma das principais devoções do servo de Deus. Começou a celebrar a festa com muita solenidade, precedida de novena. Nesses dias venturosos, experimentava consolações celestiais, sobretudo ao entoar o salmo, tão em harmonia com suas lutas e triunfos. Citemos alguns trechos:

> Alegrai-vos no Senhor, vós, povos de toda a terra; entoai cânticos ao seu nome; celebrai-lhe a glória e os louvares… Ó meu Deus, que toda a terra vos adore, apregoe a vossa glória e cante o vosso nome…

[19.] Lt. I, 408.

Parecia reconhecer nas seguintes expressões as veredas por onde Deus o conduzia:

> Foi o Senhor que me fortaleceu e não permitiu que me vacilassem os pés; vós, porém, ó meu Deus, nos provastes, fazendo-nos passar pelo fogo, como o ouro pelo crisol... Caminhamos pelo fogo e pelas águas, e afinal nos conduzistes a um lugar de refrigério...

Com que efusão espiritual ele cantava:

> Entrarei em vossa casa com holocaustos: cumprirei os votos que meus lábios pronunciaram e minha boca proferiu em meio às angústias... Bendito seja o Senhor, que não rejeitou minha oração nem de mim afastou sua misericórdia!...

A idade avançada, as grandes distâncias, as graves enfermidades não o impediam de estar no Argentário para celebrar a novena e a festa da Apresentação. Costumava dizer: "O grande dia da Apresentação, eu o considero um dos mais santos da Igreja".[20]

E que piedosas recordações essa festividade lhe trazia ao Espírito! Foi nesse dia que deu o último adeus ao mundo, para receber no dia seguinte, sexta-feira, das mãos do seu bispo, o hábito da Paixão, consagrando-se inteira e irrevogavelmente a Jesus Crucificado. Havia ainda um motivo secreto que o obrigava a amar com predileção essa festa. Certa ocasião, ao discorrer com seus religiosos a respeito da Apresentação, exclamou com ênfase: "Eu sei, sim, eu sei!...". E chegou a confiar o segredo a quem não soube guardá-lo...

Nas culminâncias da mística

Numa festa da Apresentação, ignoramos o ano, o bem-aventurado recebeu de Jesus soberana prova de amor.

Antes de referi-lo, elevemos a Deus o Espírito e o coração.

---

[20] S. 1. 171 § 92.

Para significar a união com o fiel, Deus recebe na Sagrada Escritura o nome de Esposo: "Desposar-te-ei para sempre... na fé", disse pelo profeta Oseias (11,20). Essa promessa cumpriu-a o Verbo divino, desposando-se com a natureza humana pela encarnação. Eis por que Jesus é chamado o Esposo e a Igreja, a Esposa.

Exclama Bossuet:

> Desposou-se com a natureza humana que lhe era estranha e fê-la uma só coisa consigo. Desposou-se igualmente com a santa Igreja, esposa imortal e imaculada. A Igreja desposa-se por sua vez com as pessoas santas, por ela atraídas à sociedade de seu reino e, mais, de seu tálamo régio, cumulando-as de dons e castas delícias, delas gozando, entregando-se a elas, dando-lhes tudo o que tem e tudo o que é: o corpo, a alma, a divindade, e preparando-lhes na vida futura uma missão incomparavelmente superior.[21]

Nosso Senhor desposa, portanto, todas as pessoas justas, pela fé e caridade que o Espírito Santo lhes derrama nos corações. Contrai união conjugal, mais estreita e sublime, com certas pessoas privilegiadas, de pureza sem mácula, inteiramente suas, às quais se compraz em abrir todos os tesouros do seu infinito amor: sagradas e inexplicáveis bodas!

O Verbo divino, pela efusão da eterna luz, enaltece a pessoa à mais sublime contemplação e a inunda dos dons do Espírito Santo. É este, na vida presente, um dos mais elevados graus da união da alma com Deus. A esposa, unindo-se ao celeste Esposo, nele se transforma e, a ele unida espiritualmente, exclama: "Já não sou eu quem vive, é Cristo que vive em mim!".[22]

Ao voltar a si do êxtase nupcial, ela conserva profunda impressão dos altos conhecimentos recebidos e das puras alegrias que a inebriaram, sem encontrar, contudo, imagens e expressões adequadas para descrevê-los. Ela pode dizer com o grande Apóstolo: "Vi e ouvi coisas tão misteriosas que é impossível à linguagem humana referi-las".[23]

[21.] Bossuet, Oitava Elevação, semana 24.
[22.] Gl 11,20.
[23.] 2Cor 12,4.

Por vezes, adaptando-se às nossas faculdades, que do sensível se elevam ao inteligível, Deus dá à pessoa simbólica manifestação dos esponsais contraídos. Foi o que sucedeu a São Paulo da Cruz no dia da Apresentação.

Orava, todo absorto em Deus, quando resplandecente luz o deslumbrou. Circundada pelos resplendores da glória imortal, apareceu-lhe a Rainha do Céu com o Menino Jesus nos braços, acompanhada de luzente falange de anjos e santos de sua maior devoção, quais sejam: São João Evangelista, o apóstolo São Paulo, São João da Cruz, Santa Teresa, Santa Isabel, Santa Maria Madalena de Pazzi e outros.

Tomado de soberano respeito, prostrou-se com o rosto em terra em profunda adoração. Uma voz de inefável doçura convidou-o a celebrar a mística união com o Verbo divino. O humilde Paulo não respondia nada. Abismado no seu nada, considerava-se indigníssimo desse favor.

Então, alguns daqueles santos se lhe aproximaram, levantaram-no do chão e o apresentaram à augusta Mãe de Deus. Maria, fitando-o com ternura maternal, entregou-lhe preciosíssimo anel, em que estavam esculpidos os instrumentos da Paixão. Disse-lhe a divina Mãe que aquelas bodas deviam recordar-lhe incessantemente os sofrimentos e o amor de Jesus para com ele.

O divino Infante, em confirmação das palavras da Mãe Santíssima, colocou-lhe no dedo o anel sagrado.[24] E a visão desapareceu.

Deixou, no entanto, na alma de Paulo impressão tão viva que, ao referi-la no último ano de vida, os soluços embargavam-lhe a voz.

Ninguém jamais poderá descrever os tesouros de graças que essa união espiritual com o Verbo de Deus trouxe à vida do santo! E foi penhor de outras assinaladas mercês com que o cumulou "o terno, apaixonado e transformado Esposo, cujo amor se manifesta por inauditos efeitos",[25] como teremos ocasião de referir no decorrer desta história…

[24.] PAR. 2321; OAM. pp. 5-938
[25.] Bossuet, Oitava Elevação, semana 24.

CAPÍTULO XVIII
1738-1740

Tenta obter a aprovação da regra

Estava fundado o primeiro retiro da Congregação. A pequena semente germinara e a árvore, embora débil, começara a desenvolver-se.

O servo de Deus julgou chegado o momento de dar-lhe existência jurídica pela aprovação apostólica.

Em princípios de 1738, partiu para Roma e, por intermédio de mons. Crescenzi, apresentou as Regras a Clemente XII, solicitando aprovação.

O soberano Pontífice acolheu benignamente a súplica e mandou examiná-las por uma comissão de cardeais.

Missionário apostólico

Como mons. Crescenzi desejasse que na primavera seguinte Paulo pregasse missões em Città della Pieve e em diversas povoações da diocese, obteve para ele e João Batista, com rescrito de 22 de janeiro, o título de "missionários apostólicos" e a faculdade de darem a bênção papal com indulgência plenária aos que assistissem aos exercícios da missão.[1]

Indeferida a aprovação das Regras

A comissão cardinalícia considerou as Regras demasiado austeras, surgindo daí algumas dificuldades. Paulo, certo de que esses obstáculos

---

[1.] Lt. IV, 194.

seriam superados sem a sua presença, incumbiu mons. Crescenzi de resolvê-los e partiu para o monte Argentário. Esperava na oração a notícia de um êxito favorável, quando recebeu carta do referido prelado, reclamando-lhe a presença em Roma, por sobrevirem novas dificuldades.[2]

Em fins de fevereiro retornou à Cidade Eterna. Essas longas e repetidas viagens em pleno inverno fizeram-no sofrer muitíssimo. Quantas vezes seus passos eram assinalados com manchas de sangue!

E após tantos sofrimentos, amargos desenganos o esperavam em Roma!

Os juízes se opunham à aprovação das Regras…

Enquanto Paulo orava na igreja de São Carlos, no Corso, disse-lhe claramente Nosso Senhor que viria a aprovação, porém bem mais tarde.

De fato, apesar das diligências de mons. Crescenzi, os comissários indeferiram a petição.

Paulo, sempre humilde e resignado, adorou a Santíssima Vontade de Deus.[3]

Missões na diocese de Città della Pieve

Alguns dias de recolhimento e oração no monte Argentário, e eis novamente em campo o valoroso missionário!

Pregou ininterruptamente sete missões na diocese de "Città della Pieve", a começar pela catedral.[4] Muitos milagres acompanharam esses labores apostólicos. Citaremos apenas um, dos mais admiráveis, operado em presença de todo o povo.

Sofria o missionário ao ver que alguns habitantes de Piágaro resistiam à Palavra de Deus e desacreditavam a missão. Apelou para Nosso Senhor a fim de triunfar naqueles corações.

[2.] Lt. I, 204.
[3.] Lt. I, 456. Foi o próprio Paulo quem, após muitos anos, indo ao palácio papal em condições bem diferentes, disse ao seu confessor, aludindo aos primeiros tempos: "Quantas vezes deixei nestas escadarias rastros de sangue!". S. 1. 93 § 48.
[4.] Lt. II, 59; I, 416-417.

Jesus, para consolá-lo, revelou-lhe os desígnios de sua misericórdia em prol daquelas pessoas. Várias vezes, mas sobretudo nos últimos dias, proferiu o apóstolo estas notáveis palavras: "Há entre vós quem deseja ardentemente a minha partida e o fim da missão, que lhe parece interminável. Pois bem, ao retirar-me, deixarei alguém que pregará melhor do que eu".[5]

Ditas estas palavras, deu a bênção papal, desceu do estrado e, seguido de grande parte do povo, partiu para Monteleone, onde iria iniciar outra missão.

Muitas pessoas permaneciam ainda na igreja, quando um grande crucifixo esculpido em madeira começou a derramar copioso suor, particularmente das sagradas chagas das mãos, dos pés e do lado. Todos bradaram ao mesmo tempo: "Milagre! Milagre!".

Os que estavam fora entraram em tropel e se puseram ao redor da venerável imagem para melhor observar o fenômeno.

Um senhor, por nome Antônio Félix, lançou-se sobre o altar, exclamando: "Isto é efeito dos meus pecados...".

A emoção foi geral. Antônio enxugou respeitosamente o misterioso suor com um lenço branco.

Outras testemunhas foram referir a Paulo o prodígio.

"Eu já o sabia", foi a sua resposta. "De que cor é o suor?" "Azul", disseram-lhe. "Bom sinal", replicou o santo e prosseguiu caminho.

Na verdade, sinal da misericórdia divina. Pecador algum resistiu por mais tempo à graça. Os que não se haviam comovido com a palavra ardente do apóstolo, renderam-se à vista do milagre.

Para cultuar a milagrosa imagem e perpetuar a memória do ocorrido, construíram uma capela, em que se colocou o crucifixo, gravando-se em lápides de mármore as seguintes inscrições:

[5.] S. 1. 121 § 35.

[Ao lado do Evangelho]
D. O. M.
Haec imago Christi e crvce pendentis, post habitam a Pavlo de Cruce e monte Argentário sacram missionem, spectante et ingemiscente popvlo Plagarensi, caervleo svdore manavit die XI maii MDCCXXXVIII [Esta imagem de Jesus Crucificado, ao terminar a missão pregada pelo pe. Paulo da Cruz, do monte Argentário, à vista do povo de Piágaro, que soluçava e chorava, derramou suor de cor cerúlea, aos 11 de maio de 1738.]

[Ao lado da Epístola]
Admirandi svdoris monvmentvm, quaestores popvli Plagarensis, stipe collatitio, et Antonivs Pazzaglia, civis Callensis, sacerdos et ecclesiae rector, consilio, industria, et pecvnia, sacelli hvivs ornamentum anno 1738, fieri cvravit. [Os magistrados da cidade de Piágaro erigiram este monumento com o auxílio de subscrições, em memória do suor prodigioso, e Antônio Pazzaglia, cidadão de Calle, sacerdote e reitor desta igreja, esmerou-se em ornar esta capela, com sua competência e dinheiro, no ano de 1738.][6]

Sem dúvida, relataram ao servo de Deus outros pormenores do prodígio, diz são Vicente Strambi, porque escreveu em uma de suas cartas: "Eu já estava a par do que ocorrera em Civitavecchia".

Qual o fato de que o santo faz aqui menção? É o que ignoramos, mas percebe-se que se trata de algo milagroso. Assim se exprime o santo numa carta de Santo Anjo, datada de 28 de junho, dirigida ao dr. Domingos Ercolani, de Castellana:

> Um acontecimento não menos prodigioso sucedeu em uma de nossas missões na Umbria. Um crucifixo esculpido em alto relevo suou abundantemente. Instauraram processo verbal do prodígio e enviaram-no a Roma. Atualmente está em grande veneração aquele crucifixo, pelos milagres que por ele se operaram.[7]

---

[6]. Omitimos outras inscrições.
[7]. Lt. II, 743.

São Vicente Strambi acrescenta:

O povo de Piágaro sempre venerou com culto especial aquele crucifixo. Só de contemplá-lo comove e traz à lembrança o prodígio, porque ainda conserva o vestígio das gotas de suor que lhe correram da cabeça aos pés. Eu mesmo me convenci, com meus próprios olhos, da veracidade do fato, na missão que lá pregamos, em 1777.[8]

Para não cairmos em demasiadas repetições, diremos que, até a primavera de 1740, o infatigável apóstolo pregou muitas missões em várias dioceses, especialmente na de Todi, na Umbria, e sempre com imenso fruto de salvação.

Outras penosas provações

Mas a maior recompensa desses ingentes trabalhos era a cruz, sempre a cruz, porque sem ela jamais poderá o apóstolo associar-se a Cristo na redenção das pessoas. No entanto, neste ponto da nossa história, a cruz que lhe pousou aos ombros foi das mais pesadas, e o cálice que sorveu, dos mais amargos. Viu-se submerso num oceano de tribulações internas e externas.

É certo que no termo da via dolorosa vemos resplandecer, com iluminações celestes, as alegrias puras da caridade, mas, atualmente, densas trevas o envolvem; nem um raio sequer de luz vem minorar-lhe as excessivas dores.

Por mais que fizesse, não conseguia a aprovação das Regras.

Com razão, a santa Igreja tem como verdadeiro milagre a fundação de um Instituto religioso. Em razão de tantas provações e angústias por parte das pessoas, de satanás e do mesmo Deus, que inquebrantável constância não se faz necessária! Pode-se dizer, sem exagero, que, se a obra não for de Deus, naufragará infalivelmente.

---

[8]. VS. p. 114.

Contudo, se tão sólida há de ser a pedra angular, não menos firmes devem ser as que se hão de colocar nos alicerces como sustentáculo de um edifício, cuja cúpula tocará o Céu.

Deus não se apressa, por ser eterno, mas quem que não possui confiança sem limites e força de vontade a toda prova esmorece e retrocede. Necessita o fundador, como base primeira de sua grande obra, de heróis na fé e no amor.

"*Expecta, reexpecta*" [Confia no Senhor, confia, hoje, confia sempre!]. Esta profunda sentença do profeta Isaías (28,10-13) dá-nos a chave dos insondáveis caminhos da Providência.

Todavia, tão dilatada demora desanimou a dois dos companheiros de Paulo, respeitáveis sacerdotes, esperanças fagueiras do Instituto.

Mas quem não sabe morrer, não sabe também viver. Em todo sacrifício há morte e, em seguida, ressurreição.

Com o retorno desses sacerdotes à vida secular, originaram-se novas perseguições. Os inimigos, sempre à procura de pretextos para combater a Congregação, aproveitaram o ensejo para difamá-la, como só a paixão sabe fazê-lo.

Diziam: "Isto é absurda aglomeração de austeridades impraticáveis, e Roma o reprovou. O retiro em breve ficará desabitado".

Os afiados dardos dirigiram-se particularmente contra o santo Fundador.

Idearam terrível trama para destruir o humilde Instituto. Um jovem florentino, de nobre e poderosa família, solicitou o santo hábito. Seu ar de piedade enganou o venerável Fundador. Era um traidor enviado por homens tão perversos como ele para semear a cizânia entre os servos de Jesus Cristo.

Paulo não tardou a descobrir a malícia do hipócrita e, sem respeito humano, expulsou o lobo do aprisco.

Esse ato de santa energia serviu de pretexto às calúnias mais desprezíveis. Chegaram a tal extremo as coisas que o servo de Deus julgou prudente, para não ser ocasião de pecados, não mais aparecer de dia na cidade.[9] Quando a necessidade o obrigava, fazia-o à noite, como criminoso digno de repreensão pública.

Estranha explosão de ódio, que causará espécie a quem ignora as insondáveis hipocrisias do coração humano!

Na verdade, como conciliar a perseguição com as excelsas virtudes do santo e com os prodígios por ele operados? É que nesse primeiro Passionista vivia o grande Mártir do Calvário...

Não dera o Salvador vista aos cegos, não ressuscitara os mortos?... E a mesma plebe que presenciara os milagres não chegou a ponto de exigir-lhe a morte?

Mas, já o dissemos, em todo sacrifício, após a morte, há ressurreição.

Jesus passou dos opróbrios à glória; em Paulo da Cruz resplandecerá, no teatro de suas humilhações, em Orbetello, a mais refulgente auréola que possa coroar a fronte do apóstolo.

Por agora é mister tragar até o fim o cálice da amargura.

Deus é soberanamente cioso de suas obras. Parece por vezes deixá-las perecer, para, em seguida, elevá-las bem alto, a fim de que se saiba ser ele seu único autor.

Maneja, assim, a debilidade humana para sua glória, sem expô-la aos enganos do amor-próprio. Quanto mais excelsa é a obra que lhe apraz construir por intermédio do homem, mais este sente a sua insuficiência e miséria. E do remate à base aparecerá unicamente a poderosa mão de Deus.

Qual o marinheiro, que, ao ver sua embarcação batida pela tempestade e desesperado dos auxílios da terra, volve ao Céu os olhares e tem como resposta apenas os clarões do raio, assim Paulo da Cruz, ao contemplar a humilde Congregação combatida pelas conspirações do ódio, volta-se para Deus, parecendo-lhe que Deus repele e abandona a ele e à Congregação!

[9.] Lt. I, 210.

Na capela da Santíssima Trindade de Gaeta, apresentou-se-lhe um Anjo com uma cruz de ouro, e Deus lhe disse interiormente: "Apraz-me fazer de ti outro Jó".[10] Efetivamente, o estado atual do nosso santo, os brados lancinantes de sua alma, relembram-nos o patriarca da Idumeia.

> Meus enormes pecados precipitaram-me na mais lastimosa miséria. As perseguições, as murmurações e as calúnias dos homens, que abraço de boa vontade para abater o meu orgulho; a espantosa guerra suscitada pelos demônios e, o que é mais terrível, o tremendo açoite do Altíssimo... eis o inferno que sofro. Suspiro apenas por uma boa morte, pelos méritos da sacratíssima Paixão de Nosso Senhor Jesus Cristo...

Notem-se as últimas palavras; eram furtivos clarões em meio à noite tenebrosa. Tudo voltará às trevas. E Paulo prossegue:

> Sim, estou persuadido, antes, certo de que a divina Majestade não aceita a obra que eu julgava deveria realizar-se e a respeito da qual Deus me dá sinais demasiado palpáveis. Prevejo para breve a destruição do convento e serei açoitado com golpes tão terríveis a ponto de me causarem a morte. Deus manifesta-me claramente sua náusea e me faz conhecer que não deseja servir-se desta pérfida criatura. Espero, todavia, a salvação de minha alma, pelos méritos infinitos da Santíssima Paixão de Nosso Senhor.[11]

Ó Paulo da Cruz, e as promessas de Nosso Senhor e da divina Mãe?! Já vos não recordais das celestes aparições, que tanta segurança vos causavam?!

---

[10] S. 1. 319 § 76.
[11] Lt. I. 245-246. Com razão se tem relevado que "o fundo de espiritualidade de São Paulo da Cruz é a participação à Paixão de Nosso Senhor e a união com Cristo sofredor" (M. Viller, em "Revue de Ascetique et de Mystiques", 1951, p. 133). Julgamos que em nenhuma outra carta como nesta aparece melhor quanto o nosso santo participou das dores de Jesus. Sem dúvida causa espanto a terrível provação por que passou, principalmente se se refletir que durou cerca de 45 anos. O pe. Garrigou-Lagrange, em seu artigo "Nuit de l'esprit reparatrice en Saint Paul de la Croix", dá uma boa explicação, dizendo que, nos místicos, além da provação *purificadora*, há, outrossim, a *reparadora*. São Paulo da Cruz, mais que para se purificar, sofre com Jesus para expiar as culpas alheias ("Nuit Mystique", pp. 287-293).

O santo não as olvidara, mas julgava ter-se tornado indigno delas por seus pecados. Prova de sua infidelidade era o abandono de Deus, abandono de amor, por ele considerado abandono de cólera.

Não lhe faltava a confiança, mas nele devia resplandecer a humildade.

Quando Deus deixa a "fumaça do poço do abismo" (Ap 9,2), isto é, o lodo da natureza decaída se eleva à parte superior do homem, até a alma do santo se vê obscurecida e como envolta em trevas. Percebe tão somente as chagas da primeira queda.

Embora pura como a luz meridiana, ela se crê coberta de todas as máculas. É o velho Adão a agitar-se, pois ele jamais perece completamente aqui na terra, nem mesmo nos santos.

A indiferença existente entre os santos e os pecadores é que estes deixam crescer o germe original da morte, ao passo que aqueles tenazmente o combatem, extirpando-lhe continuamente os rebentos.

Sem esse conhecimento da natureza humana, ser-nos-ia incompreensível a linguagem dos santos e o estranho apreço que fazem de si, chamando-se e considerando-se grandes pecadores, não obstante a santidade de vida.

Todavia, nessa aparente crise de desespero, conserva-se, ao âmago da alma, por vezes desconhecido, o único e supremo laço de confiança.

Paulo termina as sentidas lamentações com esta expressão: "Espero que Nosso Senhor me há de salvar pelos méritos de sua sagrada Paixão e Morte".

As cruéis agonias que o martirizavam, ele as guardava no coração, ocultando-as aos filhos. Dizia-lhes: "Irmãos meus, pratiquemos o bem e abandonemo-nos nos braços da divina Providência. Deus é nosso Pai".[12]

Nova mágoa vem ferir-lhe o coração. Mons. Crescenzi ausentar-se-á de Roma. Perderá o santo o ativo auxiliar, que empregava sua poderosa influência em prol do amigo.

---

[12]. Cf. M. Viller, "La volonté de Dieu dans les lettres de St. Paul de la Croix", Revue d'Ascetique et de Mystique, 1951, pp. 132-174.

Em 6 de fevereiro de 1740, falecia Clemente XII. Por seis meses permaneceu vacante a Sé Apostólica, prolongando-se assim as provações do santo Fundador. Para cúmulo de males, abatido por sofrimentos morais e esgotado pelos trabalhos apostólicos, Paulo caiu gravemente enfermo. Esteve às portas da morte.[13]

Quando tudo parecia perdido, apareceu-lhe a Santíssima Virgem e o animou com as seguintes palavras: "Meu filho, nada temas. Tudo tem corrido bem. Esforça-te por multiplicar os retiros e governá-los como até agora o tens feito. Continua a pregar as santas missões e a confessar os pecadores, porque isto agrada muitíssimo ao meu divino Filho". E desapareceu.

[13.] Lt. I, 247.

CAPÍTULO XIX
1740-1741

A eleição de Bento XIV

Em 17 de agosto de 1740, subia ao trono de São Pedro, com o nome de Bento XIV, um dos mais ilustres Pontífices, glória e honra do século, o cardeal Próspero Lambertini, arcebispo de Bolonha.

Paulo saudou com alegria a nomeação do grande Pontífice, pressentindo-o poderoso sustentáculo da fé, ameaçada por todos os quadrantes pelas sacrílegas violências da incredulidade. Assim profetizou o glorioso pontificado de Bento XIV:

> Para falar-lhe com toda confiança, posso garantir a V. S. Ilmª que, ao receber a grata notícia da exaltação de Lambertini à Sé Apostólica, embora não o conhecesse como cardeal, comovi-me extraordinariamente. Senti nascer-me vivíssima esperança de que este santo e zeloso Pontífice estimulará a piedade, tão decaída no seio do cristianismo. Meu coração derramou-se em louvores e ações de graças ao Altíssimo, pela grande misericórdia que concedeu ao seu povo.[1]

Uma voz interior lhe dizia: "Eis o Papa que estabelecerá na Igreja, com autoridade apostólica, o Instituto da Santa Cruz". Este doce pensamento desabrochava-lhe no coração, mas não se abandonava a ele, por ter sempre ante os olhos a "imagem de meu horrível, nada e de minhas enormes ingratidões, principal obstáculo à obra de Deus".

---

[1]. Lt. II, 214.

Iria apresentar as santas Regras ao novo Pontífice. Mas necessitava de um protetor. Onde encontrá-lo? Crescenzi já não estava em Roma. Elevado no ano precedente a arcebispo de Nazianzo, fora enviado a Paris como núncio apostólico.

É verdade que Crescenzi, antes de partir, dignara-se recomendar o santo amigo ao cardeal Rezzonico, ornamento do sagrado Colégio, assim pela piedade como pela ciência.

Sua eminência, que o conhecera e admirara no hospital de São Galicano, julgou-se feliz em receber como legado o título de protetor do santo, manifestando-lhe sempre terníssimo afeto.

Paulo, por sua vez, depositou no novo protetor ilimitada confiança. Escreveu-lhe que falasse ao Sumo Pontífice a respeito da Congregação nascente. Eis a resposta do cardeal:

> Estive aos pés do Santo Padre, expondo em resumo a finalidade do vosso Instituto, o ideal santíssimo que tem em vista, o grande bem que proporcionará à Igreja, o progresso que se lhe deve desejar e que sem dúvida tomaria com a aprovação das Regras pela Santa Sé. O Santo Padre ouviu o relatório com muita satisfação, honrou-o com seu assentimento e incumbiu-me de dizer-vos que enviásseis a Roma um dos vossos religiosos com as Constituições que desejais aprovadas. O Papa crê poder dar-vos essa consolação.[2]

Venturosa carta! Verdadeiro bálsamo às aflições de Paulo. Desaparecera, como por encanto, a febre que o martirizava. Estava curado! E aquele coração generoso, que soube ocultar as penas, não soube reter o júbilo que o inebriava, comunicando aos filhos a feliz nova e exortando-os a redobrarem as orações para alcançar do Senhor êxito completo em assunto de tanta importância. Igual recomendação fez às pessoas que dirigia pelas veredas da perfeição.

Escreveu à madre Maria Querubina Bresciani, do mosteiro de Piombino:

---

[2] VS. p. 82; S. 2. 95 § 4.

Jamais os negócios de nossa Congregação andaram tão bem... Agora, minha filha, é tempo de insistir, de dirigir fervorosas súplicas ao Altíssimo em favor desta santa obra, que temo assaz obstacular. Ofereça ao Eterno Pai o sangue preciosíssimo de seu Unigênito Filho, a fim de que se não irrite com minhas ingratidões, e me conceda a graça de cumprir a sua Santíssima Vontade. Se esta obra não for para sua maior glória, que me dê tempo e asilo para penitenciar-me e chorar meus enormes pecados.[3]

Tendo unicamente em vista a maior glória de Deus, Paulo e João Batista, após a festa de Todos os Santos, partiram para Roma.

Poderoso protetor: o cardeal Rezzonico

Por várias vezes, o cardeal Rezzonico oferecera-lhes hospitalidade e, a fim de que os humildes religiosos não receassem alojar-se num palácio, escrevia-lhes com simplicidade: "Encontrareis aqui pobre e humilde alojamento, semelhante ao vosso retiro, onde desfrutareis de completa liberdade, tanto para tratardes dos vossos afazeres como para cumprirdes os deveres de piedade. Nada vos estorvará...".

O piedoso cardeal recebeu-os cordialmente e não permitiu que tivessem em Roma outro domicílio.

De acordo com o cardeal Corradini, resolveu Rezzonico apresentar imediatamente ao Soberano Pontífice as santas Regras para aprovação.

Bento XIV acolheu benignamente o pedido, dignando-se examiná-lo pessoalmente. Aquela inteligência de escol descobriu ali o dedo de Deus. Disposto a aprová-las, confiou-lhe o exame a Rezzonico e Corradini, certo de que ambos seriam favoráveis. O prudente Pontífice nomeou um terceiro juiz, o abade conde Pedro Garagni, por ele tido em grande consideração, mas inexperiente em semelhantes assuntos.

Leu-as o abade com a preocupação que por vezes altera o entendimento de quem examina as obras de Deus à luz da prudência humana. Pareceu-lhe tudo aquilo acúmulo de penitências impraticáveis. Foi durante

---

[3.] Lt. I, 477.

essas primeiras impressões que recebeu a visita do santo Fundador. Ao ver Paulo fraco, pálido e a tiritar de frio, confirmou-se em sua opinião. Sem preâmbulos, declarou-lhe que jamais cooperaria para a aprovação de Regras tão rigorosas, despedindo-o asperamente, quase, diríamos, o expulsando de sua presença. O servo de Deus julgou frustradas as esperanças. Não ignorava desfrutar o abade de grande influência junto de Bento XIV, a quem exporia com franqueza o seu parecer.

Insuperável obstáculo!

Nada mais esperando dos homens, voltou-se para Nosso Senhor, e foi ouvido... Na noite seguinte, foi o abade subitamente acometido de atrocíssimas dores, acompanhadas de estranhas ansiedades. Seria algum castigo? Assim o julgava Caragni, mas sem atinar com a causa.

Reuniu os domésticos e juntos imploraram as luzes do Céu. Recitavam as ladainhas de Nossa Senhora, quando se lhe apresentou ao espírito o pe. Paulo, não já como homem vulgar e indigno de consideração, mas como santo de avantajadas virtudes.

Passou uma noite perturbada; ao amanhecer, mandou chamar o humilde e pobre religioso, pediu-lhe perdão e protestou haver mudado de parecer. Estava disposto a auxiliá-lo no que pudesse.

Durante a conversa, como por encanto, desapareceram-lhe as dores; as cruéis agitações converteram-se em dulcíssima paz[4], e íntimas relações de amizade estabeleceram-se entre o abade e o servo de Deus, sendo Garagni o mais ativo promotor da aprovação das Regras e o velocíssimo arauto do Instituto da Paixão.[5]

---

[4]. PO. 438; S. 1. 592 § 16.
[5]. Efetivamente não se ocupava apenas o abade em secundar, com sua influência, tudo o que se referia ao novo Instituto, mas empregava todos os esforços e aproveitava de todas as oportunidades para enaltecê-lo e torná-lo conhecido. Louvava continuamente as heroicas virtudes do Fundador e dos religiosos Passionistas. Ao saber que algum piedoso jovem desejava vestir o hábito religioso, persuadia-o a que se aliasse a nova milícia de Jesus Crucificado, fazendo-se discípulo do pe. Paulo da Cruz. Por ocasião da partida de um deles para o Argentário, disse-lhe: "Se eu fosse mais jovem, iria também juntar-me àquele santo homem, tornando-me Passionista. Feliz de ti que tens a dita de ingressar nesta santa Congregação! Invejo-te deveras e a todos os que fazem como tu". Leiam-se as cartas do santo ao senhor abade Garagni, Lt. II, 221.

Audiência papal

Persuadido de que deixaria em Roma poderoso protetor, pensou o santo em regressar imediatamente à sua solidão do monte Argentário.[6] Mas, antes de partir, teve outra consolação: a de oscular os pés do Vigário de Jesus Cristo. O Papa, ao ver os dois irmãos, humildes e pobres, encorajou-os com palavras paternais. Disse que aprovaria com máximo prazer as santas Regras, mas com algumas mitigações, quais sejam: o uso do chapéu, da capa, das sandálias e de hábito menos grosseiro.[7] Sem tais mitigações, acrescentou o Santo Padre, os que se agregassem à Congregação não perseverariam.

Sempre dócil em obedecer, respondeu Paulo que para ele a voz de Sua Santidade era a mesma voz de Deus.

O Santo Padre deu-lhes em seguida a bênção apostólica e eles, felizes como se houvessem estado na presença do próprio Jesus Cristo, partiram para a solidão.

O santo escrevia frequentemente ao abade Garagni, recomendando-lhe que velasse pela integridade das santas Regras, como lhas inspirara a divina Majestade, sem outras modificações que as apontadas por Sua Santidade.[8]

Anelava ardentemente trazer no peito o "distintivo" que lhe mostrara mais de uma vez a Santíssima Virgem: "Se não é atrevimento da minha parte, recomendo à vossa piedade esse sagrado 'sinal' de salvação, para termos a ventura de trazê-lo externamente e muito mais no coração, para vexame do inferno".[9]

Paulo estimulava o zelo do amigo, expondo-lhe a missão e a beleza da obra a que emprestava eficiente assistência.

Sondara o apóstolo as profundas chagas do seu século: a libertinagem, o orgulho, o espírito de incredulidade, as falsas doutrinas. Percebera

---

[6.] Lt. I, 478.
[7.] S. 2. 644 § 31.
[8.] Lt. II, 211.
[9.] Lt. II, 215.

os surdos e ameaçadores ruídos do vulcão prestes a entrar em atividade e que tantas ruínas iria causar.

Oh! Como desejaria deter o braço de Deus, alçado para castigar a terra! "Porém, tremo e temo", dizia ao abade Garagni. "O mundo está talvez tão pervertido que já não há como reter os terríveis açoites dos flagelos divinos. O que digo, toco-o com a mão".[10]

Faziam-se, portanto, necessários os apóstolos da Cruz.

A sagrada Paixão do Redentor, pregada por toda parte e sem cessar, será a poderosa alavanca que irá levantar o imenso peso das iniquidades humanas. O sofisma pervertera de tal modo o espírito que, no futuro, se dirigirá forçosamente ao coração humano.

Outro argumento da oportunidade do Instituto da Paixão:

> A maior parte dos cristãos vive esquecida dos infinitos sofrimentos do nosso amabilíssimo Jesus. Esta a causa por que dorme na lama da iniquidade. Para arrancá-la do letargo, mister se faz obreiros zelosos que anunciem, com o clarim da divina palavra, a sacratíssima Paixão de Jesus Cristo, despertando os pobres pecadores, sentados nas trevas e sombras da morte. Só assim se glorificará a Nosso Senhor com inúmeras pessoas convertidas e com muitas outras que se hão de entregar à oração, caminho da santidade. Inflame-se, pois, de zelo, Ilmº senhor, e insista com os eminentíssimos cardeais, caridosos protetores desta santa obra, para lhe obterem do Santo Padre a aprovação.[11]

Aprovação das Regras

Meses decorridos, terminaram os comissários o exame das Regras, com a prudência reclamada pela importância do assunto.

Em 30 de abril de 1741, emitiram voto favorável, declarando que as Regras dos Clérigos Menores Regulares Descalços da Santa Cruz e

---

[10]. Lt. II, 218.
[11]. Lt. II, 213.

Paixão de Jesus Cristo, com as pequenas alterações prescritas pelo Santo Padre, podiam, crescido o número de religiosos, ser aprovadas com Rescrito Apostólico.

Na mesma tarde, levou o abade Garagni ao Santo Padre, juntamente com as Regras, o voto dos comissários.

O grande Pontífice julgava o Instituto de muita vantagem para as pessoas e de muita glória para Deus. Chegou a dizer: "Este Instituto foi o último a aparecer na Igreja de Deus, quando deveria ter sido o primeiro".[12]

Antes, porém, do juízo definitivo, quis Bento XIV refletir por alguns dias. A fim de implorar as luzes do Céu e a proteção de Maria, convidou os habitantes de Roma a visitarem as quatro principais igrejas consagradas à Santíssima Virgem. Ele mesmo, no dia, 14 de maio, visitou a igreja de Santa Maria "*in trastevere*", orando por longo tempo.

De volta ao palácio, deu ordens ao auditor, mons. Millo, para que escrevesse o Rescrito de aprovação, publicado com data do dia seguinte, no qual Sua Santidade "aprova, confirma e louva" o Instituto da Santa Cruz e Paixão de Jesus Cristo. Triunfara o Céu; o inferno jazia vencido.

Contemplemos em espírito, através dos séculos, alistados na gloriosa milícia da cruz, legiões de apóstolos, jovens e fortes, seguros do seu porvir.

Os filhos de Paulo da Cruz, sob o estandarte da Igreja, tomam posto de combate, ao lado de Domingos de Gusmão, de Francisco de Assis e de Inácio de Loyola. E o santo desabafa as efusões de sua alma em louvores ao Deus das vitórias:

> Que todos os viventes louvem ao Senhor (Sl 150,6)! Que todas as criaturas glorifiquem as infinitas misericórdias deste grande Deus que, sem deixar-se vencer pela malícia de meu coração, dignou-se coroar esta obra, que é toda sua! Como a Providência a conduziu suavemente e por caminhos secretos! Oh, como é bom o meu amabilíssimo Salvador! Oh, quão suave é o seu divino Espírito!... Oh, quão amável é a sua Bondade!

---

[12] S. 1. 93 § 49; S. 2. 95 § 6.

À tempestade sucede a bonança, à borrasca segue-se a serenidade. Seja para sempre bendito o seu santo Nome...
A ele somente honra, glória e poder pelos séculos dos séculos. Assim seja.[13]

Soara a hora das graças: Deus se compraz agora em derramá-las em fluxos sobre o servo fiel, sempre intrépido em meio às procelas.

Estava, então, em Roma o cônego Ângelo de Stefano, de Gaeta, dos primeiros a vestir o santo hábito da Paixão, mas que não suportara as austeridades do Instituto. Ao saber que Bento XIV lhe mitigara os rigores, desejou retornar ao caminho do Calvário. Falou a respeito com o Soberano Pontífice, que o encorajou a levar a efeito a resolução.

Ao partir para o monte Argentário, encarregou-lhe o abade Garagni de entregar ao santo amigo as Regras e Constituições aprovadas, bem como um Rescrito do cardeal Altieri. S. Em.ª concedia, finalmente, ao pe. Paulo a faculdade de conservar na igreja o Santíssimo Sacramento.

O servo de Deus recebeu carinhosamente a seu antigo filho, portador de tantos favores, chamados por ele: "golpes da infinita e divina bondade".

Imediatamente, deram princípio aos exercícios espirituais em preparação à profissão religiosa, conforme prescrevem as santas Regras. Quis o santo solenizar de modo particular o dia em que o Deus do Tabernáculo estabeleceu entre eles a sua morada. Dir-se-ia que o mesmo Céu fizera a escolha.

Assim o diz o cardeal Rezzonico, em carta a pe. Paulo:

> Não foi sem desígnio particular da Providência o haverdes esperado tanto tempo... Queria Deus começásseis a desfrutar da presença real de Jesus Cristo, no mesmo dia em que a santa Igreja comemora o adorável benefício outorgado a todo o gênero humano. Grande, portanto, é o júbilo que sinto, na esperança de que reparareis, conforme puderdes, as inúmeras irreverências cometidas diariamente contra o Santíssimo Sacramento.[14]

[13.] Lt. II, 217.
[14.] VS. p. 80.

A profissão religiosa

No dia 1º de junho de 1741 – *Corpus Christi* –, os religiosos cantaram solenemente a santa missa e o *Te Deum*, sendo Jesus Eucarístico colocado no Tabernáculo da bela igreja da Apresentação.

Momento augusto, que arrebatou os corações, particularmente o do nosso santo.

Admirava-se Paulo de não morrer de alegria, atribuindo-o, por humildade, à falta de amor a Deus: "Se o amasse, não resistiria à felicidade que me consome: cairia desmaiado, morto, reduzido a cinzas em vista de tantas graças e misericórdias como as que sua divina Majestade se digna conceder a este horrível nada, a este monstro de ingratidões".[15]

No domingo seguinte, 4 do mesmo mês, os religiosos Passionistas, com o seu santo mestre, consagraram-se perpetuamente a Jesus Crucificado, pelos laços indissolúveis dos votos.

Espetáculo digno dos Anjos e de Deus! A santa Igreja, protegida pelo Céu, dará à luz nova família religiosa; os Anjos exultarão ao receber esses irmãos, perpétuos companheiros de adoração ao pé da cruz, para colherem no cálice da alma o sangue da Redenção e espalharem-no em fluxos pelo mundo todo.

Os sacerdotes celebraram a santa missa e os irmãos comungaram. O Santíssimo Sacramento estava exposto. Com a cruz aos ombros e a coroa de espinhos na cabeça, adiantam-se todos para o altar. Prostram-se com o rosto em terra, símbolo da morte mística. De fato, pela profissão, eles irão morrer para o mundo e para as criaturas.

Lê-se a Paixão de Nosso Senhor segundo São João. Às palavras "*tradidit spiritum*", levanta-se o Fundador, com os olhos marejados de lágrimas, e emite a profissão dos quatro votos: pobreza, castidade, obediência e propagar a devoção à Paixão de Jesus Cristo.

Recebe, em seguida, a profissão de seus filhos. Para completa consagração a Jesus Crucificado e perene lembrança de suas dores, prova,

---

[15.] Lt. II, 219.

outrossim, de que já não pertencem ao mundo, deixam o nome de família, a exemplo do Fundador, e tomam outro a recordar-lhes o espírito do Instituto: Pe. João Batista de São Miguel, Antônio da Paixão, Fulgêncio de Jesus e Carlos da Mãe de Deus. Não se faz menção dos nomes dos irmãos leigos. Conhecemos apenas o de José de Santa Maria, que professou dias depois.

O santo Fundador colocou em seu peito e no de seus filhos o "emblema" sagrado, que traz esculpido o título da Paixão de Jesus Cristo.

A começar daquele dia, os missionários do monte Argentário receberam o nome de Passionistas.

Confessamos experimentar profunda emoção ao narrar a humilde origem da nossa família religiosa.

Quando examinamos o tênue fio de água que dá origem aos grandes rios, nossos pensamentos voam para Deus, princípio universal de todo bem.

Ó humilde Congregação de Jesus Crucificado, tens, a começar de agora, um lugar à luz do sol. A grande "voz" que criou o mundo e lhe ordenou: "Caminha", disse também a ti: "Anda"... e, sustentada pelo braço poderoso da Igreja, tua Mãe, demandas, desde então, o norte e o meio-dia, o Oriente e o Ocidente, atravessas os mares, com o fito de fertilizar o campo evangélico, banhando-o com teus suores e com teu sangue!

Ó monte Argentário, ó deserto embalsamado pelas virtudes heroicas de nosso Pai, ditoso confidente de sua alma, de suas dores e de suas consolações, modesto berço dos religiosos da Paixão, quanto és digno de nossa estima!...

CAPÍTULO XX
1741-1742

O apóstolo dos soldados

As Ordens e Congregações religiosas, assim como os indivíduos, recebem graças especiais referentes à missão a que Deus os destina.

Agora que o Instituto da Paixão recebeu das mãos da Igreja a incumbência oficial de pregar a Jesus e Jesus Crucificado, já podemos entrever quais sejam essas graças e qual a sua eficácia e fecundidade. Veremos também o nosso santo alçar o voo das alturas do Argentário e estender as asas de apóstolo. Chegamos ao zênite deste ardente sol que vai abrasar o mundo.

Paulo tem quarenta e sete anos, idade em que a experiência, unida ao vigor, opera o bem mais sólido e duradouro que na juventude. Ademais, por graça extraordinária, possui uma dessas naturezas invejáveis, que nunca envelhecem e cujo vigor se renova como o da águia.

Essa chama o acompanhará até à idade mais avançada.

A começar de agora, caminharemos de prodígio em prodígio. Encontramo-nos novamente no teatro da guerra. Enquanto os combatentes banham com sangue humano algumas regiões da terra, sempre pequena para suas ambições e para sua glória, Deus se serve de suas ambições para a própria glória, para o triunfo da Igreja e salvação das pessoas.

O falecimento de Carlos VI suscitara contra a Áustria a famosa guerra de "sucessão", imortalizada pelo sublime brado da Hungria: "Morramos pela nossa rainha Maria Teresa".

Muitos pretendentes disputavam entre si os diversos despojos do Império.

Como os reis de Espanha e das duas Sicílias reclamavam a Lombardia para dom Filipe, Parma e Placência reforçavam consideravelmente as guarnições do litoral toscano.

Por outro lado, avançavam poderosas tropas austríacas. Tudo pressagiava o próximo reluzir do raio das batalhas.

O duque de Sangro, generalíssimo dos exércitos aliados, desejando que os soldados se preparassem para a luta como verdadeiros cristãos, apelou para o santo do Argentário, para que lhes pregasse quanto antes grandes missões sucessivamente em Orbetello, Porto Ercole e Pisa.[1]

Missões em Orbetello

Desceu, pois, o apóstolo a Orbetello, acompanhado do pe. Ângelo de Stefano, ainda noviço. Colocaram na ampla praça um tablado, de sobre o qual Paulo dirigia a palavra divina à imensa multidão de fiéis e a milhares de soldados de diversos idiomas e nações: italianos, espanhóis, franceses e suíços.

Renovou Nosso Senhor, na pessoa de seu servo, os prodígios da Igreja nascente. Pregava Paulo em italiano e os soldados entendiam como se falasse suas próprias línguas, pelo que, estupefatos, exclamavam: "Não é, porventura, italiano esse sacerdote? Como é, então, que fala o meu idioma e o de meus companheiros, e todos ao mesmo tempo...?". E todos pendiam de seus lábios sem perder palavra daqueles comoventes sermões. A compunção era geral.

Aos acentos daquela voz, por vezes ameaçadora e terrível como a justiça, outras carinhosa e doce como a misericórdia, as lágrimas, os soluços, o pavor ou a esperança produziam no auditório espetáculo indescritível.

A emoção atingia o auge quando o santo, armando-se de pesada corrente de ferro, dilacerava-se os ombros, fazendo jorrar sangue. Os oficiais do Estado Maior, mais próximos do tablado, chegavam-se a ele, chorando, para arrancar-lhe das mãos a disciplina ensanguentada. Os brados de "piedade!" e os gemidos aumentavam e repercutiam no meio

---

[1.] Lt. II, 331.

da multidão, que bradava: "Perdão! Misericórdia! Basta, padre! Basta! Já estamos convertidos!".[2]

Homens, mulheres, soldados e até pessoas de alta linhagem, que viviam em inimizade, diz um oficial, testemunha ocular, reconciliavam-se naquela praça pública, pedindo mutuamente perdão. Colocaram sobre o tablado, aos pés do pregador, livros obscenos e ímpios, baralhos etc. Paulo lançou-os imediatamente ao fogo.[3] Espetáculo que sobremaneira incitou ao arrependimento todos os assistentes.

Apenas descia do estrado, todos corriam para ele e lhe circundavam o confessionário. Ouçamos ainda um depoimento simples e sincero, como é comum ser o do soldado. Vamos resumi-lo:

> Pregava o pe. Paulo com tanto zelo que o rosto se lhe inflamava; sua voz atemorizava, compungia e convertia os pecadores. Em suma, o dedo de Deus era visível... Assim como atemorizava no decurso do sermão, era todo doçura ao terminá-lo: enternecia os corações e a todos inspirava confiança em Deus e esperança do perdão.[4]

Todo o povo, comovido e contrito, derramava abundantes lágrimas... O que Paulo semeava nos sermões colhia no tribunal da penitência, em que era todo caridade. Muitos soldados que se não atreviam a confessar-se, temerosos pelas faltas cometidas, fizeram-no a conselho dos companheiros, que já haviam tocado, por assim dizer, com as mãos a afabilidade e a doçura extraordinárias do servo de Deus para com os pecadores, principalmente para com os mais infelizes. Essa pregação produziu em Orbetello admiráveis conversões.[5]

Havia no regimento suíço inúmeros luteranos e calvinistas. Ao presenciarem espetáculo inédito em suas seitas, atraídos pela caridade do apóstolo, pelo poder de sua palavra e iluminados pela graça, concluíam: "Este pregador é forçosamente o arauto da verdade".

[2.] S. 1. 110 § 6.
[3.] S. 1. 112 § 12.
[4.] S. 1. 112 § 10.
[5.] S. 1. 111 § 7.

E, descobrindo no verdadeiro apóstolo a verdadeira Igreja, lançavam-se em grande número para o tablado, declarando, sem respeito humano, desejarem abjurar os erros e a heresia.[6]

Houve entre eles um jovem de nobre linhagem, que exclamou em perfeito italiano: "Abjuro, detesto e abomino a seita a que pertenci até o dia de hoje, tendo-a por falsa. Reconheço e confesso ser a Igreja Católica Apostólica Romana a verdadeira Igreja fundada por Jesus Cristo".[7] Estas palavras foram pronunciadas com tal expressão de fé que a todos comoveram.

Quem poderá descrever a ternura com que Paulo os apertava de encontro ao coração? Com solicitude paternal, instruía-os nas verdades da fé, preparando-os para ingressarem na Igreja. Chegou a setenta o número de tais abjurações.[8]

Eis o poder do santo; bastava vê-lo e ouvi-lo para se encontrar a demonstração convincente da verdade católica.

Deus confirmava as palavras do apóstolo com milagres. Referiremos apenas alguns.

Certa noite, após ingentes fadigas, Paulo descansava brevemente, quando foi despertado por um sargento do regimento de Namur: "Pe. Paulo, vem depressa, que o demônio está arrastando um soldado do quartel!".

O santo missionário salta da cama, pega o crucifixo e corre para o quartel. Em meio ao povo e aos militares, vê o soldado, pálido e tremendo, ser arrebatado por mão invisível. Bradava o pobrezinho: "Socorro! Socorro! O demônio me arrasta…".

Paulo impõe preceito ao espírito maligno e diz ao soldado: "Não temas, meu filho, aqui estou para socorrer-te. Arrepende-te de teus pecados. É o suficiente".

Inspira-lhe ao mesmo tempo grande confiança na misericórdia divina e nos méritos de Nosso Senhor, obrigando-o a romper todo o pacto com o demônio.

---

[6]. S. 1. 110 § 6.
[7]. S. 1. 479 § 522.
[8]. S. 1. 479 § 521.

Os presentes estão assombrados! O santo reitera as ordens ao inimigo e este se põe em fuga.

O soldado, depois de tão violentos sobressaltos, desfigurado e abatido, mal se mantém em pé. Pergunta-lhe o servo de Deus se ainda vê algum demônio. "Não os vejo", responde, "mas quero confessar-me".

Paulo coloca-lhe ao pescoço o rosário, arma poderosíssima contra o inferno, e diz-lhe que o confessará na manhã seguinte.[9] O soldado não faltou à palavra, mas, como não falava italiano, foi conduzido ao capelão do regimento, que o ouviu em confissão.

Outro militar, resolvido a reconciliar-se com Deus, lança-se aos pés do pe. Ângelo. Enquanto se acusa dos pecados, percebe que mão invisível o arrasta com violência. Agarra-se ao confessionário. O misterioso poder arrasta o penitente, o confessor e o confessionário. Na igreja, tudo são gritos e tumulto. Acorre o pe. Paulo, põe o rosário no pescoço do penitente e dá ordens ao demônio. Cobre com a capa o soldado espavorido, leva-o à sacristia e o confessa, libertando-o das sugestões diabólicas.

Tanta é a tranquilidade e tão doce a paz do penitente que anela morrer na graça de Deus. Ao voltar à igreja, levanta a pedra que cobre um dos sepulcros e atira-se a ele, julgando em boa-fé que, para garantir a glória celeste, fosse lícito sepultar-se vivo.

Intervém novamente o santo e ordena-lhe que saia dali. Mas são necessárias reiteradas ordens.

Ao referir o fato a um sacerdote, diz Paulo, sorrindo, que mais lhe custara tirar o pobre convertido do sepulcro que arrancá-lo das mãos do demônio.[10]

Pregava o servo de Deus na igreja de Santa Cruz, hoje demolida. Detém-se, de repente, e exclama: "Pobres irmãos meus! Pobres irmãos meus!".

Desce do estrado e dirige-se para a porta do templo. O povo o acompanha. Lá chegados, veem, desolados, enorme incêndio nos bosques que circundam o retiro da Apresentação. Traça o santo o sinal da cruz e

---

[9]. S. 1. 458 § 436; 111 § 7.
[10]. VS. p. 99.

as chamas se apagam: a fumaça, como nuvem sombria, eleva-se aos ares e desaparece.

No último dia da missão, organiza uma procissão de penitência. Vê-se em primeiro lugar dupla e extensa ala de povo e de soldados, modestos e recolhidos; em seguida o clero, com a cabeça coberta de cinza, e o santo missionário, descalço, com uma corda e uma corrente ao pescoço, uma coroa de espinho na cabeça, grande e pesada cruz aos ombros. Seguem-no as pessoas mais distintas da cidade, quais sejam, as autoridades civis e os oficiais do exército. Fecha o cortejo a multidão compacta do povo.

De vez em quando, detém-se a procissão e o santo dirige aos presentes palavras candentes de ódio ao pecado, de amor a Jesus Crucificado e de indefectível fidelidade a Deus.[11]

O encerramento da missão foi verdadeira apoteose.

Em seguida ao sermão e às últimas recomendações, lançou o apóstolo a bênção papal, fecunda e divina, porque é o Vigário de Jesus Cristo ou, melhor, o mesmo Jesus quem abençoa as pessoas.

A prova temo-la no seguinte milagre.

Um infeliz soldado, apesar dos exemplos dos companheiros, permanecia invencível na obstinação. No momento solene da bênção apostólica, enquanto todos inclinavam respeitosamente a cabeça, ele a conservava levantada...

Mas que prodígio! Reparou que o grande crucifixo que o missionário segurava desprendia-se de sua mão direita e abençoava a multidão!...

A graça triunfara. Profundamente emocionado, caiu em pranto, desfeito... e a ovelha tresmalhada voltou contrita ao redil.[12]

Como sempre, o humilde apóstolo subtraiu-se às manifestações de regozijo e correu a ocultar-se em sua modesta cela, assim como os Anjos, que, cumprida a missão na terra, voam para o Céu...

---

[11]. S. 1. 110 § 6.
[12]. VS. p. 98.

Mas ai! Essa apoteose foi perturbada por imprevista catástrofe, que mergulhou na dor uma família inteira!

Ao retirar-se o povo da igreja, terminada a bênção papal, um menino da família Benetti, chamado Vicente, que se divertia no terraço da casa paterna, caiu à rua e ali ficou sem dar sinal de vida. Todos o consideraram morto, inclusive, os médicos. A pobre mãe lamentava-se em brados lancinantes e pedia, entre soluços: "O santo missionário! O santo missionário!".

Paulo recebeu o recado ao pôr os pés no barco que o levaria à outra margem do lago. Regressou imediatamente à cidade e dirigiu-se à casa da desolada família. Tomou nos braços o menino, como para aquecê-lo com o hálito...

A vida retorna!... E o pequeno corre para os braços da mãe, que não acredita nos próprios olhos.[13]

Missões em Porto Ercole e em Porto Longone

Apenas dois dias de repouso aos pés do crucifixo e eis Paulo em Porto Ercole e depois em Porto Longone, à conquista de novos triunfos para Deus e operando milagres semelhantes aos de Orbetello.

As três missões deixaram vestígios que perduraram por muitos anos.

A perseverança é o selo divino de uma missão, é a prova incontestável de que o apóstolo que a pregou não agitou somente a superfície das pessoas com efêmeras emoções, mas penetrou-as profundamente, para ali assentar os alicerces da fé sobre inabaláveis convicções.

Depõe o oficial acima citado:

> Enquanto estive em Orbetello, notei que os habitantes da cidade eram morigerados e piedosos frutos dos contínuos trabalhos do pe. Paulo. Vários oficiais, colegas meus, mudaram de vida, tocados por suas pregações, e permaneceram sempre fiéis... Em suma, foram tais os frutos da missão

---

[13.] S. 2. 815 § 57.

pregada pelo pe. Paulo em Orbetello que a guarnição em peso se converteu. Eu mesmo fui testemunha ocular dessa transformação geral.[14]

Oficiais e soldados veneravam o santo missionário. Quando ele passava diante dos quartéis, prestavam-lhe honras militares, embora sob os protestos do humilde religioso.

Defensor dos soldados

Paulo jamais cessou de exercer em favor dos militares sua solicitude e seu zelo, e estes, por sua vez, elevavam de vez em quando, de sua guarnição, o olhar para o monte Argentário, onde lhes parecia ver o amado pai, qual Anjo do Céu, estendendo sobre eles suas asas protetoras.

Eis alguns fatos que nos falam da sua poderosa influência sobre o espírito militar.

Dois oficiais espanhóis odiavam-se de morte; um fora ferido à espada pelo outro. A injúria reclamava reparação pública pelas armas. Ao ter conhecimento da contenda, pôs-se Paulo em atividade para evitar o duelo: empresa tanto mais difícil e delicada quanto é certo que se encontrava não só ante o ódio mais profundo como também ante o falso ponto de honra, de que tão cioso se mostra o amor próprio do soldado. Não obstante consegue reconciliá-los e fazê-los novamente sinceros amigos.

Quando algum soldado era condenado à morte, o apóstolo, empunhando o crucifixo, o assistia, exortava-o ao arrependimento, purificava-lhe a alma, no sangue do Redentor, suavizava-lhe os horrores da morte e abria-lhe de par em par as portas do paraíso.

Na missão de Porto Longone, na Ilha de Elba, um soldado fora condenado à morte. Vieram ter com o santo alguns oficiais, rogando-lhe obtivesse do governador indulto para o condenado mais infeliz do que culpado. O pobre soldado tentara desertar.

Correu Paulo ao palácio e solicitou audiência. Responderam-lhe os contínuos que o governador, ao firmar sentença de morte, não recebia

---

[14.] S. 1. 111 § 92; 112 § 12.

pessoa alguma antes da execução. Era ordem formal, absoluta e inviolável. Não podiam, portanto, introduzi-lo sem se comprometer.

O santo insistiu que dissessem ao chefe que pe. Paulo necessitava falar-lhe de assunto urgentíssimo. Renderam-se os contínuos; ao ouvir o nome de Paulo, o general permitiu que o conduzissem à sua presença.

Estava em seus aposentos, sentado, o queixo apoiado no cabo da espada desembainhada, com a ponta voltada para o chão, imóvel, à espera da comunicação de que fora executada a sentença.

Sempre tão afável para com o servo de Deus, recebeu-o dessa vez sem voltar-se e perguntou-lhe, rispidamente: "Então, pe. Paulo, que deseja?". "Excelência", respondeu o santo, "o indulto para o condenado à morte". "Não posso", replicou o governador. E às mais eficazes razões, às mais vivas súplicas de Paulo, respondia sempre "Não posso, não posso…". "Pois bem", exclamou o apóstolo, "já que V. Ex.ª não pode conceder esta graça, outorgue-a a Nosso Senhor"… E bateu com a mão direita na parede. O edifício se abalou até os alicerces, como se tivesse havido violento terremoto! "Pois não, pe. Paulo, pois não", anuiu o general, espavorido, "a graça está concedida".

Assim foi liberto da morte esse soldado que já estava para ser executado.[15]

Já que falamos do apostolado de Paulo entre os soldados, permita-se-nos referir um fato ocorrido mais tarde, em 1748.

Certa manhã, ao romper do dia, o comandante da guarnição de Orbetello entregou um bilhete ao barqueiro Diapozza, encarregando-o de levá-lo imediatamente ao pe. Paulo, no retiro da Apresentação. Incumbiu-o, outrossim, de conduzi-lo ao quartel de Santa Bárbara, onde havia um soldado possesso do demônio.

Diapozza avistou o servo de Deus em companhia de outro religioso. Desciam a montanha recitando as ladainhas de Nossa Senhora. Entregou o recado e Paulo guardou-o, sem examiná-lo, dizendo: "Apressemo-nos, apressemo-nos; sei de que se trata", e continuou a oração.

---

[15]. S. 1. 424 § 269.

Ao tomarem o barco, interrogou o barqueiro: "Vieste buscar-me para o soldado?". Este, admirado, quer saber quem lho dissera. "Eu o sei, eu o sei", respondeu o santo.

No quartel tudo era susto e confusão. O demônio levantara do solo o infeliz soldado e ninguém conseguia neutralizar a violência satânica, por mais esforços que empregassem.

Paulo começou o exorcismo, mas bradava o demônio com ar de burla: "Este entregou-me a alma a troco de dinheiro". "Jamais cunhaste moeda", disse o santo, "não podes ter dinheiro senão roubado. Ademais, injusto é o contrato, porque este infeliz tem obrigação de entregar a alma a quem lha deu".

E continuou o exorcismo. Não pôde o demônio resistir. Fugiu, caindo o soldado desfalecido. Ao tornar a si, confessou-se com verdadeiro arrependimento. Os companheiros fizeram o mesmo. Paulo passou o dia todo no confessionário.

CAPÍTULO XXI
1742-1745

Missão em Vetralla

A vida do soldado de Cristo é a história dos seus combates, e os combates de Paulo da Cruz são sempre gloriosos e coroados de vitórias imortais.

Apenas a nova milícia da cruz emitira os santos votos, o bispo de Viterbo pediu uma missão em Vetralla.[1] O generoso apóstolo, embora debilitado pela enfermidade contraída em Piombino, aceitou-a. Na presença das pessoas, recobrou forças e a missão coroou-se de pleno êxito.

Um pecador, cujos crimes punham em sobressalto toda a comuna, comoveu-se profundamente à voz do missionário. Do abismo do mal elevou-se à mais alta perfeição, entregando-se a austeras penitências e a obras de sublime caridade. Acompanhava, em suas excursões apostólicas, àquele que o regenerara em Cristo, auxiliando-o no que pudesse. Nas viagens, insistia com o santo para que montasse o seu cavalo. Recusado o convite, suplicava: "Ó bom padre! Causar-me-íeis imenso prazer aceitando a oferta…". Para não o contrariar, acabava Paulo por satisfazê-lo, sorrindo ao ver tanta simplicidade e candura. Mais tarde, dedicou-se aos enfermos num hospital de Vetralla, edificando a todos pelos exercícios das virtudes cristãs. Terminou seus dias santamente nos braços do pai amantíssimo.[2]

Essa missão, que teve início no domingo de Quasímodo de 1742, operou verdadeira ressurreição na vida das pessoas.

---

[1]. A respeito dessa missão, escreveu o santo em 23 de abril de 1742: "A missão de Vetralla foi tão frutuosa que mais não podia ser, tanto para o clero como para o povo" (Lt. I, 280).

[2]. S. 1. 390 § 67-70.

Os habitantes de Vetralla desejavam conservar junto de si o santo missionário, mensageiro das alegrias do Céu, mas era forçoso partir para outros campos de trabalho. Resolveram, então, fundar, nos arredores da cidade, um retiro semelhante ao do monte Argentário.

Convocou-se para esse fim, em 20 de maio de 1742, o Conselho Geral da cidade.

Falou à assembleia um dos mais ilustres membros da circunscrição administrativa, nos seguintes termos:

> Senhores, sabeis o grande bem que nos proporcionou a missão aqui pregada no mês de abril próximo passado pelo célebre missionário Paulo da Cruz. Não é menos certo, porém, que maiores vantagens aufeririamos com a fundação de um retiro de sua Congregação na ermida do Santo Anjo. E creio, senhores, estar próximo esse dia. Movido por essas considerações, sou de parecer que os senhores magistrados levem ao conhecimento do dito padre a aspiração unânime da cidade e envidem todos os esforços para que se digne tomar posse da ermida.[3]

A proposta foi aprovada por unanimidade.

A moradia que desejavam doar a Paulo era o antigo mosteiro dos beneditinos, dedicado a São Miguel, distante cerca de cinco quilômetros da cidade, em meio de vasta floresta, no monte Fogliano. Paulo agradou-se do lugar e, embora poucos fossem os seus filhos, confiante em Deus, aceitou a oferta.

Trataram de obter da Congregação do Bom Governo a transferência do edifício ao novo Instituto.

Duas deserções

Mas as obras de Deus trazem sempre o selo das contradições. A vida dos santos é entrelaçada de consolações e amarguras. De consolações,

---

[3.] VS. p. 84; Boll. 1923, p. 272.

para superarem a debilidade da natureza humana; de amarguras, para enriquecerem a alma de virtudes e merecimentos.

O noviço Ângelo de Stefano, sempre enfermiço, não suportou os rigores do inverno e retornou à vida secular. Que mágoa para o coração do santo, que o considerava uma das colunas da Congregação nascente![4]

Teve de sofrer outra separação. O pe. Antônio, seu irmão, não se comportava conforme o seu desejo. Paulo, unindo a doçura à severidade, esforçava-se por fazê-lo voltar ao antigo fervor. Tudo inútil. Despediu-o, pois, preferindo reduzir a Congregação a três sacerdotes e dois irmãos leigos a permitir que nela se introduzisse a tibieza.[5]

Rude golpe para o Instituto, porque, embora não afetasse as bases de sua existência, comprometia a fundação projetada.

De fato, certa comunidade aproveitou o ensejo para defender pretensos direitos, obtendo em Roma que a Congregação do Bom Governo proibisse terminantemente ao Conselho de Vetralla ceder a Paulo a ermida do Santo Anjo.

A morte arrebatara-lhe, no dia 8 de fevereiro, o poderoso protetor, cardeal Corradini. Por outro lado, experimentava completo abandono espiritual e cruéis vexações diabólicas. Estava envolto em densas trevas, quando recebeu carta do cardeal Rezzonico. Verdadeiro bálsamo consolador! Dizia ele:

> Muito me alegrou a notícia de que estais dispostos a aceitar a ermida ofertada pelo Conselho de Vetralla. Ainda que a não possais inaugurar com mais de três ou quatro religiosos, não a recuseis. Espero que a divina Providência aumente os operários de sua vinha. Não temais as oposições do inimigo, que vos move tão crua guerra. Haveis de vencê-lo, confundindo-o. Que Nosso Senhor vos dê ânimo e valor; para este fim, dirijo-lhe incessantes súplicas. Agradeço-vos a caridade das orações e desejo-vos abundantes bênçãos do Céu.[6]

[4.] Lt. II, 274, 222.
[5.] Lt. II, 283; IV, 300.
[6.] VS. p. 121.

Novos recrutas

Essas palavras não eram somente uma esperança, mas uma profecia.

Do Piemonte, da Toscana, dos Estados Pontifícios, acorreram ao monte Argentário, para alistar-se na milícia da cruz, clérigos e irmãos leigos em número tão elevado que não restou vaga em uma cela sequer.[7] Eram todos fervorosos e generosos. Bendisse Paulo ao Senhor pela inesperada fecundidade.

Entre os recém-chegados, para sermos breves, citaremos apenas os sacerdotes Marco Aurélio Pastorelli e Francisco Appiani, homens verdadeiramente santos.

O primeiro, ótimo religioso da Congregação da Doutrina Cristã e superior do colégio de Civitavecchia, conhecera Paulo quando ali pregara a santa missão. Atraído para o novo Instituto, com consentimento de seu superior-geral, trocou sua batina pela humilde túnica da Paixão. Possuía rara piedade, além de vasto saber, e, embora de compleição franzina, tinha grande espírito de penitência. Dizia o pe. Paulo: "Crede, o pe. Marco Aurélio é excelente operário, útil para missões e para tudo. Oh, que grande providência!".[8]

O segundo, único rebento dos Appiani, príncipe de Piombino,[9] aspirava, desde 1735, vestir o santo hábito da Paixão. A piedosa mãe resignara-se ao sacrifício, mas o pai, apesar do afeto que nutria pelo santo Fundador, desejava prender o filho à vida secular pelos laços do matrimônio. O piedoso jovem, em vista desses obstáculos, desabafa por cartas com o santo as angústias de sua alma. O prudente diretor aconselhava-o: "Se alguém lhe propuser o casamento, responda que não pode fazer essa injúria a uma grande princesa, a quem já deu sua palavra e que se dignou aceitá-lo por filho e esposo".[10]

Appiani pretendia, por humildade, ser irmão leigo. "Não fale", respondia o santo, "em servir o Senhor como irmão nem como sacerdote;

[7.] S. 2. 95 § 7.
[8.] VS. p. 83.
[9.] Cf. as cartas que lhe dirigiu o santo (Lt. I, 393-435).
[10.] Lt. I, 397.

cumprirá a santa obediência. Se Deus o quiser sacerdote, terá que submeter-se a sua vontade".

Anos decorridos, a conselho, sem dúvida, do sábio diretor, o jovem príncipe obteve licença do pai para ordenar-se padre secular. E quando a morte lhe arrebatou o progenitor, resolveu empregar o rico patrimônio na fundação de um retiro Passionista na ilha de Elba. Não o conseguindo, veio ao monte Argentário consagrar toda sua vida à Congregação.

Fervor dos primeiros noviços

Estimulados pelos conselhos e mais pelos exemplos do Fundador, os noviços eram prodígios de fervor, mortificação e vida interior. Dir-se-ia reflorescer o deserto. A Tebaida era o monte Argentário.

Havia entre eles santa emulação na prática da humildade e da penitência. Amavam particularmente a oração, a que dedicavam várias horas do dia e da noite.

Por essa época, o pe. Antônio Danei, arrependido, rogou instantaneamente a readmissão. Paulo, que já o recusara várias vezes, permanecia inflexível.

Os religiosos, enternecidos pelas lágrimas do suplicante, instaram com o fundador para o receber. Paulo condescendeu, afinal. Mas Antônio, ainda que naturalmente bom, era inconstante e não perseverou. Foi, todavia, sacerdote exemplar. Depois da morte do santo irmão, rendeu glorioso testemunho de suas virtudes e milagres nos processos de canonização, no tribunal de Alexandria.

Fundação de Vetralla

Entre os cardeais criados por Bento XIV, estava Próspero Colonna de Sciarra, abade comendatário das Três Fontes.

S. Emª, não ignorando os labores apostólicos de Paulo em prol das pessoas pertencentes à sua jurisdição espiritual, estimava-o cordialmente, bem como ao Instituto.

Ao ter conhecimento das dificuldades suscitadas contra a fundação de Vetralla, perorou a causa junto do cardeal Riviera, prefeito da Congregação do Bom Governo. Este anuiu aos desejos de Colonna, mas quis conhecer antes a opinião do Soberano Pontífice.

Sua Santidade aprovou o projeto do povo de Vetralla, dando ordens para que se expedissem, quanto antes, as faculdades necessárias.

"É justo salientar", diz são Vicente Strambi, "que o bom êxito da empresa se deve, em grande parte, ao abade conde Garagni, o qual escreveu a Paulo em 12 de outubro, avisando-o da mercê obtida". Eis em resumo suas palavras: "Para vossa consolação, posso dizer-vos que larga estrada se abre para o desenvolvimento do Instituto. Orai sem cessar e pedi orações. Quer-me parecer que Nosso Senhor vos deseja em mais de um lugar perto de Roma".[11]

Fundação de Soriano

Em 29 de dezembro, foi publicada a autorização.

Enquanto se tratava da fundação do Santo Anjo, ofereceram a Paulo outro retiro, anexo à Confissão de Santo Eutízio.[12]

O viajante que, de Vetralla, galga os montes Ciminos e desce à vertente oposta atravessa espessos castanhedos, descortinando ao longe o território de Soriano, uma das mais belas possessões dos príncipes Albani.

No fundo do vale, que se estende em vasta planície até às margens do Tibre, eleva-se pequena igreja construída sobre uma gruta. Atrás de um dos altares jaz o sepulcro de santo Eutízio, de onde, por uma galeria de catacumbas, se vai ter à espaçosa gruta, cavada na rocha, em cujo centro há um reservatório das águas que caem da abóbada. É a milagrosa fonte de Santa Corona, virgem e mártir.

---

[11] VS. p. 122; Boll. 1923, p. 275.
[12] Chama-se "confissão" o local da sepultura dos mártires, porque confessaram o nome de Jesus Cristo.

Nesse piedoso asilo, Santo Eutízio, sacerdote da igreja de Ferento, na última perseguição de Diocleciano, vivia oculto, celebrava os divinos mistérios e sepultava os falecidos na paz do Senhor e os mártires da fé.

Por fim, também ele caiu nas mãos dos perseguidores, suportou horríveis tormentos em Ferento, recebendo a auréola do martírio.

O bem-aventurado Dionísio, bispo diocesano, cumulou de honras esse sepulcro, na gruta duplamente consagrada tanto pelo sangue de um Deus como pelo de seu mártir. "As preciosas relíquias que ali descansam", escreve são Vicente Strambi, "gotejam visivelmente misterioso maná".[13]

Quando o santuário era abandonado pelos piedosos sacerdotes que velavam pelo bem espiritual daqueles pobres camponeses, o nosso santo pregava a missão de Vetralla e o cardeal Alexandre Albani encontrava-se de passagem em Soriano. Ao ouvir grandes elogios aos novos apóstolos da Cruz, julgou-os enviados do Céu para continuarem a obra apostólica dos que partiam.

De volta a Roma, informou-se melhor com o abade Garagni. Falou a respeito com seu irmão Hanibal Albani, também cardeal e camerlengo da Santa Sé, que aplaudiu a escolha.

De acordo com Garagni, tratou da fundação sem que Paulo o soubesse. Os Albani obtiveram de Bento XIV o que desejavam. Sua Santidade encarregou ao cardeal Valente de escrever ao governador de Soriano e ao bispo de Orte e Civita-Castellana.

A este, em data de 11 de dezembro, dizia, em resumo:

Sua Santidade resolveu, para o bem espiritual das pessoas, estabelecer na igreja de Santo Eutízio os sacerdotes da nova Congregação da "Paixão de Nosso Senhor Jesus Cristo". Antes de decidir-se, aprouve ao Santo Padre ouvir o cardeal de São Clemente, que agradeceu como devia a

---

[13]. É um líquido misterioso que mana do túmulo ainda em nossos dias, ao qual se atribui uma eficácia sobrenatural (VS. p. 124; Lt. I, 494).

Sua Santidade por intenção tão santa e paternal... Declarou o Pontífice que supriria, em virtude da autoridade apostólica, qualquer aprovação necessária... V. Ex.ª deverá, pois, empregar sua autoridade, para encaminhar, favorecer e estabelecer esta obra, dando assim execução às ordens de Sua Santidade.[14]

Muito folgou o bispo por possuir em breve os missionários Passionistas.

O abade Garagni escreveu ao santo Fundador, chamando-o a Roma para tratar de assuntos importantes.

Paulo, julgando ir de encontro a novas dificuldades, deparou com as ótimas disposições dos cardeais Albani no tocante à fundação de Santo Eutízio.

Crendo que Deus desejava essa fundação ao invés da de Vetralla, agradeceu aos cardeais e retornou ao monte Argentário.

Alegraram-se os religiosos com essa notícia.

Pouco depois o santo recebe carta do cardeal Riviera, notificando-lhe as ordens do Santo Padre em relação à fundação de Vetralla.

Que fazer? Insuficientes são os religiosos para ambas as fundações. Mas eram ordens do Chefe da Igreja... O Vigário de Jesus Cristo lançava a toda vela a pequena e frágil embarcação. O santo não hesitou.

Consultados os padres João Batista e Fulgêncio de Jesus, decidiu-se tomar posse dos dois retiros. A Providência, ao dar as casas, enviaria, outrossim, religiosos para as habitar.

Paulo solicitou do Papa dispensa de alguns meses de prova para os noviços e o privilégio de serem ordenados, com o título de "mesa comum", os que ainda não eram sacerdotes. E partiu imediatamente para Vetralla a fim de concertar com o bispo a tomada de posse do retiro do Santo Anjo, prosseguindo viagem para Roma, onde permaneceu apenas dois dias. Eram os dias 27 e 28 de janeiro de 1744.[15] O cardeal Albani incumbiu-se de obter do Santo Padre os privilégios solicitados e enviou-o

---

[14.] VS. p. 123.
[15.] Lt. II, 435.

a Soriano para pregar uma missão certamente frutuosa, em vista da fundação que se seguiria.

O apóstolo passou por Orte para pedir faculdades necessárias. O prelado, ao vê-lo transido de frio e tão fatigado, hospedou-o no palácio episcopal, qual Anjo do Céu.

Recobradas as forças suficientes, iniciou a missão, coroada de frutos abundantes.[16]

Não a terminara e já recebia do cardeal Albani uma carta com os Rescritos Apostólicos. No primeiro, outorgava-lhe o Santo Padre a faculdade de dispensar doze noviços do tempo de noviciado que julgasse conveniente; no segundo, o título de "mesa comum" para certo número de clérigos.

Inauguração de dois retiros

Em 15 de fevereiro de 1744, Paulo concluía a missão e voava para o Argentário.

Ao contemplar aqueles noviços fervorosos e mortificados, chorou de contentamento. Admitiu doze à profissão e, imediatamente, tomou consigo nove para a fundação dos dois retiros. Chegaram a Vetralla no dia 16 de março.

Precedidos dos magistrados e do povo, dirigiram-se à catedral. Após breve visita ao Santíssimo Sacramento, conduziram-nos triunfalmente ao palácio do governador da cidade, onde os cônegos da catedral, sob protestos dos humildes religiosos, lavaram-lhes os pés.

Edificante e comovente foi a tomada de posse, no dia seguinte. Imensa multidão reuniu-se na catedral, ao som festivo dos sinos. Paulo, com uma corda ao pescoço e coroa de espinhos na cabeça, seguido de seus religiosos, entoou, com a cruz alçada, a ladainha de todos os santos. Pôs-se em movimento a procissão. Quase toda a cidade os acompanhava.

---

[16]. Lt. II, 241.

Antes da missa solene, o tabelião leu a ata da posse.

Sobre o altar-mor, como a recordar a finalidade do Instituto e a incrementar o espírito de piedade, havia uma tela antiga, obra de excelente artista, representando Jesus Crucificado. Todos os presentes ficaram edificados com essa cerimônia, que exalava recolhimento e devoção.[17]

Sob a direção do pe. João Batista, lá permaneceram quatro religiosos.

O convento do Santo Anjo tornou-se mais tarde as delícias de Paulo, porque, afastado cerca de cinco quilômetros da habitação mais próxima e oculto em meio ao bosque, convidava à prece e favorecia os exercícios de piedade.

Com as mesmas solenidades e os mesmos transportes de alegria, tomou posse do santuário de Santo Eutízio, cuja direção confiou ao pe. Marco Aurélio.

Enquanto o servo de Deus venerava o glorioso sepulcro, a lousa sobre a qual Eutízio ordinariamente celebrava o Santo Sacrifício destilou em abundância o maná misterioso, e, no local em que sua mão tocara, brotaram cinco gotas, brilhantes como pérolas![18]

Demonstração patente de que acolhia com prazer os missionários da Paixão, que iriam ali preparar-se a difundir a fé, selada pelo seu sangue.

"Nosso Senhor", diz o santo biógrafo de Paulo, "abençoou essa fundação. A ilustre família Albani sempre dedicou especial afeto e benevolência à pobre Congregação, jamais cessando de cumulá-la de benefícios".

Dias após escrevia o príncipe Horácio ao pe. Paulo:

Entre as muitas obrigações que contraí com meus tios cardeais, considero das mais importantes a de me proporcionarem o grande benefício da santa missão pregada por V. Revmª em Soriano, de imenso proveito aos meus vassalos, bem como o estabelecimento dos santos religiosos Passionistas no retiro de Santo Eutízio.

[17.] Boll. 1923, p. 309.
[18.] Boll. 1923, p. 336.

Desde o princípio experimentei singular satisfação, que foi sempre crescendo, ao refletir que, com a graça de Deus, verei em breve reanimar-se nestas paragens o espírito de piedade.

Agradeço-vos de coração por serdes o principal promotor de tão grande bem e por me haverdes proporcionado tantos motivos de apreciar os vossos méritos e os de vossos coirmãos.

Por todas essas razões, estou sempre ao vosso inteiro dispor, no que me for possível.

Recomendo-me às vossas fervorosas preces, em que deposito muita confiança.[19]

[19.] VS. p. 124; Boll. 1923, pp. 333-338.

CAPÍTULO XXII
1745-1748

O pe. Tomás Struzzieri

Em profundo recolhimento, orava o nosso santo ante o sacrário, na igreja da Imaculada dos Montes das religiosas capuchinhas, quando entrou um sacerdote e se dirigiu à sacristia.

Guiado por impulso interno, pe. Paulo o segue.

Ao se encontrarem, perguntam-se mutuamente: "O senhor é o pe. Paulo?". "E V. Revmª é o pe. Tomás Struzzieri?" E abraçaram-se cordialmente, como se fossem velhos amigos que havia muito não se encontravam.[1]

O sacerdote tivera conhecimento do maravilhoso apostolado do pe. Paulo e da fundação do Instituto da Sagrada Paixão. Paulo, por sua vez, ouvira falar do pe. Tomás Struzzieri, um dos mais eloquentes oradores da época.

Estimularam-se mutuamente ao sacrifício pela glória de Jesus Crucificado e em prol das pessoas. Desde essa primeira entrevista, uniram-se pelos laços de santa e indissolúvel amizade. Struzzieri desejou voar imediatamente para o monte Argentário, mas seus amigos, de prudência demasiado humana, esforçavam-se por fazê-lo desistir da santa resolução!

Aos 40 anos de idade e com tão brilhante porvir, garantido pela nobreza do berço e pelos dotes intelectuais, como abraçar uma Congregação tão austera e mal consolidada?!

[1.] S. 2. 27 § 129; S. 1. 37 XIV.

Paulo orava e solicitava orações pelo amigo. Escreveu a um sacerdote:

Diga à irmã Colomba que agora é tempo de auxiliar-me. Recomendo-lhe um grande missionário que começa a sentir alguma inclinação para o nosso Instituto. Seria um dos nossos mais poderosos apóstolos. Oh, quanto o desejo!... Que reze muito, pois espero que seja ouvida... Ah! Por caridade, não nos perca de vista, nem de dia nem de noite. O mesmo digo a V. Revmª: lembre-se de nós ao celebrar o Santo Sacrifício.[2]

Dois anos decorreram e Paulo tornou a avistar em Roma o pe. Tomás. À claridade de luz superior, descobriu nele as perplexidades que o agitavam, descrevendo-as nas menores circunstâncias.

É patente a vontade divina. A graça triunfa. Segue para o Argentário o filho de suas preces e, em dois de fevereiro de 1745, recebe das mãos do Fundador o santo hábito. A partir daquele momento passa a chamar pe. Tomás Maria do Lado de Jesus.

Excelente conquista! Este apóstolo, que, no dizer de são Vicente Strambi, "podia valer por muitos",[3] nascera em Senigallia, de nobre família, e unia à circunspecção da experiência e do talento os tesouros de vasta e profunda doutrina, de arrebatadora eloquência, de que dera sobejas provas no ministério apostólico. Estas belas qualidades eram coroadas por voz forte e sonora, admirada pelo célebre missionário São Leonardo de Porto Maurício. Entretanto, acima de tudo possuía rara prudência e sólida piedade.

Ei-lo simples noviço da menor e mais humilde das Congregações religiosas! Maior, porém, era em sua cela do que sob os dourados tetos de seu palácio e das cátedras apostólicas, de onde arrebatava as multidões.

Traçou interessante descrição de seu noviciado, que se não pode ler sem profunda emoção. A alma se desabafa em cânticos de amor e em arroubos celestiais. Ouçamos algumas de suas expressões:

[2.] Lt. II, 436.
[3.] VS. p. 84.

Quando pus os pés neste santo retiro, julguei entrar no paraíso. Reinava o mais profundo silêncio e as próprias paredes respiravam santidade. Os religiosos pareciam Anjos, tanto resplandeciam em virtudes. Amavam tanto a pobreza a ponto de procurarem, com piedoso empenho, as piores coisas, como hábitos remendados e estragados.

Eram tão mortificados que os superiores deviam vigiar para que tomassem o necessário alimento. Porfiavam em privar-se já de uma coisa, já de outra e, frequentemente, jejuavam a pão e água! Se lhes faltava o que as Regras permitem, ou mesmo o mais frugal alimento, ninguém se queixava, vendo em tudo a vontade de Deus. Que de habilidade não empregavam no mortificar o paladar!

Misturavam nos alimentos erva ou pós amargos! Quase todos possuíam o dom da oração e alguns, depois das Matinas, permaneciam diante do Santíssimo Sacramento até à hora da Prima. Estavam sempre recolhidos e de olhos baixos para não perderem a Deus de vista. Os próprios recreios eram escola de oração.

Jamais discorriam do mundo nem dos negócios seculares, mas unicamente de Deus, da vida dos santos, da conversão das pessoas, da ventura de derramarem o sangue pela fé.

Dessas práticas hauriam novo fervor, com ardente aspiração de trabalharem e sofrerem muito por Deus. Eram admiráveis na obediência. Bastava conhecerem a vontade do superior para executarem-na imediatamente. Praticava-se a caridade em tão sublime grau que cada qual se comprazia em carregar o fardo do companheiro. Acusavam a si mesmos para desculpar os coirmãos. Jamais se ouvia a mais leve murmuração.[4]

Se os religiosos lhe eram de edificação, ele não o era menos aos religiosos. Digno parceiro de suas virtudes, tinha os lábios na chaga do Coração de Jesus, a que consagrara o nome, e bebia sofregamente no manancial das divinas perfeições, luzes e paz até então desconhecidas.

Julgava-se no paraíso. Toda noite, durante o sono, aparecia-lhe em sonho o santo Fundador, entretendo-se com ele em assuntos espirituais.

---

[4]. O testemunho genuíno, muito mais prolixo, é citado na íntegra em "Memorie dei Primi Compagni", pp. 223-224. Esta citação é abreviada e com alguns períodos invertidos; porém, deixamo-la assim.

Ilusão ou realidade?[5] Ignorava-o. Ao despertar para as Matinas, era como se saísse de doce êxtase: o coração fervia-lhe de amor...

Em pouco tempo, fez-se perfeito religioso. O santo Fundador, com licença apostólica, julgou-o digno da profissão após dois meses e meio de prova.

O pe. Tomás Maria era modelo acabado de humildade, doçura e penitência, virtudes adquiridas na oração assídua. Missionário zeloso e infatigável, administrador prudente, foi de grande auxílio ao santo Fundador.

Ocultara-se à sombra da cruz, mas fê-lo conhecido o resplendor de seu gênio e de suas virtudes. Em 1760, ordem formal de Clemente XIII arrebatava-o à Congregação. Devia seguir para a Córsega, como teólogo do visitador apostólico, o cardeal De Ângelis.

Delicadíssimo era o encargo. Revoltara-se a ilha para sacudir o jugo da república de Gênova e, como julgassem os bispos partidários dos opressores, desterraram-nos. Daí surgirem ultrajes à religião, ódio mortal a seus ministros, devassidão dos costumes e profanação das igrejas.

Onde quer que se apresentasse o pe. Tomás Maria, sua eloquência doce e insinuante conquistava os corações e acalmava os espíritos.

Pelos trabalhos excessivos em país montanhoso, muita vez com perigo de vida, De Ângelis caiu doente. Obrigado a abandonar a ilha, deixou o pe. Tomás como seu vigário-geral. Ao chegar a Roma, teceu-lhe elogios tais que o Santo Padre o constituiu visitador apostólico e o nomeou bispo de Tiana.

Longe de lhe arrefecerem o zelo, essas honras deram-lhe maior vida, força e constância. Enfim, por seu intermédio, a grande voz da Igreja conseguiu dominar os furiosos brados de independência nacional. Sua caridade e prudência souberam unificar os ânimos e pacificar a ilha. Todos o amavam como a terníssimo pai.

Contudo, a mais digna de suas obras, quer como religioso, quer como apóstolo – permita-se-nos recordá-la aqui, para que o mundo conheça o vínculo que une os filhos de Deus –, foi a caridade com que acolheu, consolou e alimentou a quatro mil jesuítas, heroicos e santos

---

[5.] S. 2. 28 § 132.

mártires, lançados naquelas praias, após serem tratados da maneira mais iníqua e caluniados como somente o poderia fazer a malícia infernal.

Gênova cedeu a Córsega ao rei de França. Restabeleceu-se a hierarquia eclesiástica, terminando gloriosamente, em 1770, a visita do santo pastor.

Informado de seus méritos, ofereceu-lhe Luís XV o título de metropolita da ilha. As honras, porém, não o atraíam. Sua única aspiração era voltar ao monte Argentário, para junto dos coirmãos, e entregar-se novamente à vida de silêncio e oração.

O rei, mostrando-lhe estima e reconhecimento, enviou-lhe dez mil francos. O apóstolo recebeu-os quando já se encontrava a bordo e os remeteu imediatamente ao cabido da catedral, para serem distribuídos aos pobres.

Clemente XIV obrigou-o a aceitar o bispado de Amélia, transferindo-o mais tarde, apesar das lágrimas do rebanho e resistência do pastor, à Sé de Todi, onde, em 1780, com 74 anos, faleceria em odor de santidade.[6]

Tivemos como obrigação traçar, de relance, a vida desta grande e santa figura de religioso, cuja glória reverbera na fronte augusta de Paulo da Cruz.

Gravíssima enfermidade

Junto à graça vai sempre o sacrifício. Paulo comprara seus filhos com orações, lágrimas e dores. Satanás fazia-os pagar bem caro. O pe. Tomás custou-lhe trabalhos inenarráveis. Conduziu-o de Roma ao Argentário no rigor do inverno. Fatigado como estava por tantas viagens e trabalhos, caiu enfermo. Dores atrozes o martirizavam, chegando a causar apreensão o seu estado.

Transportaram-no a Orbetello, à casa de piedoso benfeitor.[7] Nada conseguia acalmar a veemência dos sofrimentos. Eram tão agudos e pungentes que o santo, para não se lamentar, recitava as ladainhas de Nossa

---

[6.] Seu corpo repousa na catedral de Todi, cercado pela veneração dos fiéis e glorificado por muitos milagres; porém, a santa Igreja não pronunciou ainda seu parecer.

[7.] Lt. I, 498; II, 245-530.

Senhora, com acento de profunda tristeza. Alimentava-se pouquíssimo e tudo lhe causava ânsias de vômito.

Não pregou o olho durante quarenta dias e quarenta noites. Confrangia o coração ouvi-lo, com os olhos fixos numa imagem de Maria, dirigir-lhe comovedoras súplicas: "Ó Maria, uma hora de descanso... Ao menos meia hora... Ó Mãe, minha doce Mãe, por caridade... um quarto de hora, pelo menos um quarto de hora!...".[8]

E não era atendido... Bem sabia a terna Mãe não ser desejo de Nosso Senhor dar tréguas às dores do filho amado. Ao amargo desse cálice, sobrevinham insuportáveis desamparos, fantasmas horríveis, pensamentos desoladores, espantosas angústias... O pavor do inferno, mais do que o temor da morte, torturava-lhe a alma. Os demônios afligiam-no e o martirizavam.[9]

Tudo suportou o santo, durante cinco meses, com inalterável paciência e resignação. Aos filhos, que continuamente vinham visitá-lo, ao vê-los pesarosos, dizia: "Temos uma eternidade para desfrutar... Que são, portanto, as tribulações desta vida?".

Todavia, se o corpo encontrou nesse crisol enfermidades para o resto de seus dias, nada perdeu a alma de seu vigor varonil.

Que intrepidez de ânimo! Parecia olvidar os sofrimentos quando se tratava de Deus, das pessoas e dos interesses do Instituto!

Outra aprovação das Regras

As Regras estavam aprovadas por simples Rescrito. O Santo Padre prometera aprová-las por Breve Apostólico, logo que crescesse o número de casas e de religiosos.

[8.] S. 1. 600 § 57.
[9.] Embora de 1756, transcrevemos a carta seguinte, que revela um dos pontos fundamentais da vida mística de São Paulo da Cruz: "Há cinco dias que estou pregado no leito com tormentos e espasmos nas junções e nervos dos joelhos e dos pés; tormentos que superam minhas forças humanas, além de outros horrendos flagelos e espantosíssimos abandonos, que são provas de um inferno antecipado, como a alta união e as delícias que experimentam as pessoas justas são provas de uma beatitude antecipada" (Lt. II, 498).

Em uma de suas viagens a Roma, Paulo solicitou essa aprovação, e Bento XIV nomeou a comissão de três cardeais, entre os mais ilustres do Sagrado Colégio, para revê-las. Eis os nomes dos cardeais: Gentili, prefeito da Congregação do Concílio, Girólami, da Congregação dos Bispos e Regulares, e o cisterciense Besozzi, ilustre pela piedade e pelo saber.

Todos, mas particularmente Besozzi, deram a Paulo palavras de esperança. Tudo corria bem. O santo, contudo, temia os ardis de satanás, sempre pronto a levantar-se contra ele. De volta à solidão, exortava os filhos a invocarem, com orações e lágrimas, a proteção do Céu.

Não eram quiméricos esses temores. Logo que os inimigos do Instituto tiveram conhecimento da revisão das Regras, lançaram-se novamente à luta, empenhando-se por destruí-lo de vez. Lamentavam:

> Mais uma Ordem religiosa na Igreja de Deus, havendo já tantas e tão veneráveis por doutrina e santidade! Como se faltassem Ordens consagradas à propagação do culto a Jesus Crucificado. Aprovar outra unicamente por trazer ostensivamente no peito as insígnias da Paixão?!...[10]

Esses e semelhantes queixumes eram o tema de seus colóquios.

E não se contentando em alvoroçar a cidade, esforçavam-se por influir no ânimo dos cardeais encarregados da revisão das Regras.

O cardeal Girólami deixou-se arrastar pelas más línguas e, na primeira reunião, sustentou, inflexível, dever-se rejeitar a todo custo o pedido do Fundador. Eis os motivos aduzidos por S. Em.ª:

> As Regras do Instituto, no parecer de todos, são tão austeras a ponto de sobrepujarem as forças humanas. Aprová-las será expor a Sé Apostólica a condescender, com deplorável facilidade, aos desejos dos que, por zelo certamente sincero, mas pouco esclarecido, pretendem demasiado da fragilidade humana. Ademais, o excesso de austeridades terminará por quebrantar o ânimo dos mais robustos, lançando-os no relaxamento e, onde esperavam encontrar caminho seguro para o Céu, toparão com a condenação eterna.

---

[10]. S. 1. 288 § 131.

E concluía que, tudo bem ponderado, pelo respeito devido à Santa Sé e pelo interesse das pessoas, era de parecer negar-se a aprovação.

Os cardeais Gentili e Besozzi eram de opinião contrária. Eis o raciocínio de suas eminências:

> As Regras já foram aprovadas pelo atual Pontífice. Deve-se ainda refletir que os Passionistas, à medida que aumentam em número, observam fielmente essas Regras e são infatigáveis no ministério apostólico...

O certo é que nada se concluiu nessa sessão.

Semanas após, reuniu-se novamente o conselho. O cardeal Girólami, ao notar a inflexibilidade da opinião contrária, propôs um meio-termo: modificar em vários pontos as Constituições. O cardeal Albani, embora alheio à comissão, velava pela integridade das santas Regras. Escreveu imediatamente ao Fundador, pondo-o a par de tudo.

Pobre Paulo! Amante como era da perfeita pobreza, por ele chamada "o estandarte do Instituto", afligia-se ao extremo ao saber que pretendiam facultar às casas de estudo possuírem rendas.

Aconselhou-se com o pe. Tomás Maria e, convencido de que Deus queria a pobreza integral no Instituto da Paixão, respondeu a S. Em.ª alegando tantas razões, em carta repleta de termos tão calorosos, que o Príncipe da Igreja ficou plenamente persuadido e resolveu falar do assunto diretamente a Bento XIV.[11] O Santo Padre, para pôr termo à controvérsia, nomeou-o prefeito da comissão.

Foi o suficiente para não se tocar mais nesse assunto, mas Girólami propunha sempre novas alterações. Julgou-se necessária a presença do santo Fundador.

Nada o deteve: nem as dores que ainda o atormentavam nem as fadigas de nova viagem. Chegou a Roma em fevereiro de 1746. O cardeal Albani obteve dos Mínimos de São Francisco de Paulo, de quem era o

---

[11.] VS. p. 86.

Protetor, que o hospedassem no convento de Santo André. Seu estado de saúde reclamava especiais cuidados.[12]

A presença de Paulo, sua doçura e humildade, salvaram a obra de Deus.

Girólami, persistente em suas opiniões, caiu enfermo. O Sumo Pontífice, admirador sincero do Instituto, excluiu-o da comissão. Era o termo dos debates. Era o triunfo. Mitigadas as Regras em pormenores, como o uso constante das sandálias e o jejum e a abstinência apenas três vezes por semana, exceto no Advento, que continuavam cotidianos, os juízes, de comum acordo, aprovaram-nas no dia 27 de março de 1746, apresentando-as no dia seguinte ao Santo Padre.

O sábio Pontífice, satisfeitíssimo, dignou-se escrever de próprio punho o Rescrito para a expedição do Breve.

Ouçamos os acentos de reconhecimento e júbilo que brotaram da alma de Paulo da Cruz:

Querido e amadíssimo pe. Fulgêncio.
A caridade inspirar-vos-á compaixão de uma alma tão pobre e imperfeita como a minha...

O santo pensa sempre no seu nada, toda vez que Deus o glorifica, mas seus olhares se voltam logo para o Céu:

Graças a Deus, segunda-feira da Paixão, 28 do corrente mês, quando se lê no Evangelho da missa: *Si quis sitit veniat ad me et bibat* etc. (Jo 7,37), o Vigário de Jesus Cristo firmou a minuta do Breve para a aprovação de nossas santas Regras...
Ontem me lancei aos pés de Sua Santidade, manifestando-lhe o meu reconhecimento...
Que dizer da altíssima Providência de Deus, permitindo, apesar das mais ativas diligências, não nos fosse outorgada essa mercê antes dos grandes dias da Paixão? Quantos mistérios!...

[12.] POV. 183.

V. Revmª estará lembrado de que o mesmo sucedeu com o retiro do monte Argentário. Não conseguimos, a despeito de todos os esforços, tomar posse solene do retiro nem celebrar o Divino Sacrifício senão no dia da Exaltação da Santa Cruz... *Nos autem gloriari oportet in Cruce domini Nostri Jesu Christi* [Não devemos gloriar-nos senão na Cruz de Nosso Senhor Jesus Cristo] (Gl 6,37). Convenço-me sempre mais de que a Congregação é obra de Deus. Assim o crê Roma em peso: religiosos e prelados... Deus me tem ajudado. Posso dizer que é milagre de sua misericórdia resolver-se o magno assunto tão depressa e com êxito feliz.
Em breve ordenarei solene: ações de graças... No entanto, que todos se esmerem em louvar e agradecer ao Altíssimo.
31 março 1746[13]

O Breve de aprovação tem a data de 28 de abril. O cardeal Albani custeou todas as despesas, levando-o no mês de junho, pessoalmente, ao santo Fundador, então de passagem pelo retiro de Santo Eutízio.

Misteriosa promessa

Paulo escreve a pe. Fulgêncio:

No dia da Comemoração de São Paulo, 30 do corrente, começai, vo-lo peço, o tríduo solene em ação de graças, com exposição do Santíssimo Sacramento, devendo terminá-lo no dia da Visitação da Santíssima Virgem, em que cantareis e aplicareis a santa missa segundo a minha intenção. Haverá comunhão geral nos três dias. Pedi todos com muita piedade e fervor o desenvolvimento do Instituto e, para os religiosos, o verdadeiro espírito apostólico, que é espírito de grande perfeição.
Em suma, rogai a Jesus nos conceda a todos o seu santo espírito.
Disse tudo em poucas palavras.
E a mim, miserável, que destruo a obra de Deus, que direi? Prostro-me aos pés de todos e a todos peço perdão de minha vida pecaminosa, relaxada, tíbia e escandalosa, porque não sou regular, mas, ao contrário, muito irregular. Rogo-vos supliqueis à divina Majestade me perdoe os pecados,

---

[13.] Lt. II, 70.

que são graves, gravíssimos mesmo; e se, por minha culpa, eu não sirva de exemplo aos demais com vida verdadeiramente santa, rogai a Deus me tire deste mundo, concedendo-me, porém, uma santa morte.

Por amor de Deus, não me recuseis esta caridade.

Estou certo, certíssimo de que, se corresponderdes a vocação, Deus a todos vos fará santos. Sei o que estou dizendo...[14]

"Sei o que estou dizendo..." Os santos ocultam os favores do Céu, mas muitas vezes se traem por uma palavra, um suspiro, um nada... É preciso interpretá-los e surpreendê-los, quando distraídos. Aqui há, evidentemente, alguma revelação sobrenatural, alguma promessa de graças especiais aos que abraçam o Instituto da sagrada Paixão. Deus lhe daria uma coroa de santos...[15]

Não se admire o leitor dessas expressões de abjeção e desprezo. Paulo já nos acostumou a elas e já explicamos esse mistério de humildade nos santos. Consideram-se os maiores pecadores porque, na luz intensa em que vivem, descobrem as menores faltas, ainda que involuntárias, que lhes empanam a pureza da alma...

---

14. Lt. II, 89-90.
15. Quando o santo Fundador escrevia estas frases, tinha como discípulos homens que praticavam a virtude em grau heroico, quais sejam, seu irmão pe. João Batista, o pe. Fulgêncio de Jesus, o pe. Marco Aurélio do Santíssimo Sacramento, o pe. Tomé do Sagrado Lado, o pe. Francisco Antônio do Santíssimo Crucifixo, o pe. Tomé de São Francisco Xavier, o pe. José das Dores de Maria Santíssima, o pe. Antônio do Calvário, o pe. Filipe Jacinto do Santíssimo Salvador, o pe. Bernardino de Jesus, o pe. João Batista de São Vicente Férrer, o ir. José de Santa Maria, o ir. Tiago de São Luiz etc.

Dos religiosos desse tempo, escreve o santo Fundador "que levam uma vida de santos", que "caminham como valorosos na senda da perfeição", que, "graças a Deus, são todos *bonus odor Christi* [o bom odor de Cristo]", que é "uma beleza ver o espírito ardoroso com que se entregam à conquista da virtude, principalmente os jovens, de maneira tal que, se não se refreassem, muito mais quereriam fazer" (Lt. II, 243).

Seria de admirar que, à sua morte, o santo lhes tenha tecido os mais lisonjeiros elogios e tenha visto todos salvos os sessenta religiosos que o precederam na eternidade? Desses seus discípulos, hoje um deles já recebeu as honras dos altares: é São Vicente Maria Strambi; o pe. João Batista, seu irmão, é Venerável; de outros, estão iniciados os processos de canonização.

Primeiro Capítulo geral

Aprovadas as Constituições, era mister constituir-se a hierarquia, com a eleição canônica dos superiores, especialmente do Prepósito Geral.

Nos primeiros dias de abril de 1747, dos diversos retiros partiram para o monte Argentário os membros mais ilustres da Congregação. Embora fosse pequeno quanto ao número, esse Capítulo é venerável pela santidade e luzes celestiais de que eram ornados os que nele tomaram parte.

No dia 10 do mesmo mês, por unanimidade de sufrágios, foi eleito prepósito geral o santo Fundador.[16]

A Igreja, ao aprovar a nova Congregação, elevou-a à nobreza do Calvário. Necessitava, pois, de um brasão. Adotou-se o mesmo emblema apresentado por Maria Santíssima ao santo Fundador e aprovado por Bento XIV. Acrescentaram-se-lhe apenas um ramo de oliveira ao lado direito e, ao esquerdo, uma palma, símbolos das divinas conquistas da cruz: a paz e a vitória. Vitória sobre o inferno e o mundo, paz entre o Céu e a terra, o homem e Deus.

Paulo da Cruz pediu, implorou que o libertassem do fardo que lhe impuseram aos ombros. Tudo em vão.

Inclinou, então, a cabeça e submeteu-se às ordens da Providência.

E seria superior-geral até a morte!...

Quão sábia fosse a escolha, vê-lo-emos no capítulo seguinte.[17] Bem mereceu ele o elogio de Maria Santíssima: "A Congregação vai bem; continue a governá-la como tem feito até agora".

---

[16] S. 1. 94 § 52; Lt. IV, 224.
[17] Boll. 1922, pp. 196-204.

CAPÍTULO XXIII

Governo de Paulo

A bondade é o traço supremo, o esplendor da beleza moral chamada "santidade".

Se nas perfeições divinas houvera graus, poder-se-ia dizer que a bondade seria o primeiro de seus atributos, por ser o poderoso ímã que a Deus atrai todos os seres. Causam-nos admiração a grandeza e a eternidade do Pai; sua bondade, porém, comove-nos o coração e nos subjuga a alma.

É a humildade justa e agradável amálgama de doçura e de força. Sem doçura, a força seria rigor inflexível; a doçura, sem a força, tornar-se-ia debilidade. Nada mais doce do que a força; nada mais forte que a doçura. "A sabedoria atinge de um a outro extremo do mundo com força infinita e tudo dispõe com igual doçura" (Sb 8,1).

Com efeito, nas obras divinas, na criação, na redenção, na santificação em Jesus Cristo, na Igreja, nos santos... que força e que doçura!

Não há muito tivemos, na Cátedra de Pedro, luminoso exemplo, cuja lembrança arrebata os cristãos e confunde os ímpios. Que doçura no imortal Pio IX! E que força invencível e inquebrantável ante os assaltos conjugados do inferno!

Também em Paulo da Cruz aliaram-se a doçura e a força. Mais do que no passado, vê-lo-emos nas páginas seguintes dirigindo o pequeno rebanho, "o reino que o Pai celeste houve por bem confiar-lhe" (Lc 12,32).

Sua prudência

Deus, ao inspirar-lhe a fundação do Instituto, parece haver-lhe, outrossim, gravado no espírito a maneira como governá-lo.

Dirigia-se sempre pela operação invisível da graça. Completamente alheio à falsa prudência da vida secular, antepunha aos interesses da Congregação o beneplácito e a glória de Deus.

Quando se tratava da glória de Nosso Senhor, nada o detinha. Jamais, porém, iniciava qualquer trabalho com ansiosa precipitação; muito ao contrário, refletia seriamente, escolhendo os meios mais adequados para o bom êxito da empresa. Por vezes, as circunstâncias o obrigavam a agir com presteza. Mas, quer temporizasse, quer se lançasse logo ao trabalho, opera-a sempre com plena posse de si mesmo e com a calma de quem está unido a Deus.

Ele dizia: "Agir diversamente não convém nem pode dar bom resultado".

Em afazeres de alguma importância, não confiava na própria opinião; pedia luzes a Deus, e conselho das pessoas.

Repetia com frequência as sentenças do Espírito Santo: "Eu, a sabedoria, habito no conselho" (Pr 8,12)... "Meu filho, nada faças sem conselho" (Ecl 32,24).

Essa a sua regra. Quando lhe davam parecer justo e reto, rendia-se imediatamente, sem levar em conta a condição de quem lho dava.[1]

Amável simplicidade

Fiel guardião das máximas do divino Mestre, aliava a prudência à simplicidade e à candura, aliança proposta por Nosso Senhor sob o símbolo da serpente e da pomba. Nada mais encantador do que vê-lo agir. A simplicidade cristã era a alma de sua política e a força motriz da alta sabedoria com que desvendava os ardis dos perseguidores.

[1.] VS. p. 374.

Ele dizia, com tristeza: "À força de tratar tantos afazeres, vim a perder a bela simplicidade que trouxera do seio de minha mãe".[2]

Desejava que os religiosos fossem também alheios a toda simulação. Repetia: "Sou lombardo: o que tenho no coração, tenho-o nos lábios".

Se, por resposta evasiva de algum de seus filhos, julgasse concluído um trabalho apenas começado, fosse qual fosse o motivo dessa simulação, admirava-se e se afligia. Queixava-se amargamente se a mentira se repetisse, descobrindo muitas vezes por luz suprema a verdade que desejavam ocultar-lhe.

O pe. Antônio depôs nos processos de canonização que, certa manhã, comera às ocultas cinco figos, limpando em seguida os lábios para não ser descoberto. Julgava-se impune, ainda mais que no momento Paulo orava na igreja. Qual, porém, não foi o seu espanto ao ouvir o servo de Deus repreendê-lo: "Como se atreveu a comer figos sem licença?... Bem, dentro de alguns dias adoecerá em castigo dessa desobediência".[3] E assim sucedeu.

Em outra ocasião, caminhavam juntos, quando Paulo lhe dirigiu uma pergunta. Antônio respondeu-lhe com uma mentira. E o santo, com ar severo, disse: "Para que não mais torneis a mentir, digo-vos que estais a pensar em tal coisa, em tal lugar etc.".[4] E, com toda clareza e minuciosas circunstâncias, revelou-lhe os pensamentos, com espanto do irmão.

Não julgava mal a ninguém, estando convencido de que todos eram melhores do que ele. A todos tratava com profundo respeito e o manifestava com expressões sinceras.

Confiança em Deus

Outro efeito de sua simplicidade era viver continuamente abandonado nos braços da divina Providência, qual uma criança no regaço materno.

Reprovava o desassossego exagerado dos superiores no que diz respeito às necessidades do convento. Recomendava-lhes a confiança na

---
2. S. 1. 499 § 81.
3. S. 1. 821 § 7.
4. S. 1. 821 § 58.

Providência, que jamais abandona aos que se lhe lançam nos braços. Costumava repetir: "Quando éramos três, Nosso Senhor providenciava para três; quando dez, para dez, e agora que somos muitos, providenciará para muitos. Basta que sejamos bons e observantes fiéis das santas Regras e nada nos faltará, conforme o nosso estado de pobreza".[5]

E a experiência tem confirmado essa profecia. Jamais faltou o necessário a seus filhos e, mesmo em épocas de escassez geral, eles puderam socorrer os pobres. Numa dessas circunstâncias, escreveu o servo de Deus: "A geada destruiu os vinhedos, a colheita do trigo é bastante escassa. Teme-se a carestia, mas os celeiros e as adegas do Soberano Senhor não podem falir".[6]

Deus vinha sempre em seu auxílio, muitas vezes com milagres, para conservar viva nos filhos essa confiança.

Explorando os bosques do monte Argentário, alguns caçadores, obrigados pela fome, foram bater no retiro da Apresentação. Paulo dá-lhes pão e vinho, restando apenas algumas favas para a ceia dos religiosos. Pois bem, esse legume, insuficiente para um, multiplicou-se a ponto de ter cada religioso a quantidade necessária. E não terminou aqui o prodígio. Ainda estavam à mesa, quando receberam melhores alimentos.

Os religiosos de outro convento, por uma terrível tempestade de neve, estavam sem pão e sem esperança de obtê-lo. Chegou a hora da refeição e o santo mandou tranquilamente a seus filhos que fossem ao refeitório. Instantes depois, tocaram a sineta da portaria. Era um senhor desconhecido a entregar-lhes, sem dizer palavra, uma cesta cheia de branquíssimos pães. Não se podendo conter de alegria, o bom irmão levou imediatamente ao refeitório a inesperada esmola. Quando voltou para agradecer ao misterioso benfeitor, este desaparecera, sem deixar sequer as pegadas na neve![7]

Estes e semelhantes fatos, que tanto realçam a prudência e simplicidade do servo de Deus, imprimem a seu governo, outrossim, encanto indescritível.

---

[5]. S. 1. 260 § 58.
[6]. Lt. I, 760.
[7]. Boll. 1924, p. 114.

Mais do que tudo, porém, contribuía para fazê-lo querido e respeitado a incomparável suavidade do seu jugo. Severo para consigo, era todo indulgência para com os demais. Não ordenava, suplicava sempre.

Justiça para com todos

A justiça era a alma de seu governo. Não permitia negar-se aos religiosos o que as regras concedessem.

Repreendeu severamente a um reitor que provera de água o jardim em detrimento da alimentação e vestuário dos religiosos.

O pe. Fulgêncio, por fervor indiscreto, fazia a comunidade levantar um quarto de hora antes. Paulo o censurou publicamente, advertindo-o não subtraísse um minuto sequer do descanso concedido pelas Constituições.[8]

Nota de são Vicente Strambi: "Quanto aos cargos, não julgava fossem títulos de isenção e motivo de repouso. Tinha por máxima que o superior deve sacrificar-se pela Congregação e pela sua família religiosa".

Nas eleições, tinha unicamente em vista os méritos e a capacidade dos súditos, dando sempre preferência à virtude. Propôs algumas vezes ao Capítulo a eleição de religiosos dos quais sabia que não aceitariam o encargo; fazia-o, porém, para homenagear a virtude.[9]

Invicta paciência

Junto à justiça, resplandeceu em Paulo paciência inalterável. Jamais repreendia com voz alterada pela indignação ou cólera. Dizia que "o aviso dado com bondade cura qualquer chaga, ao passo que, dado com aspereza, produz dez".[10]

Escreveu a um reitor demasiado severo: "Não seja precipitado no corrigir, principalmente quando sentir qualquer princípio de paixão; mas,

---

[8.] VS. p. 391.
[9.] VS. p. 393.
[10.] Lt. IV, 274.

passado algum tempo, quando estiver calmo, chame o culpado e o corrija com coração de pai e de mãe".[11]

E dava o exemplo. Que doçura e paciência nas correções!

Ao advertir a um irmão leigo, este se alterou a ponto de proferir palavras inconvenientes. Paulo, calmo e humilde, abaixou a cabeça, abriu os braços e falou ao culpado: "Tenha compaixão de mim, querido irmão; um pouco de paciência…". O irmão, arrependido, lançou-se chorando aos pés do pai amoroso.[12]

Caridade para com os súditos

O que, porém, mais atraía os corações dos filhos era sua terníssima e extraordinária caridade. Ninguém a ele recorreu que não fosse aliviado das penas, encorajado nas tristezas e esclarecido nas perplexidades.

Tinha bálsamo para todas as feridas, refrigério para todas as dores, pressentindo muitas vezes as necessidades das pessoas.

Ternura paternal para com os doentes

Para com os enfermos, mais terna e afetuosa era sua caridade. Recomendava aos superiores que os tratassem com verdadeiro amor materno. Não tolerava, em tais casos, economia, ordenando que vendessem, se necessário, os próprios vasos sagrados. Visitava-os várias vezes ao dia, servia-os com suas próprias mãos, preparava-lhes e ministrava-lhes os remédios, consolando-os com incomparável afabilidade. Desejava vê-los santamente alegres e totalmente abandonados à divina Vontade. Se o mal se agravava, não permitia que os deixassem sós.

Quando, por sua vez, adoecia, penava mais pelos incômodos alheios do que pelos próprios males. Assim que se punha de pé, dirigia-se, por vezes apoiado em muletas ou levado pelos braços dos filhos, às celas dos

---

[11.] Lt. III, 762.
[12.] S. 1. 783 § 149.

enfermos. Não podendo levantar-se, enviava alguém para saber como estavam, se nada lhes faltava e se eram tratados com caridade.[13]

Exclamava amiúde: "A pobreza é boa, mas a caridade é melhor". E acrescentava: "Para os enfermos faz-se mister uma mãe ou um santo".[14]

Paulo possuía coração de mãe, por ter a caridade do santo.

Carinho para com os jovens

Afeto especial nutria para com os noviços e estudantes. Deviam ser cultivados como plantas delicadas. Proibia impor-lhes jejum a pão e água e tratá-los com demasiado rigor, acrescentando: "Da conservação das forças, particularmente na juventude, depende uma observância mais pontual".[15]

Quando da tomada de hábito, não se continha ao contemplar aquela juventude que, do borrascoso mar do mundo, aportava nas plagas seguras da observância regular. Desde aquele momento os faria saborear as doçuras de sua terna caridade.

Ao passarem à casa de estudos, seguia-os com o coração.

Em suma, nada omitia do que pudesse fazê-los progredir tanto nas letras como no amor a Jesus Crucificado.

Alguns escolásticos, de partida para outro retiro, onde iriam dar início ao curso filosófico, foram pedir-lhe a bênção. Presenteando-os com uma imagem da Santíssima Virgem, assim falou o carinhoso pai: "Já não tendes pai nem mãe... ei-la, tomai-a por mãe...". E fitando os filhos queridos, ajoelhados a seus pés, acrescentou, chorando:

> Prestai atenção, meus filhos. Resta-nos pouco tempo de vida: não nos veremos mais cá na terra. Quero, portanto, deixar-vos três lembranças, que deveis conservar na memória. Recomendo-vos, em primei-

---

[13]. Lt. II, 780.
[14]. S. 1. 464 § 463.
[15]. Lt. III, 204.

ro lugar, a pureza de intenção, porque ela possui a secreta virtude de tudo transformar em ouro. Estudai unicamente para a glória de Deus e bem das pessoas. Em segundo lugar, edificai um santuário interior e aí entrai para tratar com o Soberano Bem, que habita dentro de nós, como no-lo ensina a fé. Nas horas de estudo, detende-vos de quando em quando, dizendo internamente, com espírito de fé: "Ó padecimentos de Jesus!...". Recomendo-vos, finalmente, a modéstia da vida, guarda angélica do recolhimento...

Ao pronunciar estas palavras, derramou novas lágrimas e os abençoou carinhosamente.[16]

Firmeza inabalável

O governo do nosso santo, apesar de suave, não deixava de ser forte.

Observava, com visão perspicaz, a conduta dos religiosos.

Aos incorrigíveis, após os meios brandos, empregava atitudes enérgicas, fazendo-os tremer. Se alguém resolvesse abandonar o Instituto, deixava-o partir, dizendo: "Prefiro a observância a todos os indivíduos do mundo. Deus não precisa de ninguém; poucos e bons!".[17]

Corrigia as mais leves faltas, porque desejava que todos fossem perfeitos. Falar em voz alta, rir estrepitosamente, proferir palavras ociosas, mostrar-se demasiado alegre ou delicado, eram defeitos que não passavam sem correção.

Cantando o divino Ofício no coro, um clérigo cometeu um erro. Voltou-se o santo para ele, repetindo a sentença: "*Maledictus homo qui facit opus Dei fraudulenter*" [Maldito quem faz com negligência a obra do Senhor!] (Jr 48,10). Estas palavras foram pronunciadas com tal inflexão de voz que a todos fez tremer, servindo de lição para o futuro.

Se alguém não inclinava a cabeça ao "Glória ao Pai" ou ao nome santíssimo de Jesus, repreendia-o severamente.

[16.] S. 1. 469 § 487.
[17.] S. 1. 297 § 152.

Não hesitou em mudar de retiro a um irmão leigo que faltara à santa caridade.

Um religioso se mostrara demasiado familiar e alegre em presença de algumas piedosas benfeitoras, em visita ao retiro do Santo Anjo. Advertiu-o asperamente, exigindo-lhe para o futuro mais modéstia e gravidade religiosa, como convém aos filhos da Paixão.[18]

Julgava-se réu de grande pecado se, para não perder a estima dos súditos, deixasse de lhes corrigir os defeitos. Costumava repetir: "Não quero condenar-me por pecados alheios. Jesus imputou a Pilatos sua morte, porque este se mostrara fraco perante os doutores da lei, e ele foi castigado por não opor-se com energia às indignas arbitrariedades dos dois filhos".

Ao comentar a incúria de certos superiores que, ou por fraqueza de caráter ou por falsa caridade, deixam de repreender os súditos delinquentes, suspirava: "Oh, quantos superiores estão no inferno por pecados de omissão!".

Só nomeava superiores sérios e de ânimo varonil, que se não deixavam levar por considerações humanas de timidez ou de outras quaisquer paixões. Era seu lema: "Não é bom superior o que não sabe dizer, quando necessário: 'Não se pode'".

Não se deve aqui concluir que Paulo fosse inflexível. Ao contrário, era compassivo por natureza. Se os religiosos se humilhassem e se arrependessem, era como se os visse refugiar-se em santuário inviolável. E passava do rigor à brandura.

Alguns dos nossos estudantes, narra são Vicente Strambi, não sei por que falta, prostraram-se-lhe aos pés, pedindo perdão. O santo, sereno e alegre, disse-lhes, sorrindo: "Oh! Repreenda-os agora quem for capaz!... Que querem que eu faça? Levantem-se, pois venceram". E pôs-se a conversar com eles alegremente, como pai amorosíssimo.[19]

---

[18]. S. 2. 446 § 66; Lt. III, 711. Certa vez exclamou: "Não conheceis a força que Deus colocou neste peito? Não é bom superior quem não sabe dizer não" (S. 1. 643 § 280).
[19]. S. 1. 588 § 304; VS. p. 334.

Era isento daqueles caprichos que depravam e exasperam o caráter.

Com admirável discernimento, regulava-se na correção pelo grau de virtude do culpado, a exemplo do Salvador: "Que não quebrou a frágil cana, nem apagou a mecha ainda fumegante" (Is 42,3).

Ciente de que o homem deve ser dirigido com delicadeza e respeito para mais facilmente triunfar, no coração de Paulo a compaixão e a ternura quase sempre substituíam a repreensão e o castigo.

Contudo, mais lhe resplandecia o zelo quando se tratava de gravar no coração dos religiosos as três virtudes fundamentais do Instituto: "pobreza, oração e solidão".

Dizia aos religiosos:

Pobreza! É o glorioso estandarte sob que milita a Congregação; é a muralha inexpugnável do instituto. Recomendo-vos a santa pobreza. Se fordes pobres, sereis santos. Se, porém, andardes a procura dos bens deste mundo, perdereis o espírito religioso e desaparecerá dentre vós a observância regular.[20]

Os filhos da Paixão de Jesus Cristo devem viver despojados de todos os bens terrenos. Nossa Congregação deve ser pobre de espírito e completamente desnuda. Somente assim conservará perene vigor.[21]

Era zelosíssimo na prática dessa celestial virtude. Exigia que pobre fosse o vestuário dos religiosos, pobre a alimentação, pobres as celas, pobres os edifícios.

Como da santa pobreza nasce a vida perfeitamente comum, tinha esta em grande estima: "Oh, que felicidade a vida comum! Que grande tesouro encerra!".[22] E suas obras se conformavam ao seu parecer. Nunca possuiu coisa alguma como própria e exigia que entre os filhos tudo fosse comum.

Era a pobreza personificada. Entremos em sua cela: pequena mesa de madeira ordinária, duas ou três cadeiras de palha, um colchão sobre

---

[20.] Constituições n. 111, 93.
[21.] S. 1. 707 § 161.
[22.] Lt. III, 287, 611.

algumas tábuas, uma coberta de lã, um crucifixo, uma pia de barro para água benta, alguns quadros comuns... Essas, as preciosas mobílias de Paulo da Cruz! Esmerava-se por ser o mais pobre entre os pobres.[23]

Não era menor seu amor à oração. Sentenciava: "Se formos homens de oração, Deus servir-se-á de nós, embora miseráveis, para os mais brilhantes triunfos de sua glória. Sem a oração, nada faremos de bom". Estimava deveras os religiosos que se entregavam de fato à oração, e com eles se aconselhava.

Para que o espírito de oração lançasse profundas raízes na alma de seus filhos, exortava-os ao recolhimento com a lembrança da presença de Deus: "Este exercício faz com que a oração seja contínua" E prosseguia:

> Pessoas há que têm grande devoção em visitar lugares santos e as igrejas mais célebres. Estou longe de criticá-las; digo, contudo, que o nosso interior é grande santuário, por ser o templo vivo de Deus. Nele reside a Santíssima Trindade. Permanecer nesse templo é devoção verdadeiramente sublime.[24]

Com tais expressões inflamava os corações dos filhos no desejo de tratarem familiarmente com Deus, comunicando-lhes o verdadeiro Espírito de oração.

A essa solidão interior, colocava uma sentinela: a solidão exterior, sem a qual é impossível a primeira.

Chamou de retiros aos nossos conventos, para infundir-nos o amor à solidão. Edificou-os, sempre que possível, longe dos povoados, para que, após as fadigas do apostolado, encontrassem os "religiosos, no ar puro e na calma do silêncio, o duplo refrigério do espírito e do corpo".

Quando os religiosos deixavam o retiro, esperava-os ansiosamente, contando as horas da ausência. Ao regressarem, não lhes permitia referirem acontecimentos profanos. "Isto seria trazer o mundo para o convento."

[23.] S. 1. 706 § 149.
[24.] VS. 241, 202.

Como na Congregação o espírito de solidão devia estar unido ao zelo das pessoas, também ao apostolado tinha imenso amor e extremava-se por infundi-lo no coração dos filhos. Repetia: "Levando-se em consideração o bem das pessoas, vale mais um missionário do que um convento. Prefiro perder um convento que um missionário".

Alegrava-se sobremaneira quando os religiosos partiam para as missões. Abraçava-os ternamente e, chorando, dizia-lhes: "Oh! Se tivesse trinta anos a menos, percorreria de boa vontade o mundo todo a pregar a divina misericórdia!…".[25]

Ao regressarem, extenuados, venerava-os como vítimas da caridade, assinalados com os gloriosos estigmas do sacrifício. Desabafava o coração em santos afetos. Apertava-os ao peito, beijava-lhes a fronte, fazia-lhes mil carícias. Deviam ser tratados com a máxima caridade. Ele mesmo, admirável ancião, os servia à mesa, ensinando a todos o preço do missionário apostólico.

Alegrava-se ao ver entre os filhos o verdadeiro amor fraterno. A vida religiosa era para ele escola de respeito e caridade. Exigia dos sacerdotes suma condescendência para com os irmãos leigos, e, destes, o maior respeito pelos sacerdotes, em consideração do divino caráter que os revestia. Todos deveriam dar-se a cada um e cada um a todos.

Com o imolar-se perenemente em prol dos filhos queridos, matava o egoísmo, peste e ruína das comunidades religiosas, e doutrinava o desprendimento, vida dos conventos. Quem não sabe dar-se, não sabe ser pai.

Para traçar-lhe numa pincelada o governo, diremos: nos limites das santas Regras, doçura ilimitada; transpostos esses limites, firmeza inquebrantável. E nisso consiste a salvação das Ordens e Congregações religiosas e a preservação do relaxamento.

Eis o governo de São Paulo da Cruz: de prudência e simplicidade, de doçura sem fraqueza, de força sem aspereza, que obrigava os religiosos a viverem no fervor e na fiel observância, fazendo o pai venerável derramar lágrimas de inefável consolação.

---

[25] S. 1. 422 § 256.

Fala bem alto o fato seguinte.

Aos religiosos de Santo Eutízio (Soriano), faltava-lhes o necessário para fazerem o pão em casa. Piedoso benfeitor comprometeu-se a fazê-lo, devendo os religiosos ir buscá-lo. A família do bom homem edificava-se desse mister. Ao apresentar-se à porta da casa, modesto e recolhido, o irmão encarregado apenas pronunciava a palavra: "pão". Assim procedia, não por escassez de inteligência ou educação, mas para evitar palavras inúteis e não faltar ao santo silêncio, prescrito pelas Regras.

Semelhante delicadeza de consciência é prova patente das heroicas virtudes dos primeiros Passionistas.

O santo Fundador afirmava, jubiloso, que mais de "sessenta", isto é, todos os que até então haviam falecido com o santo hábito, desfrutavam no paraíso os esplendores da glória eterna.

CAPÍTULO XXIV
1748-1749

Fundação em Ceccano

Fecundada por graças extraordinárias, a Congregação da Santa Cruz produzia frutos de eminentes virtudes, expandindo por toda parte o bom odor de Jesus Cristo.

Ceccano, florescente cidade dos Agros Romanos, anelou possuir um retiro de Passionistas. Ofereciam um convento a pequena distância da cidade, antiga residência dos Beneditinos. Contíguo ao mosteiro havia humilde igreja sob a invocação de Santa Maria de Corniano, cuja imagem, conforme piedosa lenda, fora encontrada milagrosamente.

Ceccano em peso ansiava por acolher quanto antes os novos apóstolos.

Dom Bórgia, bispo de Ferentino, grande admirador de Paulo e de seus filhos, secundava os desejos de Ceccano, auxiliando a restauração do mosteiro e da igreja.

O piedoso prelado escreveu ao santo Fundador, rogando-lhe com vivíssimas instâncias aceitasse a oferta.

Paulo enviou a Ceccano o pe. Tomás Maria para tratar da fundação. Este julgou o lugar conforme o espírito do Instituto: "pobre" e "solitário".

O santo decidiu satisfazer a aspiração daquele povo verdadeiramente piedoso.[1]

---

[1]. Lt. II, 632.

Celebradas as festas de Natal em Santo Anjo, dirigiu-se com sete religiosos a Santo Eutízio, de onde tomou mais alguns para formar a comunidade de Ceccano. Era em princípios de 1748, estação quente.

Para animá-los a suportar as fadigas e os incômodos da longa jornada, pôs-se a discorrer com tanto ardor sobre a Paixão de Nosso Senhor que os religiosos, enternecidos até as lágrimas, acompanharam-no com o entusiasmo do soldado que segue destemido capitão.

A única provisão que levaram era a ilimitada confiança na divina Providência. Viajaram muitos dias por caminhos desconhecidos, superando incríveis trabalhos, mas sempre contentes.

O povo todo os esperava, fora da cidade, com manifestações de júbilo. Para realçar a solenidade, viera de Ferentino o bispo, que os abraçou afetuosamente, chorando de comoção.

Receberam condigna hospitalidade na casa do senhor Angeletti.

No dia seguinte, festa do Nome de Jesus (14 de janeiro de 1748), com as cerimônias de praxe tomaram posse do retiro.

Deus Nosso Senhor manifestou por um prodígio quão grata lhe era a fundação.[2]

Terminada a cerimônia, muitos ficaram por lá, dando expansão ao júbilo que lhes ia na alma. Depositaram na relva suas provisões e começaram a comer alegremente. Mas logo faltou o vinho e, compreende-se, diminuiu o entusiasmo.

Paulo, informado, veio ter com eles. Vendo um corote atirado a um lado, perguntou-lhes por que não bebiam. A resposta unânime foi que estava vazio e lho demonstraram virando-o com a abertura para baixo. Paulo insistiu que bebessem do corote. Um dos presentes, mais dócil que os demais, obedeceu, e o vinho saía abundante, como se a vasilha estivesse cheia. Depois do primeiro, tomaram os outros e bastou para todos. Atônitos, olhavam para o santo cheios de estupor e de veneração. Este fato tem grande importância: é o próprio Deus quem apresenta a essas pessoas o poder de um apóstolo, com o dom dos milagres.[3]

---

[2]. Lt. II, 647.
[3]. S. 2. 812 § 41; Lt. II, 132.

Dias após, o nosso santo já lançava seus soldados aos combates do Senhor. Enquanto o pe. Tomás, em companhia de outros sacerdotes, missionava os arredores, Paulo iniciava a missão de Ceccano. No terceiro dia, porém, adoeceu.[4] O povo temeu perdê-lo, conquanto acabasse de conhecê-lo.

A família Angeletti prodigalizou-lhe cuidados afetuosíssimos.

Paulo, que amava a pobreza mais do que a própria vida e que, mesmo nas enfermidades, só desejava as ignomínias da cruz, apressou-se, embora convalescente, em voltar para junto dos filhos.

Chegado ao retiro, recaiu.

Sempre apóstolo, de seu leito de dor informava-se da missão de Ceccano, alegrando-se imensamente ao saber que as pessoas acorriam aos pés dos confessores.

O pe. João Batista, por revelação do Céu, soube em Santo Anjo da enfermidade do irmão, recomendando-o às orações da comunidade.

Nosso Senhor deferiu-lhe as súplicas e o santo restabeleceu-se.

Assim que pôde viajar, empreendeu o caminho de Roma, a fim de solicitar do Soberano Pontífice o título de "mesa comum" para vários clérigos, prestes a ordenarem-se. Ao ver-se na presença do Papa, a fé e o reconhecimento comoveram-lhe profundamente a alma e doces lágrimas deslizaram-lhe pelas faces.

O Vigário de Jesus Cristo, para animá-lo, felicitou-o pelo seu zelo apostólico e pela nova fundação. Concedeu-lhe o favor solicitado, acrescentando com inefável bondade que, para evitar as fadigas de tão longa viagem, podia recorrer a ele como intermediário. Paulo, que via no Santo Padre a pessoa adorável de Jesus Cristo, considerou a mercê como concedida pelo mesmo Salvador.[5]

Ao regressar ao Santo Anjo, referiu aos filhos o feliz êxito da fundação e passou no monte Argentário, onde permaneceu poucos dias, pois outra fundação o chamava.

---

[4]. Lt. II, 648.
[5]. Lt. II, 133.

Fundação em Tuscânia

Em 1743, após frutuosíssima missão em Toscanella, hoje Tuscânia, cidade da Etrúria, todos, autoridades e povo, desejaram possuir os novos apóstolos de Jesus Crucificado; porém, como toda obra de Deus, essa fundação deveria sofrer contradições. Somente em 1747, Bento XIV, estando em Civitavecchia em visita a alguns monumentos que mandara erigir, removeu todos os obstáculos. No ano seguinte, dom Abatti, bispo de Toscanella, teve a ventura de receber os Passionistas.

O venerável Fundador deixou o monte Argentário em companhia de vários religiosos e se encaminhou para Toscanella. A viagem foi semelhante às demais. Pernoitaram em Montalto. Dolorosa foi a jornada do dia seguinte.

Ao chegarem às vizinhanças de Toscanella, Paulo caiu desfalecido. Ao voltar a si, arrastou-se penosamente até a cidade, onde o esperavam amarguras e desenganos. Nada fora preparado. O lugar prometido era humilde santuário, chamado de Nossa Senhora do Cerro, em meio de um bosque. A pequena distância elevava-se pobre ermida quase em ruínas. Descuidaram-se de restaurá-la e de provê-la do necessário.[6]

Paulo exigia a pobreza, mas que não prejudicasse a saúde dos filhos. Seria expô-los à morte deixá-los naquele lugar úmido e malsão. Resolveu, pois, levá-los de volta ao Santo Anjo, a isto se opondo o bispo, que os alojou provisoriamente numa casa da cidade. No entanto, convocou os maiorais, expondo-lhes a urgente necessidade de restaurar-se a ermida e a igreja de Nossa Senhora do Cerro.

Abriu a subscrição com quinhentos escudos, em honra, dizia ele, das cinco chagas de Nosso Senhor. O exemplo foi contagiante e no espaço de um mês tudo estava convenientemente preparado.

No dia 27 de março, com grande afluência de fiéis, tendo à frente o venerável Pastor, tomaram posse daquela ermida, elevando, desde então, para os Céus, o perene concerto dos divinos louvores.

[6.] Boll. 1924, pp. 175-183.

Indescritíveis as amarguras sofridas por Paulo nessa fundação. Ouçamo-lo em carta ao pe. Fulgêncio de Jesus, com a habitual simplicidade:

> Sem falar dos sofrimentos físicos, assaltaram-me na viagem terríveis tormentos morais. Nada digo sobre as contradições. Ontem tomamos posse do retiro e fizemo-lo com a máxima solenidade. Jamais, porém, fundamos retiro mais pobre. Quanto a mim, nunca experimentara penas interiores tão horríveis. Outras dificuldades me oprimem... Basta. Deus o sabe. Tenho muita esperança. Os religiosos estão satisfeitos. Espero, outrossim, grande bem para o próximo.[7]

As provações ainda não haviam terminado. Deus, por secreta disposição de sua Providência, deixou-os por algum tempo em extrema indigência. Durante vários dias alimentaram-se somente de legumes e um pouco de pão. Dia houve que faltou quase tudo. O santo animava-os, dizendo: "Como hoje é dia de jejum, faremos ao meio-dia ligeira colação. Para a ceia, Deus providenciará".

À noite, com efeito, apresentou-se pessoa desconhecida com uma cesta de massas.[8] O servo de Deus, sempre caridoso, especialmente com os jovens, mandou preparar uma boa sopa. Como não tivessem colheres nem garfos, fabricaram-nos de junco e de madeira.

O que não os abandonava era a alegria e o fervor.

Paulo era quem se afligia, julgando ser a causa dessas privações.

Anunciando-lhes que precisava partir para o Santo Anjo, a alegria se converteu em tristeza, parecendo-lhes que, ao perderem-no de vista, perderiam a sua proteção. O amado pai permaneceu junto deles com o coração e o espírito, alcançando-lhes de Deus o que, quando presente, lhes faltava.

Piedosa virgem de Pianzano, por nome Lúcia, grande serva de Deus, dirigida por Paulo nos caminhos do espírito, guiada por irresistível impulso interior, foi visitar na manhã seguinte o retiro de Nossa

---

[7.] Lt. II, 135.
[8.] S. 1. 245 § 11; VS. p. 130.

Senhora do Cerro. Informada da necessidade dos pobres religiosos, converteu-se em mendicante a favor deles. Aliás, antes de voltar ao Santo Anjo, Paulo lhe dissera que haveria de prover do necessário a seus filhos. A pobre operária, tida por todos como mulher verdadeiramente santa, recebeu toda espécie de víveres, levando-os no dia seguinte, em dois cavalos, à ermida.

A partir daí nada mais faltou aos religiosos, pois Toscanella em peso os auxiliava.[9]

Outros pedidos de fundação

Com o dilatar-se do Instituto, cresciam os labores apostólicos dos Passionistas. Onde quer que possuíssem residência ou pregassem a divina palavra, reformavam-se os costumes, reconciliavam-se os inimigos, desapareciam os escândalos, reanimavam-se os corações no amor a Jesus Crucificado.

Na província de Campagna,[10] o pe. Tomás Maria e outros sacerdotes pregaram grandes e frutuosas missões. Povos e bispos solicitavam fundações.[11] O santo via nisso o agir da Providência, que se comprazia em dar maior fama e extensão ao humilde Instituto, nascido do coração alanceado de Jesus.

Furiosa tempestade

Mas eis que se levanta contra a Congregação tão furiosa tempestade que ameaça destruí-la por completo, lançando a alma de Paulo num oceano de amarguras. Satanás empregou esforço supremo para arruinar a obra de Deus, arrojando contra ela espumas de raiva. Deus assim o permitiu para glória do Instituto.

[9.] Lt. II, 716.
[10.] Corresponde hoje às províncias de Frosinone, Caserta, Latina.
[11.] Embora realizadas mais tarde, vêm de 1748 as primeiras tentativas das funções dos retiros de Terracina, Falvaterra e Paliano (cf. Boll. 1924, pp. 210, 244; 1925, pp. 41-47).

Apresentaram ao Papa libelos difamatórios, imputando aos filhos da Paixão crimes horrendos. Diziam que a fé e mesmo a Igreja corriam iminente perigo, não fossem logo exterminados os Passionistas.[12]

É doloroso saber que pessoas eminentes pela santidade caíram na cilada, abraçando com boa-fé a causa da calúnia, julgando defender assim a religião.[13]

Bento XIV, porém, não deu crédito àqueles panfletos mentirosos. Conhecia e admirava os religiosos pintados com tão obscuras cores. Quando se lhe apresentava ocasião, manifestava-lhes cordialíssimo afeto. Perito na arte de conhecer a verdadeira santidade e os fingimentos do coração humano, como o demonstrou na admirável obra *De canonizatione sanctorum*, desde o primeiro encontro que teve com Paulo da Cruz considerou-o santo extraordinário, recomendando a si mesmo e a Igreja às suas orações. Desejava vê-lo amiúde e tratá-lo familiarmente, chegando a dizer-lhe na presença de outras pessoas: "Pe. Paulo, sei que fazeis muitíssimo bem à Igreja".

E tão grande era a benevolência do sábio Pontífice para com o nosso santo a ponto de fazê-lo sentar-se a seu lado e conversar com ele com a maior familiaridade. Concedia-lhe o que pedisse. Valeu-se o servo de Deus, certa vez, de um cardeal para obter um favor. O Papa ressentiu-se, queixando-se docemente: "Pe. Paulo, quando desejar alguma coisa, não se sirva de intermediário, dirija-se diretamente a nós".

O santo acenara apenas ao Santo Padre sobre a nomeação de um cardeal protetor da Congregação, como possuíam todos os Institutos. O benigno Pontífice respondeu imediatamente: "Nós somos o Protetor da vossa Congregação".

Desde esse dia, o Instituto da Santa Cruz sempre esteve sob a imediata proteção do Vigário de Jesus Cristo. Todavia, para não faltar ao dever de Pastor vigilante, Bento XIV nomeou secreta comissão de cardeais para vigiar de perto o Fundador e seu Instituto e observar atentamente os costumes dos novos missionários, sua doutrina e ensinamentos.[14]

[12.] VS. p. 133; Boll. 1924, pp. 106-115.
[13.] S. 1. 642 § 272.
[14.] Lt. II, 143, 148, 154.

A perseguição afligia imensamente o nosso santo, sem, contudo, roubar-lhe a confiança naquele que, do alto dos Céus, toma a defesa do justo.

Pudera solicitar dos bispos, seus verdadeiros admiradores, atestado de inocência. Não o fez, contudo. Deus lhe era testemunha e isto lhe bastava.

Longe, pois, de o perturbarem, as perseguições excitavam-lhe mais e mais a caridade; a impetuosidade dos ventos contrários avivava a atividade das chamas que lhe devoravam o coração.

Tudo eram dádivas do divino amor, incomparáveis tesouros de méritos para os filhos bem-amados. Discorrendo no recreio a respeito dessa tempestade, exclamou, certa vez, em arrebatamentos de júbilo: "Sucede amiúde cair um raio e, ao ferir o cume desnudo da montanha, descobre rica mina de ouro. Vereis como o golpe do raio que nos fere irá descobrir-nos essa mina. Deus tirará imenso bem desta provação".[15]

Como Deus é admirável em suas obras! A tempestade irá lançar à luz meridiana virtudes que se ocultavam à sombra. Todo aquele aglomerado de falsas acusações, aquelas rigorosas pesquisas dos cardeais, serviram tão somente para manifestar o rico tesouro de santidade, a pureza sem mácula de doutrina e ensinamentos, bem como o zelo realmente apostólico dos novos campeões da fé!

Bento XIV, que dera a existência jurídica ao Instituto, ao vê-lo surgir mais glorioso da agitação, regozijou-se no Senhor, prometendo auxiliá-lo ainda mais para o futuro.

A vitória não fora, porém, completa; outras borrascas sobreviriam.

Desmascarados, os perseguidores lançaram mão de outras armas... Apelaram para as leis políticas proibitivas de novas fundações na província da Campagna. Miravam eles o retiro de Ceccano e outros, solicitados pelos bispos e já aceitos por Paulo. O golpe fora armado magistralmente, e ai da Congregação, se tivessem conseguido seu intento!

Em se cortando os galhos de planta tão tenra, era para temer-se que perecesse.[16] O Servo de Deus, que a regara com lágrimas e a fecundara com

---

[15.] S. 1. 598 § 49.
[16.] Lt. II, 166.

tantas orações e ingentes fadigas, estava preocupado. Muito mais porque Deus lhe retirara luzes e consolações, deixando-o em terrível abatimento moral. Mesmo assim descansava nos braços amorosos do seu Deus!

Nada de processos. Aos senhores bispos, que insistiam na defesa jurídica da Congregação, Paulo escrevia muitas cartas, rogando que desistissem de qualquer demanda. Dizia: "Escrevi várias vezes, a fim de impedir esses processos. Protestei não desejar obter casas por esse caminho, mas pacificamente. Continuemos a orar muito…".[17]

Jamais teve guarida em seu coração o rancor e o ressentimento contra os inimigos; ao contrário, sempre lhes teve especial afeto, desculpando a malícia dos atos com a boa intenção. Para evitar contendas com os adversários, deu ordem expressa aos religiosos de Ceccano de abandonarem o retiro, assim que recebessem nova carta sua nesse sentido.

Informado secretamente da decisão tomada, o povo ficou profundamente magoado e decidiu impedir-lhe a execução. Certo dia em que a comunidade saiu a passeio, correu o boato de que os padres tinham abandonado o convento. Reuniu-se logo uma multidão de homens, armados do primeiro instrumento que lhes veio à mão; correram ao encontro dos religiosos, decididos a fazê-los voltar. Compreende-se o sobressalto que estes tiveram. Ao saberem, porém, que a atitude e aparente hostilidade era prova de amizade, criaram ânimo. O difícil foi persuadir esses bons homens de que não havia perigo de fuga e que voltassem a suas casas.[18] Os religiosos tiveram que renunciar ao passeio nesse dia e retornar ao convento, notificando o santo Fundador do ocorrido.

Paulo agradeceu a Nosso Senhor por essa prova de verdadeiro afeto aos filhos de sua alma.

---

[17]. Lt. II, 158.
[18]. St. Ad. p. 22.

CAPÍTULO XXV
1749-1758

Mais provações e sofrimentos

A fim de subtrair ao joguete de rancorosos inimigos a Congregação que "deveria ter sido a primeira a aparecer na Igreja de Deus", Bento XIV reuniu nova comissão de cardeais para o julgamento definitivo.

Entretanto, foi tal a audácia e persistência dos desalmados que não temeram, nem sequer ante aquele supremo tribunal, enfrentar os bispos e concílios diocesanos com frequentes oposições. Dois anos de enredos e intrigas! Chegaram ao desplante de proibir o prosseguimento da construção do retiro de Ceccano.

Os pobres religiosos, obrigados a permanecer no antigo edifício, que não os defendia do frio, da umidade e das intempéries, adoeceram quase todos.[1] O pe. Tomás Maria esteve às portas da morte.[2] Paulo temeu perder o querido e fiel amigo, poderoso sustentáculo do Instituto.

E tudo ele atribuía a seus pecados…

Coisa realmente estranha, apenas explicável por disposição da Providência, pondo à prova os filhos do Calvário!

Nesse convento, construído no Patrimônio de São Pedro, quanto tiveram que sofrer os nossos religiosos! Proibiram-lhes até esmolar o necessário alimento!

[1.] Boll. 1924, p. 113.
[2.] Lt. II, 258.

Visita de Paulo a Ceccano

O pai amoroso foi visitá-los e, ao vê-los tão angustiados pela extrema indigência, estimulou-os a confiarem em Deus; porém, tanto os abatera o prolongado sofrer que nem as palavras do santo conseguiam reanimá-los.

Recorreu, então, ao Senhor em sua aflição, pedindo, com lágrimas, pão para seus filhos.

Ainda orava, quando se apresentou à portaria amável ancião com duas mulas carregadas de pão e azeite. O servo de Deus correu-lhe ao encontro e o saudou qual Anjo do Céu. Encarregou a um irmão leigo de cuidar do ancião e das mulas. Mas – oh maravilha! – não encontrou ninguém, nem sequer as pegadas na neve!

Prodígios semelhantes repetiram-se nos retiros de Santo Eutízio e Santo Anjo de Vetralla. Narremos este último.

Não havia um pedaço de pão para a ceia. O pe. Marco Aurélio avisou o santo Fundador e, gracejando, lhe disse: "Padre, faça um milagre para dar o que comer à comunidade!". Replicou o servo de Deus: "Compete a V. Revmª fazê-lo".

Pôs-se, todavia, em oração. Momentos depois, mandou a um irmão leigo sair pelos arredores do convento e observar se alguém passava com pães.

A poucos passos do retiro, um homem, trajado de pastor, levava aos ombros uma cesta cheia de pães recém-cozidos…

Expôs o irmão ao desconhecido a urgente necessidade dos religiosos. Sem dizer nenhuma palavra, aquele senhor entregou-lhe todos os pães. O irmão, satisfeitíssimo, levou-os ao santo.

Estes e outros milagres operados por Nosso Senhor em favor de seu servo são provas patentes de amor àqueles homens generosos, que tudo deixaram para segui-lo pela encosta escarpada do Calvário.

Cartas amigas

Com o multiplicar-se das perseguições, terá o leitor mais de uma vez se perguntado: "Que é feito dos cardeais Rezzonico e Crescenzi, amigos do peito do nosso santo?".

O primeiro fora elevado à Sé de Pádua e o segundo, terminada a missão em Paris, fora nomeado arcebispo de Ferrara. Ambos, porém, não perdiam de vista o dileto amigo. Escreviam-lhe frequentemente, animando-o a suplantar os inimigos do Instituto. Diziam-lhe: "Nada temais, tudo resultará em grande glória para Deus".

Contudo, Nosso Senhor proporcionaria a mais doce consolação ao servo fiel.

É o dia da Invenção da Santa Cruz. Paulo está em Roma, onde fora regularizar os negócios da Congregação, ainda em preito.

Andara a manhã toda. Esgotado, volta à casa do senhor Angeletti e retira-se a seu aposento. Uma hora depois, como não aparecesse, o companheiro aproxima-se de mansinho à porta do quarto. Silêncio profundo. Devia estar dormindo. Volta duas horas após, persuadido de que já despertara. Chama-o por diversas vezes e nada de resposta! Temendo algum grave acidente, abre a porta e… afigura-se-lhe entrar no paraíso! Que alegria inefável! O santo está aureolado de luz, como se fosse o sol!

À vista do prodígio, exclama com simplicidade: "Agora compreendo por que não respondia… Padre, tudo para V. Revmª e nada para mim?".

A estas palavras, cessa o êxtase. Paulo impõe-lhe silêncio: "A ninguém diga o que viu".[3]

Prega o jubileu

Deus e o Papa parecem unir-se para aliviar as angústias do santo.

De fato, o soberano Pontífice vai testemunhar publicamente quanto estima o Instituto perseguido.

Aproxima-se o ano jubilar de 1750. Roma deve servir de exemplo aos fiéis de todo o mundo que para lá se encaminham nesse ano de graças e de perdão.

[3.] VS. p. 265.

O Santo Padre ordena grandes missões em 14 igrejas da cidade, confiando o honroso encargo aos pregadores de maior renome, tanto pela santidade de vida como pelo zelo apostólico.

Paulo foi um dos escolhidos. Prova evidente de que as calúnias só serviram para aumentar no coração do Pontífice o afeto aos filhos da Paixão.

O santo devia pregar no vasto e magnífico templo de São João dos Florentinos. Atemorizado por semelhante honra, não se julgava bastante eloquente para anunciar a divina palavra à metrópole do mundo católico em ocasião tão solene.

Então, confiou ao pe. Tomás Maria as práticas de máxima, constituindo-o superior da missão. O superior-geral da Congregação seria súdito do pe. Tomás!

Ao pe. Marco Aurélio entregou a parte catequética, reservando para si breves instruções sobre a Paixão de Nosso Senhor.

Mas Deus exalta os humildes. O pe. Tomás Maria caiu enfermo ao terceiro dia da missão, cabendo a Paulo substituí-lo e arcar com o peso dessa batalha apostólica.

Assistiam diariamente aos sermões cinco cardeais, que se comoviam até às lágrimas. O entusiasmo era geral. Roma em peso queria ouvir a palavra do santo. Quantos frutos de salvação!

Diziam por toda parte ser impossível ouvir o pe. Paulo discorrer sobre a Paixão sem chorar e converter-se.[4]

O gozo espiritual que o santo recebeu de Nosso Senhor nesse jubileu foi o prelúdio da completa vitória. No mesmo ano, os cardeais pronunciaram o veredicto definitivo em favor dos bispos e dos concílios diocesanos, defensores destemidos dos direitos dos filhos da Paixão.[5]

[4.] Boll. 1926, p. 76; S. 2. 144 § 42. A missão começou a 7 de dezembro (Lt. I, 588). Dela escreve o santo: "As missões aqui foram muito abençoadas por Deus" (Lt. II, 746).

[5.] O advogado Generoso Petrarca foi o impertérrito defensor do Instituto perante as Congregações Romanas. É interessante notar que só pôde ele concluir sua defesa na Sexta-feira Santa.

Era o triunfo definitivo. Não mais iriam perturbar os pacíficos religiosos em seus retiros; e três novos conventos, suspensos havia dois anos, abririam suas portas para receber os filhos de Paulo da Cruz.

Fundação em Falvaterra

A primeira casa a ser aberta foi a de Falvaterra, nos limites dos Estados Pontifícios com o reino de Nápoles, cerca de dois quilômetros e meio da cidade, cuja igreja era dedicada a São Zózimo.

Graças assinaladas e frequentes milagres atraíam diariamente para lá multidões de peregrinos. Após uma missão pregada em 1748 pelo pe. Tomás Maria, decidiu-se edificar ao lado do santuário um retiro para os apóstolos de Jesus Crucificado. Dom Lourenço Tartagni secundou as aspirações do rebanho, auxiliando generosamente a construção.

Na Quaresma de 1751, Paulo e doze religiosos tomavam posse do santuário.[6] Seus santos exemplos e sua palavra apostólica produziram imenso bem não somente aos habitantes da localidade, mas em todos os peregrinos que lá se dirigiam para venerar as relíquias do glorioso mártir.

Fundação em Terracina

A segunda fundação foi perto de Terracina, também nos Estados Pontifícios e nos limites do reino de Nápoles.

O bispo dessa cidade, dom Uldi, carmelita, ao saber que o pe. Tomás Maria, seu velho e grande amigo, era o reitor do retiro de Ceccano, enviou-lhe grande provisão de legumes, acompanhada de gentil missiva.

Suplicava o prelado ao religioso que aceitasse a humilde oferta como pobre auxílio à recente fundação. O pe. Tomás estava em missão ao chegar o portador. Paulo, que se encontrava de cama, pensou em mandar escrever, agradecendo ao bispo, mas uma voz lhe segredou: "Levanta-te e escreve tu mesmo, solicitando a fundação de um retiro em sua diocese".

[6.] Boll. 1924, pp. 209-217. Isto se deu em 2 de abril, festa das Dores de Nossa Senhora (Lt. I, 589).

Estas palavras foram-lhe um raio de luz. Lembrou-se de uma revelação que tivera vinte anos antes. Em viagem para Gaeta com João Batista, ao divisar do navio a montanha que domina Terracina, rasgou-se-lhe o véu do porvir e contemplou naquelas alturas um retiro da Congregação.

Já não podia duvidar da vontade de Deus. Levantou-se e escreveu a dom Uldi. Depois de agradecer ao bondoso pontífice, acrescentou que, conforme seu parecer, seria de glória para Deus e bem das pessoas fundar-se naquela montanha, com licença e bênção de Sua Exa., uma casa do novo Instituto.[7]

Eis a resposta de dom Uldi:

O lugar de que me falais é adequado ao vosso desígnio e oferece inúmeras vantagens. Há espaço para lindo jardim e abundante material de construção. Para que possais dar início quanto antes à obra, dar-vos-ei, em louvor das cinco Chagas do Salvador, quinhentos escudos.

Apelou para a generosidade dos fiéis e, em breve, uma casa de oração se erguia naquelas alturas.[8]

Sobrevieram, então, as perseguições de que já falamos.

O santo bispo foi admirável na defesa do Instituto. Ordenou que continuassem a construção, prodigalizando os donativos de sua generosidade; porém, no mês de novembro de 1749, Deus o chamava para a recompensa dos justos, reservando a glória de completar a santa obra a seu sucessor, d. Palombela, que unia à piedade do pontífice o zelo do apóstolo.

Digno filho dos Servos de Maria, dedicou o convento a Nossa Senhora das Dores. O ingresso solene de Paulo com onze filhos seus deu-se no dia 6 de fevereiro, domingo da Sexagésima.

---

[7] Boll. 1924, p. 247.
[8] Lá havia antigamente um palácio do imperador Sérgio Galba. Podem-se ver ainda as ruínas, que testemunham a magnificência desse edifício. O convento foi levantado sobre as antigas muralhas do palácio. Os subterrâneos estão intactos. São Vicente Strambi informa: "Assim quis Deus que, no mesmo lugar onde se erguia outrora o palácio de um imperador, se construísse em sua honra uma igreja com um convento de religiosos que dia e noite louvassem a bondade divina" (VS. p. 128).

Percorreram a pé a longa jornada de Santo Anjo a Terracina, e, dias após, Paulo deu início a um retiro espiritual àquelas pessoas simples e fervorosas.

A memória do santo missionário perdurou indelével naquele bom povo, que sempre se mostrou generoso para com os Passionistas.[9]

Fundação em Paliano

Paulo aceitara outra fundação a cinco quilômetros de Paliano, mas, sobrevindo diversos obstáculos, só pôde levá-la a efeito no dia 23 de novembro de 1755. Como sempre, uma missão lá pregada pelo grande apóstolo excitou os habitantes da localidade a solicitarem um retiro dos religiosos de Jesus Crucificado. S. Em.ª, o cardeal Gentili, bispo de Palestrina e grande admirador do santo, ofereceu-lhe antigo santuário, situado em pitoresca e graciosa colina, por nome "Santa Maria de Pugliano". Venera-se ali vetusta imagem da Mãe de Deus, a que piedosa lenda atribui origem milagrosa. Amainada a tempestade, Paulo para lá enviou o pe. Tomás Maria, então Provincial, com onze religiosos,[10] cujas virtudes aumentaram os atrativos daquela colina, protegida pela augusta Rainha do Céu.

Fundação em Montecavo

A árvore sagrada da Congregação continua a estender seus ramos.

No cume de Montecavo, outrora monte Albano, o paganismo erigira célebre templo a Júpiter Lácio, objeto de cega veneração. Os romanos e os povos do Lácio lá celebravam as famosas férias latinas, rendendo à impudica divindade o culto de vítimas humanas e de crimes inomináveis. Ao desmoronar-se o templo, com a gentilidade, o cristianismo triunfante ergueu sobre suas ruínas bela igreja em louvor da Trindade.

Por muitos anos, os sacerdotes de Jesus Cristo dali alçavam para o Céu o perfume divino da Vítima purificadora de todas as manchas.

---

9. Lt. I, 611.
10. Foi em 23 de novembro de 1755 (Boll. 1922, pp. 78, 232).

Todavia, fora abandonada aquela solidão; as frequentes tempestades que varrem a montanha com impetuosa violência arruinaram a igreja e a casa. Graças à generosidade da ilustre família Colonna, tudo se restaurou e, no domingo de Ramos, em 19 de março de 1758, doze filhos de Paulo da Cruz ali chegavam para reatar a misteriosa cadeia de orações e sacrifícios, cantando em uníssono com os Anjos as imortais vitórias da cruz.[11]

Paulo, não podendo assistir pessoalmente à tomada de posse, fê-lo em espírito. Os religiosos viveram por algum tempo em extrema pobreza. O terno pai os encorajava por cartas:

> Vossos sofrimentos são ricos presentes da divina Majestade, que se compraz estejais profunda e fortemente engastados no áureo anel de caridade. Deseja que sejais vítimas, holocaustos oferecidos à glória do Altíssimo no sagrado crisol do sofrimento. Quer que, pelo sacrifício, espalheis sempre o suave odor das virtudes... Oh! Eu espero que estas fundações, à face de Roma, sejam de muita glória para Deus e de grande vantagem para a Congregação.[12]

Visita aos seus conventos

Se é difícil fundar, não é menos conservar e aperfeiçoar. O santo era todo solicitude para com os novos retiros. Qual prestimoso jardineiro, observava as tenras plantas que formara a custo de suores, para não perder de vista o germe, a flor e o fruto.

Visitava-os frequentemente e, mesmo quando idoso e achacado pelas austeridades e pelos santos labores do apostolado, viajava sempre a pé, suportando incríveis fadigas e privações de toda espécie, suavizadas muitas vezes, é verdade, por transfigurações de luz e êxtase, sempre proporcionadas à generosidade do sacrifício.

Para não interromper a sequência da história, vamos nos referir a elas em capítulo especial.

[11.] Boll. 1925, pp. 234-244.
[12.] Lt. III, 510.

Que efeitos produziam essas visitas! Com que ternura ouvia as confidências dos religiosos, as angústias de suas privações, o heroísmo de seus combates, os segredos de suas vitórias!

Que delicadeza em afastar da família religiosa a mais tênue nuvem que pudesse macular as pessoas dos filhos queridos! Que consolação desfruta ao ver os religiosos no prazer da santa pobreza, na simplicidade evangélica, nas puras alegrias do fervor! Quem poderá descrever a suavidade e o poder de suas palavras?

Como apóstolo, animava-os às conquistas espirituais; como anjo, abrasava-os no amor ao divino Crucificado, único objeto de suas aspirações, norte de seu agir, júbilo e vida de seu coração.

CAPÍTULO XXVI
1758-1761

Morte de Bento XIV

Grande desgraça afligira a cristandade. A Igreja Católica estava de luto pela morte de Bento XIV, ocorrida em 3 de maio de 1758, festa da Santa Cruz.

A Santa Sé acabava de perder um dos mais ilustres Pontífices e a Fé Católica, um de seus mais resplandecentes luzeiros.

Perda dolorosa para o coração de Paulo, que chorava pela Igreja, viúva de tão bondoso Pastor, e pela Congregação, órfã de pai tão amoroso. Apresentavam-se-lhe à memória os benefícios recebidos do digno Vigário de Jesus Cristo. Todas as casas do Instituto, com exceção da primeira, foram construídas sob sua soberana proteção. A jovem milícia de Cristo triunfara de tantas lutas pela defesa de seu poderoso braço, e o Fundador fora sempre recebido por Sua Santidade com paternal carinho. Jamais o despedira sem obsequiá-lo com algum favor.[1]

Na verdade, se o reconhecimento é a virtude das pessoas nobres, é sobretudo a virtude dos santos. Não há, pois, que estranhar a dor profunda do servo de Deus, sempre sensível ao menor sinal de interesse por seus filhos.

---

[1]. Já é do conhecimento do leitor o afeto singular de Bento XIV para com o nosso santo, chamado por ele "Apóstolo dos tempos modernos", e para com a Congregação por ele fundada.
Esse afeto e veneração cresceram tanto com o correr dos tempos a ponto de o magnânimo Pontífice trazer sempre consigo parte de uma carta escrita por Paulo, como se fosse preciosíssima relíquia.
Pouco antes de falecer, disse a alguns dos nossos, que foram visitá-lo: "Estou para morrer; todavia, ajudar-vos-ei ainda no que puder".

Portanto, o pai e os filhos dirigiram ao Céu fervorosas preces pelo descanso daquela grande alma, apesar de viva confiança de que já desfrutasse da presença do Senhor; confiança baseada nas gloriosas e santas obras praticadas em vida e na serenidade com que aceitou a morte, ocorrida no dia do triunfo da Santa Cruz.

A aflição e as lágrimas de Paulo tinham origem no vivo e nobre sentimento de gratidão, pois já soubera, por luz superior, que o futuro Pontífice seria intrépido e generoso defensor da Igreja e magnânimo protetor do seu Instituto.

Clemente XIII

Discorrendo os religiosos sobre a eleição do futuro Vigário de Jesus Cristo, perguntaram familiarmente ao santo quem seria o sucessor do Pontífice falecido. Como guardasse silêncio, cada qual indicou o seu candidato.

Então Paulo, inspirado por Deus, interrompeu-os, dizendo: "E que diríeis se o novo Papa fosse o cardeal Rezzonico?". Exclamaram todos: "É impossível. Rezzonico é veneziano e tão terrível é a guerra entre a corte de Roma e a república de Veneza que, certamente, o sagrado Colégio não irá escolher um cardeal dessa cidade".

Parecia convincente a razão. Houve um momento de silêncio. Esperavam que o santo confessasse o equívoco. Ele permanecia calado, em atitude sumamente grave. Sabiam, por experiência, o significado de semelhante conduta. Quando, por inadvertência, manifestava alguma mercê do Céu, procurava imediatamente ocultá-la com o véu do silêncio. Desconfiaram, pois, que Paulo houvesse feito uma profecia.

Em 6 de julho, com surpresa geral, Rezzonico era nomeado Papa.

Todas as dificuldades à eleição foram vencidas pelo conceito de santidade que desfrutava, especialmente em Pádua.

Exultou o santo de alegria.

Ao ver, em dias tão calamitosos, impávido piloto guiar a barca de Pedro, ordenou aos religiosos que rendessem fervorosas ações de graças a Deus Nosso Senhor.

O íntimo amigo do servo de Deus era, pois, o sucessor de São Pedro! Sua bondade e amor ao Instituto, suas cartas a Paulo, gentis e afetuosas, a hospitalidade dada aos dois irmãos e o interesse tomado junto de Bento XIV em prol da Congregação, tudo prenunciava que o Santo Padre iria cumulá-la de graças e benefícios.

Escrevia o santo, em 8 de junho de 1758, ao mestre de noviços:

> Folgo em saber que o cardeal Rezzonico foi eleito Papa. O pe. João Batista e eu iremos a Roma beijar os pés de Sua Santidade e tratar dos votos solenes, bem como de uma residência na Cidade Eterna.

Foram recebidos com a máxima afabilidade pelo Santo Padre, que conversou com eles por longo tempo, recordando-lhes os doces colóquios que tiveram antes de sua elevação à Sé arquiepiscopal de Pádua.

Sensibilizado pela bondade de Clemente XIII, falou-lhe o santo a respeito dos votos solenes e do desejo de ter uma casa em Roma. O bondoso Pontífice prometeu satisfazê-lo. Abençoou-os e os despediu, imensamente satisfeito pela visita.

De regresso à solidão do Santo Anjo, Paulo providenciou os documentos necessários para estabelecer os votos solenes no Instituto. O Papa lhe aconselhara que os enviasse ao cardeal Crescenzi, então em Roma. Este apresentou a Clemente XIII a petição, que em fevereiro de 1760 foi confiada, como é de praxe, ao exame de uma comissão cardinalícia.[2]

Paulo esperava a decisão com santa indiferença, tendo unicamente em vista a vontade de Deus. Para não faltar ao dever, embora idoso e enfermo, empreendeu várias viagens a Roma e escreveu inúmeras cartas. Ouçamo-lo em uma delas:

> Espero que a exaltação do cardeal Rezzonico ao Trono Pontifício nos seja de grande vantagem, mas repouse a nossa confiança unicamente em Deus. Rezemos, portanto. Assim o faz a nossa pobre Congregação e outras pessoas piedosas, rogando a sua divina Majestade nos conceda os votos solenes...[3]

[2.] Lt. I, 715. Eram: Spinelli, Erba-Odescalchi, Portocarrero, Paolucci e Conti (PAR. 513).
[3.] Lt. III, 118.

Em 28 de agosto de 1760, escreveu: "Se conseguirmos esse desiderato, em tempos tão calamitosos, será verdadeiro milagre".[4]

Por vezes, densas trevas o envolviam. Escreveu ao pe. João Maria: "Sinto intensa luta em meu interior; experimento dúvidas, temores e profunda repugnância de intrometer-me no assunto; não sei o que é isso. Por favor, dê-me seu parecer".[5]

Para certificar-se da vontade de Deus, pedia orações e mandava celebrar o Santo Sacrifício.

Clareou-se-lhe, afinal, a mente. Na última sessão cardinalícia, em 23 de novembro de 1760, disse a um de seus religiosos: "Nada se concluiu".

Assim fora. Que motivos induziram os cardeais, homens prudentes e ponderados, a procederem dessa maneira? Paulo já o dissera com a expressão: "Em tempos tão calamitosos...".

Por toda parte, na França, em Portugal, na Espanha, na Áustria e mesmo na Itália, tramava-se a ruína das Ordens religiosas. A tormenta levantada pelo hálito deletério dos inimigos de Deus e da humanidade rugia e avançava sempre mais ameaçadora. A guerra de extermínio contra a venerável Companhia de Jesus, começada por Pombal,[6] avassalara o mundo: guerra satânica que, na Companhia, guerreava todas as Ordens e Congregações religiosas.

Visavam em primeiro lugar à mais forte, para, ao derrubar os arcos principais, lançarem por terra o edifício, isto é, a Igreja, e em seguida mergulharem no sangue e no lodo os tronos e a sociedade toda.

Esses, sem dúvida, eram os pressentimentos dos cardeais comissários.

Em tais circunstâncias, seria quase um milagre o estabelecimento de nova Ordem religiosa. O santo Fundador adorou as disposições da Providência.

Clemente XIII, inspirado por Deus, respeitou, apesar do afeto a Paulo e a seu Instituto, a decisão dos cardeais, concedendo-lhe, no entanto, espontaneamente, outros favores e privilégios.[7]

---

[4]. Lt. III, 122.
[5]. VS. p. 140.
[6]. Ministro de Portugal, tristemente célebre pelo seu ódio maçônico e perseguições aos jesuítas.
[7]. VS. p. 141.

Desejava ter notícias do dileto amigo, recomendava-se às suas orações e, faltando-lhe tempo para escrever-lhe pessoalmente, fazia-o pelo cardeal João Batista Rezzonico, seu sobrinho. Escreveu-lhe uma vez de próprio punho.

Seria difícil dizer o que mais era de admirar, se a condescendência do Pontífice ou a humildade do religioso.

Paulo, já o dissemos, reconhecia na pessoa do Papa o próprio Jesus Cristo. A distância entre o Vigário de Cristo e ele era, portanto, infinita. Não compreendia como o chefe da Igreja pudesse curvar-se tanto.

Ao receber a carta, não pôde reter as lágrimas. Antes de lê-la aos filhos, exortou-os a ouvi-la como se fosse uma página das Sagradas Escrituras. À hora da ceia, instado a ingerir algum alimento, respondeu: "Não tenho fome, estou saciado de felicidade".[8]

Eis nova prova de amor do augusto Pontífice ao nosso santo.

A igreja de Ischia

A igreja de Ischia, povoado da diocese de Acquapendente, estava quase em ruínas e o povo não se resolvia a edificar novo templo. Inúteis foram os pedidos do vigário e até do bispo diocesano. Este apelou para o zelo de Paulo, enviando-o àquela localidade a fim de pregar uma missão e convencer o povo da necessidade de um templo digno da Majestade divina.

O apóstolo, após a prática de máxima, fez breve mas calorosa exortação a respeito. Foi o suficiente. Terminou a cisão; a igreja seria edificada.

Com a partida do missionário, alçaram novamente a cabeça os opositores. Sabendo-o Paulo, com cartas vibrantes revigorava os ânimos para continuarem com entusiasmo a obra começada. Dizia-lhes: "Coragem! Imitai a Neemias, que, com uma pá em uma das mãos e a espada na outra, reedificou Jerusalém de suas ruínas...".[9]

E ao cônego Scarsella: "Imitai a Santa Teresa, para quem os obstáculos só contribuíam para inflamar-lhe o ardor na construção dos mosteiros:

---

[8] S. 1. 174 § 101.
[9] Lt. III, 506.

as oposições eram-lhe presságio manifesto da glória que dariam a Deus as obras assim combatidas".[10]

Encontrando-se o cônego em Roma no interesse da construção obstaculizada, recebeu carta do santo, clamando como sempre pela causa da Igreja.

Apresentou-a ao cardeal Orsini, que a guardou para mostrá-la aos amigos. Foi, enfim, cair nas mãos de Clemente XIII. Sua Santidade, comovido, pôs termo à contenda, ordenando a construção do templo e, para o adorno da casa de Deus, ofertou cem moedas de ouro.

O bispo não cabia em si de contente. Escreveu a Paulo:

> Não tenho palavras nem expressões para devidamente agradecer a V. Revmª pelo grande bem que fez em Ischia, com a santa missão. Apaziguou aquele povo e conseguiu que se construísse a igreja. Devo-lhe eterna gratidão... Sou incapaz de corresponder aos trabalhos de V. Revmª em favor de meu rebanho. Deus o recompensará com superabundância, recomendo-me às suas fervorosas preces...

Construção do noviciado no Argentário

Outra obra chamava a atenção de Paulo. Desejava uma casa de noviciado em completa solidão. O retiro da Apresentação atraía muitos peregrinos, e os noviços, como plantas delicadas, deviam estar segregados da terra para lançar profundas raízes no Céu. Havia muito aspirava por um convento no cume da montanha. Seria um asilo de maior silêncio, de maior recolhimento para o coração, de maior liberdade para o espírito e de ar mais puro e saudável para o corpo.

Em 1753 obtivera do rei de Nápoles o terreno necessário.

Traçou com o bastão o plano e ordenou que se começasse o edifício.

Não possuía um centavo; ilimitada, porém, era sua confiança em Deus. E Nosso Senhor veio em seu auxílio. Em 1761 estavam concluídos a igreja e o convento, de pequenas dimensões, é verdade, mas de linhas

---

[10] Lt. III, 502; S. 1. 512 § 146.

elegantes e severas ao mesmo tempo. Verdadeiro santuário, isolado do fragor do mundo, unicamente aberto às vozes do Céu.

Com o beneplácito do cardeal Colonna, abade comendatário, o santo conduziu para lá os noviços e os alojou na nova casa, consagrada a São José, esposo castíssimo da mais pura das virgens e mestre da vida interior.[11]

Florescia e frutificava, no campo da Igreja, a pequena vinha do Senhor. O Servo de Deus desejava ver o humilde Instituto tomar o voo do apostolado, a que o divino Mestre entregara o império do universo.

Escreveu ao amigo de sua juventude, Paulo Sardi: "Rezai, rezai muito, para que o nosso Instituto se propague por todo o mundo cristão e até entre os infiéis".[12]

Pedido da Propaganda Fide

A *Propaganda Fide* ouvira as secretas aspirações de Paulo, pedindo-lhe missionários para os países infiéis. Exultou o coração do apóstolo.

Os filhos diletos partiriam nas asas da fé e do amor, atravessando os mares, desprezando escolhos e tempestades, à conquista de pessoas para a Igreja e para o Céu; dilatariam o reino de Deus e da Cruz, a preço de ingentes fadigas, quiçá do próprio sangue.[13] Antevia o Instituto cingido com a régia púrpura dos mártires. E exclamava: "Bendito seja o Senhor Deus de Israel, pois somente ele opera maravilhas".

Todos anelavam partir, com a impaciência do herói, que aspira, no combate, as posições mais próximas da morte, pórtico da glória.

Entretanto, o estrondo da guerra e o bloqueio geral da península cerraram as portas aos missionários. Enquanto aguardavam melhores tempos, a morte veio clarear as fileiras da santa milícia, ceifando os primeiros companheiros do santo, apóstolos de altíssimas virtudes e zelo ardente.

O pe. Tomás Maria seguira para a Córsega, com o cardeal De Ângelis. E os Passionistas, com mágoa do Fundador, deixaram então de levar a luz da fé aos povos "sentados nas trevas do barro e à sombra da morte" (Lc 1,79).

[11.] Boll. 1925, pp. 313-317.
[12.] Lt. III, 118.
[13.] Lt. III, 519-523.

Paulo e a Inglaterra

O nosso santo tinha predileções pela Inglaterra. Quantas lágrimas, quantos suspiros, que ardentes votos pelo seu retorno ao seio da santa Igreja Católica: "Ah! A Inglaterra dilacera-me o coração... Ah, a Inglaterra, a Inglaterra!", repetia emocionado.

Certa vez exclamou:

Peçamos pela Inglaterra. Sou obrigado a fazê-lo, porque, apenas me ponho em oração, se me apresenta ao espírito esse pobre reino. Há mais de cinquenta anos que peço a conversão da Inglaterra; faço-o todos os dias na santa missa. Ignoro os desígnios de Deus; talvez queira usar-lhe de misericórdia, como chamá-la à verdadeira fé. Rezemos, rezemos muito; o resto pertence a Deus.

Paulo estava de cama; o enfermeiro, encontrando-o em êxtase, tocou-o por três vezes. Ao voltar a si, exclamou: "Onde eu estava? Na Inglaterra; perpassaram-me pela mente os ilustres mártires ingleses. Oh, como roguei por aquele reino!".[14]

Em outra ocasião, ao celebrar o Divino Sacrifício, Nosso Senhor desvendara-lhe o porvir daquela nação. Continuaria nas sombras do erro ou resplandeceria na luz infalível da verdade? Ignoramo-lo. A última hipótese parece-nos mais provável e nosso coração se regozija ao esposá-la. O que não padece dúvida é que Paulo teve a felicidade de contemplar em espírito os Passionistas na Inglaterra.

Terminada a santa missa, disse aos religiosos: "Oh, que me foi dado contemplar! Os meus filhos na Inglaterra!".[15]

---

[14]. S. 1. 219 § 287; VS. p. 206.
[15]. O venerável pe. Domingos da Mãe de Deus, no prefácio que escreveu em 21 de novembro de 1847 para a tradução inglesa da *Vida de São Paulo da Cruz*, composta por são Vicente Strambi, assim confirma essa consoladora visão: "O fato foi referido pelo confessor do venerável padre. Um dia, enquanto celebrava a santa missa em uma de nossas igrejas situadas na diocese de Viterbo, sob a invocação de São Miguel Arcanjo, no monte Fogliano, deteve-se no altar mais que de costume, permanecendo imóvel durante a comunhão por cerca de meia hora. Durante esse tempo, notou seu confessor, o pe. João Maria de Santo Inácio, que estava com o rosto resplandecente e

Inglaterra! As lágrimas e orações de São Paulo da Cruz, os suores apostólicos de seus filhos, não serão estéreis; farão crescer em tuas plagas a árvore fecunda da verdade. Sim, tornarás a ser a Ilha dos Santos.

A profecia do santo se realizou por meio do venerável pe. Domingos da Mãe de Deus, em 1841. Hoje Inglaterra, Irlanda e Escócia contam com numerosas casas de Passionistas.[16]

---

inundado de luz celestial. Terminada a missa, disse o referido pe. João Maria ao venerável padre em tom de gracejo: "Choveu bastante esta manhã, não?". Era esta uma frase muito familiar ao venerável servo de Deus, quando queria se referir à abundância de unção divina ou a outros favores celestes na oração. O semblante do venerável pe. Paulo enrubesceu e, entre lágrimas e soluços, exclamou: "Oh, que coisa eu vi esta manhã! Os meus filhos, os Passionistas, na Inglaterra! Os meus filhos na Inglaterra!". O confessor estava ansioso por obter dele mais algum esclarecimento a esse respeito, mas só obteve esta resposta: "Os meus filhos na Inglaterra!" (cf. A. Cis. 1936, p. 19, a fotografia do autógrafo do ven. pe. Domingos).

[16]. Eis como se cumpriu a profecia: um jovem, após a comunhão, orava ante a imagem da Santíssima Virgem, em nosso convento do Santo Anjo. Resplandecente claridade o envolveu e uma voz lhe segredou: "Serás Passionista e estabelecerás na Inglaterra muitas casas dessa Congregação". Esse jovem é o venerável pe. Domingos da Mãe de Deus, o grande apóstolo da Inglaterra. Quando Provincial, em visita às casas da Província de Nossa Senhora das Dores, caiu com o cavalo em um rio e, submerso nas águas, prestes a afogar-se, exclamava: "Eu não posso morrer aqui, pois ainda não vi a Inglaterra".
Nomeado, em 1841, primeiro Superior do nosso retiro de Cambrai, nos limites da Bélgica, passou à Inglaterra a chamado do cardeal Wiseman, onde fundou vários conventos e trouxe ao redil da verdadeira Igreja número incalculável de protestantes; entre outros, diversas personalidades insignes, como Dalgrains, Newman, mais tarde cardeal da santa Igreja, o célebre pe. Faber, entre outros. Recebeu no Instituto o Lord Spencer, em religião pe. Inácio de São Paulo, antigo ministro anglicano e futuro sucessor de Domingos como Provincial.
Foi o pe. Domingos homem de vasta e profunda erudição, como o demonstram muitas obras filosóficas, teológicas e ascéticas. Amava entranhadamente a Santíssima Virgem, a quem devia as graças extraordinárias com que o Céu o enriquecera. Faleceu em odor de santidade em 27 de agosto de 1849, com 67 anos de idade. Nascera em Viterbo, no dia 22 de junho de 1792. Seu corpo, milagrosamente conservado, repousa no retiro de Sant'Ana em Sutton-Oak, nos arrabaldes de Liverpool. Apareceu diversas vezes a um pe. Passionista, cercado de resplendor. O Santo Padre Pio X, com decreto de 14 de junho de 1911, proclamou-o Venerável. Foi proclamado Bem-aventurado pelo Papa Paulo VI em 1963.
Para maior conhecimento, leia o esplêndido livro do pe. Frederico C. P., *Il Ven. P. Domenico della Madre di Dio, Passionista, apostolo, mistico, scrittore.*

CAPÍTULO XXVII
1761-1765

A Paixão de Jesus o transforma

Supera muito as nossas débeis forças o que nos resta dizer a respeito de Paulo da Cruz. Para cantar as maravilhas que iremos referir neste capítulo, seria necessária a lira do Anjo e o coração do Serafim. Balbuciaremos apenas algumas palavras.

Ó Jesus Crucificado, que de prodígios não operais com vossos santos!

Paulo sempre foi um anjo de amor. Com o transcorrer dos anos, essas labaredas cresceram tanto a ponto de transformar-se em verdadeiro incêndio. Ao meditar os padecimentos do Redentor, abismava-se o santo naquele oceano sem praias nem fundo. Flechas de amor transpassavam-lhe o coração e ele chorava copiosamente. Os colóquios com Jesus Crucificado comoveriam corações de pedra. Ouçamo-lo: "Ó meu amado Redentor, que se passava no vosso coração divino durante a flagelação?!". Ou: "Oh! Que aflição, que agonia vos causavam os nossos pecados, as minhas ingratidões!... Por que não morro também por vós?".[1]

Chamava-o de "meu soberano bem, o celeste esposo de minha alma...". Em suma, a dor e o amor encontravam expressões que, para traduzi-las, seria necessário dar às palavras asas de fogo. E das expressões nasciam os desejos: sofrer e morrer pelo amor crucificado. Essas aspirações levavam-no aos delírios da embriaguez espiritual e do êxtase.

Ao refletir: "Um Deus açoitado!... Um Deus crucificado!... Um Deus morto por meu amor!...",[2] detinham-se-lhe todas as potências da

---
[1]. Lt. I, 3.
[2]. S. 2. 320 § 99.

alma; o espírito já não formulava nenhum pensamento; somente o coração se absorvia no silêncio interior, suprema expressão da caridade.

Jesus, então, o atraía, comunicava-lhe de maneira inefável as próprias dores, fazia-o desfalecer de altíssima suavidade, submergindo-o no âmago do seu divino coração.

Duravam pouco essas operações da graça: os frutos, porém, quais sejam, amor mais ardente a Jesus Crucificado e fome insaciável de padecer, perduravam por longo tempo.

Nas desolações espirituais, não pedia lenitivo; ao contrário, temia privar-se desses ricos tesouros. O frio, o calor, a fome, a sede, todos os incômodos físicos eram-lhe doces refrigérios. Suportava-os com imensa alegria, chamando-os "garantias do amor divino, pedras preciosas para o seu coração".

Martirizava de mil maneiras o corpo inocente, chegando a gravar com ferro em brasa sobre o coração a cruz e o nome santíssimo de Jesus, cicatriz imortal que levou à eternidade.[3]

Paulo erguera-se de grau em grau à mais alta região do amor, haurindo sublimes noções dos mais secretos mistérios do Céu.

Certo dia, com Jesus Eucarístico no coração, foi arrebatado em sublime êxtase. Abismado no Soberano Bem, antegozou por instantes os inefáveis encantos do amor e, associado à humanidade do Verbo, teve sensível conhecimento da divindade…

Compreendeu, além do mais, ser Jesus Crucificado a porta soberana do amor, a transformação da alma em Deus e o aniquilamento no infinito.[4] Intuiu, outrossim, como a alma, do puro amor de Deus, desce novamente, se assim nos podemos exprimir, a Jesus Crucificado.[5] Compreendeu tanto este segredo, chegando a enunciá-lo com linguagem divina:

[3.] S. 2. 302 § 5; 316 § 80; OAM. p. 167.
[4.] Diz Santa Teresa: "Por esta porta é que devemos entrar, se quisermos que a divina majestade nos revele grandes segredos" (autobiografia da santa, cap. XXVII).
[5.] Lt. I, 17.

A alma abismada toda no puro amor, sem imagens, em fé pura e simples, permitindo-o Deus, vê-se de repente submersa nas dores do Salvador e, num só relance da fé, contempla-as todos sem operação do entendimento, por ser a Paixão de Jesus Cristo obra exclusiva do amor. A alma perdida por completo em Deus, que é caridade, que é amor, transforma-se num inefável amálgama de amor e de dor. O Espírito penetra-se de ambos esses sentimentos, vendo-se submerso no amor doloroso e na dor amorosa...[6]

As chamas de amor reverberavam-se-lhe no rosto, no corpo todo, chamuscando-lhe a túnica na parte que tocava o coração.[7] Se tais eram as chamas desse amor, qual não lhe seria a impetuosidade?

Sentia contínuas e dolorosas palpitações de coração, sobretudo às sextas-feiras: indizível martírio que o fazia prorromper em furtivas lágrimas e gemidos, sempre solícito em ocultar os dons celestes.[8]

O coração, pelas violentas palpitações, não se conteve nos estreitos limites do peito, dilatando duas costelas; fenômeno que não se pode explicar naturalmente, na opinião do sábio médico Del Bene, que o observara no retiro de Vetralla, quando tratou o nosso santo. Aliás, outras testemunhas do fato prodigioso atestaram-no com juramento no processo de canonização.[9]

Paulo sempre passou a noite de Quinta para Sexta-feira Santa de joelhos, imóvel, ante o Santíssimo Sacramento exposto, a meditar os padecimentos e a morte ignominiosa do Salvador. Numa dessas noites, enquanto desabafava o amor em torrente de lágrimas, Jesus gravou-lhe no coração o "emblema" sagrado, semelhante ao que trazia sobre o peito, com os instrumentos da Paixão e as dores de Maria. A partir desse momento, seu peito inchou, dilatando extraordinariamente a cavidade que encerra o coração.[10]

[6.] Lt. III, 149.
[7.] OAM. pp. 108-111.
[8.] OAM. pp. 171-172.
[9.] S. 2. 316 § 79.
[10.] PAR. 2297 v.; OAM. 167-172. Afirma o dr. Giuliani, com juramento, que não só viu como tocou as três costelas prodigiosamente arcadas, não tendo a menor dúvida da sobrenaturalidade do fato.

Feridas e sede de amor

Aquele vasto incêndio de amor, demasiado forte para um vaso de barro, teria consumido bem depressa a frágil natureza, não fosse ela protegida pela virtude do Altíssimo.

O corpo era, para o santo, pesado cárcere da alma. Oh! Como anelava rompê-lo a fim de voar livremente para o único centro da vida, Nosso Senhor Jesus Cristo, ímã irresistível dos corações! Ao ver-se represado pelos laços da matéria, suspirava:

Oh! Quem me dera reduzir-me à cinza de amor!... Ai, meu Deus! Ensinai-me como hei de me exprimir. Quisera ser todo chamas de amor, mais, mais ainda, quisera saber cantar no fogo do amor e louvar as grandes misericórdias que o amor incriado concede à minha alma![11]

E como para refrear os ardores da alma:

Não, não aspiro precipitar-me, como a mariposa, nas chamas do amor, e ali, no silêncio do amor, perder-me, abismar-me, no "todo" divino.

A ferida de amor ressecava-lhe de tal modo as entranhas que nem mesmo os rios poderiam refrigerá-lo. Exclamava, então: "Para saciar-me a sede, só mesmo um oceano... Desejo sorver um oceano de fogo de amor!".[12]

Voltando-se para Jesus Crucificado, suplicava-lhe, chorando, que lhe permitisse saciar a ardentíssima sede no manancial inexaurível do divino Coração. Apiedou-se Nosso Senhor desse suplício de amor, contentando-o de maneira inefável. Estava Paulo de joelhos ao pé de grande crucifixo. Mais violentas do que nunca eram as palpitações do coração e a sede mais abrasadora. As lágrimas não lhe proporcionaram refrigério algum. Não poderia suportar por mais tempo aquele martírio de amor. Pedia, instava a Jesus que o acolhesse em suas chagas adoráveis.

[11.] Lt. I, 296.
[12.] Lt. I, 296.

Ó Deus de Amor, que não fazeis pelo amor?

Transfigura-se a santa imagem!... Ali está Jesus vivo, palpitante de amor! Desprende as mãos da cruz e estreita, num amplexo inebriante, o servo fiel ao peito adorável, permitindo-lhe colar os lábios na sagrada chaga do lado e saciar a sede ardente naquele manancial de vida!

Foram três horas paradisíacas...[13]

O amor fomenta o amor, como o fogo unido ao fogo cresce de intensidade.

Aquele divino amplexo, longe de acalmar a sede de Paulo, aumentou-a mais e mais. Sua vida é amor; tudo nela é amor, unicamente amor. No entanto, ele se acreditava despojado desse amor! "Ó doces abraços! Ó ósculos divinos! Quando nos inflamaremos como os serafins?..."

Dizia aos filhos:

Que faremos para agradar ao doce Jesus? Ah! Quisera fosse a nossa caridade bastante ardente para abrasar a todos os que se aproximassem de nós!... É pouco. Nossa caridade deveria inflamar os povos mais distantes, de todos os idiomas, de todas as nações, de todas as tribos; em suma, a todas as criaturas, a fim de que todos conhecessem e amassem o soberano Bem...[14]

Tudo o eleva a Deus

Nas excursões apostólicas ou nas visitas aos retiros, tudo o que se lhe deparava pelas estradas eram outras tantas vozes a convidá-lo a amar o Criador. À vista das flores, dos prados e campinas, comovia-se deveras; inflamava-se-lhe o rosto e, ao ouvir seus secretos cânticos de amor, tocava-as com o bastão e lhes dizia: "Calai-vos, calai-vos...".

[13.] OAM. p. 169; PAR. 2297. Este episódio foi reproduzido pelo pintor L. Cochetti, em magnífica tela ofertada ao Santo Padre no dia da canonização do santo.

[14.] Lt. I, 315. Outras vezes exclamava: "Ah! Se fosse possível, queria atear fogo no mundo inteiro, para que todos amassem a Deus" (S. 2. 320 § 100). M. Viller, em *Revue d'Ascetique e de Mystique* (1951, p. 134), diz que São Paulo da Cruz é o maior místico e "o maior mestre espiritual italiano do século XVIII". As abrasadas expressões que citamos atestam autorizadamente quão alto se elevara o nosso santo na união com Deus.

Aconselhava a um religioso:

Se fores ao jardim contemplar as flores, interroga a uma delas: "Quem és tu?". A resposta não será: "Sou uma flor", mas: "*Ego Vox* [Sou um pregador]. Eu prego o poder, a sabedoria, a bondade, a magnificência do nosso grande Deus". Reflete nessa resposta, abisma-te, compenetra-te, embebe-te todo nela.

Os fiéis de Fabiano, onde o santo pregara missão, acompanharam-no até bem longe da cidade. O servo de Deus estava santamente alegre. Ao chegarem ao lugar denominado "Cinque Quercie", avistando aquelas campinas em flor, prorrompeu nestas expressões: "Ó grande Deus! Ó grandeza de Deus!...".

E, com os braços estendidos, elevou-se aos ares, com verdadeiro assombro dos espectadores.[15] Passados instantes, voltou a si, continuando a falar-lhes com toda naturalidade.

Em viagem para o retiro de Santo Eutízio, voltou-se de repente para o companheiro e o interrogou: "A quem pertencem estes campos?". "São os campos de Gallese", respondeu o religioso. Insistiu o santo: "A quem pertencem estes campos?". Não obtendo resposta, com o rosto resplandecente, continuou: "A quem pertencem estes campos? Ah! Ainda não me compreendeste?... Pertencem ao nosso grande Deus...". E, por instantes, voou por sobre aquelas campinas!...

Em outra ocasião, ia de Terracina a Ceccano. Em Fossanova, deixou a estrada romana para visitar a igreja e o convento onde falecera o angélico doutor santo Tomás de Aquino. Enveredando por uma trilha, pôs-se a exclamar, com extraordinário ardor: "Ah! Não ouves estas árvores e folhas clamarem: 'Amai a Deus? Amai a Deus?!...'". Do rosto dardejavam-lhe raios de luz. E prosseguia: "É impossível não amar a Deus!".

Dir-se-ia que talvez quisesse abrasar o coração do companheiro com as chamas do próprio coração. Ao retornar à estrada, repetia a todos que encontrava: "Irmãos meus, amai a Deus, amai a Deus, que tanto

---

[15.] S. 1. 335 § 164.

merece ser amado. Não ouvis as folhas das árvores bradarem: 'Amai a Deus'? Oh! Amai a Deus, amai a Deus!".[16]

O religioso e os desconhecidos choravam e soluçavam ao ouvir essas palavras de fogo.

Celeste embriaguez, loucura do santo amor, que só ao amor é dado compreender! Martírio de inefáveis delícias no desterro desta vida! Antegozo da felicidade eterna, reservado a este anjo de amor!...

Das culminâncias da santidade, divisava o nosso santo, nas belezas das criaturas, o reflexo da divina formosura; esse harmonioso concerto de amor alteava-o à fonte eterna da harmonia e da beleza.

Seu domínio sobre a natureza

Quando o homem, pela completa destruição do pecado, restabelece as leis harmônicas que o unem novamente ao Criador, readquire o soberano império das criaturas.

Em se tratando de distinguir o sinete divino nos escolhidos do Senhor, os animais e até os seres inanimados parecem dotados de razão: o fogo torna-se orvalho refrigerante; a água solidifica-se como cristal; os animais mais ferozes são mansos cordeiros. Quem se não enternece ao ler, na biografia dos mártires, os tigres, os leões e os ursos lançarem-se-lhes aos pés para os beijar? Quem desconhece o corvo de São Paulo eremita, e os leões que lhe assistiram os funerais? A hiena de São Macário, o lobo de São Francisco de Assis?

Quanto ao nosso santo, já vimos como a chuva, as ondas e as tempestades o respeitavam e lhe obedeciam. São fatos frequentes em sua vida.

Paulo está gravemente enfermo; querem levá-lo em liteira a Borgheto, mas chove a cântaros. Resolvem enfrentar o mau tempo. Pois bem, em consideração aos méritos do enfermo e à caridade dos que o conduzem, Deus a todos preserva da chuva. Atravessam vários charcos, sem molhar nem mesmo os calçados.[17]

---

[16]. S. 2. 331 § 156.
[17]. S. 1. 433 § 315.

Numa missão por ele pregada, seu zelo apostólico irritou a alguns libertinos, porque lhes arrebatava a presa de suas vis paixões. Para vingar-se, envenenaram-lhe o alimento. O servo de Deus o ingeriu sem a menor suspeita, mas o veneno respeitou essa existência consagrada a Deus e o santo missionário redobrou de coragem para quebrar os grilhões dos pobres escravos do pecado.[18]

Desejando o santo ir de Fullônica a Porto Ferraio, encontraram somente uma embarcação que forte tempestade lançara à praia. Apesar da boa vontade do proprietário, fora temeridade partir com aquela nau. "Não temais", disse Paulo. "Vamos em nome de Deus".

Ouçamos agora o capitão de uma nave real, testemunha ocular do fato:

O proprietário da embarcação sinistrada e seus marinheiros, ajudados por mim e meus marujos, não conseguimos pô-la ao mar. Vem então o pe. Paulo em nossa ajuda. Tinha o crucifixo na mão esquerda e com a direita empurrava o barco. Verdadeiro milagre! Instantes após, ei-lo a flutuar! Soube por conhecidos da ilha que a viagem fora ótima; porém, assim que desembarcaram, abriu-se ao meio a embarcação e foi a pique.[19]

Matias Mairé, de Sutri, fora encarregado por Mons. Pedro Picciotti, vigário-geral, de levar carta urgente ao pe. Paulo, que pregava missão em monte Romano. O rio Biédano estava muito cheio, e Matias temeu atravessá-lo. Alguns carroceiros, práticos do rio, também não ousavam transpô-lo.

Enquanto o mensageiro refletia, chegou a cavalo um religioso Franciscano. Ao saber do motivo que levava Matias a monte Romano, disse-lhe com toda confiança e simplicidade: "Vejamos se o pe. Paulo de fato é santo". Tomou pelas rédeas o cavalo de Matias e empreendeu a travessia. A água atingiu o pescoço dos cavalos. Molharam-se bastante, mas chegaram felizmente à margem oposta.

---

[18] S. 1. 479 § 519.
[19] S. 2. 830 § 116.

Em monte Romano todos se admiraram como haviam conseguido atravessar o Biédano naquele dia; cessou, porém, o espanto ao saberem que confiaram no poder do santo missionário.

Acolheu-o o servo de Deus com muita caridade e, restauradas as forças, contra a opinião de todos, ordenou a Matias que regressasse imediatamente com a resposta. "Parta", disse-lhe o santo, "e eu lhe prometo a proteção divina".

O pe. João Batista interrogou-o: "V. Revmª garante que ele passará o Biédano sem perigo?". "Sim, garanto", respondeu Paulo, "mesmo que as águas cubram as copas das árvores, passe sem receio".

Com essa garantia, Matias não titubeou. Prodígio! O cavalo andava sobre as águas como se fosse em terra firme! Os carroceiros, supersticiosos, atribuíam o milagre a sortilégios diabólicos. "Não há dúvidas", diziam, "veem-se até as ferraduras do cavalo".

Matias chegou a Sutri às primeiras horas da noite. O vigário-geral, temeroso de algum acidente, estava para enviar nova carta, como aliás predissera o santo.[20]

Fatos como esse há diversos nos processos apostólicos. Quantas vezes não passou o santo a pé enxuto regatos e rios, nas excursões apostólicas?!

Vejamos agora como os próprios animais obedeciam ao santo.

Pregava numa das praças de Orbetello. Dois búfalos, desvencilhando-se do carro, investiram contra a multidão. Confusão e terror! O servo de Deus aconselhou a todos: "Ninguém deixe seu lugar. Isto é ardil de satanás, para impedir o fruto da divina palavra". Tomou o crucifixo e, dirigindo-se aos búfalos, já à entrada da praça, ordenou-lhes que retrocedessem. Eles obedeceram, enveredando pela rua do açougue, em direção à porta da cidade![21]

Percorrendo os Campos Romanos, Paulo encontrou um lavrador encolerizado pela indocilidade de dois bois recalcitrantes em puxar o arado. O lavrador proferia horríveis blasfêmias. O santo o repreendeu com

---

[20]. S. 1. 885 § 53.
[21]. S. 1. 227 § 308.

caridade e doçura. Longe de comover-se com os paternais conselhos, irritou-se ainda mais o desatinado, tomando da espingarda e apontando-a contra Paulo. Este, nada temeroso, mas horrorizado pelos ultrajes dirigidos ao seu Deus, empunhou o crucifixo e bradou: "Já que não queres respeitar a Deus Nosso Senhor, respeitem-no os teus bois". Os animais, como dotados de razão, prostraram-se imediatamente com os joelhos em terra![22] O blasfemador, atemorizado, lançou-se aos pés do santo, pediu-lhe perdão e o seguiu até a cidade onde Paulo ia pregar missão, para reconciliar-se com Deus.

O convento das religiosas de Farnese fora infetado de répteis venenosos, causa de transtornos na observância regular. O santo, solicitado a livrá-lo do flagelo, escusou-se, por humildade, a fazê-lo, alegando não ter licença para entrar na clausura. As religiosas recorreram ao cardeal Rezzonico. Sua eminência escreveu a Paulo: "Sentiria se esta carta não o encontrasse aí, para consolar essas boas filhas, bem como livrá-las das víboras que as molestam. Se estiver ainda em Farnese, faculto-lhe a entrada na clausura. Não me recuse esse favor". O santo rendeu-se às súplicas das religiosas e do Prelado. Suas orações foram eficazes, pois dali em diante nenhum réptil penetrou mais no convento.

Esses milagres humilhavam o servo de Deus, e da humilhação nasciam novos prodígios.

Paulo pregava retiro espiritual no convento de Sant'Ana, em Ronciglione. À hora da refeição, algumas personalidades da cidade, inclusive um eclesiástico, vieram visitá-lo. A casa estava infestada de moscas. O servo de Deus, notando a náusea daqueles senhores, disse-lhes: "Sou grande pecador; se fosse santo, afastaria estas moscas. Conheço um santo homem que desta maneira (e traçou o sinal da cruz) enxotá-las-ia imediatamente". Só foi fazer isso e desaparecerem todas as moscas! O santo, que não esperava o prodígio, todo confuso, não abriu mais a boca. E os presentes edificaram-se por esse silêncio, bem como pelo maravilhoso milagre.[23]

[22.] VS. p. 269; S. 1. 346 § 16.
[23.] S. 1. 788 § 177.

Paulo jazia enfermo na casa de piedoso benfeitor de Civita-Castellana. No quarto contíguo, gorjeavam maravilhosamente dois canários. O servo de Deus, para melhor desfrutar da doce melodia, rogou para que os trouxessem ao seu quarto. Quiseram convencê-lo de que, amedrontados, deixariam de cantar. "Trazei-mos, trazei-mos", replicou Paulo. Assim que as avezinhas são colocadas ao lado do leito, olham enternecidas para o doente e, como para contentá-lo, batem as asas e põem-se a cantar admiravelmente. O santo, em sublime concerto com essas criaturinhas, desabafa o coração, em terníssimos afetos ao Criador.[24] Terminado o êxtase, humilhado, Paulo suplicou ao benfeitor que afastasse os canários, mas as encantadoras avezinhas continuaram a gorjear por muito tempo.

Bendito sejais, ó Jesus Crucificado, pelos prodígios de amor que operais em vossos santos, por vossas chagas adoráveis e por vossa Paixão Santíssima, vida, doçura e esperança dos cristãos!

---

[24]. S. 2. 328 § 142.

CAPÍTULO XXVIII

Arauto da Sagrada Paixão

Paulo, septuagenário, terminará em breve a longa carreira apostólica, conservando, para o resto da existência, as nobres cicatrizes das mortificações e do sofrimento. Só por graves enfermidades suspendia os ministérios apostólicos.

Consideremos em conjunto esse admirável apostolado.

A Itália foi o teatro de seus labores. Percorreu-a pregando missões e retiros espirituais ao clero e às comunidades femininas.

Qual a origem desse apostolado, admiração de todos, inclusive dos soberanos Pontífices? Vejamo-lo.

Paulo, num ímpeto de fervor, suplicou a Jesus Crucificado a conversão de todos os pecadores, por quem o Redentor derramara seu preciosíssimo sangue. Depois contemplou a própria alma e exclamou: "Ah! Eu peço pelos outros, quando minha alma está no mais profundo do inferno!". Jesus respondeu-lhe com inefável ternura: "Tua alma repousa no meu Coração".[1]

Eis a origem do apostolado de Paulo da Cruz: o Coração de Jesus.

Nesse santuário, o santo vivia a mesma vida de Deus: seus pensamentos e afetos eram os pensamentos e afetos do divino Redentor, seu zelo pela salvação das pessoas se inflamava no zelo que levara Jesus ao Calvário, à cruz, à morte. A caridade de Nosso Senhor abrasou o universo; Paulo quisera abrasar o mundo todo.

[1.] PAR. 2283.

No horto das Oliveiras, Jesus, à vista dos pecados da humanidade, suou sangue e entrou em agonia; ao considerar a inutilidade do sangue divino para tantas pessoas, Paulo, de mil modos diversos, arrancava de suas veias o sangue generoso, "para completar na própria carne, o que faltava à Paixão de Cristo" (Cl 1,24). Pálido, desfigurado, abatido, em angústias mortais, parecia prestes a exalar o último suspiro. Sussurrava, apenas: "Ah! Um Deus Crucificado!... Um Deus morto!... ó caridade... ó prodígio de amor!... Ó criaturas ingratas! Até as pedras choram!... Como?! Morreu o Soberano Sacerdote, e nós não choramos? Só mesmo tendo perdido a fé para não desfazer-se em lágrimas. Ó meu Deus!...".[2]

Muitas vezes, ao contemplar Nosso Senhor na cruz, pedia-lhe, suplicava-lhe a graça de morrer crucificado. Em parte Jesus o contentou, pois esteve quase sempre agonizando na cruz dos sofrimentos.

Nos divinos ardores do Coração de Jesus, perpétua morada de sua alma, consumia-se no desejo de cooperar com ele na destruição do pecado e no resgate das almas imortais. Essa a sua missão.

Certo dia, o divino Mestre acolheu-o na chaga adorável de seu Coração, inundou-o de luz e descobriu-lhe a maldade do pecado, inflamando-o de ardentíssimo zelo.[3]

Eis o segredo de seu maravilhoso apostolado; eis o incentivo dessa luta sem tréguas ao pecado, ao mundo e a satanás.

Sempre de armas na mão, arrancou inúmeras pessoas do inferno, atacou impiedosamente o inimigo da salvação, conquistando imortais vitórias para a cruz de Cristo.

Crucificado com Cristo

Nada mais eficaz que o apostolado do sofrimento. Paulo, vítima de amor e expiação pelos pecados da terra, repitamo-lo, viveu perenemente crucificado.

[2.] S. 1. 235 § 333-335; 376 § 311.
[3.] PAR. 2298.

Antes da aprovação das Regras, alimentava-se exclusivamente de legumes e pão, bebendo apenas água. Uma vez por outra, quando na casa dos benfeitores, acrescentava, sempre por obediência, algumas gotas de vinho. Qualquer alimento saboroso tirava-lhe o apetite. Nada consumia fora das refeições.

Após os sermões ou depois de muitas horas de confissão, mitigava a sede aos pés de Jesus Sacramentado. Costumava dizer:

Ó bom Jesus! Vós dissestes: "Quem tem sede, venha a mim e eu o saciarei" (Jo 7,37). Saciai-me, portanto. E, em verdade, em verdade, Jesus me saciava… Disse-me um médico que, em consciência, eu deveria beber alguma coisa depois das práticas, pois a ardente sede poderia causar-me febre maligna. Ah! Esse médico me arruinou. Paciência.[4]

Não irei repetir que Paulo dormia sobre o pavimento desnudo, depois de passar parte da noite a orar, de joelho, afugentando o sono com duríssimas penitências. Direi apenas que a simples vista dos instrumentos usados por ele (muitos se conservam como relíquias) causam horror.

Além da disciplina conservada em Gaeta, há outra que termina em bolas de chumbo, eriçadas de pontas de ferro. Um coração e um cilício igualmente de ferro, terminados em agudas pontas; duas correntes, cujas extremidades são estrelas e grampos.[5] Em Santo Anjo, conserva-se uma cruz de madeira, com cento e oitenta e seis pontas de ferro, que Paulo trazia sobre o peito!

Açoitava-se, sobretudo nas missões, com uma corrente formada de vários anéis de ferro. O auditório, à vista do sangue abundante, prorrompia em brados de compaixão. Um dos assistentes subiu, certa vez, ao púlpito, sem que o servo de Deus o percebesse, para arrancar-lhe das mãos o instrumento, verificando como era forte o braço do santo, pois recebeu tão violento golpe que lhe quebrou o braço![6] Paulo curou-o com o sinal da cruz.

[4.] S. 1. 167 § 79.
[5.] S. 1. 673 § 186.
[6.] S. 2. 120 § 84.

Mais tarde, sabendo que os religiosos do retiro da Apresentação conservavam essa corrente, lançou-a numa latrina, dizendo: "Já que me mutilaste para o resto da vida, não quero que mutiles outrem".[7]

Nos últimos anos, disciplinava-se, nas missões, com instrumento formado de cinco chapas de aço, afiadas nas extremidades como navalha.

Algumas vezes, particularmente quando pregava sobre o inferno, apresentava-se trazendo uma corda ao pescoço e uma coroa de espinhos tão calcada na cabeça que o sangue lhe banhava todo o rosto![8]

Acrescentemos as frequentes viagens, sempre a pé, descalço, a cabeça descoberta, revestido de simples túnica, assim no verão como no inverno. E as enfermidades, companheiras inseparáveis do servo de Deus...

Em viagem para Farnese, onde ia pregar missão com o pe. João Batista, pediu a um senhor que encontrara no caminho que fosse à frente anunciar ao pároco sua próxima chegada. Eis as palavras do mensageiro: "Para um dos missionários, pode V. Revmª preparar um ataúde, porque tem mais aparência de morto que de vivo".[9]

Para comunicar-lhe o poder e a fecundidade da redenção, Nosso Senhor, por vezes, o abandonava ao furor de satanás, como fizera com seu divino Filho na Paixão.[10]

Benevolência para com os outros

Rigorosíssimo consigo, Paulo era todo benevolência para com os religiosos. Deviam seguir o conselho do divino Mestre: "*Manducate quae apponuntur vobis*" [Comei o que vos apresentarem] (Lc 10,8). Não permitia singularidades, exigia a vida comum.

O pe. Marco Aurélio perguntou-lhe como agiria se algum dos nossos se pusesse a jejuar nas missões. Como célebre e santo missionário, respondeu:

[7.] S. 1. 654 § 65.
[8.] S. 1. 673 § 187.
[9.] PAM. p. 24.
[10.] PAM. pp. 123-126.

Afastá-lo-ia das missões. As regras são precisas neste ponto. Se outros jejuam, é porque as Regras que professaram nada lhes prescrevem a respeito. A observância das Regras conserva a humildade e a saúde; caso contrário, corre-se risco de perder ambas as coisas.[11]

Aconselhava aos missionários:

Alimentai-vos o suficiente. Se Nosso Senhor vos comunicasse força sobrenatural, poderíeis passar vários dias sem comer, mas já que vos não concede essa graça, é necessária prudência, pois ingentes são as fadigas.

Não aceitava missão sem certificar-se da vontade de Deus. Longe de se ingerir em tão difícil encargo com zelo indiscreto e caprichoso, não daria um passo sem ser chamado pelos superiores e por eles ser munido de legítimo mandato. E queria que mesma regra fosse seguida à risca em toda a Congregação.

Regozijava-se no Senhor, quando reclamado o seu ministério ou o de seus religiosos; caso contrário, resignava-se às disposições divinas, com santa indiferença.

Seu método nas missões

Vejamos o seu método nas missões.

Começava por avisar os párocos do dia da chegada dos missionários. Nessas cartas respirava o ardor de seu zelo.

Fazia questão que a entrada fosse solene, porque, ao pôr os pés na paróquia, costumava anunciar ao povo a paz e o perdão. Em calorosa alocução, dizia que viera trazer a paz e a guerra: a paz com o Pai celestial e a guerra ao pecado e ao inferno. Nosso Senhor seria o medianeiro da paz e o generalíssimo da guerra, garantindo aos ouvintes que, sob a mediação e direção desse comandante, estavam asseguradas a derrota dos inimigos e a reconciliação com Deus. Entre cânticos piedosos, dirigiam-se à igreja, onde pregava o sermão preparatório. Assim ficava aberta a missão.[12]

---

[11]. VS. 119.
[12]. Lt. III, 542; II, 59, 362.

No curso da mesma havia duas instruções catequéticas: uma de manhã aos camponeses, consistindo na explicação simples e clara dos mandamentos da lei de Deus; a outra, à noite, sobre disposições necessárias à recepção dos sacramentos da Confissão e Comunhão. Tinham a duração de uma hora. Em seguida a esta se pregava o sermão de máxima.

Por vezes, particularmente nos primórdios de seu ministério, organizava procissões e outras práticas de piedade.

Tinha em grande conta os assim chamados "oratórios de penitência", porque dispunham os homens a confessar-se com as devidas disposições. Para isso, reunia-os na igreja, meia hora depois da Ave-Maria. Um missionário excitava-os ao arrependimento e ao propósito. Proibia terminantemente às mulheres aproximarem-se da porta da igreja; aconselhava-as a permanecerem em casa, rezando pela conversão dos maridos. Praticava-se este exercício cinco ou seis vezes durante a missão.[13]

À noite, uma hora depois do sol posto, dobravam-se todos os sinos, lembrete aos pecadores de que estavam mortos para Deus e para a graça. Todos deviam rezar cinco Pai-Nossos e cinco Ave-Marias em louvor às chagas de Jesus, implorando perdão e misericórdia para os que se achavam na inimizade divina.[14]

Quatro pessoas, das mais influentes e edificantes, recebiam a incumbência de reconciliar os inimigos e restabelecer a paz nas famílias.[15]

Sem descuidar do estudo e dos princípios da sagrada eloquência, mais do que dos livros, era nas chagas do Redentor que Paulo hauria os argumentos de seus sermões. Antes de subir ao tablado, prostrado de joelhos ante o crucifixo, por vezes sobre uma tábua eriçada de pregos, buscava força, eloquência e unção para si e graças para os ouvintes.[16]

Pregando a missão em Bassano de Sutri, vieram procurá-lo com urgência, enquanto preparava a prática em seu quarto. O dono da casa, Nicolau Cappelli, tomou a liberdade de entrar para avisá-lo. Paulo,

---

[13]. S. 1. 115 § 20; S. 2. 108 § 17.
[14]. S. 1. 445 § 381.
[15]. S. 1. 473 § 499.
[16]. PAM. p. 99-121.

surpreendido por essa visita inesperada, procurou esconder com presteza o instrumento de penitência e, para disfarçar, disse: "É ao pé do crucifixo que costumo preparar minhas práticas".[17]

Recitava aos pés de Jesus Sacramentado o símbolo de Santo Atanásio, acrescentando: "Eis, Senhor, o momento em que irei glorificar as vossas misericórdias", e subia ao estrado.[18]

Dava os avisos que julgava convenientes e começava o sermão. Por vezes, terminando a introdução, deixava as regras da eloquência, dirigindo-se pelo impulso da graça. Sem perder de vista o objeto principal, fazia admiráveis digressões, cujos efeitos evidenciavam a assistência do divino Espírito Santo. Súbitas iluminações, abrasadas expansões de amor, brotavam-lhe do coração.[19] Dir-se-ia um ser sobrenatural. Afirmavam: "A presença do pe. Paulo no estrado já é uma missão".[20]

Sua eloquência vigorosa, doce, simples, ardente e insinuante arrastava os corações ao amor de Deus.

Os sentimentos da alma reverberavam-se no exterior: por vezes, os olhos chamejavam a cólera divina, para logo, todo meiguice, evidenciarem a misericórdia do Senhor; o rosto refletia o horror ao pecado e a compaixão aos pecadores; contra sua vontade, caía amiúde em pranto desfeito.

Quando tratava de assuntos aterrorizantes, bastava fitá-lo para sentir-se atemorizado: o olhar, o gesto, a voz, tudo denunciava o terror que o dominava.

Diz testemunha ocular: "Tremiam-lhe todos os membros. Amedrontava, por estar amedrontado".

Famoso bandido disse-lhe mais de uma vez: "Pe. Paulo, V. Revmª, no púlpito, me faz tremer dos pés à cabeça". E um oficial de alta patente revelou-lhe também: "Pe. Paulo, tomei parte em batalhas sangrentas,

---

[17]. S. 1. 611 § 113.
[18]. VS. p. 117.
[19]. PAM. pp. 72-74; S. 1. 453 § 410; S. 2. 107 § 9.
[20]. S. 2. 648 § 55; S. 1. 411 § 195.

encontrei-me sob o fogo do canhão e jamais tremi, mas vós me fazeis tremer dos pés à cabeça".[21]

Nas prédicas sobre o inferno, seus cabelos se arrepiavam e os olhos chamejavam. Bradava: "Oh! Que dura necessidade a de odiar para sempre Aquele que nos ama desde a eternidade!". "Ai! Jamais ver a Deus!..." "Eternamente longe de Deus!..." E repetia, com acento terrível, parecendo que se lhe despedaçasse o coração: "Sempre!... Jamais!...".

Tremia, estremecia, chorava, fazendo o auditório tremer, estremecer e chorar com ele.[22] Contudo, ao pedir com insistência, qualquer que fosse o assunto, abrandava a voz e falava com extraordinária ternura, comovendo os corações mais empedernidos.

Se pregasse sobre o paraíso, os ouvintes deixavam com ele a terra, para antegozarem as inefáveis delícias do céu.

Diziam sábios doutores: "O pe. Paulo sabe mais teologia do que nós... Antegoza a felicidade do paraíso; eis por que discorre maravilhosamente sobre ele".

E quando pregava sobre a Eucaristia? Suas palavras eram um cântico de amor, um hino seráfico. Amiúde era arrebatado em êxtase e envolvido por brilhante luz.[23]

E sobre a Paixão de Nosso Senhor? Sua alma se desfazia em suspiros e lágrimas. Diziam todos: "Este Padre, um dia, morrerá no estrado, pregando a Paixão de Jesus".[24]

Com que emoção repetia: "Um Deus amarrado por meu amor! Um Deus açoitado por meu amor! Um Deus morto por meu amor!". Ao pronunciar essas palavras, penetrava no santuário da divindade, oceano de bondade e perfeição infinitas. O amor arrebatava-o; ninguém sabia falar sobre a sagrada Paixão como o pe. Paulo.[25]

[21.] VS. p. 117; PAM. p. 66.
[22.] VS. p. 277.
[23.] PAM. pp. 118-121.
[24.] VS. p. 268.
[25.] VS. p. 346.

Frutos consoladores

Sua eloquência, haurida no Calvário, produzia incalculáveis frutos de salvação. Os pecadores interrompiam-lhe frequentemente os sermões com soluços e gemidos, ferindo o peito e confessando as próprias culpas em altos brados. O missionário ia buscá-los até dos braços de satanás.[26]

Todos desejavam ouvi-lo e confessar-se com ele, porque a todos prodigalizava terníssima caridade. Como bondoso médico, cuidava de todos, mas de modo particular dos mais enfermos. Costumava dizer serem os ladrões seus melhores amigos. Como os amava! Estes, convencidos de que Paulo os estimava, afeiçoavam-se-lhe extraordinariamente.

Doçura e insinuação eram as armas usadas pelo santo para ganhá-los a Deus. Tomava parte em suas penas. Abraçava-os e os acariciava. Numa palavra, fazia-lhe de pai, a fim de libertá-los das cadeias do pecado. Para significar que alguém era grande pecador, costumavam dizer: "Para ti, só o pe. Paulo".

Seriam necessários grossos volumes para referir as admiráveis conversões de bandidos operadas por Deus nos ministérios de seu apóstolo.

Já referimos algumas; relataremos outras no capítulo seguinte.

Inspirava-lhes confiança na misericórdia de Deus: "Coragem, meus filhos! Não vos inquieteis. Eu tomo sobre mim os pecados cometidos até este momento. Cuidai do futuro; do passado eu me encarrego".

A este propósito, quis o demônio perturbá-lo. Estando em oração diante do Santíssimo Sacramento, sugeriu-lhe esta reflexão: "Miserável! Tomaste sobre ti os pecados de outrem! Recordá-los-ei no dia do juízo".

O santo, lembrando-se de que Jesus é a Vítima de propiciação pelos nossos pecados, lançou sobre ele essas faltas, dizendo-lhe com simplicidade filial: "Senhor, sobrecarreguei-me de pecados alheios por vosso amor. Tomai-os, pois eu os descarrego em vós…", e fez o movimento dos ombros, como quando alguém descarrega um peso.[27] Assim recobrou a paz.

---

[26]. PAM. p. 181.
[27]. S. 1. 264 § 64.

O meio infalível

Se Jesus era o princípio de seu apostolado, era, outrossim, o meio mais poderoso. Diariamente, nas missões, terminada a prática de máxima, meditava, juntamente com os fiéis, a Paixão de Nosso Senhor. Aos pecadores, temerosos da divina justiça, encorajava-os com as chagas e o sangue do Salvador.

Ao findar a missão, pronunciava solene sermão sobre Jesus Crucificado. Era, por assim dizer, o golpe de misericórdia para as pessoas obstinadas. Dificilmente deixavam de arrojar-se nos braços amorosos do Redentor.

Eis as palavras do santo:

> Vejo cada vez melhor que o meio mais eficaz para converter os pecadores obstinados é a Paixão de Nosso Senhor, pregada conforme o método que a divina, incriada e infalível bondade aprovou por intermédio de seu Vigário na terra.[28]

Paulo sempre exigiu discrição, tão necessária para conduzir a bom termo qualquer trabalho, principalmente os que requerem grandes fadigas. Com o passar do tempo, teve que moderar o ardor de seu zelo. De manhã, ouvia confissões até ao meio-dia. À noite, terminado o sermão, descansava, ou melhor, recolhia-se por instantes, recomendando a Deus o êxito da prática, antes de voltar ao confessionário.

A sagrada Paixão era também para o servo de Deus o meio mais eficaz para garantir os frutos da missão. Exortava a todos que meditassem os cruéis tormentos do Redentor ou, pelos menos, deles se recordassem frequentemente.

> Eu converti por esse meio os mais empedernidos pecadores e ladrões; enfim, toda espécie de pessoas perversas, e tão sincero era o arrependimento que, ao confessá-los mais tarde, não encontrava matéria de absolvição.

---

[28]. Lt. II, 234.

É que tinham sido fiéis aos conselhos que lhes dera de meditarem os sofrimentos de Jesus.[29]

Aos que ainda ignoravam as doçuras das chagas do Salvador, manancial de vida e felicidade, acomodava-se à sua fraqueza, aconselhando-lhes:

Não deixe passar dia sem meditar por meia hora ou, ao menos, por quinze minutos, sobre algum mistério da Sagrada Paixão. Com esta prática se conservará longe do pecado e crescerá na virtude.[30]

As missões duravam o tempo conveniente. Paulo se regulava neste ponto pelas necessidades dos povos e pelo proveito que hauriam.

Concluída a missão, partia imediatamente, assim como voltam os Anjos ao Céu, quando desempenhadas na terra as ordens do Altíssimo, levando consigo ardentíssimo zelo pelo bem espiritual das pessoas, que auxiliara no caminho da perfeição, recomendando-as fervorosamente a Deus em suas orações.[31]

[29.] S. 2. 141 § 26; VS. p. 349.
[30.] Lt. IV. 140.
[31.] PAM. p. 121.

CAPÍTULO XXIX

O apóstolo dos bandidos

Que força, que fecundidade no apostolado de Paulo, inspirado unicamente em Jesus Crucificado!

Já vimos como Deus abençoou a extraordinária messe das pessoas, colhida pelo grande missionário no campo da Igreja.

Por toda parte onde se fazia ouvir a sua voz, operava-se completa transformação: refloresciam os costumes, desapareciam os ódios implacáveis, restabelecia-se a paz no seio das famílias, as pessoas entregavam-se à prática da oração mental, os corações se inflamavam no amor ao Cristo Crucificado.[1]

Reviviam-se os mais belos tempos do cristianismo. Pronunciava-se o nome do grande missionário com admiração e acatamento: "O pe. Paulo é verdadeiramente santo! É grande apóstolo de Jesus Crucificado!".[2]

Não sabiam separar-se dele. Terminada a missão, acompanhavam-no, em multidão, por grande trecho da estrada; recomendavam-se às suas orações, beijavam-lhe as mãos, a capa e até as pegadas, ao longo dos caminhos!

Dir-se-ia que recebera de Jesus moribundo o dom particular de converter os salteadores em "bons ladrões".[3]

Recolhamos, na vasta seara, mais alguns fatos.

---

[1]. S. 1. 112 § 11.
[2]. S. 1. 901 § 956.
[3]. S. 1. 385 § 24.

Os bandidos de Montiano

Paulo, em viagem para Montiano, cruzou com um bando de bandidos, a cavalo. Atraídos por sua afabilidade, resolveram acompanhá-lo. Paulo falou-lhes sobre Deus, a alma e a salvação eterna, como somente ele sabia fazê-lo. Aqueles homens, habituados aos crimes e homicídios, sentiam diminuir-lhes a crueldade e a ferocidade. Ao repararem que as pegadas do servo de Deus eram assinaladas por manchas de sangue, apearam, insistindo a que montasse um dos cavalos. Recusada a oferta, os bandidos, nos trechos escabrosos, estendiam as suas capas e o obrigavam a passar sobre elas.[4]

Seguiram-no até Montiano. Como estavam armados, atravessaram as ruas em silêncio e entraram na igreja, assistindo com o máximo respeito ao sermão pregado pelo servo de Deus. Assim fizeram até o término da missão.

O que é mais admirável é que todos mudaram de vida, tornando-se ótimos cristãos até a morte.[5]

O salteador de Magliano

Eis mais um fato em que resplandece a misericórdia divina.

Famoso salteador jurara assassinar um senhor de Orbetello. Paulo deliberou encontrar-se com o temível bandido. Em vão quiseram demovê-lo do intento.

Armado do crucifixo, encaminhou-se ao esconderijo do facínora. Encontrou um homem armado dos pés à cabeça e perguntou-lhe se era fulano de tal...

"Sou", respondeu-lhe este com ar ameaçador. Paulo ergueu a cruz, ajoelhou-se e exclamou: "Vim expressamente para solicitar-lhe um favor em nome de Jesus Cristo e não voltarei sem havê-lo conseguido". "Que é o que deseja?" "Que perdoe a tal pessoa, pondo fim a seus temores".

[4.] S. 1. 470 § 490.
[5.] PAM. p. 40.

Tanta doçura triunfou sobre a ferocidade cruel: "Ah, padre!", balbuciou o vencido pela graça. "Levanta-te, pois não posso negar o que me pede. Somente o senhor poderia consegui-lo. Sim, perdoo-o de todo coração".

A pedido de Paulo, firmou um documento em que declarava perdoar a quem até então perseguira de morte. Notando as boas disposições do bandido, falou-lhe, com a habitual bondade, de Jesus, cujos braços abertos anelavam por apertá-lo ao Coração.

Novo triunfo da cruz. Não somente o bandido confessou-se, mas todos os seus cúmplices, e perseveraram nos bons propósitos.

Que alegria a daquela pobre gente! Que júbilo, sobretudo, para o coração do apóstolo!

Como tardasse a voltar, preocupavam-se os de Orbetello. Com seu regresso, o contentamento foi geral, notadamente do pobre homem a quem Paulo salvara a vida.[6]

Temerosa surpresa

Essas conversões tornaram-se notáveis em toda a Itália, repercutindo até nos antros dos salteadores. Vários entre eles foram à procura do santo para depor-lhe aos pés o peso de tantos delitos.

Vejamos apenas o seguinte.

Anoitecia. Paulo e João Batista percorriam a estrada, ladeada de bosques, que leva a Montemarano, aldeia da Toscana. Para tratar a sós com Deus, conforme costumava, mandou que o companheiro se adiantasse.

Um ladrão, armado, tomou-o pelo braço, arrastando-o para o bosque. Assustado, Paulo o foi seguindo. Ao recobrar coragem, perguntou ao estranho personagem o que desejava.

"Mais para dentro! Mais para dentro!", replicou o bandido, continuando a arrastá-lo. Julgando-se perdido, encomendou a alma a Deus.

[6.] S. 1. 468 § 480.

Na floresta mais densa, o bandido ajoelhou-se e implorou humildemente: "Padre, confesse-me, por amor de Deus". "Meu irmão, poderia ter-me dito antes." "Perdoe-me, padre... julguei que, se não procedesse assim, não me ouviria em confissão." "Sim, confessá-lo-ei, mas deixe-me antes tranquilizar ao meu companheiro."

Horas depois, o singular penitente estava reconciliado com Nosso Senhor, a quem tanto ofendera.[7]

"Há doze anos não me confesso"

O santo costumava dizer: "A brandura atrai, o rigor afasta". E apresentava o fato seguinte. Numa missão, dissera-lhe um pecador: "Padre, confesse-me, pois faz doze anos que me não confesso...". Notando no penitente, depois da confissão, insólita alegria, perguntou-lhe por que se privara por tanto tempo dessa felicidade. Disse-lhe aquele senhor: "Padre Paulo, fui um dia confessar-me. O sacerdote repreendeu-me asperamente, expulsou-me do confessionário, bradando: 'Retira-te daqui, pois estás condenado...'. Atemorizado, nunca mais me atrevi a confessar-me".

Anos depois, esse convertido, encontrando-se com o santo, beijou-lhe as mãos, dizendo-lhe: "Padre Paulo, desde que me confessei com V. Revmª, com a graça de Deus, não mais caí em pecado grave".[8]

Que poder não encerra a doçura!...

Poderíamos referir numerosas e admiráveis conversões de mulheres de má vida. Quantas vezes essas míseras, tocadas pelas palavras do santo, interromperam-lhe o sermão, exclamando: "Ai de mim, infeliz pecadora...! Perdão! Perdão, pelos escândalos que causei!".[9]

Diante de cenas tão edificantes, a comoção, os soluços e os gemidos eram gerais.

Narremos o fato de uma jovem cega de Orbetello.

[7.] S. 1. 476 § 509.
[8.] S. 1. 123 § 36.
[9.] S. 1. 113 § 16.

Cegara de repente, havia oito meses. Persuadira-a o demônio de que Deus a abandonara e que, para recuperar a paz e a tranquilidade, devia deixar os exercícios de piedade. Pobre jovem! Sucumbira à ilusão, julgando que somente a desconfiança absoluta a faria menos infeliz! Com efeito, a partir daí, não derramara uma lágrima sequer...

Vivia nesse mísero estado havia vários meses, quando lá chegou o pe. Paulo, hospedando-se na casa dos Grazi, seus benfeitores.

Uma irmã da desditosa jovem, certamente por inspiração divina, levou-a ao santo. Após a missa, o servo de Deus, espontaneamente, perguntou pela cega. Ao apresentarem-na, foi-lhe dizendo: "Júlia, necessitas duas graças: a luz da alma e a luz dos olhos. Qual a tua preferência?". E, sem dar-lhe tempo para a resposta: "Oh, não há dúvida! Preferes a vista da alma, não é?". E pousou dois dedos nos olhos da cega. "Estes dois dedos acabam de tocar grande e santa coisa: 'o Pão dos anjos...'".

Exclamou logo Júlia, fora de si: "A vista da alma... a vista da alma".

A luz divina iluminara o Espírito da donzela. Reconciliou-se com Deus, desfrutando, desde esse momento, inefável felicidade, como jamais experimentara no passado.

Como Nosso Senhor Crucificado é infinitamente misericordioso! Vejamos agora o seu infinito poder.

Sua voz é ouvida ao longe

Um senhor dirigia-se a cavalo para Porto Ferraio, na ilha de Elba. Ao chegar a Elbetro, ecoaram-lhe aos ouvidos estas terríveis palavras: "Inferno!... Eternidade!...". Deteve-se, assustado. De onde viria voz tão potente? Não se deparando com ninguém naquela solidão, cravou as esporas no cavalo e prosseguiu o caminho. Dados alguns passos, ouviu novamente, com timbre mais forte, as mesmas palavras. A tremer, desceu do cavalo, pôs-se de joelhos, implorando perdão a Deus pelas próprias faltas. Em Porto Ferraio, soube que o pe. Paulo pronunciara aquelas palavras no instante em que ele as ouvira a três quilômetros de distância![10]

---

10. S. 1. 423 § 262.

Prodígios semelhantes repetiram-se com um pastor, um enfermo e um médico. O pastor, cuidando de seu rebanho; o enfermo, em seu leito de dor; e o médico, no cumprimento dos deveres profissionais, a oito quilômetros de distância! E o que é mais admirável, ouviram todo o sermão![11]

Bilocação

O santo terminara a missão em Piombino. Verdadeira multidão o acompanhara ao porto para dar-lhe adeus. Com vento propício, logo o vapor desapareceu no horizonte.

Entre os que lá se achavam, estava o dr. Gheraldini. De volta à cidade, fora visitar um amigo. Qual não foi, porém, o seu espanto ao ver o pe. Paulo deixar aquela casa! "Como, pe. Paulo, V. Revmª por aqui? Acompanhei-o ao porto, vi-o partir... perdi de vista o vapor..." "Silêncio, senhor Gheraldini, aqui estou por um ato de caridade." E desapareceu...[12]

Por vezes, "voz misteriosa" obrigava os pecadores a procurarem o caridoso médico. Não era raro o santo aparecer a alguma pessoa para consolá-la ou para reconciliá-la com Nosso Senhor.[13]

Certa manhã, enquanto depunha os paramentos sagrados, apresentou-se-lhe um homem e foi logo dizendo: "Padre Paulo, ouça-me em confissão, pois há dez anos não me confesso". "Você quer desonrar-se?", respondeu-lhe o santo. E, voltando-se para os presentes: "Não acreditem, o que ele quer é confessar-se em primeiro lugar". Contudo, aquele senhor protestou: "Faz dez anos que não me confesso!".

Terminada a ação de graças, Paulo o confessou. Misericórdia de Deus! Onde abundara a culpa, superabundou a graça. O pobre homem, grande pecador, golpeava o peito com uma pedra, prova do sincero arrependimento. O santo teve que intervir, arrancando-lhe a pedra da mão.

O mais maravilhoso foi o modo como o penitente chegou aos pés do confessor. Enquanto se dirigia ao povoado onde se pregava a missão,

---

[11]. S. 1. 873 § 6; 442 § 366.
[12]. VS. p. 119.
[13]. S. 2. 809 § 32; OAM. pp. 263-266.

apareceu-lhe o demônio, ameaçando levá-lo ao inferno. Compreende-se facilmente o espanto do pobre pecador. Durante a noite, uma voz se fizera ouvir diversas vezes: "Confessa-te com o pe. Paulo". Essa a razão por que o chamou pelo nome, embora não o conhecesse.[14]

Seu Anjo ou ele mesmo?

Em outra ocasião, Paulo passara a noite toda no confessionário. De manhã, celebrada a santa missa e dadas as devidas graças, retirara-se à casa paroquial, para breve descanso. Apenas se recolhera, bateram à porta. Era um senhor que desejava confessar-se.

"Meu filho", disse-lhe o santo, "necessito repousar por alguns instantes; vá à igreja e qualquer de meus companheiros o atenderá". Contudo, uma voz lhe segredou aos ouvidos: "Confessa esse pobre homem". Chamou-o, então, e o penitente lhe declarou: "Padre, se aqui estou para confessar-me a esta hora, é porque o senhor mesmo mo insinuou". "Como?", perguntou, admirado, o servo de Deus. "Esta é a verdade", replicou o penitente. "O senhor me disse na noite passada: 'Vem confessar-te'."

Maravilhou-se Paulo das sublimes invenções da graça, confessando, com humildade, que, vez por outra, o Anjo da guarda tomava-lhe o semblante para coadjuvá-lo na conversão das pessoas.[15]

Confirma-o o fato seguinte.

Na igreja do monte Argentário, denotando grande preocupação, jazia a um canto, ajoelhado, ex-oficial do exército. O pe. Luís do Coração de Jesus o notou. Aproximou-se dele, perguntando em que poderia servi-lo. "O pe. Paulo está em casa?"

Perturbou-se ao saber que o servo de Deus estava ausente.

"Desejaria confessar-me com ele", acrescentou, suspirando. "Se é apenas isso o que deseja, não faltam aqui confessores. Há seis." "Pois bem, confessar-me-ei com V. Revmª."

---

[14]. S. 1. 472 § 497.
[15]. S. 1. 472 § 496.

O pe. Luís conduziu-o à sala do Capítulo, onde havia grande e comovente crucifixo. Apenas o ex-oficial pousou os olhos naquela efígie, caiu de joelhos e, batendo no peito, exclamou, chorando: "Perdoa-me, padre, perdoa-me?". "Havê-lo atraído a seus pés, é prova patente do perdão", respondeu-lhe o pe. Luís, para animá-lo.

"Padre, há mais de cinquenta anos que vivo em sacrilégio, atormentado sempre por cruéis remorsos. Não conseguia vencer essa vergonha. Uma noite pareceu-me ver em sonho a Jesus Crucificado, entre sua Mãe Santíssima e o pe. Paulo. Este, tirando de sob a capa afiada espada, disse-me em tom ameaçador: 'Vai, vai confessar-te no retiro do monte Argentário ou dar-te-ei a morte'. A Santíssima Virgem, compadecendo-se de mim, acenou-lhe com ambas as mãos para que sustasse o golpe, assegurando-lhe que eu viria confessar-me. Saltei da cama, apavorado. Estava banhado de suor frio, como se tivesse deixado o banho. Pois bem, apesar de tudo, não me decidia confessar-me. Dias após, repetiu-se o sonho, mais terrível ainda. O pe. Paulo, com sua fulminante espada, atirou-se sobre mim, bradando: 'Para ti já não há remédio'. A Santíssima Virgem, sempre intercedendo por mim, asseverava que dessa vez eu me reconciliaria com Deus. Despertei com o mesmo suor e o mesmo espanto. Clareou o dia, pus-me a caminho e aqui estou. Haverá salvação para mim?"

Cálidas lágrimas deslizavam pelas faces do pecador arrependido. A contrição e o amor, unidos ao Sangue divino do Cordeiro, restituíram-lhe a paz juntamente com a segunda inocência.

Disse ele, ao levantar-se, jubiloso, dos pés do confessor: "Meu padre, já que não me foi dado confessar-me com o pe. Paulo, suplico-lhe que relate ao mesmo o que acaba de ouvir, recomendando-lhe este pobre pecador".[16]

No primeiro encontro, disse o pe. Luís ao servo de Deus: "Vossa paternidade aterroriza os pobres pecadores". E relatou-lhe o fato. "Ó meu Deus", exclamou o santo, humilhado, "não é esta a primeira vez que o meu Anjo da guarda se reveste de minhas pobres feições".

---

[16] Vida ed. 1821, p. 196.

Poder sobre os elementos

Satanás não dava tréguas ao servo de Deus. Quando ele devia pregar em campo aberto ou em praças públicas pela grande afluência de fiéis, o que não era raro, o inimigo de todo bem suscitava tempestades. Relatemos o seguinte fato.

O grande missionário pregava numa praça de Santa Flora. O dia era belo. De repente, ouvem-se estampidos de trovões, escurece o céu, a chuva estava prestes a cair... O auditório quer dispersar-se. "Ninguém se mova", aconselha Paulo, com voz vibrante. "Isto é obra do demônio, irritado pelo bem que aqui acontecesse." Abençoa o céu com o crucifixo. No mesmo instante, cai violenta tromba de água, alagando os campos vizinhos, sem cair, contudo, uma só gota na praça.

Inflamado de novo fervor, declarando querer penitenciar-se pelos pecadores, açoita-se com tanta violência que arrebenta a disciplina. Uma parte voa ao telhado de uma casa vizinha! Tomando, então, da corrente que tinha ao pescoço, continua a flagelar-se, até que um sacerdote lhe arrebata das mãos o terrível açoite.[17]

Era assim que o ardoroso atleta de Cristo confundia o inimigo da salvação...

Em viagem para Montalto, surpreendeu-o a noite no meio do caminho. Teve de abrigar-se com o companheiro numa hospedaria. Ao vê-los, alguém proferiu horrível blasfêmia. Interpelou-o imediatamente o servo de Deus: "Traidor, que disseste?... Poderias converter em sangue esta pedra?". Bateu com a mão direita na pedra, levantou-a e... ei-la a verter torrente de sangue!... Tremendo, o blasfemo lançou-se-lhe aos pés, pedindo perdão. No dia seguinte, confessou-se com o servo de Deus, prometendo, sinceramente, jamais blasfemar.

Vejamos agora o poder de Deus ao castigar os pecadores resistentes à caridade do missionário.

Em Pitigliano, seis homens, de ínfima camada social, escravos de inomináveis paixões, além de escarnecerem publicamente o pregador,

---

[17]. S. 1. 228 § 310.

reuniam-se numa farmácia próxima à igreja e, à hora do sermão, batiam fortemente com um malho numa bigorna. O barulho era infernal. Ninguém podia ouvir a Palavra de Deus. Rogado a que cessasse o ruído e fechasse a farmácia durante as funções religiosas, o farmacêutico respondeu com insolência: "Que pretensão a desse padre! Diga-lhe que não a fecharei". Os demais alegaram que, estando em casa particular, fariam o que bem lhes parecesse. E continuou o barulho.[18] Após breve oração, Paulo profetizou: "Miserável! Não quer fechar a farmácia? Aberta ela permanecerá, mas não para ele". E prosseguiu: "Que tomem cuidado, caso contrário, vão se ver com a cólera de Deus".

O escândalo produziu deploráveis efeitos. Muitas pessoas abandonaram a missão. Paulo, aflito, anunciou que o castigo era iminente e terrível. O mais culpado entre eles sofreu a morte abjeta do ímpio Ário; encontraram-lhe o cadáver em lugar imundo. Todos foram castigados com morte infame.

O farmacêutico experimentou os revezes da fortuna. Reduzido à miséria, perdeu o estabelecimento. Este ficara aberto, mas não para ele. Ademais, toda a população foi castigada com mortífera peste, que ceifou setecentas pessoas! Ai dos apóstolos de satanás que molestam aos apóstolos de Jesus Cristo!

Em Magliano, seis ou sete pessoas resistiam à graça. "Compadeço-me dos que desprezam a divina misericórdia", suspirava Paulo. "Cairão sob os golpes da divina justiça!" Passados alguns meses, um morreu afogado, outro de uma queda, um terceiro assassinado; todos, enfim, pereceram miseravelmente!

Em Vetralla, uma mulher não queria perdoar grave injúria recebida de outra senhora, não obstante os rogos e as lágrimas desta e os esforços de diversas pessoas enviadas por Paulo. Então, o santo resolveu ir pessoalmente à casa da ofendida. Apresenta-lhe o crucifixo, fala-lhe do perdão outorgado pelo Filho de Deus aos seus crucificadores. Tudo em vão. A resposta era sempre a mesma: "Não posso, não posso". O servo de Deus, repleto de Espírito Santo, pronuncia então estas terríveis palavras: "Já que

---

[18]. Vida ed. 1821, p. 166.

não podes perdoar por amor de Jesus Cristo, ele também não te perdoará". Dias após, a infeliz mulher morreu repentinamente, tornando-se o seu cadáver tão horrendo que ninguém podia fitá-lo sem espanto!

A santa missão é, muitas vezes, a última graça reservada aos pecadores!

Em Capálbio, um homem vivia escandalosamente. Paulo empregou todos os meios para arrancá-lo daquelas cadeias criminosas. O pecador fingiu sincero arrependimento, mas, que horror, na noite seguinte recaiu no pecado! Passou dos limites... Na mesma noite, a divina justiça surpreendeu-o... O acontecimento deu margem a Paulo para que pregasse aquela noite sobre o inferno. A impressão foi profunda...[19]

Se os pecadores impenitentes eram castigados, Deus cumulava as pessoas generosas de muitas bênçãos.

Acrescentemos aos fatos já narrados o seguinte, ocorrido em Canepina e em Vallerano ao mesmo tempo.

Os castanheiros não produziram fruto naquele ano. A população, que vivia desse produto, estava consternada. Temendo o santo que esse desassossego impedisse os frutos da missão, orava e animava a todos: "Convertei-vos, meus irmãos, e eu, da parte de Deus, asseguro-vos abundante colheita". O povo confiou nessas palavras e não foi confundido. Nosso Senhor lhes recompensou a fé.[20]

Em Arlena, diocese de Montefiascone, uma senhora chamada Jerônima Ricci havia três anos ficara completamente surda: não ouvia sequer o som dos sinos. O que mais a amargurava era não poder ouvir a palavra do santo missionário. Uma tarde, esperou-o à porta da igreja e, ao passar, cortou-lhe, às escondidas, partezinha da capa, aplicando-a aos ouvidos. O homem de Deus repreendeu-a severamente: "Muito bem! Ganhou alguma coisa com isso?". "A felicidade de ouvi-lo", ela pôde responder, porque recuperara a audição.[21]

Em Orbetello, consumia-se em alta e prolongada febre uma menina de 12 anos. Paulo foi visitá-la. Consolou-a, asseverando que

---

[19.] S. 1. 416 § 223.
[20.] S. 1. 879 § 27.
[21.] S. 1. 878 § 22.

seu mal perduraria ainda por muito tempo por ser de grande glória de Deus, mas recuperaria a saúde por um milagre. Quinze anos esteve a pobrezinha entre a vida e a morte. Decorrido esse tempo, voltou o santo a Orbetello, a fim de pregar outra missão. A enferma desejou ouvi-lo, pelo menos uma vez. Para satisfazê-la, os pais carregaram-na à igreja, mas, quase ao findar o sermão, caiu desmaiada. Temeram por sua vida. O santo missionário aproximou-se da moribunda, benzeu-a com o sinal da cruz e retirou-se.

Prodígio! Instantes após, a menina estava radicalmente curada! A cidade toda chorou de comoção, vendo-a passar das portas da morte à saúde perfeita. Viveu ainda muitos anos e pôde narrar o milagre no processo de canonização.

Deus prega em lugar de Paulo

Jesus Crucificado revela, outrossim, a sua infinita sabedoria pela palavra de seu apóstolo. Desde os mais verdes anos, Paulo, esclarecido por luz superior, elevou-se de grau em grau a altíssima perfeição e ao conhecimento das verdades sobrenaturais, de maneira que sua eloquência era mais divina que humana.

O amor deseja mais do que lhe permitem as forças. Deus, todavia, o ampara no excesso do sacrifício.

Uma vez entre outras, Paulo, em meio ao sermão, sentindo-se desfalecer, fitou o crucifixo e exclamou: "Senhor, amparai-me". Pois bem, uma voz semelhante à sua continuou a prédica. Certo de que era a voz de um Anjo, o apóstolo ouvia em silêncio, agradecendo a Nosso Senhor. O auditório não deu pelo prodígio, mas os efeitos foram extraordinários.

Num dia de Pentecostes, não se sabe de que ano, abrasado de inefáveis ardores, Paulo, absorto, transformado no Soberano Bem, antes de subir ao púlpito, falou com infantil confiança ao divino Espírito Santo: "No estado em que me acho, não poderei pregar; pregai em meu lugar".

Oh, maravilha! O próprio Espírito Paráclito tomou a palavra e desenvolveu o tema. O santo, sempre em êxtase, fazia coro com o auditório, gemendo e chorando. Exclamavam todos: "Oh! Que sermão! É o Espírito Santo que fala pela sua boca!". A certa altura, com os olhos alçados ao Céu, clamou: "Oh! Quantas graças recebidas e em mim nada mais há do que ingratidões e iniquidades!".[22]

O mesmo prodígio repetiu-se em outras circunstâncias, como confessou o servo de Deus.

Francamente, não é para admirar a força e a doçura irresistíveis daquelas palavras e expressões e dos frutos estupendos que produziam...

Jesus Crucificado em pessoa substituiu a seu apóstolo. Foi na missão de São Lourenço das Grutas, diocese de Montefiascone. Demos a palavra ao cônego José Paci, mais tarde arcipreste daquela paróquia:

> Era o último dia da missão. O pe. Paulo subiu ao tablado para dar a bênção papal. Revestido de roquete, eu segurava, à esquerda do missionário, o grande crucifixo que ele levava às missões. Começada a prática, voz misteriosa feria-me o ouvido. Eu as ouvi antes que o pe. Paulo as pronunciasse. Surpreso, pus-me a cogitar de onde proviria aquela voz. No tablado, estávamos somente o pe. Paulo e eu. Concluí, mesmo pelo fruto produzido no auditório, que Jesus Crucificado falara pelo seu servo. Todos choravam de verdadeira comoção. Aliás, o sermão houvera enternecido corações de pedra.[23]

Ao descer do tablado, correram todos para o pregador, a fim de beijar-lhe as mãos e venerá-lo como santo, mas ele desapareceu sem que ninguém soubesse, nem para onde. Fora transportado milagrosamente a Grutas de Castro, localidade vizinha.

Conhece o futuro e as coisas ocultas

Vejamos agora como Paulo desvendava o futuro e os mais secretos mistérios do coração humano.

[22.] PAR. 2273-2274.
[23.] S. 1. 127 § 42. Conserva-se esse crucifixo na capela de um castelo, perto de Acquapendente.

Na missão de Viterbo, visitou-o o conde Brugiotti, seu amigo íntimo. Em meio à conversa, o santo, de repente, exclamou: "Ah, Senhor! Não permitais tal desgraça à pessoa a quem tanto estimo".

O conde, sobressaltado, perguntou: "Será, porventura, a morte de meu velho pai?". "Não", replicou Paulo, e calou-se.

No decorrer da missão, repetia, de vez em quando: "Ah! Senhor, não o permitais".

Um dia, antes da prática, triste e inquieto, saiu apressadamente. Na rua, encontrou-se com o conde Brugiotti, que lhe perguntou para onde se dirigia.

"À casa de dom Abatti", respondeu o servo de Deus. "Mas, pe. Paulo, está na hora da prática. Ireis depois."

"Não, não, depois será tarde!"

O santo teve longa e secreta entrevista com o digno prelado. Ao sair, ouviram-no exclamar: "Oh, que terrível desgraça! Oh, que desgraça!".

Voltou à igreja e, com mais ardor do que nunca, discorreu sobre a morte. Deteve-se de improviso e, após instantes de silêncio, com voz dolorosa e plangente, clamou: "Está a expirar o vosso bispo... Dom Abatti acaba de falecer!... Rezemos todos pelo descanso de sua alma".

Ajoelhou-se e, tristemente, principiou o *de profundis*. No mesmo instante, chegou apressadamente o mensageiro com um bilhete ao missionário, anunciando a morte repentina do bispo... A fatal notícia confirmou a predição do santo e produziu no povo a mais profunda consternação.[24]

Ler nas consciências, especialmente no ato da confissão, era coisa comum na vida do servo de Deus. Se o penitente, por vergonha ou esquecimento, ocultava alguma falta, o confessor dizia-lhe: "E aquele pecado cometido em tal dia, tal ano, em tal lugar?".

O coitado se alarmava, mas o bom servo prosseguia: "Ânimo, meu filho! Deus enviou-me unicamente para curá-lo. Apenas desejo a vossa santificação...".

---

[24]. S. 1. 841 § 85; 825 § 20; 831 § 51.

Com essas luzes, conhecia os desígnios de Deus sobre as pessoas.[25]

Uma jovem teve a desgraça de cometer, por fragilidade, alguns deslizes. A vergonha não lhe permitia confessá-los. Vivia em temores, sobressaltos e horríveis angústias, aumentados pelos sacrilégios cometidos na recepção dos sacramentos.

Foi confessar-se ao servo de Deus, resolvida a vencer o estorvo. Não o conseguiu, porém. Manifestou todos os pecados, exceto os que lhe afligiam o coração. Paulo, cheio de caridade, interrompia-a de vez em quando, exortando-a a declarar as culpas mais graves. Ela não se decidia.

Vendo que tudo era inútil, disse-lhe, por fim: "Agora, filha, deixe que eu fale".

Ele principiou a expor pormenorizadamente, com circunstâncias de lugar, tempo e pessoas, todas as faltas que a jovem se envergonhava de confessar. E acrescentou: "E você, filha, nunca se confessou delas, não é verdade? Nosso Senhor aqui me enviou para curar as chagas de sua alma. Desejo que seja santa".

A jovem tremia como frágil cana e não desfaleceu por pouco, mas, criando ânimo, sentiu-se tão aliviada na consciência que experimentou tão doce consolação como jamais desfrutara no passado. Chorou os seus pecados e foi, a partir dali, uma pessoa piedosíssima.

Paulo, iluminado pelo Espírito Santo, descobria as faltas mais comuns dos lugares onde pregava. Descobria, outrossim, os pecados cometidos durante a missão. Por vezes essa luz celeste o fazia interromper o sermão e exclamar: "Vejo-te, infeliz! Enquanto prego a penitência, estás ofendendo a Deus". Vinha-se depois a saber que naquela hora se havia cometido algum pecado.[26]

Embarcara em Porto de Santo Estêvão com destino a Piombino. Furiosa tempestade lançara a embarcação às praias de Troia. Desembarcados, exclamou o homem de Deus: "Não sei como o mar não nos tragou a todos, pois há aqui um senhor que faz muitos anos não se confessa".

---

[25]. S. 1. 961 § 154.
[26]. S. 1. 860 § 151; 453 § 410.

Um dos passageiros adiantou-se e, sem respeito humano, declarou: "Sou eu esse infeliz". Oficiais e marinheiros, todos se confessaram com Paulo.[27]

Tão habitual era esse dom do servo de Deus, que, quem se aproximasse dele, devia ter a consciência bem pura. Uma das principais personalidades de Roma chegou a dizer a um religioso nosso: "Antes de entrar na cela do pe. Paulo, é necessário confessar-se, pois ele descobre as faltas mais recônditas do coração".

Proteção divina

Já vimos como Deus velava pelo seu apóstolo. Acrescentemos os fatos seguintes.

Paulo e mais dois religiosos extraviaram-se num bosque. Fatigados e quase desfalecidos de fome, caminhavam com dificuldade, quando encontraram um senhor e sua esposa, que se dirigiam de Valentano à residência campestre.

Convidaram-nos a pernoitar em sua casa. O piedoso senhor, ao lavar os pés do servo de Deus, notou nele cravados grandes espinhos. Extraiu-os, penalizado. Essa caridade não ficou sem recompensa. Anos decorridos, enfermara gravemente a piedosa senhora. Paulo, em Montalto, estava para embarcar para o monte Argentário. Mudando repentinamente de parecer, dirigiu-se a Valentano. É que Deus lhe revelara o estado da benfeitora e as violentas tentações de desespero que a agitavam.

Encontrou-a em profunda apatia. "Então, dona Ângela, por que essas dúvidas? Olvidastes a misericórdia infinita de Deus?" A estas palavras, a enferma recobrou, com os sentidos, dulcíssima confiança em Nosso Senhor. Mais. Estava completamente curada![28]

O servo de Deus e o pe. Fulgêncio de Jesus deviam embarcar nas vizinhanças de Bolsem. O comandante recusou terminantemente transportá-los de graça e os tratou com brutalidade. Paulo, sem alterar-se, pôs-se em oração. De repente, chegou a cavalo um senhor bem trajado, aproximou-se do santo e o interrogou: "O senhor é o pe. Paulo?". Recebendo

---

[27] S. 1. 857 § 139.
[28] VS. p. 254.

resposta afirmativa, entregou-lhe o dinheiro necessário para ambas as passagens, despediu-se cortesmente e se retirou sem esperar agradecimento.[29]

Em outra missão, no mais ardente da prática, cedeu o tablado e, quando o santo ia dar com a cabeça na balaustrada da Comunhão, alguém o sustentou no espaço, baixando-o devagar ao pavimento do presbitério.

Numa de suas excursões apostólicas, foi com o companheiro descansar ao pé de uma árvore. Passados instantes, disse ao religioso: "Saiamos daqui imediatamente". Afastaram-se alguns metros e a árvore tombou fragorosamente![30]

Paulo, sozinho, dirigia-se para o monte Argentário, mas, extenuado e transido de frio, caiu por terra, quase desfalecido. Não havia esperança de socorro humano, por ser deserto o lugar. "Senhor", exclamou, "morrer sem a assistência de meus religiosos? Oh! Eu vo-lo suplico, não o permitais, Jesus. Abandono-me, todavia, à vossa amorosa providência…". Não acabara de dizer tais palavras e dois belíssimos Anjos o transportaram pelo ar à porta do retiro! "Oh, como é grande a providência do Senhor!", sussurrou Paulo, agradecido.[31]

O servo de Deus devia pregar uma missão. A viagem era longa e as estradas estavam cobertas de neve. Mas… e as pessoas… e a glória do seu Senhor Crucificado? Ele partiu com o pe. João Batista. Depois de muito caminhar, a fadiga e a debilidade reduziram-nos ao ponto de não poderem manter-se em pé.

Com a habitual confiança, recorreu aos Anjos do Senhor e, imediatamente, mãos invisíveis, num abrir e fechar de olhos, transportaram-no ao termo da viagem. E o pe. João Batista? Nova prece do santo e o querido irmão estava a seu lado!

Com que fervor não pregaram aquela missão?[32]

Glória vos seja dada, ó Jesus Crucificado, pelos prodígios que operais em prol de vossos apóstolos. Eles a se humilharem e vós a exaltá-los!…

[29.] S. 1. 296 § 152.
[30.] S. 1. 853 § 126.
[31.] PAR. 2258.
[32.] VS. p. 369; PAR. 2259.

CAPÍTULO XXX

Retiros ao clero

Inacabado seria o quadro que traçamos sobre o apostolado de Paulo da Cruz, caso não disséssemos algo dos exercícios espirituais pregados aos sacerdotes e às comunidades femininas, bem como seu método no dirigir as pessoas à perfeição.

Nos átrios do santuário, expandia-se o santo com toda liberdade. Já não se tratava da luta contra as misérias do mundo, luta dolorosa, porque há pessoas impenetráveis às flechas divinas. Nos exercícios espirituais, Paulo encontrava-se em seu elemento, respirava a atmosfera de seu coração, atmosfera de pureza, de luz e amor.

Como sacerdote, falava a sacerdotes, como apóstolo, a apóstolos; como santo, à assembleia dos santos. Com que respeito se apresentava perante eles, desde que, ainda jovem, tomara a resolução de se conservar sempre de pé diante dos ministros de Deus, para ele a encarnação perene de Jesus Cristo, a participação de seu eterno sacerdócio, da cruenta imolação do Calvário e da Redenção humana!

Com que ardor exortava os sacerdotes a corresponderem à sua sublime vocação; aos sacerdotes, que trazem em seu destino o destino dos povos; em sua santidade, a santidade de seu rebanho; em sua eternidade, a eternidade das pessoas confiadas à sua solicitude?

Em Latera, diocese de Montefiascone, falou ao clero a respeito do bom exemplo e do zelo sacerdotal com tanto ardor que, circundado de luz, se elevou da terra e voou pelos ares, como se tivesse asas.[1] Aqueles

---

[1.] S. 1. 826 § 26.

sacerdotes, à vista do milagre, abrasaram-se de amor a Deus e às pessoas, votando-se ao sacrifício e ao heroísmo.

Alentava os mais fracos e menos generosos no serviço de Deus, abraçava-os, tudo fazendo para que resplandecesse em suas frontes a formosa coroa sacerdotal.[2]

Anjo dos claustros

Nos virginais asilos das religiosas, era realmente um anjo a falar aos anjos. Cultivava com carinho esses jardins do Esposo, embalsamando-os com o bom odor de suas heroicas virtudes.

Tinha em vista, sobretudo, a exata observância, a mútua caridade e o amor ardente ao celeste Esposo.

Que admirável talento no dirigir aquelas irmãs! Orientou inúmeras religiosas à mais sublime perfeição.

Tinham elas tão alto conceito de sua santidade que se atreviam a pedir-lhe milagres.

No mesmo convento das capuchinhas de Farnese, onde expulsara as víboras, uma noviça, Maria Cecília do Coração de Jesus, atacada de tísica pulmonar, temia não ser admitida à profissão religiosa. As superioras encarregaram ao servo de Deus de persuadi-la a que retornasse para casa. O santo desincumbiu-se do compromisso no confessionário: "Minha filha, tenho más notícias a dar-lhe. Sua enfermidade não lhe permite a profissão religiosa. É necessário que regresse para casa de seus pais". "Oh! Isto nunca, nunca", respondeu, chorando, a pobre noviça. "Pois bem", replicou, comovido, o servo de Deus, "eu vou dar-lhe uma bênção. Tenha confiança". Benzeu-a com o crucifixo, acrescentando: "Persigne-se com o óleo da lâmpada do Santíssimo Sacramento. Confie, filha, recuperará a saúde e professará". A noviça, de fato, restabeleceu-se, professou e, decorridos vinte anos, testemunhou o fato com juramento.[3]

[2.] PAM. pp. 243-255.
[3.] PAM. pp. 243-255.

A tuberculose contaminara o convento do Carmo, em Vetralla. Apesar de todas as precauções, faleceram cinco ou seis religiosas, em poucos anos. As superioras receavam que o mal atingisse as mais jovens, o que, certamente, contribuiria para afastar futuras pretendentes. No auge da aflição, recorrem ao pe. Paulo, o qual, em 1753, lá se encontrava para pregar o santo retiro, para que ele intercedesse junto de Nosso Senhor em favor do mosteiro. O servo de Deus recorreu a Maria Santíssima, tesoureira de todas as graças. No dia 2 de julho, festa da Visitação, benzeu a água com a relíquia da Santíssima Virgem, bebeu dela, deu-a às religiosas para beberem e profetizou: "Tranquilizai-vos, minhas filhas. O mal está debelado. Outras enfermidades molestar-vos-ão; jamais, porém, a tuberculose. Nem temais que vos faltem noviças".

Foram tantos os pedidos que tiveram de recusar, dali para frente, muitas postulantes. Afirma-nos são Vicente Strambi:

> Quanto à tuberculose, jamais apareceu um caso sequer no mosteiro, como vários médicos mo asseveraram. O mais maravilhoso, porém, é que, no momento da predição, havia duas religiosas atacadas do mal, desde o mês de março precedente: irmã Teresa Margarida da Santíssima Trindade e irmã Maria do Coração de Jesus. Esta goza, de há muito tempo, excelente saúde. Àquela profetizou o pe. Paulo: "Em breve morrerás, mas tua morte será um doce sono".

De fato, em 31 de dezembro do mesmo ano, após ouvir a santa missa e comungar, de volta à cela, sentiu-se mal. O médico, chamado às pressas, julgou o caso perdido. Recebeu na mesma tarde o viático e a extrema-unção. Conforme predissera Paulo, irmã Teresa fruía paz extraordinária, não cessando de exclamar: "Cantarei para sempre as misericórdias do Senhor (Sl 88,1). Vinde, Jesus meu, e não tardeis!". Antegozava as alegrias do Céu. Dizia às coirmãs: "O pe. Paulo me anunciara uma morte doce como o sono. Vede como se verifica a profecia. Depressa, depressa, não posso mais esperar". E foi continuar na pátria celeste, em companhia dos coros das virgens, o cântico de amor começado neste desterro.[4]

---
4. VS. p. 516.

O santo, pregando retiro às religiosas de Sutri, disse a uma das irmãs: "Acaba de falecer uma religiosa em Vetralla e já está no céu". Escreveram imediatamente àquele mosteiro dando conta do ocorrido, e a resposta confirmou naquelas boas filhas o conceito que tinham de sua santidade.

Inúmeras casas religiosas o reclamavam, pelo menos para conferências ou conselhos. E Paulo aproveitava para lhes insinuar a devoção para com Jesus Crucificado.

Certa vez, discorreu às Carmelitas de Vetralla sobre o amor de Deus, tomando por tema o texto: "Se alguém tem sede, venha a mim" (Jo 7,37). Falou o tempo todo em êxtase. As irmãs sorviam cada palavra que saía de seus lábios. Recomendou-lhes especialmente a Comunhão frequente como meio mais eficaz de união com Deus. Deviam receber a Jesus Sacramentado com amor e não com temor.

São Vicente Strambi conta: "Essa alocução abrasou no amor divino aquela comunidade. Ainda hoje, tantos anos decorridos, quando ouvem as palavras: 'Se alguém tem sede...', lembram-se, enternecidas, das palavras do pe. Paulo".

Descobre as vocações

Quando o servo de Deus ia a Civita-Castellana, hospedava-se em casa do dr. Ercolani, nosso grande benfeitor. Tinha este uma filha de sete ou oito anos por nome Isabel, a quem o santo costumava chamar "a minha freirinha". A pequena zangava-se, respondendo em tom de revolta: "Por que me chama assim? Não quero absolutamente ser freira". "Por que não?", replicava o santo, sorrindo. "Porque desejo ficar sempre com mamãe."

Com a partida de Paulo, Isabel se punha a pensar: "Dizem que o pe. Paulo vê o futuro. Talvez ele fale por inspiração divina!". E temendo que assim fosse, desabafava com a mãe: "Mamãe, se o pe. Paulo me chama de freirinha, é porque eu devo ser religiosa". A mãe, condescendendo com sua tenra idade, respondia: "Eu não consinto que o sejas; não, não serás". "Fale sempre assim, mamãe, e jamais serei religiosa."

Todavia, uma vez o servo de Deus tirou-lhe a esperança de permanecer no lar paterno. Chamando-a como de costume: "minha freirinha", a mãe interveio: "Pe. Paulo, isto é impossível, pois ela é tão doentinha…". "Tranquilize-se", retornou o santo, "a isto remediará a boa Mamãe do Céu…" "Não, não, eu não quero ser freira", protestou Isabel. O bondoso padre, que gostava de gracejar com a inocente criança, acrescentou: "Não temas, minha filha, que não te farão priora, por seres de pequena estatura".

A menina crescia, conservando sempre repugnância à vida religiosa. Na idade de 19 anos, a doença progrediu tanto que a mãe, desenganada dos meios humanos, levou-a a Roma em peregrinação à imagem de Nossa Senhora do Carmo, sob o arco de Costaguti. Lá, recebeu Isabel, com a cura repentina, a graça inestimável da vocação religiosa. Realizara-se a profecia de Paulo: "A boa Mamãe do Céu remediará a isto".

Em obediência ao chamamento divino, Isabel solicitou ingresso no Carmelo de Vetralla. Não queriam admiti-la por sua compleição delicada, mas Paulo, que lá se encontrava para a profissão de uma religiosa, mandou chamá-la e lhe disse na presença da priora: "Como estás, minha filha? Nada temas, serás religiosa e morrerás com o santo hábito". Bateu com a mão na grade e acrescentou: "Serás religiosa neste mosteiro".

Foi o suficiente; ninguém mais se opôs a essa vocação. Um ano depois, tomava o santo hábito, e são Vicente Strambi, que a conhecera pessoalmente, diz-nos que a irmã Maria Vitória do Espírito Santo (esse o seu nome de religião) seguia estritamente todos os atos de observância, apesar de seu estado de debilidade; e, o que é mais admirável, qualquer dispensa a enfraquecia ainda mais. Só se achava bem no cumprimento rigoroso das santas Regras.[5]

Prudente diretor espiritual

Não eram somente as religiosas, segregadas à sombra dos claustros, que se punham sob a direção do nosso santo. Também as pessoas que gemem no mundo, quais pombas fora da arca, escolhiam-no por diretor espiritual.

---

[5]. VS. pp. 527-528.

Quantas virgens, viúvas, esposas, cavalheiros, sacerdotes não inflamou o excelente mestre no santo amor de Deus e não elevou à prática das mais sublimes virtudes?

Exigia fidelidade aos deveres do próprio estado, mas exigia, outrossim, que "sua conversação estivesse no céu", com os Anjos, com Deus.

A correspondência epistolar revela a extraordinária habilidade que adquirira na ciência dos santos; ciência haurida aos pés do crucifixo.

Diretor esclarecido, versado nos grandes místicos, era, sobretudo, homem de oração, tendo por guia, nos caminhos da graça, o divino Espírito Santo.

Com que encanto, doçura e força dissipava os temores e os escrúpulos, soerguia os ânimos, prevenia as ilusões, tirando partido das próprias faltas, como a inspirar a humildade, o desprezo de si, a desconfiança nas próprias forças e confiança ilimitada na misericórdia infinita de Nosso Senhor.[6]

[6.] Quem quiser conhecer São Paulo da Cruz como diretor espiritual, leia o que escreveu o Pe. Caetano do Nome de Maria, C.P., em sua obra *Doctrine de St. Paul de la Croix sur l'Oraison et la Mystique*, cap. I, pp. 1-12; e *St. Paul de la Croix Ap. et Missionaire*, pp. 187-221. Como Diretor espiritual, São Paulo da Cruz foi definido como "um digno êmulo de São Francisco de Sales" (*St. Paul de la Croix Ap. Missionaire*, p. 187). Em *Vida Sobrenatural*, 1927, XIII, p. 286, lemos que Paulo da Cruz, como diretor e mestre de Espírito, figura muito bem ao lado de São João da Cruz, de São Pedro de Alcântara e de Santa Teresa de Jesus: "Em seus escritos encontram-se os mais elevados conceitos da Teologia Mística. O pe. Gubiert, S.J., na *Revue d'Ascetique e de Mystique*, 1925, p. 26, o coloca ao lado de Santo Afonso de Ligório 'au premier rang des maitres de la vie spirituelle'" [na vanguarda dos mestres da vida espiritual], comparando-o, nas questões de mística, a São João da Cruz (cf. *Theologia Sp.* ed. 4, p. 154).
São Paulo da Cruz não escreveu tratados de mística; temos sua doutrina em "cartas rápidas e familiares dirigidas a correspondentes muito diferentes". Nelas, o santo diretor procede por meio de alusões e lembretes de princípios, como um médico que escreve uma receita. "Mas demonstra experiência tão própria e tão vasta que se revela o maior místico e o maior diretor espiritual italiano do século XVIII. O santo é tão iluminado, possui tanta benevolência e cordialidade, que, sem em nada diminuir as exigências de perfeição, para cuja meta dirige com mão segura todos os que a ele se volvem, é o mais animador dos guias, o mais encorajador dos mestres" (cf. P. M. Viller, na *Revue d'Asc. et de Myst.*, 1951, p. 134).

A primeira qualidade do diretor espiritual é o "discernimento de Espírito", que não se deve confundir com a profecia nem com a penetração dos segredos das consciências.

"Discernimento de espírito", conforme o senso comum, são luzes especiais que auxiliam a descortinar os princípios de onde procedem os movimentos interiores e a escolher com acerto a direção que se deve dar às consciências.

É em Deus que o diretor vê e conhece as pessoas. Necessita, portanto, de luz suprema para discernir as inspirações do Espírito Santo do temperamento humano ou das sugestões diabólicas. É ponto capital.

Sem esse discernimento, em que deploráveis e funestas veredas se podem lançar as pessoas! Essas luzes auxiliam o diretor a acomodar-se às condições do dirigido, elevando-se com os perfeitos aos píncaros da santidade, aniquilando-se com os fracos e imperfeitos, como a mãe carinhosa se comporta com os filhos doentes.

Paulo da Cruz possuía esse dom em alto grau.

Seus ensinamentos, sempre oportunos e sábios; a facilidade com que penetrava as mais recônditas chagas das consciências para aplicar-lhes o remédio adequado; a clareza com que expunha os mais secretos mistérios que Deus opera no santuário da alma; a convicção, o alcance e a uniformidade de suas instruções... tudo isso nos fala claramente que Paulo possuía o Espírito de Deus, que penetra o âmago dos corações, para discernir-lhe os diversos movimentos.

A Sagrada Paixão, base da vida espiritual

Para ele, o princípio da vida espiritual, a purificação, o progresso e a perfeição, tudo depende da Paixão de Cristo: caminho mais breve, simples e seguro para conseguir o desprendimento próprio e revestir-se do Espírito de Deus.

A Paixão de Nosso Senhor é a porta que conduz ao jardim de delícias os amantes. "*Ego sum ostium*", repetia todo compenetrado. "*Ego sum ostium*" [Eu sou a porta] (Jo 10,9). A alma que entra por esta porta caminha sem tropeço. Prosseguia: "Na Paixão, não cabem ilusões. Não,

não há ilusões na Paixão".[7] É impossível meditar a Paixão e ofender a Deus: "Meditar hoje e amanhã num Deus açoitado, coroado de espinho e crucificado por nosso amor, e ofendê-lo?! Não, não pode ser".[8]

Eis os conselhos do sábio diretor a um mestre de noviços:

> O pe. N. começa a ter o dom da oração. Vele, todavia, a fim de que se não descuide da prática das virtudes e da imitação de Jesus Cristo. Que comece sempre a oração por um dos mistérios da sagrada Paixão; que se exercite em piedosos colóquios, suavemente, sem esforço. Se Deus o atrair logo ao silêncio de amor e de fé em seu seio divino, não se perca em estranhas reflexões, em detrimento da paz e do descanso da alma. Recomendo-lhe, sobretudo, prove bem os noviços na humildade e no desprezo de si mesmo... Neste ponto não há excesso...[9]

Escreveu a uma pessoa piedosa:

> Agradeço à divina misericórdia ter-lhe concedido a graça de pensar continuamente nos sofrimentos de Jesus. Reflita especialmente no amor com que Nosso Senhor padeceu por nós. O caminho mais breve para a santidade é perder-se toda no abismo de suas dores. O Profeta chama à Paixão de Jesus "oceano de amor e de dor". Ah, minha filha! É este um segredo revelado unicamente aos humildes. Neste mar imenso a pessoa descobre a preciosa pérola das virtudes e toma para si os sofrimentos do Amado. Espero que o Esposo lhe ensine esta pesca divina, contanto que se conserve na solidão interior, desprendida de toda imagem, separada de todas as criaturas na pura fé e no santo amor...[10]

Escreve a um religioso:

> Não duvido de que esteja interiormente no seio de Deus, aniquilado, indiferente a tudo e a todos. É este o caminho mais breve para abismar-se

---

[7.] VS. p. 348.
[8.] S. 2. 14 § 27; Lt. II, 511.
[9.] Lt. III, 150.
[10.] Lt. III, 459.

e perder-se no Infinito, depois de se haver transposto à divina porta, Jesus Crucificado, apropriando-se de suas dores. O amor ensinar-lhe-á tudo, por ser a sagrada Paixão obra de amor infinito...[11]

À medida que a pessoa progredia na oração e nas virtudes, Paulo a amparava com avisos e conselhos oportunos e prudentes. Escreveu a uma pessoa virtuosa:

> Suas cartas muito me alegram em Deus Nosso Senhor... Fidelidade absoluta, minha filha, em corresponder a tão grandes benefícios, penhor de maiores graças e mais altas luzes, para que sua alma se abrase em maior amor de Deus, adquira mais sólidas virtudes, praticadas com maior heroísmo... Recomendo-lhe que não perca Jesus Crucificado de vista. Vida de nossa vida. Filha minha, sua oração não deve ser como no princípio: siga as normas por mim traçadas. O amor é virtude unitiva que "se apropria das penas do amado"...[12]

Após indicar o modo como "apropriar-se das dores do amado", o sábio diretor nada mais fazia do que vigiar a ação divina nas pessoas, prevenindo-as de que se deixassem guiar pelas luzes do divino Espírito Santo:

> Digo-lhe, não faça a oração como lhe ensinei, mas como Deus lhe ensinar... Dê liberdade à alma para empreender o voo em direção ao Soberano Bem; deixe-se conduzir pela sabedoria infinita de Deus. A mariposa revoluteia em torno da chama, acabando por incinerar-se; que sua alma revoluteie em derredor da luz divina, que se arroje a ela e se reduza a cinza...[13]

O abandono em Deus

Dirigindo as pessoas sempre para a humildade e para as virtudes sólidas, o incomparável mestre elevava-as, gradativamente, ao mais alto

---

[11]. Lt. II, 156; VS. p. 350.
[12]. Lt. I, 487-489.
[13]. Lt. I, 251-252.

grau de oração, ao recolhimento, ao silêncio espiritual, ao descanso, à união e à transformação divina.[14]

Apresentamos, em confirmação do que dissemos, algumas citações; guardemo-nos, porém, de dissecá-las com seca e árida análise.

> Quando estiver bem aniquilada, bem desprezada e convencida do seu nada, peça a Deus lhe permita penetrar em seu divino Coração, e ele não lho negará. Permaneça como vítima naquele divino altar, em que arde eternamente o fogo do santo Amor. Deixe que essas chamas sagradas penetrem até a medula de seus ossos e a reduza a cinza. Em seguida, se o Divino Espírito Santo dignar-se elevar essa cinza à contemplação dos divinos mistérios, consinta que sua alma se abisme na santa contemplação. Oh! Como isto agrada a Nosso Senhor![15]

Para melhor se fazer compreender, elucidava esses ensinamentos com graciosas comparações:

> Veja essa criança. Após haver acariciado a mãe e brincado em torno dela, descansa e dorme em seu regaço, continuando, contudo, a mover os labiozinhos para sugar o leite. Assim a alma, esgotados os afetos, deve dormitar no seio do Pai celeste, não despertando dessa consideração de fé e amor sem consentimento do Soberano Bem.[16]

Dizia ainda:

> Permaneça em descanso. Se o Esposo a convidar ao sono, durma tranquila e não desperte sem sua permissão. Esse sono divino é dom outorgado pelo Pai celeste aos filhos queridos: sono de fé e de amor, em que se adquire a ciência dos santos e onde não há lugar para as amarguras das adversidades... Oh, silêncio! Oh, sono sagrado! Oh, solidão preciosa! Seja

---

[14.] Várias pessoas, religiosas e seculares, dirigidas pelo nosso santo, morreram em odor de santidade. Citemos apenas sóror Maria Querubim Bresciani, Inês Grazi, Rosa Calabresi, sóror Maria Crucifixa, Lúcia Burlini, entre outros.
[15.] Lt. I, 473.
[16.] Lt. II, 810.

sempre e cada vez mais humilde; seja verdadeiramente pobre de Espírito; despoje-se de todos os dons, porque nós os maculamos com as nossas imperfeições. Ofereça sacrifícios de louvor, honra e bênção ao Altíssimo, vivendo em absoluto desapego. Esses sacrifícios devem ser ofertados em fogo de amor, conservando-se a alma no sagrado deserto.[17]

Ensina o santo que, uma vez ou outra, durante o sono interior, Deus convida a alma a certas práticas piedosas.

Quando a alma é convidada à doce solidão, ao silêncio sagrado da fé e do amor, que a obriga a rogar pelas necessidades particulares e gerais da Igreja e do mundo, deve ela obedecer prontamente; em cessando, porém, esse movimento interior, volte ao repouso em Deus. Se o descanso se converter em sono de amor e de fé, tanto melhor. Se for humilde e se estiver encerrada em seu nada, espero que a divina Bondade lhe fará compreender esta linguagem.

Eis como descreve os "toques" divinos, que excitam a alma a desapegar-se de tudo e de si mesma, para abismar-se em Deus:

Conserve, diligentemente, em seu interior, as torrentes do amor, ofertas da divina Bondade, embora Jesus, depois da sagrada Comunhão, já possua o seu coração. Não o amará sem o manancial vivo do santo e puro amor, isto é, sem o divino Espírito Santo… Quando Deus lhe proporcionar essas torrentes, dádivas assinaladas do divino Amor, lance-se no Infinito Bem e comporte-se como criança, dormindo o sono de fé e amor no seio do celeste Esposo. O amor pouco fala. Note se essa soberana graça de oração, mercê do Altíssimo, lhe proporciona conhecimento mais profundo do seu nada. Viva oculta às criaturas e patente só a Deus, com ardente desejo de sua maior glória, com total menosprezo de sua pessoa, com a prática de todas as virtudes, notadamente da humildade, paciência, doçura, tranquilidade de coração e amabilidade no trato com o próximo.[18]

---

[17]. Lt. III, 459.
[18]. Lt. IV, 55-56.

Morte mística

Ouçamo-lo agora explanar o completo e perene "perder-se" da alma em Deus:

> Esteja totalmente abismada em Deus; deixe cair o seu espírito, qual gota de água nesse oceano imenso de caridade; repouse nele e receba as comunicações divinas, sem perder de vista o próprio nada. Nessa divina solidão, aprendem-se todas as coisas; nessa escola interior, mais se aprende calando do que falando. Santa Maria Madalena caiu de amor aos pés de Jesus: calada, ouvia, amava e se desfazia em amor.
> Conserve em toda parte esta oração e recolhimento interior no locutório, nos trabalhos manuais, em todo lugar, enfim. Saia de si mesma e perca-se em Deus, liberte-se do tempo e perca-se na eternidade.[19]
> Estou, por exemplo, à beira-mar. Tenho suspensa do dedo uma gota de água. Pergunto-lhe: "Pobre gota, onde desejas estar?". Ela me responde: "No mar". Que faço eu? Sacolejo o dedo, deixando cair no mar a pobre gota. Pois bem, retire-a do mar, seu centro, se for capaz. Oh! Se ela tivesse língua!
> Tire a consequência e aplique a si mesma a parábola. Perca de vista o céu; a terra, o mar e suas praias, todas as criaturas, em suma. Deixe sua alma, pequena gota de água, perder-se no vasto oceano de onde saiu, isto é, em Deus, infinitamente bom, infinitamente grande.[20]

Que linguagem! Para exprimir-se de tal maneira, somente com a inspiração do Espírito Santo.[21]

No entanto, subamos mais; atingiremos o aniquilamento do *eu humano*, o ápice da cruz, a morte mística com o Deus do Calvário, para viver a vida divina. E a alma poderá, então, dizer a si mesma: "Não sou mais eu quem vive, é Cristo que vive em mim" (Gl 2,20).

Jesus Crucificado, com suas angústias e sede de amor, é o modelo desta morte mística.

---

[19]. Lt. II, 503.
[20]. Lt. III, 748.
[21]. Lê-se nos Processos que muitas vezes os anjos escreviam em lugar de Paulo aquelas cartas admiráveis por ele enviadas a seus dirigidos; o próprio Redentor o fez diversas vezes.

Jesus orou pelo espaço de três horas, lá no alto da cruz. Ó meu Deus, que oração crucificada não foi essa![22] Oração sem nenhum consolo, nem interior nem exterior. Que grande ensinamento, santo Deus! Peça a Jesus que lho imprima no coração. Oh! Quanto há aqui a meditar! Li alhures que durante a agonia, depois das três primeiras chamas de amor, isto é, das três primeiras palavras, quedou-se Jesus em silêncio até a hora nona, em contínua oração. Que oração terrificante, ó meu Deus!

Repouse, portanto, na cruz do doce Jesus, dizendo apenas: "Pai meu, faça-se a vossa vontade…", e cale-se… Continue a descansar sobre a cruz até chegar ao ditoso momento da verdadeira morte mística. Então, como diz São Paulo, "ocultar-se-á toda em Cristo Jesus" (Cl 3,3), na altíssima solidão por que tanto suspira, totalmente desprendida das criaturas. É esta a hora de sofrer em silêncio e paz.

Filha minha, resignação perfeita em sua agonia e chegará à morte mística.[23]

Se a alma morre, morre para reviver; se se despoja de tudo, é para revestir-se dos tesouros celestes. Citemos algumas palavras do santo a respeito da transformação divina:

Compenetrada assim do seu nada e despojada de tudo, arroje-se confiante no abismo de todo o bem e deixe a infinita bondade de Deus agir divinamente em sua alma, isto é, transpassá-la com os raios de sua luz, transformá-la por completo em si pelo amor, fazendo-a viver de seu divino Espírito, de sua vida de amor, vida santa, vida divina. Deixe que a pobre mariposa, após revolutear em derredor da luz divina, com seus afetos, sentimentos de humildade, de fé e, sobretudo, de amor, deixe-a lançar-se na luz divina, que é a mesma essência de Deus. Que ela seja ali morta, incinerada…

Já não viverá de sua vida, mas na vida e da vida do supremo Bem. Essas as operações de sua divina Majestade nas pessoas humildes e pequeninas, que atribuem a Deus toda a glória de seus dons, apresentando-os ante o seu trono, humilde e amorosa oferta, qual incenso de agradável odor.

[22.] Lt. I, 155.
[23.] Lt. IV, 63.

Leia com atenção estes belos ensinamentos, leia-os, contudo, com coração humilde, simples e aberto, a exemplo da madrepérola, que recebe o rocio do céu e logo cerra suas conchas e se vai para o fundo do oceano formar a sua pérola preciosa.[24]

O piedoso leitor deve ter notado como o nosso santo, para que a pessoa não se extravie no vácuo, na ilusão ou na esterilidade, dá por pedra de toque da oração a prática das virtudes, especialmente da humildade e do desprezo de si mesma.

Esboçamos apenas as egrégias qualidades de Paulo da Cruz como diretor espiritual, considerando-o pelo prisma de sua predestinação: "a Paixão de Jesus Cristo".

A sagrada Paixão foi a poderosa alavanca de que se serviu para, em elevando os corações, altear gradativamente as pessoas à mais alta contemplação.

Omitimos, muito a contragosto, preciosos tesouros espirituais, brotados de sua pena e de seu coração, expressos no sonoro e rico idioma italiano, tão apto a traduzir os afetos da alma.

Não obstante o exposto bastará, creio, para convencer-vos de que, para falar-se de tão sublimes conceitos com tanta clareza e facilidade, é necessário habitar-se as regiões superiores do amor e da fé.

Podemos, pois, colocar o nosso santo ao lado dos grandes mestres da vida espiritual.

Voltemos, todavia, à nossa história.

---

[24] Lt. I, 216.

CAPÍTULO XXXI
1765-1767

Doloroso pressentimento

Estamos no ano de 1765. O venerável Fundador tem 72 anos de idade, 50 dos quais passados nos árduos, fecundos e incessantes labores do apostolado.

Sua maior pena era não poder pregar, como no passado, a sagrada Paixão e Morte de Nosso Senhor Jesus Cristo. Suplício para o zelo e o amor encarcerados.

Apesar da velhice, vislumbramos sempre no extraordinário apóstolo os ardores de um coração que jamais envelhece.

Essa nova fase de vida começou por dolorosa provação. Certa manhã de julho de 1765, ao celebrar o Santo Sacrifício no retiro do Santo Anjo, voz misteriosa falou-lhe ao coração: "Prepara-te para grandes sofrimentos",[1] palavras repetidas claramente no dia seguinte. Impressionado, investigou quais seriam esses sofrimentos... Vem-lhe ao pensamento o pe. João Batista, o irmão querido, o fiel companheiro de seus trabalhos, de suas penitências, o poderoso sustentáculo do Instituto, o conselheiro esclarecido de sua alma, o confidente dos segredos de sua consciência, irmão mais pela fé que pela natureza... Deus o chama, Deus o levará consigo!

Golpe terrível, seta a atravessar-lhe e a dilacerar-lhe o coração!

[1.] S. 1. 606 § 83.

Os dois irmãos

Paulo e João Batista eram dois corpos vivificados por uma só alma. Cada qual vivia mais no outro que em si mesmo; tudo o que se passava num, refletia-se no outro. As amarguras de Paulo, as trevas, as luzes, as perseguições humanas e diabólicas, as celestes consolações, tudo ele depositava na alma de João Batista.

Personalidades bem diversas, mas que se completavam no mais admirável laço de união. Paulo era amável, afetuoso, embora ardente; de temperamento impetuoso, moderado, todavia, pela virtude. João Batista era menos afável e mais severo; quiçá rude, mas refreava essa aspereza natural com notável candor. Em Paulo havia mais do Serafim que do Arcanjo; em João Batista, mais do Arcanjo que do Serafim. Paulo era compassivo para com as faltas de seus filhos; João Batista, severo e intransigente. Não poupava ao próprio irmão. Eis por que Paulo mais o estimava: era-lhe não somente amigo e irmão, mas também guia fiel e seguro nas veredas da santidade.

Exceto a diferença de temperamento, em tudo mais havia harmonia absoluta de sentimentos: o mesmo amor à solidão e à oração, a mesma generosidade no sacrifício, o mesmo zelo pela salvação das pessoas, o mesmo interesse pela glória de Jesus Crucificado.

A vida de João Batista se entrelaçara com a de Paulo. Compartilhou de seus trabalhos e, muitas vezes, dos favores do Céu.

Embora de caráter ríspido, João Batista era santo. O próprio Paulo o considerava assim. Dizia aos religiosos: "É um santo homem, homem de vida interior. Sei que ele chora e reza sem cessar. Por vezes se esconde até de mim. Tem o dom das lágrimas e está em contínuos colóquios com Deus".

Diz, por sua vez, são Vicente Maria Strambi: "Conserva-se entre nós a recordação de algumas passagens de sua vida, reveladoras das virtudes do pe. João Batista e que justificam a alta consideração em que o tinha o pe. Paulo".

Árvore de casca bastante dura, é verdade, mas de abundante e fecundo cerne. Homem de oração, mortificação e método; mais amigo das agruras da cruz que de sua doce unção; alma sempre grande e magnânima nas maiores provações; alma em tudo coerente consigo mesma; apóstolo todo fogo em seu zelo, profundamente humilde, de amor ardente ao seu Deus: tal foi o pe. João Batista de São Miguel Arcanjo. A terra era-lhe mísero desterro; vivia em contínuo temor de ofender a Nosso Senhor. Chorava pelas desordens do mundo.

Escreve Strambi: "Já estava sazonado para o Céu; era uma dessas pedras polidas e primorosamente trabalhadas, dignas da mansão celeste".

Morte do pe. João Batista

O pe. João Batista adoecera de febre terçã, enfermidade passageira no entender dos médicos. Paulo, porém, repetia apreensivo: "Meu irmão morrerá desta doença. Sei o que digo; vê-lo-eis em breve".

A febre progredia. Certo ele também do fim próximo, jazia no pobre leito, sempre absorto em altíssima oração. Paulo, por sua vez, estava de cama, prostrado por forte ataque de gota. Ambos se viam privados daqueles recíprocos estímulos que tanto os fortificavam.

Passados alguns dias, Paulo melhorou. Apoiado em muletas, pôde arrastar-se até o leito do querido irmão, já quase moribundo. Com ternura, perguntou-lhe: "Como vai, padre?".

Inspirando-se nas palavras e no heroísmo de Judas Macabeu, respondeu-lhe o enfermo: "*Si appropiavit tempus nostrum, moriamur fortiter*" [Se chegou o nosso tempo, morramos corajosamente] (Mc 9,10).

Para melhor dispô-lo aos amorosos amplexos do Redentor, discorria o santo sobre as incomparáveis belezas do paraíso; excitava-o a vivos sentimentos de fé, esperança e amor, ao perfeito abandono à vontade divina. Ajudava-o e o servia por si mesmo, deixando transparecer, a pesar seu, a profunda dor que o amargurava. À vista, porém, da resignação do enfermo, adorava o divino beneplácito.

Aconselhava-lhe o moribundo: "Busquemos unicamente a glória de Jesus Crucificado. Apascente o pequeno rebanho que o Pai celeste lhe confiou. Atenção, muita atenção ao admitir postulantes e em fazê-los ordenar. Com essa diligência, sereis poucos, é verdade, mas um batalhão escolhido, todo consagrado à glória de Nosso Senhor".[2]

Para fortalecer-lhe sempre mais a alma, o santo multiplicava as absolvições sacramentais. Perguntava-lhe amiúde se algo o inquietava. "Nada", respondia o enfermo, com sorriso nos lábios.

Ao aproximar-se o momento fatal, suplicou-lhe Paulo que dele se lembrasse no paraíso. João Batista, com simplicidade, o prometeu.

Entrou, finalmente, em agonia. Conservava o espírito fixo em Deus, único objeto de seu amor.

Paulo, conforme o costume do Instituto, convocou todos os religiosos à cela do moribundo e, com muita piedade e ternura, começou as orações da "encomendação da alma". Todos choravam, desejando na hora suprema serem assistidos pelo santo Fundador.

Como se vislumbrara na fronte do irmão as primeiras fulgurações da eterna glória, entoou com voz plangente, mas entusiasta, a "Salve-Rainha", continuada pelos religiosos. Recitavam ainda essa belíssima oração e a alma de João Batista voava para o seio de Deus. Era sexta-feira, 30 de agosto do ano de 1765. Contava 70 anos e alguns meses de idade.

Os santos não são insensíveis, pois a graça não destrói a natureza, mas a eleva e a enobrece. Mais do que ninguém, possuem delicada e ardente sensibilidade.

Paulo tinha o coração lacerado. Era homem e não o dissimulava. A fé e o amor reprimiram-lhe até então as lágrimas, mas agora já não as podia reter. Como São Bernardo, em semelhante circunstância, pagou o tributo à natureza.

"Correi, correi, ó lágrimas, que já não vos posso reter! Já não vive quem as impedia de caírem… Não foi João Batista que morreu, fui eu, que não vivo senão para morrer." E prosseguia: "Agora que meu irmão morreu, quem me mortificará, quem me corrigirá? Ah! Tenho sobejos motivos para chorar; perdi o vigilante guarda da minha alma". E repetia: "Quem me corrigirá os defeitos?…".[3]

[2.] Pe. João Maria de Santo Inácio, *Vida*, p. 218.
[3.] S. 1. 768 § 63. Vida escrita pelo Pe. João Maria Cioni, ed. 1934, pp. 215-221.

Pago esse tributo à natureza, depositou sua aflição nas chagas do Salvador, exclamando: "*Obmutui et humiliatus sum*" [Guardei silêncio e humilhei-me] (Sl 38,30). As lágrimas deram lugar às orações em sufrágio da alma do falecido.

Ó Religião do Calvário, como és formosa e consoladora! Como elevas o homem, divinizando-lhe a dor!

O santo ancião, que apenas podia ter-se em pé, fez questão de celebrar os funerais, mergulhando o morto querido no Sangue divino do Cordeiro. No decorrer das cerimônias, a voz de Paulo era um amálgama de lágrimas, de esperança, de resignação e de amor.

Interrogado pelo confessor, logo após a santa missa, onde estaria a alma do finado, respondeu: "Não posso negá-lo, senti imensamente a morte de meu irmão; no entanto, se Deus me perguntasse: 'Queres que ressuscite a teu irmão? Se o desejares, fá-lo-ei, mas eu prefiro que continue morto', eu logo responderia: 'Não quero, Senhor, senão o que quereis; morto também eu o quero'".[4]

Virtude tão heroica foi logo recompensada. Enquanto meditava estas palavras: *regem cui omnia vivunt* [o Rei para quem todas as coisas vivem], contemplando em Deus o Princípio de todos os seres, luz celeste lhe certificou que o irmão desfrutava da eterna bem-aventurança. A partir desse instante, sempre que falava de João Batista transfigurava-se-lhe o rosto e exclamava: "Não, meu irmão não morreu... não morreu... ele vive em Deus...".

Uma residência em Roma

O nosso santo havia muito desejava uma casa em Roma, mas, certo de que ainda não soara a hora da Providência, resolveu abrir, interinamente,

---

[4.] Cf. Cioni, Vida, pp. 222-227. S. 1. 322 § 91. O conceito que São Paulo da Cruz tinha de seu irmão se deduz das seguintes expressões: o Pe. João Batista "é tão assíduo na oração, que não há na Congregação quem o iguale" (Lt. III, 202); "Teve uma morte verdadeiramente santa, como santa foi sua vida" (Lt. III, 508); "Foi tal o concurso de povo que foi preciso colocar guardas junto ao seu cadáver" (Lt. I, 762). Assevera ainda que, com suas relíquias, muitos conseguiram graças (Lt. III, 590, 738, 779).

uma residência para poucos religiosos e que servisse de abrigo aos que necessitassem ir à Cidade Eterna.

No ano seguinte partiu para lá e, a conselho de Clemente XIII, obteve um casebre nas vizinhanças do Coliseu, na rua que levava à basílica de Latrão. E, imediatamente, retornou ao retiro do Santo Anjo.

Seu grande benfeitor, Antônio Frattini, nobre romano, auxiliado por outras pessoas, encarregara-se das formalidades e gastos da aquisição e dos reparos no prédio.

Paulo profetizava que, aquele pequeno grão de mostarda, lançado à terra pela divina Providência, tornar-se-ia frondosa árvore. O vaticínio cumpriu-se ao pé da letra, como veremos.

Intitulou à pequena casa: Residência do Santo Crucifixo.

O pe. João Maria de Santo Inácio, com dois sacerdotes e um irmão leigo, todos de singular virtude, habitaram a residência. Lá viviam como no deserto, orando e penitenciando-se.[5]

Como o senhor Frattini foi mais tarde ecônomo do nosso Instituto, oferece interesse a origem da amizade que o ligou para sempre ao servo de Deus.

Ia Frattini anualmente, em companhia do velho pai, a Sutri e a Vetralla, em visita a duas de suas irmãs, religiosas. Estas lhe narraram coisas admiráveis a respeito de Paulo. Frattini, desejando conhecê-lo, dirigiu-se ao retiro do Santo Anjo, onde conferenciou com o santo por longo tempo. Conheceram-se e amaram-se logo. Daí por diante, sempre que visitava as irmãs ou mesmo por cartas, retemperava a alma nos conselhos de Paulo.

Adoecera o pai de Frattini; ele escreveu imediatamente ao servo de Deus, recomendando-o às suas orações. Paulo respondeu: "De boa vontade rezarei por seu pai, posto que por agora nada há a temer, pois ainda não chegou a sua hora".

Algum tempo depois, recaiu o bom velho e Antônio prontamente notificou ao amigo. Pela resposta, temeu a morte do pai e do temor passou

---

[5.] S. 2. 5, 12; 26; Boll. 1926, pp. 74-88; Lt. II, 764.

à certeza, quando soube por um religioso do Santo Anjo que o santo, ao recomendar o enfermo às orações da comunidade, afirmara várias vezes estar o ancião maduro para o Céu. O filho, aflito, preparou-se para o golpe, que não tardou a feri-lo.[6]

Em outra circunstância, Frattini libertou-se de iminente perigo, e sua senhora recuperou milagrosamente a saúde pelas orações do servo de Deus.

Por tudo isso e ciente, ademais, dos dons sobrenaturais do santo, Frattini o venerava e professava-lhe terníssimo afeto.

Última visita à província da Campanha

Antes de deixar este vale de lágrimas, Paulo resolveu visitar pela última vez os retiros da Campagna e abraçar os filhos queridos. Anuncia-lhes a visita nos seguintes termos: "Como meu estado de saúde e minha idade avançada fazem entrever a morte bem próxima, resolvi no Senhor ir dar-vos o último adeus e abraçar os meus amados irmãos…".[7]

Em meio às lágrimas dos religiosos do Santo Anjo, temerosos de não mais o verem cá na terra, empreendeu a longa e penosa viagem, no mês de novembro de 1766, dirigindo-se para Montecavi. De lá seguiu para Terracina, onde passou muito mal. Após quatro meses de cruéis sofrimentos, com o aproximar-se da primavera pôde continuar a viagem. Celebradas as festas pascais em São Zózimo, visitou Ceccano e, por último, Paliano.[8]

Manifestações populares

Conhecido o itinerário, acompanhemos o santo na longa jornada. Caminharemos de triunfo em triunfo.

Os religiosos acorriam de bem longe a encontrá-lo: júbilo, respeito, amor, todos os sentimentos da piedade filial se lhes estampavam no rosto, ao rever o Pai amado.

[6.] Lt. III, 688.
[7.] Lt. III, 304; II, 518.
[8.] Lt. II, 763.

Com que ternura os abraçava, com que caridade os ouvia, consolava e encorajava na via da perfeição. Assim fora sempre, mas agora, com o pressentimento da morte próxima, essas audiências tomavam caráter extremamente comovedor. Torrentes de ternura jorravam-lhe do coração com as últimas recomendações no supremo adeus do pai aos filhos desolados. E a despedida?! Choravam os religiosos, e Paulo, profundamente comovido ao abraçá-los, misturava suas lágrimas às dos filhos queridos...

Acompanhavam-no com os olhos e, quando o pai querido desaparecia no horizonte, retornavam ao convento, tristes, silenciosos...

Que diremos do entusiasmo dos fiéis? Oh! A terra bem compreende que entre ela e o Céu são necessários esses heróis de santidade, esses amigos de Deus, poderosos intercessores junto do divino juiz.

Eis o segredo dos admiráveis arroubos que se apossam das multidões à passagem dos homens de Deus, desses protetores e salvadores da humanidade.

Apenas corria a voz de que Paulo da Cruz estava para chegar, todos se punham em movimento nas cidades, vilas e aldeias. Convidavam-se mutuamente: "Vamos ver o santo...". Eram verdadeiras multidões que se agitavam para ir ao seu encontro. Ébrios de contentamento, acompanhavam-no até a residência e, quando o santo ancião descia da carruagem, a que o obrigavam a idade e os incômodos, agrupavam-se-lhe ao redor a fim de beijar-lhe o santo hábito e as mãos. Os mais indiscretos chegavam a cortar-lhe fragmentos do santo hábito e até dos cabelos. Todos queriam obter alguma coisa do homem de Deus, qual preciosa relíquia. Por vezes, para evitar acidentes, eram necessárias forças armadas.

Em Ceprano e Frosinone, o concurso foi tal que os soldados com muita dificuldade conseguiram abrir caminho para a passagem do servo de Deus.

As residências dos benfeitores e até a solidão dos nossos retiros não eram refúgio seguro. Todos queriam vê-lo, ouvi-lo, falar-lhe e desfrutar por instantes de sua presença.

O humilde religioso abria a todos os braços de sua caridade; para todos tinha uma palavra de conforto, um conselho, uma advertência, recomendando sempre a meditação da sagrada Paixão e o amor a Jesus Crucificado.

Quando celebrava o Santo Sacrifício, a igreja transbordava de fiéis, como nas grandes festividades. É que Paulo, no altar, excitava a fé e a piedade.

Os cânticos piedosos recordavam os dias felizes das missões, pregadas pelo grande apóstolo; cânticos que se faziam ouvir particularmente ao acompanharem-no ao longo das estradas.

Os lavradores, assim que o viam, deixavam os seus afazeres, os bois e as carretas, para lhe correrem ao encontro. Rodeavam-no e lhe pediam a bênção.

Estas cenas eram diárias.

Entre o povo, havia pessoas da mais alta distinção: barões, condes, sacerdotes e até bispos.

Em Fondi, dom Calcagnini, assim que soube da chegada do santo, foi visitá-lo. Abraçou-o e, entre outras provas de afeto e veneração, convidou-o para, no dia seguinte, celebrar em sua capela particular.

Em Anagni, enquanto o prelado se entretinha com o servo de Deus em conferência espiritual e em consultas a respeito do governo da diocese, chegou o bispo de Ferentino para conferenciar com ele. Em seguida, apesar dos seus protestos, teve de atravessar a cidade entre os dois prelados, acompanhado de verdadeira multidão de fiéis. Mais tarde disse Paulo ao confessor: "Jamais em minha vida experimentei tanta vergonha e confusão como naquele dia".[9]

Os alunos do seminário e os pensionistas foram incorporados ao grupo para receber a bênção do santo. As religiosas rogaram ao bispo que lhes enviasse o pe. Paulo para afervorá-las no serviço de Deus.

O ardente apóstolo pregou em diversos mosteiros. Às clarissas de Anagni discorreu sobre o texto do Apóstolo: "Estou morto e minha vida

---

[9]. S. 1. 755 § 102.

está oculta em Deus com Jesus Cristo", e o fez com tal fervor e unção que as irmãs derramaram abundantes e doces lágrimas.

Essas demonstrações de afeto e veneração eram verdadeiro martírio para o coração do humilde religioso. Todavia, nenhuma tentação de vanglória o molestava, porque havia muito alcançara o grau de humildade em que o amor-próprio se extingue inteiramente; havia tocado, digamo-lo assim, o "todo" de Deus e o "nada" da criatura. Admirava-se de "não poder descobrir o motivo da veneração com que o recebiam por toda parte". São palavras suas ao confessor.

Persuadiu-se de que estavam enganados, sendo ele a causa desse engano. Este o pensamento que o afligia, fazendo-o chorar e suspirar.

Oh! Como desejaria fugir, ocultar-se e desaparecer dos olhos de todos, a fim de que ninguém fosse enganado! Para evitar essas demonstrações, partia de madrugada ou à noite, mas tudo em vão. Dir-se-ia que Nosso Senhor, tomando o partido do povo, se comprazia em pôr à prova a humildade de seu servo.

Acontecimentos prodigiosos

O leitor perguntará, com certeza: como se explicam manifestações tão entusiásticas e gerais?

Pelo conceito que todos tinham de sua santidade e pelos prodígios que acompanhavam sua passagem.

Todos viam nele um reflexo das perfeições divinas ou, antes, o próprio Jesus Cristo. Apenas se lhe aproximavam, eram curados os enfermos da alma ou do corpo, os desesperados recobravam a paz, os que jaziam em trevas reaviam a luz, os molestados por remorsos se compungiam. As mães apresentavam-lhe os filhinhos para que os abençoasse, e os enfermos, carregados ou arrastando-se, dirigiam-se para onde ele devia passar.

Em São Zózimo, Ana Amatti, viúva de Falvaterra, tinha um filho com perigosa hérnia. A boa senhora levou-o ao venerável padre. Paulo o abençoou e, no mesmo instante, desapareceu a hérnia![10]

[10.] S. 1. 894 § 87.

Teresa Spagnoli, esposa de Vicente Mattia, cônsul em Terracina, que já sofrera a extração de um tumor no seio esquerdo, notou que novo tumor surgia no direito. Para não contristar o marido, ocultava o mal. Manifestou-o, todavia, ao servo de Deus. Este lhe ordenou: "Senhora, cale-se a respeito dessa enfermidade". Benzeu-a e, de volta à casa, Teresa teve a satisfação de se ver livre do mal e, além do mais, desaparecera a cicatriz da operação.[11]

Em Ceccano, certa mulher, que tinha uma mão paralítica, milagrosamente se viu curada com a aplicação de um pedaço da capa do santo.[12]

Uma menina de 10 a 11 anos, chamada Gertrudes Ruggieri, de Sutri, ferira-se com um espinho na mão direita. Os médicos se viram incapazes de debelar o mal, que progredia, causando dores atrozes à pobre paciente. Levada à presença de Paulo, um ano após o ferimento, este a benzeu com uma relíquia, recomendando-lhe prudência e oração. A pequena, ao beijar-lhe a capa, arrancou-lhe alguns fiapos. Jubilosa do piedoso furto, pediu a mãe lhos aplicasse na mão enferma.

Dias após disse à mãe que sentia coceira na parte afetada. "Confiança, minha filha", respondeu a mãe, "o pe. Paulo debelará o mal". Ao tirar as ataduras, notou que nada mais havia da ferida, nem mesmo a cicatriz. "Vês, minha filha", diz chorando a mãe, "o pe. Paulo te curou. Deves rezar diariamente um Pai-Nosso e uma Ave-Maria em ação de graças".

Consentiu a menina e perseverou na promessa feita. Às vezes, porém, se esquecia, e, quando chegava a noite, antes de deitar-se ou depois de já estar na cama, sentia pontadas na mão, do que se queixava singelamente à mãe. E esta: "Recitaste o Pai-Nosso e a Ave-Maria?". "Ai, me esqueci". Reparando a omissão, imediatamente passava a dor.[13]

Por todos esses prodígios, crescia o entusiasmo do povo.

Como é ativa a humildade para fugir das honras! Paulo começou a benzer a água com a relíquia da Santíssima Virgem e essa água operava milagres. Era Maria, e não ele, a taumaturga. A Nossa Senhora, portanto, e não a ele, deveriam dirigir-se aquelas homenagens, que tanto o afligiam.

---

[11]. S. 1. 898 § 103.
[12]. S. 1. 900 § 121.
[13]. S. 1. 883 § 39.

Impossível fora relatar aqui todos os milagres operados pela água benta com a relíquia de Nossa Senhora. Narremos os seguintes.

Em São João Incário, cidade do reino de Nápoles, estava a expirar certa pessoa. Apenas tocou com os lábios uma gota da água benta pelo santo, deixou o leito, como se despertasse de profundo sono. O médico dirigiu-se a São Zózimo para relatar a Paulo o ocorrido, acrescentando: "Agora encontrei ótimo remédio para os meus clientes, pe. Paulo; não prescreverei outro: é a sua água".[14]

Em Pastera, estava para expirar uma senhora devido a um parto prematuro. Fizeram-lhe beber daquela água, obtendo feliz resultado.

José Maceroni, de Terracina, atacado de febre maligna, somente por milagre poderia escapar da morte. "Pois bem", disse a mãe do enfermo, "far-se-á o milagre". Na manhã seguinte, de madrugada, foi ter com o servo de Deus; encontrou-o no altar a celebrar o Santo Sacrifício. Apenas ele chegou à sacristia, lançou-se-lhe aos pés a pobre mãe e, chorando, lhe disse: "Pe. Paulo, os médicos desenganaram meu filho... pe. Paulo, tenha piedade desta mãe! Piedade!". O servo de Deus, comovido, respondeu: "Deixe-me dar as ações de graças; depois falaremos".

Paulo voltou com o pe. Nicolau da Coroa de Espinhos, a quem dissera: "José não morrerá". E à desolada mãe: "Coragem senhora, José não morrerá. Vou benzer a água da Santíssima Virgem. Não duvide, seu filho não morrerá. Chegando em casa, dê-lhe de beber desta água e logo melhorará. Antes de dar-lha, reze uma Ave-Maria e um Glória ao Pai em louvor à Santíssima Trindade. Creia-me, ainda que esteja na agonia, recuperará imediatamente a saúde".[15]

Parte a pobre mãe, dando asas à esperança. Ao entrar em casa, vê que estão preparando o remédio para o filho. "Que é isto?", pergunta ela. Ao receber a resposta, retruca: "O remédio está aqui. Todos de joelhos!... De joelhos!...". Ajoelharam-se todos, como que eletrizados por aquela voz materna. "Recitemos uma Ave-Maria e um Glória ao Pai. É o pe. Paulo quem ordena." Terminada a oração, dá uma colher de água benta ao filho moribundo. No mesmo instante, ele começa a melhorar.

[14.] S. 1. 894 § 88.
[15.] S. 1. 898 § 108.

Dias depois, o jovem vai agradecer ao servo de Deus, a quem relata a cura miraculosa. "Não é a mim que você deve agradecer, mas às fervorosas orações de sua mãe e à intercessão de Nossa Senhora", responde Paulo.

Em meio de prodígios, de cânticos, festas e aclamações populares, o santo concluiu a visita triunfal, para ocultar-se na residência do Santíssimo Crucifixo, em Roma. Lá chegou no dia 6 de maio de 1767.[16]

Mas as honras são como a sombra: perseguem aos que delas fogem. Paulo não se vê livre de louvores. Apenas corre a notícia de sua volta, as mais insignes personalidades da cidade, cardeais, particularmente o cardeal Vigário, que por longo tempo o tem em seus braços em prolongado abraço, cumulam-no dos mais ternos afetos e veneração.

Assim que as forças permitiram, foi lançar-se aos pés do Sumo Pontífice, que, satisfeitíssimo por tornar a vê-lo, tratou-o familiarmente e deu-lhe a bênção apostólica.

[16.] Lt. IV, 11.

CAPÍTULO XXXII
1767-1769

Grave enfermidade

Os religiosos do Santo Anjo anseiam rever o pai amado. Paulo, por sua vez, anela voltar àquele retiro, tão querido ao seu coração. Contudo, pesada cruz o espera. Dias depois de sua chegada ao Santo Anjo, é atacado por violenta febre, sintoma de grave enfermidade.

Chama-se o médico. Com a simplicidade da criança, pôs-se Paulo em suas mãos, sujeitando-se a remédios que, sabia, lhe seriam prejudiciais.

De fato, atrofiaram-lhe por completo o organismo. Renovaram-se-lhe as violentas dores de gota, ciática e reumatismo; quarenta dias de atroz martírio.[1] Não retinha o mais leve alimento.[2]

A idade avançada e a gravidade da moléstia inspiraram sérios temores. Recebeu por três vezes o santo viático.

Que eram, porém, os sofrimentos físicos em comparação com as dores morais? Desamparo por parte de Deus, junto de furiosos assaltos dos demônios!

Chegados que somos ao ponto culminante dessas estranhas provações, concentremo-las num só quadro.

Assaltos do demônio

Todavia, vamos referir, com clareza, fatos extraordinários, indubitáveis e autênticos.

---

[1]. Lt. IV, 6; S. 1. 757 § 106.
[2]. S. 1. 298 § 154.

Na França, os biógrafos de santos costumam, antes de entrar nesta matéria, fazer longas dissertações filosóficas, teológicas e outras. Precauções, pois estamos em épocas dos "espíritos fortes".

Julgamo-nos dispensados desse trabalho por uma razão bem simples: os chamados "espíritos fortes", ridicularizadores da crença nos demônios e dos exorcismos da Igreja, encontram-se diante de fatos que lhes pedem pelo menos sérias reflexões. Nos últimos tempos, satanás teima em zombar de seus zombadores, com estranhos fenômenos, explicáveis somente pela intervenção real do espírito da mentira.

Serve-se a Providência muitas vezes do demônio para plasmar os santos.

A Paulo da Cruz não podia faltar esse traço de semelhança com Jesus Cristo, que entregou o corpo ao arbítrio de satanás nas provações do deserto e ao chegar o "poder das trevas" nos dias da Paixão.

É que Deus escolhera a Paulo, generoso atleta, para humilhar o gênio da soberba.

Jesus dissera um dia ao nosso santo: "Apraz-me vê-lo sob os pés dos demônios".[3] Os espíritos infernais aproveitaram-se da permissão divina, já que a santidade de Paulo os exacerbava. Como vingança às derrotas sofridas, descarregavam-lhe todo o seu furor. Ouçamos o nosso santo: "O convento (do monte Argentário) está quase concluído. Espero inaugurá-lo na Quaresma. Oh, que alvoroço fazem os demônios! Somente Deus sabe como me acho". Os demônios, já o dissemos, destruíam de noite o que se edificava de dia.

> Faz muito tempo que um pobre ancião, tomado pelo vício, ouve, à noite, assobios que o fazem tremer. Garantiram-lhe, porém, que tudo há de passar e nada o prejudicará. Não vos amedronteis, pois Nosso Senhor combaterá por vós. Aleluia! Aleluia! Aleluia! O demônio teme o "Aleluia", palavra caída do Céu.[4]
>
> Estou nas mãos da divina misericórdia, embora cruelmente atormentado pelos ministros de sua justiça e ainda mais pelos meus pecados.[5]

[3.] S. 1. 601 § 61; OAM. p. 41.
[4.] Lt. III, 153.
[5.] VS. p. 412.

Os ataques diabólicos, inspirados sempre na mais entranhada malícia, revestiam-se, por vezes, de caráter de intrigas mesquinhas e pueris. Em se tratando de prejudicar, não têm delicadeza esses inimigos. Todos os meios lhes parecem bons. Para o êxito de seus tétricos projetos, não se envergonham de metamorfosear-se em animais; não, porém, como Deus os criou: nisto está o embuste.

Justo castigo do orgulho a ensinar-nos que toda criatura, por mais sublime que seja, pretendendo sobrepujar-se a Deus, inferioriza-se aos irracionais.

Apareciam-lhe frequentemente sob horríveis formas, como de gatos selvagens, cães raivosos ou aves de rapina.[6]

Para tornar mais divertidas suas zombarias, aproveitavam do tempo em que Paulo estava enfermo e desamparado de Deus.

Após prolongadas insônias, conseguia Paulo pegar no sono. Pois bem, os espíritos malignos interrompiam-no, com assobios, uivos, espantosos ruídos, simulando detonações de diversas peças de artilharia ao mesmo tempo.[7] Acordava o santo, sobressaltado.

Outras vezes, tiravam-lhe os cobertores ou caminhavam sobre a cama, como gatos.

Na grave enfermidade de Orbetello, passou quarenta dias e quarenta noites insone, atormentado por pungentes dores. Afinal, acalmando-se-lhe um pouco os sofrimentos, adormeceu. Imediatamente, infernal ruído o acordou. Eram os demônios a abrirem e fecharem com violência as portas de um móvel... O santo, com ar de desprezo, pô-los em fuga, podendo descansar por algumas horas. Ao referir a aventura ao confessor, ele, que sabia unir a alegria à virtude, dizia-lhe sorrindo: "Que lhe parece? Não diz o provérbio que o cachorro que dorme não caça?... Um pobre homem insone há quarenta dias e quarenta noites, despertado no primeiro sono!... É isto, porventura, agradável?".[8]

[6.] S. 1. 640 § 256.
[7.] S. 1. 617 § 141.
[8.] S. 1. 602 § 69.

Estava o santo de cama com o mal de gota. O demônio, a fim de martirizá-lo, tomou-lhe o dedo mais dolorido e o torceu violentamente, fazendo-lhe experimentar dores inauditas.[9]

Atacavam-no com mais furor, quando ocupado em afazeres da glória de Deus ou do bem das pessoas.

Ao começar a oração ou o Ofício Divino, parecia-lhe desencadear-se o inferno… Se tomava da pena para escrever coisas de importância, o demônio, raivoso, rugia, espantosamente. Se nos recreios discorria sobre assuntos de piedade, de volta à cela tinha que haver-se com os espíritos infernais.[10]

Ao rever as Regras das religiosas da Paixão, maltratavam-no os demônios a valer. Uma noite, mão invisível pegou-lhe a cabeça e bateu-a violentamente de encontro à parede. O barulho despertou o enfermeiro, na cela contígua. No dia seguinte, perguntando-lhe o confessor como passara a noite, respondeu, sorrindo: "O bom Deus não permite que as artimanhas dos demônios façam muito mal, mas bem é que não fazem". E acrescentou: "O que os queima agora é o mosteiro!".[11]

O que mais irritava a satanás era a conquista de pessoas. Nos primeiros anos de residência no Argentário, Paulo descia aos sábados a Porto Ercole, a fim de instruir o povo nos rudimentos da religião, passando a noite ao pé do Tabernáculo.

Os demônios esforçavam-se por amedrontá-lo com estrépitos infernais. O santo prosseguia a sua oração. De manhã, entregava-se às obras de apostolado com êxito correspondente à preparação.

Nas jornadas apostólicas, seguiam-no os espíritos infernais, fazendo-lhe pagar bem caro as pessoas arrebatadas ao seu domínio.

À noite, batalhões desses espíritos entravam-lhe pelo quarto com alaridos de um povo amotinado. Puxavam-no da cama, arrastavam-no pelo assoalho, bradando enfurecidos: "Ah! Vieste atormentar-nos? Quantas pessoas já nos arrebataste!…".

---

[9]. S. 1. 621 § 162.
[10]. S. 1. 601 § 64.
[11]. S. 1. 603 § 71.

As meditações sobre a sagrada Paixão causavam-lhes grandes perdas. Confessaram pela boca de um possesso, que a santa missa celebrada pelo servo de Deus e a Paixão pregada por ele eram o que mais os afligia.[12]

O inocente corpo de Paulo, especialmente as pernas, estavam sempre chagadas pelos açoites dos demônios. Quantas manhãs encontravam-no pálido, lívido, obrigado a permanecer na cama, sem mover-se...

Regressava, certa feita, de uma missão quando, ao sopé de alta montanha, nas vizinhanças de Feniglia, os demônios, de forma visível, colocando-se em ala ao longo da estrada, açoitaram-no cruelmente, como a soldado sujeito ao castigo das chibatadas.[13]

Impossível referir todos os maus-tratos infligidos pelos demônios ao servo de Deus; mas o apóstolo surgia sempre mais audaz desses combates e com a espada mais afiada para novas batalhas e novos triunfos...

Vez por outra, os inimigos tomavam forma humana, pretendendo enganá-lo.

Em Santo Anjo, na enfermidade de que falamos no princípio deste capítulo, apresentaram-se-lhe no quarto seis ou sete pessoas, que se diziam médicos. Vinham da parte do pe. João Batista anunciar-lhe que se preparasse para a morte. O desenlace ocorreria na próxima quarta-feira. O santo, percebendo imediatamente o embuste diabólico, responde-lhes que tinha médico em quem confiava plenamente e que, portanto, não fora necessário virem até o retiro por tão pouco. O dr. Mattioli tê-lo-ia avisado.

Com efeito, se aqueles médicos de nova linhagem pretendiam assustá-lo, enganavam-se redondamente, pois o maior desejo de Paulo era deixar este desterro e voar para a Pátria celeste. O certo é que os demônios desapareceram, envergonhados.[14]

Em outra ocasião, o pe. Paulo e um companheiro estavam hospedados em casa de um nosso benfeitor. Mal se recolheram ao quarto, apareceu-lhes o demônio sob a figura de horrível gigante. "Pe. Paulo", perguntou transido de susto o companheiro, "não está vendo?". "Tranquilize-se",

---

[12.] S. 1. 601 § 62.
[13.] S. 1. 612; 639 § 252.
[14.] S. 1. 603 § 70.

respondeu o servo de Deus, acostumado a tais visitas. "Ele não veio para V. Revmª." No dia seguinte, o companheiro percebeu para quem viera o inimigo, ao observar as pernas do pe. Paulo lívidas pelos açoites recebidos durante a noite.[15]

"Outros religiosos testemunharam as violências diabólicas no corpo inocente do pe. Paulo", acrescenta são Vicente Maria Strambi, dando a entender, provavelmente, que ele também o testemunhara.

Que valor não demonstrou nesses assaltos o servo de Deus?! Ele bem sabia que contra tais inimigos não cabem temores, mas confiança ilimitada no poder e na misericórdia de Deus.

Jamais pediu socorro, mostrando ao inimigo que não o temia. Convencido de que o espírito soberbo tem mais audácia que poder, opunha-lhe somente profundo desprezo. Armava-se do crucifixo, coloca ao pescoço o rosário e, com voz possante, intimava-o, em nome de Jesus e Maria, a retirar-se.

Fugia, não há dúvida, mas para voltar com desdobrado furor.[16]

Desolações interiores

Não são os combates exteriores os mais penosos nem os mais cruentos. O rugido do leão adverte o peregrino; porém, é mais para temer a serpente que se oculta, silenciosa, na sombra.

Os espíritos malignos introduziam-se, sorrateiros, na alma de Paulo, para atormentá-lo. Inspiravam-lhe desgosto, fastio, profunda melancolia. Eis como se abre ao confessor: "Estou fortemente tentado a fugir e ocultar-me nos bosques".[17]

Excitavam-lhe a ira, em violentos acessos de cólera. Que martírio! Ele se tornava insuportável a si mesmo. Em tais circunstâncias, isolava-se, temendo proferir palavras de impaciência. Sorria o herói a sós e em silêncio, por amor de Deus.

---

[15]. S. 1. 640 § 256.
[16]. S. 1. 601 § 63.
[17]. S. 1. 603 § 73.

Assaltavam-no horríveis tentações de blasfêmia e desespero. Em impetuosas arremetidas, instigavam-no ao suicídio.

Em conferência com o diretor, disse-lhe que tivera forte tentação de lançar-se pela janela. Tentações a respeito da "predestinação" eram as que mais o molestavam. Vinham-lhe à mente toda sorte de sofismas e se lhe apresentavam com tal sutileza que o obrigavam a empregar grandes esforços para debelá-los.

Nos momentos de abandono e trevas, os ataques se tornavam mais persistentes.[18]

Essas tentações, ao passo que lhe multiplicavam os méritos, amestravam-no, outrossim, na difícil arte da direção espiritual. Nos ensinamentos ministrados por Paulo, ele nos revela o segredo de seus triunfos. Dizia: "É necessário pôr freio ao demônio, resistir-lhe valorosamente, desprezar-lhe as investidas".

Escreveu ao mestre de noviços:

Não me admiro das tempestades e combates que me suscitam os demônios, porque, enfim, está escrito que o "pecador será atribulado sobremaneira"; compadeço-me, todavia, desses jovens inocentes. É necessário barrar o inimigo, mostrar-lhe os dentes, como se costuma dizer, e vexá-lo com ordens peremptórias... Escreva essas ordens, dê-as em voz alta, revestido de estola; coloque-as à porta da cela com fé ardente e recite-as com grande autoridade em nome de Jesus Cristo.[19]

A uma religiosa escreveu:

Arme-se sempre de fé, de confiança em Deus e de profundíssima humildade de coração. Reitere suas ordens ao demônio para que se retire em nome de Jesus e se vá ao abismo, em que o precipitou o orgulho. Nada de temor. Essas aparições diabólicas, com as terríveis tentações que as acompanham, são excelentes indícios, e as aflições que sente é

---

[18]. S. 1. 604 § 74.
[19]. Lt. III, 152.

o fogo que há de purificá-la e prepará-la para uma maior união com Deus... Oh! Que excelente trabalho!... Profunda humildade!... Silêncio e abnegação respeitosa diante de Deus!... Esse o meio para voar bem alto. Embora se encontre na solidão interior, repousando docemente no seio do Pai celeste, suspire como criança e diga-lhe da obstinação de satanás em tentá-la. Ele está a par de tudo, mas faz questão dessas lamentações e gemidos infantis. Peça-lhe, profundamente humilhada, que não permita ao demônio molestá-la com essas horríveis aparições... Abandone-se à sua Santíssima vontade. Este deve ser o seu contínuo alimento. O doce Jesus sempre se alimentou da vontade do Pai, que se comprazia em vê-lo num oceano de dores. Seja magnânima; não se assuste com a presença do demônio: permaneça oculta em Deus e nada a prejudicará. Quando vir esses fantasmas, não abandone a oração; ao contrário, fortaleza e constância! Não deixe o lugar em que se acha, e o demônio fugirá, confuso. Ânimo, pois! Jesus deseja santificá-la. Jesus a abençoe...[20]

Mais perigoso é quando o demônio se transfigura em anjo de luz. O bom padre, sempre alerta em se tratando do bem espiritual de seus filhos, escreveu o seguinte:

> No que respeita ao irmão N., espero que não haja engano; mas o demônio frequentemente se faz de macaco, com pretexto de bem... Dessas lutas pode resultar algum secreto orgulho. Deve, portanto, avisá-lo de que, se por um pecado venial se merece o purgatório com seus horríveis tormentos, não é para maravilhar-se que a Bondade divina permute essas penas em leves sofrimentos neste mundo. Que se humilhe, resigne e abandone, com plena confiança em Deus, concentrado sempre em seu nada...[21]

O santo era o primeiro a seguir fielmente essas lições tão conformes aos ensinamentos do Espírito Santo.

---

[20]. Lt. III, 467.
[21]. Lt. III, 163.

Abandono por parte de Deus

Mas que são todos os assaltos do inferno em comparação com as provações divinas? Cerca de cinquenta anos viveu Paulo em trevas, aridezes espantosas e desolações internas. De tempos em tempos, um raio de luz vinha afastar essas trevas, como nas prisões dos mártires.[22]

Nosso Senhor, que se comprazia em fazer-se procurado pelo servo fiel, privava-o da doçura das consolações e das luzes com que outrora o favorecia. Permanecia no âmago de seu coração, mas Paulo só o via irritado contra si!

Eis o término da Paixão: o cimo da cruz, o desamparo do Calvário. A paz, a luz, o amor, tudo desaparecera. O espírito de Paulo jaz submerso num oceano de tristeza, envolto em densas obscuridades: Deus se retirara e escondera. Já o não vê em sua alma, nem o percebe no coração. A fé ocultara-se em noite escura. O Céu já não lhe pertence; escancara-se-lhe aos pés o abismo infernal!... Desamparado do Céu e da terra, pede ajuda, implora um raio de luz... Nada, ninguém responde... apenas o tétrico silêncio de morte.

Escreve são Vicente Strambi:

Paulo foi martirizado pelos demônios, perseguido pelos homens e provado por Deus com dolorosas enfermidades: não obstante não foram essas as mais terríveis provações. O cravo que lhe trespassou o coração, a suprema agonia de sua alma, foi o temor de haver perdido a Deus, de jamais poder contemplar-lhe o divino rosto. O pobre Paulo que, abrasado de amor, desde a mais tenra idade aspirava por essa união!... Que, para possuir eternamente o seu Deus, tudo abandonara; que, para agradar-lhe, houvera sacrificado mil vidas... Perdê-lo, e perdê-lo para sempre?! Para ele não há mais lenitivo nem consolo. Seu coração lança-se para Deus com todas as forças... mas é repelido, golpeado, ferido por mão de ferro...[23]

Ó abandono do Gólgota! Ó trevas espantosas! Angústias, agonias, desolações!...

---

[22]. S. 1. 644 § 284; OAM. pp. 115-150.
[23]. S. 1. 319 § 79.

Não há como negar que o nosso santo tragou até a última gota o cálice do Redentor.

Desse profundo abismo, em meio das ondas encapeladas pela furiosa tempestade, perseguido por todos os lados, o coração trespassado, respirando com dificuldade, desprende-se-lhe do peito o brado do abandono, o triste lamento: "Meu Deus, meu Deus, por que me abandonastes?" (Mt 27,46). Oh! Em que estado me acho! Temo a cada instante a voz do Senhor, ordenando à terra que me trague!... Estou em meio dos combates".

Escreveu a um de seus religiosos:

Mas Deus não permite que isto se manifeste no exterior. Até no sono me persegue a tormenta e desperto a tremer. Já faz anos que me encontro neste estado...
Grande cruz pesa sobre mim há tanto tempo, sem consolação alguma. Comparo-a ao granizo, pois de todo se lhe assemelha. Estou como um homem em alto e revolto mar e ninguém me apresenta uma tábua de salvação. Resta-me, todavia, um raio de esperança, bem fraco, é verdade, que apenas o diviso.[24]
Imaginai pobre náufrago agarrado a uma tábua: cada onda, cada lufada de vento o apavora... vê-se no fundo do mar... Imaginai um condenado à força: palpita-lhe o coração e estremece sob o peso de contínuas ansiedades. Oh! Que horrível expectativa! Julga continuamente haver chegado a hora fatal... esse o estado de minha alma![25]

Seu único refúgio era o abandono em Deus. Como Jesus, desamparado, ele se lança nos braços do Altíssimo: "Meu Pai, em vossas mãos entrego minha alma" (Lc 23,46). Exclamava ainda: "Podeis fugir, ó meu Deus: seguir-vos-ei sempre, sempre serei vosso filho...". Ouviram-no protestar, na cela, com indizível ênfase: "Não desejo outro bem senão ao meu Deus. Ó bondade infinita do meu Jesus!... Fugi, ó Senhor; fugi para onde quiserdes, que eu serei vosso e vos seguirei sempre: sim, serei sempre e inteiramente vosso".[26]

[24.] Lt. II, 102.
[25.] VS. p. 417.
[26.] S. 1. 644 § 286; 282 § 116.

Canções de amor

De tempos em tempos, em meio desse oceano de sofrimento, alçando a cabeça sobre as ondas, canta-a com santo entusiasmo. O canto é a efusão das grandes pessoas. Todos os santos cantaram os mártires do sangue, nos patíbulos; sobre o altar do sacrifício, os mártires da caridade.

Nos cânticos de amor de Paulo da Cruz, retratam-se os cânticos de amor dos Franciscos de Assis e das Teresas:

Amor ao sofrimento

É na cruz que o santo Amor
A alma amante purifica,
Quando férvida, constante,
A ele toda se dedica.

Quem me dera descrever
O tesouro alto, divino,
Que encerrou no sofrimento o grande Deus Uno e Trino!

Mas, por ser grande segredo,
Só revelado ao amante,
De longe apenas o admiro,
Eu, que sou pobre ignorante.

Quão feliz o coração
Que, na cruz abandonado,
Se consome em santo amor,
Entre os amplexos do Amado!

Mais ainda é felizardo
Quem, no seu puro penar,
É em Cristo transformado,
Sem a sombra do desfrutar.

Oh! Feliz é quem padece
Sem apego ao seu sofrer,
P'ra mais amar quem o fere,
Só buscando a si morrer!

Com Jesus à cruz pregado,
eu te dou esta lição:
Muito mais aprenderás
Quando imerso na oração.
Amém.[27]

Coisa admirável! Quando Paulo sofria maiores aridezes, trevas e abandonos da parte de Deus, então é que lhe brotavam do coração viviíssimos transportes de amor e puríssimas luzes do Céu. Mas, ainda assim, se lhe ocorria a ideia da condenação, tremia dos pés à cabeça, fazendo tremer aos seus ouvintes. Mesmo nessas ocasiões, porém, compreendia, à primeira palavra, o estado das pessoas, divisava os perigos e as dificuldades, inspirando-lhes coragem, sugerindo-lhes os meios eficazes para vencerem as tentações e se disporem aos favores celestes.

Estava em trevas e espargia luz; em aridezes e abrasava os corações; em desolações e consolava maravilhosamente as pessoas!

Quem lhe desconhecesse o interior, tê-lo-ia por alguém que nadasse em grandes consolações. É que as virtudes varonis não necessitam das doçuras concedidas à debilidade dos principiantes.

Nosso Senhor, ocultando-lhe os méritos, ocultava-lhe, outrossim, o estado de sua alma. Eis a razão por que, hábil no consolar a outrem, não conseguia elevar-se do abismo de amarguras em que se achava, nem valer-se dos conselhos dados às pessoas ou encontrados nos livros.

Dizia ao diretor: "Estou envolto em trevas e obscuridade; agitado de temores e inquietações, não encontrando nenhum livro que me auxilie e tranquilize. Li o tratado místico de Taulero: deparei com alguma coisa, mas não me satisfez... É mister continuar vivendo entre ondas e tempestades".[28]

Ainda entreveremos na alma do servo de Deus alguns relâmpagos; ainda ouviremos alguns estrondos de trovões, mas serão tormentas de verão, logo dissipadas pela bonança e pela serenidade, prêmio das lutas passadas, penhor da eterna tranquilidade do paraíso.

---

[27]. Lt. I, 301.
[28]. S. 1. 614 § 120.

CAPÍTULO XXXIII
1769-1770

Morte de Clemente XIII

Em 2 de fevereiro de 1769, os monarcas católicos da Europa, por iníquas e cruéis perseguições, faziam baixar ao sepulcro nobre e santo ancião.

Clemente XIII foi para o seio de Deus, a fim de receber a recompensa de seus combates. Conhecemos os íntimos laços de amizade que o unia a Paulo da Cruz. O nosso santo chorou a viuvez da Igreja e a perda do santo amigo. Debilitado como estava, fez questão de celebrar missa solene pelo finado Pontífice.

Escreveu:

> Sinto verdadeira mágoa por essa notícia infeliz. Esta manhã celebrei solenemente a missa pelo descanso de sua alma, aplicando-a, outrossim, para obter da Bondade divina santo Pastor para a Igreja. Depositei os corações dos cardeais nas chagas de Nosso Senhor, de modo especial o de Ganganelli...

Clemente XIV

Terminada a santa missa, disse a um de seus religiosos: "Mergulhei os corações dos cardeais no Sangue de Jesus; o que mais resplandecia era o de Ganganelli".[1]

[1.] VS. p. 145; S. 1. 97 § 59.

Paulo só conhecera Ganganelli em 1766, por ocasião de uma visita que fez a S. Em.ª Desde essa primeira entrevista, fascinaram-no e o edificaram as eminentes virtudes do prelado. Teve, ademais, tão claro conhecimento de sua futura elevação ao Pontificado que, ao sair da audiência, profetizou: "Oh! Este será Papa".

Uma voz interior lhe segredava: "Eis o Soberano Pontífice que dará a última ajuda ao Instituto".

Admiremos, de passagem, a divina Providência, unindo sempre ao santo, em cordial amizade, os cardeais predestinados à Sé Apostólica, a fim de facilitar, em meio a mil dificuldades, o estabelecimento do novo Instituto.

De regresso à casa dos Angeletti, afirmou sem hesitação: "Ganganelli não acaba assim: será mais do que cardeal, subirá mais alto...".[2]

Em 1767, o cardeal foi visitá-lo na humilde residência do Santíssimo Crucifixo. Após cordial conversa, ao retirar-se, enquanto abraçava o servo de Deus, dizia-lhe: "Pe. Paulo, estou ao seu inteiro dispor, no que puder fazer por Vossa paternidade e pela Congregação". Replicou Paulo: "Eminência, virá o tempo em que poderá e, de fato, fará muito pela minha Congregação".[3] E repetiu por três vezes as mesmas palavras.

O Príncipe da Igreja ponderou: "Pe. Paulo, nem sempre as coisas sucedem como nós as desejamos". "Não será conforme nós desejamos", sentenciou Paulo, "mas segundo o beneplácito de Deus". E, com o rosto abrasado, voltou-se para Antônio Frattini e acrescentou: "Eis, Frattini (e aponta com o dedo a Ganganelli), eis o sucessor do Papa atual. Vê-lo-eis em breve".[4] E animando-se sempre mais: "Não sou profeta, nem filho de profeta, mas não sou eu quem fala, é Deus que me faz falar. Vê-lo-eis, sim, vê-lo-eis em breve". O cardeal fita Frattini e diz apenas: "Frattini", e põe o dedo nos lábios, significando-lhe que deveria guardar silêncio sobre a predição de Paulo.[5]

[2.] S. 1. 840 § 80.
[3.] S. 1. 867 § 179.
[4.] S. 2. 757 § 26.
[5.] S. 2. 758 § 27.

Durante o conclave, o servo de Deus recebeu em Santo Anjo uma carta, anunciando-lhe ser voz corrente que o cardeal Stoppani seria o futuro Papa. Ao lê-la, põe-se a menear a cabeça, asseverando a dois de seus religiosos: "Stoppani, não, não; Ganganelli será o novo Papa".

O pe. José Jacinto de Santa Catarina, ao chegar de Roma para o Capítulo geral, foi pedir a bênção do servo de Deus. "Que se diz em Roma sobre a eleição do novo Papa?", perguntou-lhe Paulo. "O nome do cardeal Stoppani está em todas as bocas", respondeu o religioso. "Oh", replicou o santo, "não será ele." "Quem será, então?" "Ganganelli." "Como sabeis que Ganganelli será Papa?", perguntou o pe. Jacinto. Paulo, com semblante grave e recolhido, respondeu: "Estou tão certo disso como estou certo de ter este lenço na mão".[6]

Escreve são Vicente Maria Strambi:

> Tinha sobejas razões para assim falar, porque, conforme declarou por diversas vezes ao confessor, salvo as luzes recebidas a respeito da fundação do Instituto, nada lhe fora mais claramente revelado do que a exaltação de Ganganelli ao Pontificado.[7]

Um mês antes da eleição, disse Paulo a Romano Tedeschi, nosso benfeitor de Ronciglione, em visita ao santo: "O senhor, que mora em Ronciglione, por onde passa o correio, logo que souber da eleição de Ganganelli, mande-me buscar. Quero ir beijar-lhe os pés".[8]

Em 19 de março de 1769, Ganganelli era eleito Papa, sob o nome de Clemente XIV! Tedeschi e mais alguns amigos correram a Santo Anjo levar a boa-nova. O dedicado benfeitor fez questão de transportar a Roma

---

[6.] S. 2. 764 § 53.

[7.] Quando se reflete nas intrigas das cortes europeias a respeito dessa eleição, deve-se concluir que era impossível, humanamente falando, prever-lhe o resultado. Citemos o pe. Cordara: "Nas reuniões de cardeais, ninguém pensava em Ganganelli para elevá-lo ao pontificado... Foi eleito como era de praxe e por unanimidade de votos... Foi questão de horas...".
O pe. de Novais atribui isso à maravilhosa disposição da Providência.
Consulte-se um dos mais formosos monumentos históricos dos nossos tempos: *Clemente XIII e Clemente XIV*, pelo pe. de Ravignan, Tomo I, cap. VII.

[8.] S. 1. 840 § 81.

o santo ancião, obrigado, por grave enfermidade, a viajar de liteira. No dia 25 de março, de madrugada, estavam em Ronciglione, mas, como todos desejavam confessar-se ou aconselhar-se com o santo, somente na manhã seguinte puderam prosseguir viagem. À tarde já se achavam na residência do Santo Crucifixo.[9]

O novo Pontífice não perdera de vista a Paulo. Certo dia, em conversa com mons. Angeletti, seu camareiro secreto, grande amigo e benfeitor da nossa Congregação, asseverou-lhe: "Sem dúvida alguma, por estes dias estará em Roma o pe. Paulo". "Impossível, Santidade", respondeu Angeletti, "ele está enfermo, podendo apenas mover-se." "Não importa", tornou o Papa, que conhecia bem o coração do santo, "não importa, ele virá."

Ao saber de sua chegada, desejou vê-lo imediatamente, enviando um de seus coches à residência do Santo Crucifixo.[10]

Uma carruagem do palácio apostólico!... Imaginemos a confusão do humilde religioso, ao ver-se transportar ao Vaticano com tanta honra.

Que contraste com o passado! Ao confessor, que o acompanhava, disse o santo: "Quantas vezes percorri estas ruas descalço. Quantos trabalhos suportei nesta cidade para o progresso da santa obra da Congregação!...".

Respondeu-lhe o confessor: "Agora V. Revmª colhe os frutos desses trabalhos...".[11]

Solene aprovação das regras

Chegados ao palácio, introduziram-nos imediatamente, a pedido do Pontífice, ao gabinete papal. Apenas o viu, levantou-se o Santo Padre e correu a abraçá-lo com verdadeira efusão de alegria... Fê-lo sentar-se a seu lado, ordenou que pusesse o solidéu, dando-lhe mil provas de carinho. Comoveu-se o santo ancião, derramando muitas lágrimas.[12]

[9.] Lt. III, 824; S. 1. 97 § 59; Lt. IV, 50.
[10.] VS. p. 145.
[11.] VS. p. 146.
[12.] POR. 745.

Após prolongado e íntimo colóquio, o servo de Deus, animado por recepção tão cordial, suplicou humildemente ao Santo Padre que se dignasse aprovar solenemente a Congregação. Respondeu-lhe Sua Santidade que o faria de bom grado.

Depois de uma hora de audiência, o Papa tomou pelo braço o santo amigo e, com insigne benevolência, acompanhou-o até a porta. Aos protestos de Paulo, respondia o Pontífice: "Deixe-me, deixe-me praticar a caridade".

Em 18 de junho, Paulo voltou à audiência de Clemente XIV para apresentar-lhe o "memorial", pedido de aprovação das santas Regras e dos privilégios das demais Congregações e Ordens religiosas. O Soberano Pontífice, que o venerava como santo, acolheu-o com a mesma benevolência da primeira vez. Dignou-se apresentar-lhe uma cadeira, ajudando-o a sentar-se. Disse que iria pessoalmente examinar o memorial e as santas Regras.[13] O padre consultor-geral, aludindo a Bento XIII, que facultara ao santo Fundador reunir companheiros, atreveu-se a dizer que um filho de São Domingos dera o nascimento ao Instituto da Paixão…

"Pois bem", interrompeu Clemente XIV, sem dar-lhe tempo de completar o pensamento, "um filho de São Francisco o aperfeiçoará…".

Paulo, por sua vez, disse ao Santo Padre que esperava visitar, no dia da Assunção, a imagem da Santíssima Virgem em Santa Maria Maior, na capela Borghese, a fim de agradecer, pela mão de Deus, a confirmação do Instituto com novos privilégios.

Na véspera da Assunção, após quarenta dias de exame, os dois comissários, mons. Galada e mons. Garampi, mais tarde cardeais da santa Igreja, notificaram ao Santo Padre seus votos de aprovação. No dia seguinte, Sua Santidade enviava à residência do Santo Crucifixo o pe. Sangiorgio, seu confessor, a fim de comunicar a Paulo que seus anseios estavam satisfeitos e que já providenciara o despacho do Breve para a nova confirmação das Regras com Bula de aprovação.

Não se pode exprimir quão sensibilizado ficou o coração do santo à cortesia do Pontífice e à proteção de Nossa Senhora.

---

[13]. S. 1. 97 § 61.

Voou, pois, a Santa Maria Maior, onde, precisamente havia cinquenta anos, ante aquele comovente ícone, emitira o voto de propagar a devoção à sagrada Paixão de Nosso Senhor Jesus Cristo.

Apesar da idade avançada e dos graves incômodos, assistiu quase sempre de pé ao Ofício Divino, rendendo vivíssimas ações de graças a Deus e à Santíssima Virgem.

Por carta circular, comunicou a grande mercê a todos os religiosos, ordenando solenes ações de graça.

Passados alguns dias, foi o venerável Fundador agradecer ao Santo Padre.

Como sempre, cordialíssima foi a recepção. Depois de familiar palestra, com simplicidade infantil, Paulo disse a Clemente XIV: "Santo Padre, como hei de pagar as despesas do Breve?", e, assoprando levemente a mão, acrescentou: "Tenho apenas isto".

O Santo Padre, comovido, respondeu-lhe sorrindo: "Pe. Paulo, deveis bem mais do que pensais, porque, além do Breve, vou dar-vos também uma Bula… Não penseis mais nisto: conheço bem a vossa pobreza".

Paulo retirou-se plenamente consolado.

Por mais que se apressasse, levou algum tempo, mas finalmente ficaram prontos os dois importantíssimos documentos. O Breve, com data de 15 de novembro de 1769, confirmava as Regras; a Bula, com data do dia seguinte, aprovava solenemente o Instituto.[14] Ao invés de expedi-los, num rasgo genial de extraordinária bondade, Clemente XIV encarregou um prelado de levá-los pessoalmente ao servo de Deus, qual presente precioso, no dia 23, festa de São Clemente.

Paulo beijou respeitosamente a Bula, rica de mercês e privilégios, e, colocando-a sobre o altar, reuniu a pequena comunidade para o hino de ação de graças à divina misericórdia, sempre liberalíssima em seus favores.[15]

[14.] S. 1. 98 § 63.
[15.] Lt. III, 710, 713.

Paulo prega o jubileu em Roma

No mesmo ano, conforme a praxe, Clemente XIV publicara um jubileu extraordinário pela sua elevação ao trono pontifício.

Santos e ardorosos missionários deveriam pregar missões nas principais igrejas de Roma, a fim de disporem as pessoas ao precioso tesouro das indulgências. O Santo Padre incumbira ao cardeal Vigário da escolha, com a condição, porém, de não faltar o grande apóstolo da Paixão, caso seu estado de saúde o permitisse. O cardeal foi pessoalmente à residência do Santo Crucifixo comunicar a Paulo os desejos do Pontífice.

O humilde ancião escusou-se por modéstia, alegando o peso dos anos, o estado de saúde e a quase completa surdez. Respondeu-lhe o cardeal: "Pe. Paulo, possuís excelente voz; quanto à surdez, basta que não sejam surdos vossos ouvintes".[16]

Reconhecendo sempre na vontade dos superiores a vontade de Deus, submeteu-se à obediência, preparando-se, com o estudo e a oração, para essa última batalha por Deus e pelas pessoas.

Colonna pôs à escolha do servo de Deus três igrejas: São Carlos no Corso, Santo André delle Araste, frequentada pela alta sociedade romana, e Santa Maria da Consolação, em subúrbio pobre.

Como era de esperar, Paulo preferiu a última, dizendo que Nosso Senhor o enviara a evangelizar os pobres: "*Evangelizare pauperibus misit me*" [Ele me enviou para pregar as boas-novas aos pobres] (Lc 4,18).

S. Emª não se contentou com a escolha. Admirou a humildade do santo, mas desejava campo mais vasto ao zelo do apóstolo, para mais abundantes serem os frutos de suas palavras. "V. Revmª pregará na basílica de Santa Maria do além-Tibre", concluiu o cardeal.[17]

Iniciar-se-ia a missão no dia 10 de setembro; dias antes, violenta febre prostra o santo missionário.[18] Afligiu-se deveras o Soberano Pontífice, enviando imediatamente ao Santo Crucifixo o próprio confessor para consolar o amigo e seu médico para o tratar.

---

[16] S. 1. 743 § 31.
[17] S. 2. 109 § 24.
[18] Lt. III, 772.

Comoveu-se o humilde religioso à afetuosa solicitude do Pontífice, exclamando, a chorar: "Por que para mim tanta ventura? Eu, o menor filho da santa Igreja...?".

O desapontamento foi geral, quando viram no púlpito, em vez do célebre missionário, a um de seus filhos, mas o desapontamento se converteu em angústia ao conhecerem o motivo da substituição.

Verdadeira multidão dirigiu-se ao Santo Crucifixo para saber da gravidade da doença e se ainda havia esperança de ouvi-lo.

O anelo do povo e a mágoa do Pontífice conseguiram de Paulo um ato heroico. Debilitado pela febre, convalescente ainda, levantou-se do leito e dirigiu-se ao combate!...

"Se aqui me encontro", exclamava o atleta de Cristo ao imenso auditório, "devo-o ao valor da obediência ao Santo Padre".

A comoção era geral ao contemplarem o venerando ancião, levado ao púlpito pelos braços de pessoas caridosas. Todavia, na cátedra da verdade, ele se transformava. Apoiado ao bastão, descalço, de cabeça descoberta, como em anos passados, o zelo renovava-lhe as energias. O fogo da juventude reacendia-se nos seus olhos; a voz, sempre vibrante e sonora, reprovava os vícios ou louvava a virtude. Quando discorria sobre a Paixão de Senhor, desfazia-se em lágrimas e obrigava todos a chorarem com ele.

Roma em peso se comove: nobres e plebeus, prelados e cardeais, todos ouvem aquela sublime linguagem como eco do Céu, onde já pairava a alma do apóstolo.

Aumentava dia a dia o concurso do povo. Tornando-se pequena a imensa basílica, teve que continuar as pregações na praça fronteiriça.[19] Mesmo assim, milhares de pessoas foram obrigadas a retirar-se sem terem a consolação de ouvir a voz do pregador.[20]

Terminado o sermão, precipitavam-se sobre o santo: todos queriam tocar-lhe as vestes, beijar-lhe as mãos, vê-lo de perto. Homens vigorosos

---

[19] S. 2. 114 § 47.
[20] S. 2. 109 § 24.

e uma companhia de soldados, mandados pelo cardeal Panfili, a custo conseguiam protegê-lo da multidão.[21]

O Sumo Pontífice desejava, todas as noites, ter notícias do amigo, especialmente de sua saúde e do êxito de seus sermões. Satisfeito dos frutos colhidos pelo seu povo de Poma, assim se expressava: "Deixai-o fazer, deixai-o fazer",[22] como se dissesse: veremos outros prodígios.

Foi o que sucedeu: a voz do apóstolo sacudiu toda Poma. Sua palavra poderosa repercutia em todas as igrejas, impulsionando irresistivelmente todas as pessoas. É que Deus se comprazia em coroar, com a mais brilhante e fecunda das missões, no centro do catolicismo, na cidade dos grandes Apóstolos Pedro e Paulo, um apostolado de cinquenta anos...

Na abundância de tão rica messe, apanhemos humilde flor, desconhecida aos olhos do mundo, mas toda fragrância aos olhos de Deus.

Enternecida com as palavras de Paulo sobre a Paixão de Nosso Senhor, a jovem princesa de Carignano sentiu nascer-lhe na alma imenso prazer pelas coisas do Céu. Renunciou aos prazeres mundanos, aos esplêndidos saraus, às estéreis frivolidades do século, para, de ajuste com seu marido, príncipe Dória, viver unicamente para Deus. Seu palácio tornou-se verdadeiro claustro.

Mudança tão repentina foi causa de murmuração entre os adoradores do mundo. Pesarosos pela ausência de uma princesa que, pela distinção da juventude, pelos dotes de inteligência e pela magnitude das riquezas, era o atrativo e o encanto das brilhantes reuniões, caluniaram-na de que os escrúpulos lhe haviam perturbado o juízo. Paulo, penalizado por essas calúnias, exclamou: "Que glória para Roma se pudesse ufanar-se de possuir muitas loucuras como esta!".

O servo de Deus animava-a à perseverança em meio dos insultos insensatos. Seus conselhos chegavam à jovem princesa por intermédio de santo sacerdote. O fulgor das virtudes da princesa fez com que todos reconhecessem naquela mulher o modelo da nobreza romana. Pregado o

---

[21]. S. 2. 110 § 25.
[22]. VS. p. 150.

último sermão com força prodigiosa, Paulo fugiu dos aplausos, ocultando-se no Santo Crucifixo, para lá viver no recolhimento e na oração.

Com a definitiva e solene aprovação das Regras, julgava terminada a sua missão. Nutria um único desejo: retirar-se à solidão do Santo Anjo e ali terminar seus dias na paz do Senhor, dormindo o último sono ao lado de João Batista, o saudoso irmão.

Para despedir-se da Cidade Eterna e enriquecer-se com os tesouros das santas indulgências, visitou, em outubro, as sete basílicas.

Os grandes santuários, as relíquias dos mártires, notadamente dos Apóstolos Pedro e Paulo, seus patronos, reanimaram-lhe sobremodo o fervor.

O Papa o detém em Roma

Dispunha-se a partir, quando o cardeal Vigário, informado de sua resolução, foi ao Santo Crucifixo dissuadi-lo de deixar Roma. Como nada conseguisse, levou ao conhecimento do Pontífice o projeto do santo Fundador.

Clemente XIV, não consentindo que Roma perdesse tão rico tesouro e, ademais, desejando-o sempre junto a si, disse-lhe com paternal afeto: "Eu sei o que V. Revm.ª irá fazer no seu retiro do Santo Anjo. Rezará para si, por nós, por toda a Igreja... Pois bem, o mesmo poderá fazer aqui em Roma e melhor ainda".[23]

Inclinou o humilde religioso a cabeça. Deus falara pelos lábios do Papa; ele obedecerá.[24]

Agradou a Clemente, exímio juiz em se tratando de virtudes, essa admirável submissão. Ele irá recompensar o heroico sacrifício.

Por ocasião do santo Natal, Paulo foi, conforme costumava, visitar Sua Santidade. Manifestando o Pontífice, como sempre, afeto, fê-lo sentar-se a seu lado e pronunciou as seguintes palavras: "Pe. Paulo, já que

---

[23]. S. 1. 393 § 89.
[24]. Lt. III, 296.

V. Revmª se rendeu de pronto ao desejo do cardeal Vigário e ao Nosso, permanecendo em Roma, justo é que providenciemos uma casa e uma igreja para sua Congregação. É necessário, é de justiça, mas dê-me tempo".[25]

Em seguida, para dar ao venerável ancião o consolo de celebrar o Santo Sacrifício na noite de Natal, facultou-lhe cantar a missa na capela doméstica de sua residência.

Satisfeitíssimo pelo insigne favor, Paulo retornou à modesta habitação. Não podendo conter os transportes da alma, repetia: "Ó prodígio! Ó milagre! Um Deus vem a nós!…".[26]

Somente ele poderia dizer-nos as comunicações divinas recebidas naquela noite de graças e bênçãos. A abundância das lágrimas e o ardor do rosto manifestavam o fogo sagrado com que o divino Menino lhe abrasara o coração.

De manhã, celebradas as outras duas missas, foi venerar o santo presépio na basílica de Santa Maria Maior. Lá, ante aquele trono de pobreza, ajoelhado ou em pé, assistiu à missa solene celebrada pelo Santo Padre.

Passou o dia todo absorto na contemplação desses inefáveis mistérios de caridade, anelando seu coração a correr docemente para o Verbo, para a Sabedoria eterna, que se fez homem e habitou entre nós.[27]

[25.] VS. p. 150.
[26.] S. 1. 317 § 66.
[27.] VS. p. 151.

CAPÍTULO XXXIV
1770-1771

Visita à província do Patrimônio

Principiava o ano de 1770. Surge por vezes, em pleno inverno, um desses dias ensolarados, que dá nova vida à natureza.

Também no ocaso da existência deparam-se por vezes essas transformações repentinas, brilhantes raios solares a reanimarem e revigorarem as forças debilitadas. Foi o que se deu com Paulo da Cruz.

Julgando-se com vigor bastante para empreender uma viagem, resolveu visitar os retiros do Patrimônio de São Pedro.[1] Em 19 de março solicitou permissão e a bênção do Santo Padre. O Papa condescendeu com os desejos do santo, contanto que se não opusesse o cardeal Vigário.

Nessa ocasião, manifestou o Santo Padre o desejo de cumulá-lo de novos benefícios e, como se nada fizera pelo Instituto, queixou-se de que Paulo nada lhe pedisse. "Admiro sua discrição", disse o Pontífice, "mas, suplico-lhe, peça tudo de que necessita, sem temor de ser importuno".[2]

Paulo foi ao encontro do cardeal Vigário, que opôs dificuldades à partida, consentindo, afinal, com a condição de que estivesse de volta, no mais tardar, para a festa de São João Batista. Temia S. Emª pela saúde do venerável ancião, desejando tê-lo em Roma antes dos excessivos calores do estio.

Antes de partir, Paulo foi visitar os sepulcros dos Apóstolos São Pedro e São Paulo, recomendando-se à sua proteção.

---

[1]. Isto é, os dois do monte Argentário e os de Tarquínia, Tuscânia, Vetralia e Soriano.
[2]. VS. p. 152.

No dia 27 de março de 1770, em companhia do confessor, dirigiu-se para Civitavecchia. Péssima era a estrada e o vento, bastante frio.

Paulo teve que sofrer muito... Ao companheiro que, sorrindo, lhe perguntara se por essas estradas tinha puxado a carroça, respondeu Paulo: "Carroça? Carroção! Ia e vinha de Roma ao monte Argentário para os interesses da Congregação, sempre a pé e descalço, nos rigores do inverno como nos ardores do verão. Oh, quanto sofri!".[3]

À tarde desse dia chegaram, tiritando de frio, à hospedagem de Monterone, onde, após tomarem leve refeição, pôs-se Paulo a falar de Deus às pessoas da casa, que, naquelas solidões, raramente tinham ocasião de ouvir a palavra divina. Discorria, como sempre, com extraordinário fervor, mas em tom familiar e persuasivo.

No dia seguinte, celebrada a santa missa, prosseguiu viagem. Em Civitavecchia, onde ainda viva era a lembrança de sua missão, deteve-se um dia, pela insistência do benfeitor que o hospedara. Inúmeras pessoas foram visitá-lo e aconselhar-se com ele. Em 29 do mesmo mês, chegava ao retiro de Tarquínia, recebido com indescritível alegria pelos religiosos.

Na manhã seguinte, abriu a visita canônica, pregando simultaneamente o retiro espiritual à comunidade. As lágrimas e o amor emprestavam-lhe às palavras irresistível eloquência.

Celebrou todas as cerimônias na festa de Nossa Senhora das Dores e durante a Semana Santa. Das exortações e conferências, transpirava o incomparável apóstolo de Jesus Crucificado.

Depois da Páscoa, encaminhou-se para a querida solidão do monte Argentário, em uma embarcação a vela em Corneto. Assim que partiram, violenta tempestade obrigou-os a desembarcarem na torre de Montalto. O santo aproveitou a ocasião para evangelizar os pescadores da praia.

Todo absorto em Deus, não percebeu que lhe cortavam pedaços da capa.

Essa ingênua piedade recebeu imediata recompensa. Pedindo-lhes o servo de Deus algum pescado, responderam nada possuírem. "Pois

---

[3.] S. 1. 252 § 36; Lt. IV, 136.

bem, meus amigos, lançai as redes." "Padre, é trabalho perdido, não sendo tempo propício." "Que importa? Lançai as redes", insistiu o santo. Por condescendência, lançaram as redes e eis reproduzida a milagrosa pesca do evangelho... Duzentas libras de peixe, inclusive enorme esturjão! Correram a mostrá-lo ao servo de Deus. Exclamavam, surpresos e reconhecidos: "Obrigado, padre, obrigado! Isto é milagre devido às vossas orações".

Como o mar tardasse em serenar, Paulo decidiu prosseguir a viagem por terra; impossível, contudo, encontrarem um coche. Então, confiando em Deus, resolveu seguir a cavalo. Andou assim cerca de quarenta e dois quilômetros, com vento frio e tempo chuvoso. Ao cair da noite de 17 de abril, chegaram a Orbetello, onde contara entrar sem ser reconhecido. Todavia, enganou-se. Com a rapidez do relâmpago, toda Orbetello soube da chegada do santo, acudindo em tropel, civis e militares, pobres e ricos, crianças e adultos, e, por entre aclamações de alegria, acompanharam-no à casa do benfeitor.

Passou a noite recebendo visitas e inflamando corações no amor a Jesus Crucificado. Desejava prosseguir viagem na madrugada seguinte, mas chuva torrencial obrigou-o a permanecer em Orbetello o dia todo. Ditosa chuva, que a cidade bendizia e que não temeu enfrentar para estar aos pés do apóstolo, pedir-lhe a bênção e... cortar-lhe fragmentos do hábito e da capa.

Impaciente por rever a saudosa solidão onde passara a juventude, empreendeu corajosamente a subida do Argentário. Repetia de vez em quando: "Ah, quantas coisas me recordam estes montes!".

Aumentou-se-lhe a comoção à vista dos religiosos, descendo contentes a encosta, ao encontro do pai amadíssimo. Chegado ao retiro da Apresentação, deu início à visita canônica. Que consolação não experimentou ao ver o fervor daqueles filhos, unidos todos pelos vínculos da verdadeira caridade! Encorajou-os a seguirem, sempre com o mesmo ardor, as pegadas de Jesus Crucificado.

Da Apresentação, passou ao retiro de São José. Saíram-lhe ao encontro os noviços, fazendo ressoar pelas quebradas das montanhas, com voz vibrante, o hino *"Benedictus"*. Enternecido, começou a chorar. O confessor, servindo-se das palavras de São Francisco de Sales, interpelou-o: "Está chorando?". Respondeu-lhe o santo fundador:

> Como quer que não chore, quando me lembro que, ao subir pela primeira vez esta montanha, tinha apenas um pedaço de pão e vinte bagos de uva, recebidos de esmola em Pitigliano, e agora contemplo duas casas repletas de fervorosíssimos religiosos que, dia e noite, cantam os divinos louvores?[4]

Permaneceu vários dias no noviciado. Comprazia-se, sobretudo, em estar no meio daquela juventude, primeira florescência da alma, suave perfume do coração, encanto de inocência e de amor que, como a embalsamar o santuário, parecia rejuvenescer o santo ancião. Falava com ternura verdadeiramente maternal àqueles filhos ainda necessitados de leite.

Numa de suas alocuções, discorreu de maneira tão comovente que aqueles jovens em flor derramaram rios de lágrimas.

Nos recreios, era o primeiro a comunicar-lhes essa encantadora alegria, que faz da vida religiosa paraíso antecipado.

Para ouvi-lo melhor e não perderem nenhuma palavra, os jovens noviços agrupavam-se ao seu redor. Certa ocasião, numa dessas recreações, tinha-os presos a cada palavra que saía de seus lábios, elevando-os insensivelmente da conversação jovial às belezas do paraíso. Então, pe. Pedro de São João, mestre de noviços, em arroubo de entusiasmo, atreveu-se a dizer-lhe: "Meu Padre, se V. Revm.ª morrer longe de nós, digne-se legar em testamento ao noviciado seu coração; queremos conservá-lo aqui".

"Meu coração", exclamou o santo desfeito em lágrimas e fazendo um gesto como se desejasse arrancá-lo do peito, "meu coração merece ser queimado e lançadas suas cinzas ao vento, pois jamais soube amar a Deus".[5]

[4.] S. 1. 84 § 27. Escrevendo do Retiro da Apresentação em 23 de abril de 1770, diz: "Achei este sagrado Retiro um verdadeiro santuário, cheio de verdadeiros servos do Altíssimo, que com seu fervor e santidade de vida repreendem minha grande tibieza…" (Lt. II, 423).
[5.] S. 1. 798 § 243.

Ditas estas palavras, retirou-se à cela, a fim de mais livremente chorar aos pés do Crucificado. Que exemplo e que edificação àqueles religiosos, que davam os primeiros passos no caminho da vida religiosa!

Breve de Clemente XIV

Antes de deixar Roma, o Santo Padre exigira do servo de Deus a promessa de que lhe enviaria notícias da viagem e do estado de sua saúde.

Paulo escreveu do retiro de Corneto a Sua Santidade, dando-lhe conta da viagem, da regularidade, do fervor e da paz reinantes entre os religiosos.

Satisfeito por tão consoladoras informações, expediu-lhe Clemente XIV o seguinte Breve:

Clemente XIV, Papa.

Querido filho, saúde e bênção apostólica.
De outras provas que vos demos do nosso amor paternal, podeis concluir facilmente com que satisfação recebemos vossa carta, em que tão bem soubestes expressar os vossos sentimentos de fé, afeto e respeito a nós e à Sé Apostólica, prova, sobretudo, do vosso amor e do amor de vossa Congregação a Nossa pessoa, ao assegurar-nos de que não cessais de pedir à clemência do Deus Todo-Poderoso direção e amparo à nossa debilidade nas gravíssimas funções do apostolado supremo. Não podíeis dar-nos melhor prova de vossa piedade filial, nem fazer coisa mais conforme à finalidade do vosso Instituto e às necessidades do nosso encargo, já que unicamente em Deus encontramos auxílio e força.
Ânimo, pois, querido filho! Assim agindo, continuareis a merecer de Nós e da Igreja universal; não cesseis vós e todos os vossos religiosos de implorar-nos o auxílio divino, de que tanto necessitamos. Desse modo corresponderei dignamente à nossa paternal esperança e aumentarei, sempre mais, nossa especial benevolência para convosco e para com os vossos. Esta a disposição de nosso coração para convosco e para com o vosso Instituto. Formulamos ardentes votos para que cada dia cresçais em méritos e virtudes.

Com que prazer lemos o relatório de vossa Congregação nestas regiões! Com que alegria soubemos como se estende e prospera, espalhando o perfume da santidade!

Para torná-la mais e mais florescente, prometemos-vos o nosso auxílio, a nossa autoridade e a nossa proteção.

Já conheceis os nossos sentimentos para convosco, mas, ao reafirmá-los, desejamos que este Breve seja prova de nosso especial afeto para com todos vós. Exortamos-vos, com a mais viva insistência, persevereis no caminho da virtude, que haveis empreendido, auxiliando-nos com vossas fervorosas preces a manter e aumentar sempre mais nossa paternal benevolência para convosco, bem como nossa alegria pelo progresso da vossa Congregação.

Acompanhamos-vos com os nossos votos e pomos sob os auspícios da divina Misericórdia os primórdios e o desenvolvimento de vossa Congregação, dando-vos de coração a bênção apostólica, a vós, amado filho, e a todos os vossos religiosos, a vós unidos no espírito de humildade e caridade.

Dado em Roma, em Santa Maria Maior, sob o anel do Pescador, aos 21 de abril de 1770, primeiro ano do nosso Pontificado.

Este Breve, imortal monumento de adesão sem limites, de terníssimo afeto do Vigário de Jesus Cristo, beijou-o Paulo devotamente e com indizível alegria... Entretanto, de repente pôs-se a tremer: "Ah, como sou infeliz!", exclamou chorando. "Temo muito ouvir dos lábios do Senhor, no derradeiro dia: 'Recebeste a recompensa em tua vida'."[6]

É que Paulo se acostumava a avaliar os méritos sobrenaturais pelas provações, de maneira que as alegrias da terra lhe pareciam empecilho à conquista do paraíso e porta aberta aos tormentos eternos.

Somente o confessor conseguiu acalmá-lo, persuadindo-o de que Deus concedia esses favores em prol da Congregação e para a glória de Jesus Crucificado.[7]

[6.] VS. p. 155.
[7.] S. 2. 724 § 93.

Volta a Roma

Em Roma, temiam pela sua saúde; receavam de que as forças lhe não correspondessem aos ardores da alma. Enviavam-lhe cartas e mais cartas instando sua volta. O santo, por sua vez, percebia que as forças lhe diminuíam paulatinamente. Imprudência seria continuar as visitas.

Delegou poderes ao pe. João Maria de Santo Inácio para substituí-lo e retomou o caminho de Roma.[8] Repetiram-se por toda parte as demonstrações de respeito e veneração. Duras provações para o humilde religioso.

Ao aproximar-se de Montalto, quase toda a população esperava-o. A entrada à cidade foi verdadeira marcha triunfal. Homens, mulheres, crianças, velhos e enfermos, todos desejavam vê-lo, falar-lhe e receber-lhe a bênção. Paulo, todo confuso, exclamava: "Ah, miserável de mim! É necessário que me fechem à chave, porque estou a enganar o mundo. É verdade que não tenho tão deplorável intenção, mas o fato é que ele se engana, julgando-me por aquilo que não sou".[9]

Chegando a Roma, foi logo lançar-se aos pés do Soberano Pontífice, visitando em seguida o cardeal Vigário. Ambos lhe manifestaram o prazer que sentiam em revê-lo, após ausência tão prolongada.

O bem prodigalizado às pessoas, o sacrifício e o heroísmo do santo ancião nessa visita aos retiros, estavam a merecer alguma recompensa. Pois bem, como sempre, Nosso Senhor o recompensou com o sofrimento. A gota, a ciática e uma fluxão nos olhos retiveram-no por alguns dias no leito.

Havia bastante tempo, o santo ocupava-se de grande e santa obra: a fundação das religiosas Passionistas, cujas Regras ele entregara ao Santo Padre no dia 1º de julho. Clemente XIV encarregou de examiná-las um doutor de rara prudência e muito saber.

Estima de Clemente XIV pelo santo

No dia 26 do mesmo mês, o servo de Deus apresentou-se no palácio apostólico para nova audiência.

[8.] Lt. II, 424.
[9.] S. 2. 712 § 28.

Clemente XIV, estando adoentado, não recebia ninguém. Ao saber, porém, que Paulo desejava falar-lhe, mandou-o entrar imediatamente, fê-lo sentar-se a seu lado, dando-lhe mil provas de carinho. A presença do santo amigo era doce lenitivo ao Pontífice atormentado por violentas dores.

Quanto se comprazia em contemplar aquele semblante de santo, aquela pessoa reta e leal! Que diferença de tantas fisionomias oficiais, intrigantes, más, mandatários bastante fiéis dos poderes humanos, que lhe assediavam e torturavam a consciência. A presença de Paulo compensava por instantes a presença de tantos indesejáveis... Disse o Santo Padre ao companheiro do servo de Deus: "Oh, quanto me apraz conversar com o pe. Paulo! Quanto bem me faz ao coração! Esta manhã não dei audiência a ninguém, nem mesmo ao Secretário de Estado; excetuei apenas o meu 'paizinho'".[10]

Era o afeto extraordinário a Paulo que assim o fazia falar. Na verdade, sempre que o santo o visitava, Sua Santidade parecia olvidar sua alta dignidade, tão íntima e familiar era a benevolência com que o tratava.

Não se contentava em manifestar-lhe o júbilo que sentia ao encontrá-lo e conduzi-lo pelo braço à cadeira, mas acariciava-o, beijava-o na fronte e colocava-lhe a mão na cabeça. Em certa ocasião, chegou a inclinar-se para apanhar o solidéu que o santo deixara cair...

Tanta afabilidade não diminuía a veneração de Paulo ao chefe da Igreja. O vigor de sua fé fazia-o tremer na presença do Vigário de Jesus Cristo. "Ah", exclamava, falando dos desprezadores da dignidade pontifícia, "se eles tivessem o conceito que Deus me dá a respeito dessa dignidade!...".[11] E a veneração se lhe aumentava à medida que se conhecia melhor as eminentes virtudes do Pontífice.

Ao ver Clemente XIV, entre os esplendores da corte pontifícia, portar-se com a simplicidade e a pobreza do claustro, inteiramente dedicado aos interesses de Deus, maravilhado, exclamava: "Oh, a quantos religiosos não confundirá e condenará o Papa, no dia do Juízo!...".

---

[10]. VS. p. 156.
[11]. S. 1. 166 § 73; 814 § 352.

Conheceu ainda melhor os princípios sobre que se baseava tão magnânimo desprendimento, quando, discorrendo a sós com o Santo Padre a respeito da alma e de Deus, disse-lhe Clemente XIV, com expressão em que brilhava a nobreza de generosos sentimentos: "Tenho apenas um temor: é de comportar-me como os vapores que, atraídos aos ares pelo sol, o obscurecem. Tenho por máxima que a dignidade não deve servir-me, mas, ao contrário, sou eu quem deve servir à dignidade".

Nas excursões apostólicas, observara o santo a onda de incredulidade que avassalava os espíritos, e ouvira os primeiros brados da guerra ímpia à Igreja e à sociedade.

Era necessário que o clero se compenetrasse do espírito de sua sublime vocação e se desdobrasse em zelo, preparando-se assim para o combate. Em poucas palavras ele expôs ao Pontífice o seu plano. Clemente XIV achou-o muito prudente e apto para conseguir o fim pretendido, acrescentando que se harmonizava inteiramente com seu ponto de vista: "Como vê, pe. Paulo, nossos sentimentos são os mesmos".

O Pontífice recomendou-lhe que incentivasse os sacerdotes e os prelados, notadamente os recém-ordenados, à prática fiel da oração, à vigilância contínua, ao incansável estudo das Sagradas Escrituras e ao ministério da palavra, um dos maiores deveres do episcopado.

O que, porém, Paulo mais admirava era a humildade do Pontífice. Quando lhe diziam: "Sua Santidade abençoa-vos e vos pede a bênção", respondia com vivacidade: "Como! O Santo Padre é o manancial de todas as bênçãos. Ele a possui e deseja que o abençoe? Ó Deus, que humildade!".[12]

Certa vez, Clemente XIV mandou-lhe dizer que se punha a seus pés.

"Ó Deus", exclamou Paulo, assustado, "é possível que o Vigário de Jesus Cristo se humilhe a tal ponto diante da última das criaturas? Oh, como é grande a humildade do Santo Padre! Não há dúvida, o Papa é santo...".[13]

---

[12]. S. 1. 226 § 353.
[13]. S. 1. 226 § 303.

Antes de partir para Castel Gandolfo, o Santo Padre mandou chamar Paulo e derramou, por assim dizer, a alma no coração do amigo pelo espaço de uma hora e um quarto. Pediu-lhe que, durante a sua ausência, a comunidade do Santo Crucifixo rezasse uma Ave-Maria em sua intenção.

Paulo, embora febril, celebrou a novena da Apresentação, festa das mais solenes do Instituto, em perfeito recolhimento e íntima união com Deus.

Como o confessor do Papa, Sangiorgio, tinha sofrido um ataque de apoplexia, o santo, que muito o estimava, foi visitá-lo. Apenas chegou à cabeceira do enfermo, disse-lhe: "Padre mestre, V. Revmª chegou às portas da morte, mas, confiança, recuperará a saúde. Estou certo disso!".

Sangiorgio pediu-lhe a bênção. Deu-lha o santo e, como predissera, o enfermo restabeleceu-se completamente.[14]

Gravíssima enfermidade

No Advento, o servo de Deus desejava jejuar e abster-se de carne, conforme as prescrições da Regra, mas a isto se opuseram o enfermeiro, o médico e o confessor. Paulo obedeceu, embora a contragosto.

Na véspera da Imaculada Conceição, os demônios o maltrataram horrivelmente. Não sabia como defender-se. Para cúmulo de males, experimentava cruéis desolações de espírito.

Após uma noite de mortais angústias, ficou tão abatido que não pôde celebrar a santa missa nem visitar o Papa, que, naquela manhã, lhe enviara um coche para conduzi-lo ao Vaticano.[15]

Dois religiosos foram notificar ao Soberano Pontífice o estado de saúde do servo de Deus. Clemente XIV, bastante preocupado, entregou-lhes 40 escudos para o tratamento do santo amigo.

Todavia, a enfermidade agravou-se. O médico, julgando tratar-se de febre intermitente, aplicou-lhe uma sangria e prescreveu o quinino. Paulo

---
[14.] VS. p. 157.
[15.] S. 1. 982 § 195; S. 2. 831 § 1-4.

sorrindo, disse ao confessor: "Isto não é doença para médico; é doença bernifal". Alusão ao demônio, a quem por gracejo chamava de "Bernife".

Embora notasse que os medicamentos lhe aumentavam as dores, tomava-os por obediência. Não digeria alimento algum.

Em 18 de dezembro, quiseram administrar-lhe o santo Viático. Paulo disse ao confessor: "Este mal vem dos demônios, enviados por Deus para atormentar-me, mas não para matar-me. Não creio, pois, que morrerei por agora".

Desconfiando, porém, de si, preparou-se para a suprema viagem, recebendo, com muito fervor, o santo Viático. De manhã, pronunciou estas palavras: "Na verdade, nada me perturba, mas, por um ato de obediência a Deus, desejo a absolvição".

Recebeu-a com a humildade de grande pecador, exclamando em seguida: "Toda a minha confiança repousa na sagrada Paixão do meu Jesus. Sabe Nosso Senhor que sempre lhe quis muito bem e trabalhei a fim de que todos o elevassem. Espero que use de misericórdia para comigo... Ah! Os pobres salteadores a quem auxiliei nas missões... eles rogarão por mim...!". E repetia: "Meu Jesus, misericórdia! Meu Jesus, misericórdia!".

Recebeu o santo Viático com extraordinária piedade. Os religiosos choravam de comoção.[16] À tarde, agravando-se sobremaneira o mal, os médicos o desenganaram. Quando todos se retiraram, interrogou ao confessor: "Estou deveras muito mal?". "Sim", respondeu-lhe o padre.

Prosseguiu o servo de Deus: "De há muito, Nosso Senhor me deu a conhecer que deveria passar por grave enfermidade, não, porém, mortal. Meu coração aceitou-a com prazer... Todavia, se morrer agora, peço por caridade celebrem-me as exéquias aqui na capela, sem nenhuma solenidade e, a horas caladas da noite, transportem-me secretamente à igreja de São Pedro e São Marcelino e lá me enterrem sem nenhum aparato. Quando o meu corpo estiver consumido, coloquem os ossos num saco, ponham-no sobre um asno e os levem ao retiro do Santo Anjo para depositá-los ao lado de meu irmão João Batista".[17]

[16.] S. 2. 832 § 37.
[17.] S. 1. 780 § 129.

Ignorava Paulo as ordens do Santo Padre. Clemente XIV determinara que se depositassem o corpo na basílica de São Pedro, enquanto os religiosos da Paixão não tivessem igreja em Roma.

Ao dizer-lhe o confessor que, a respeito da sepultura, o Papa já providenciara, surpreso, exalou profundo suspiro e exclamou: "Ah, quisera morrer onde não pudessem tributar-me nenhuma honra".

Vendo-o muito triste, acrescentou o confessor, para consolá-lo: "Obediência durante a vida, obediência na morte e obediência depois da morte! Nosso Senhor Jesus Cristo facultou aos discípulos enterrarem-no onde quisessem".[18]

A estas palavras, aquietou-se o enfermo, lançando-se nos braços de Deus. Perguntado como se sentia, respondeu: "Parece-me que não morrerei por agora".

De fato, no decorrer da noite, benéfica transpiração e restaurador descanso trouxeram-lhe acentuada melhora. Ao acordar, consumiu algum alimento.

Pela manhã, visitaram-no o cardeal Pirelli e mons. Zelada. Em conversa com os dois ilustres prelados, asseverou-lhes: "Nunca temi tão pouco a morte como nesta ocasião.[19] Na realidade, morrer não é coisa terrível, pelo contrário, é agradável. Se a morte é a privação da vida, quem no-la arrebata é Deus, que no-la deu".

Acentuaram-se dia a dia as melhoras. Pretendia celebrar na noite do santo Natal, mas o Sumo Pontífice, temendo uma recaída, lho proibiu.

Dizia com encantadora afabilidade:

Costumam os príncipes no dia de seu aniversário natalício despachar favoravelmente os pedidos; do mesmo modo, no aniversário de seu nascimento assinou o doce Jesus a súplica dos nossos religiosos, que desejam o prolongamento de minha existência. Quero, pois, com a graça de Deus, mudar de vida.[20]

[18.] S. 1. 780 § 129.
[19.] S. 2. 832 § 4.
[20.] Ibidem.

A esperança de conservá-lo enchia de júbilo os corações, mas nova recaída fê-lo experimentar dores mortais. No dia 12 de janeiro, perdeu por diversas vezes os sentidos. Uma sangria restituía-lhe a fala, sobrevindo-lhe, porém, violenta febre com frequentes síncopes e tal prostração de forças que todos o deram por perdido.[21] No dia 22 do mesmo mês, pediu o santo Viático. Jesus, ao descer àquela alma querida, fez-lhe antegozar as alegrias do paraíso.

São palavras do confessor:

Terminada a ação de graças, encontrei-o perfeitamente tranquilo. Disse-me, com admirável serenidade: "Agora já não receio a morte. Nosso Senhor quase me garantiu o paraíso. Quando um príncipe envia ministros a países distantes, provê-os do necessário. Nosso Senhor, meu Deus e meu Pai, deu-me seu Filho Unigênito como Viático para a grande viagem à eternidade".[22]

As esperanças em breve se desvaneceram. As alternativas de melhoras e recaídas eram contínuas. No dia 16 de fevereiro, pediu novamente o Viático.

Desejando morrer como Jesus, pobre e despojado de tudo, mandou chamar o confessor, que desempenhava as funções de primeiro consultor-geral, e lhe entregou todos os objetos de uso. Pediu-lhe apenas, por caridade, um hábito bem estragado, que lhe servisse de mortalha. Recomendou-lhe, com insistência, a pobre Congregação, concluindo: "De boa mente aceito a morte. Quem é culpado de crime de lesa-majestade deve morrer. Eu sou culpado; é justo, pois, que morra".

Um dos presentes ponderou: "Atualmente, pela graça de Deus, não o sois". "Ah", respondeu, "não sabe o homem se é digno de amor ou de ódio. Não obstante eu espero: os méritos de Jesus Cristo são as minhas riquezas".[23]

[21.] S. 2. 833 § 8.
[22.] S. 2. 833 § 9.
[23.] S. 2. 834 § 16.

Pediu ao confessor que o absolvesse no momento de exalar o último suspiro. Este, desfeito em lágrimas, caiu de joelhos, suplicando-lhe a bênção. Paulo o abençoou com o crucifixo, dizendo: "*Concedat tibi deus Spiritum Sanctum* [Deus lhe conceda o seu Santo Espírito]. "Agora", acrescentou, "ide, de minha parte, dizer ao Sumo Pontífice que desejo morrer como verdadeiro filho da Santa Igreja".

O Papa, vivamente comovido, enviou-lhe de novo a bênção apostólica com indulgência plenária em artigo de morte.

No entanto, o mal cedera, novamente, podendo Paulo, embora sempre enfermiço, ocupar-se do governo do Instituto e da fundação do mosteiro das religiosas Passionistas, em Corneto.

Era o coroamento de seus desejos: dar à cruz nova família de religiosas que, imitando o fervor de seus filhos, seguissem Jesus Crucificado pela estrada do Calvário.[24] Contudo, essas consolações espirituais já lhe não alentavam o corpo debilitado. Nova recaída reduzira-o ao extremo. Temiam a cada instante o desenlace fatal.

Demos a palavra ao irmão enfermeiro. Seu depoimento foi confirmado por outras testemunhas:

> Achava-me na residência do Santo Crucifixo, perto de São João de Latrão, quando gravíssima enfermidade reduzira o pe. Paulo quase à agonia. O dr. Giuliani, médico do hospital de São João de Latrão, tratava o servo de Deus, visitando-o diariamente. Percebendo que o mal progredia, garantiu-nos que o enfermo não passaria a semana. O pe. procurador-geral e eu fomos avisar o Papa de que o pe. Paulo estava nas últimas. Referimos a Sua Santidade o que nos dissera o médico.

---

[24]. Diz-nos expressamente seu confessor que o servo de Deus, "embora enfraquecido por suas doenças, não perdia de vista a Congregação e o governo que, como à cabeça, lhe estava confiado. Por isso animava oralmente os religiosos a santamente agirem e, por meio do secretário, escrevia aos Retiros cartas cheias de santos avisos..." (S. 2. 833 § 11). Estando tudo preparado para a inauguração do primeiro mosteiro das Passionistas, mandou como seu representante o pe. João Maria de Santo Inácio.

Cura improvisa

Diz são Vicente Strambi:

O Sumo Pontífice, muito aflito, pronunciou estas palavras: "Eu não quero que ele morra agora. Digam-lhe que lhe concedo uma prorrogação e que obedeça".
Voltamos contentíssimos, tanto pelas provas de benevolência do Pontífice como pela esperança da cura, desejo expresso do Papa. Demos conhecimento imediato ao pe. Paulo da ordem do Soberano Pontífice. Coisa verdadeiramente admirável. O servo de Deus pôs-se a chorar e, voltando-se, com as mãos postas para o crucifixo que estava ao lado da cama, falou-lhe nestes termos: "Meu Jesus Crucificado, eu quero obedecer ao vosso Vigário".[25]
Instantaneamente, experimentou grande melhora. Logo depois estava curado, ficando-lhe apenas os achaques da velhice.
Assim, confirmou Nosso Senhor que a confiança viva e a obediência generosa lhe violentam docemente o coração e lhe arrebatam graças extraordinárias.[26]

[25.] S. 1. 984 § 212. Diz-nos Pe. Inácio que essa enfermidade durou cerca de dezoito meses (S. 2. 835 § 22). É o período no qual se receava continuamente perdê-lo; vieram depois as consequências, que duraram quase outro tanto. Ouçamos as informações do próprio santo:
1771 – 10 de maio: é o sexto mês que está de cama (Lt. IV, 143).
12 de julho: são sete meses completos que jaz no seu leito de dores (Lt. IV, 630).
27 de julho: há oito meses que está pregado no leito e não celebra (Lt. III, 788).
1772 – Levanta-se um pouquinho durante o dia, mas está fraco e precisa de muletas e do auxílio dos enfermeiros. Em 25 de dezembro diz que passa seus dias na cama com seus graves achaques (Lt. IV, 161). Cf. Lt. I, 769; II, 324; III, 325; I, 805; III, 182.
1773 – Em 26 de janeiro diz que está ainda de cama, sendo já o terceiro ano (Lt. I, 809). Em 26 de maio, apoiado à bengala e ajudado por um religioso, chegou até o quarto do pe. Cândido, mas sentiu-se tão cansado como quando caminhou quase cinquenta quilômetros (Lt. I, 813).
Em 19 de junho diz ter celebrado três vezes durante a oitava do Corpo de Deus, mas com grande custo (Lt. I, 816). Depois celebra nos dias festivos e em algum outro dia (Lt. III, 536). Enfim, do dia de São Bernardo em diante, embora a custo, celebra diariamente (Lt. IV, 177).
[26.] VS. p. 163.

CAPÍTULO XXXV
1771-1772

As religiosas da Paixão

Jesus Crucificado já possuía seu exército de apóstolos no Instituto da sagrada Paixão. Graças ao Altíssimo, estavam estabelecidos doze retiros, modelos de observância e fervor religioso, repletos de zelosos pregadores da divina palavra, atraindo milhares de pessoas ao pé da cruz e purificando-as no sangue do Redentor.

Jesus Crucificado convocava também ao Calvário religiosas consagradas à sua Paixão. Religiosas magoadas, feridas no coração pelas chagas do celeste Esposo, viverão, longe do estrépito do mundo, contemplando a sua divina agonia, compadecendo-se de suas dores, chorando continuamente sua morte, salvando a humanidade pela oração e pelo sacrifício. A origem dessa Instituição traz também em si o sinete divino. Colhendo fatos dispersos aqui e ali, veremos como ela foi obra exclusiva de Deus. Em seus fundamentos encontraremos também a cruz.

Desde os primórdios da Congregação, uma mulher santa, Inês Grazi, a célebre convertida na missão de Talamona, recebera a revelação de que o pe. Paulo fundaria um Instituto de religiosas dedicadas à Paixão de Nosso Senhor.

Inês vivia no lar paterno, entregue à oração e à penitência. Paulo a chamava: "Queridíssima filha em Jesus Crucificado… Inês da Cruz de Jesus".

Quando Inês morreu, o santo "desejaria que houvesse uma pena douta e piedosa que descrevesse a vida da grande serva de Deus, Inês da Cruz de Jesus…".[1]

[1.] VS. p. 164.

O sábio diretor, que tudo pesava na balança do santuário, para conservá-la humilde, não levava, ao que parece, em grande consideração as suas revelações. Entregou-se à oração para conhecer a vontade divina. E Nosso Senhor lhe manifestou claramente que a jovem falara por inspiração do Céu.

O santo esperava pela hora da Providência.

Escreveu em 18 de junho de 1749 a outra grande mulher, também sua dirigida: "Quem sabe quando sua divina Majestade será servido dar começo à obra das santas virgenzinhas? Espero-a tranquilamente... Deus quer ser rogado. Essa obra deve ser fruto da oração".[2]

Foi na prece, com efeito, que o servo de Deus descobriu os meios para trazê-la à luz do dia.

Madre Maria Crucifixa e Domingos Constantini

Abastado cônego português José Carboni deliberara fundar em Roma um mosteiro, sob o título de "Nossa Senhora das Dores". Por esse motivo, mantinha assídua correspondência epistolar com Maria Crucifixa Constantini, religiosa beneditina do mosteiro de Santa Luzia, em Corneto. Ela devia ser a pedra fundamental da obra projetada. Em visita ao senhor Domingos Constantini, de Corneto, perguntou-lhe Paulo por sua irmã, Maria Crucifixa, sua dirigida havia muitos anos.

Respondeu-lhe Domingos que ela deixaria o mosteiro de Corneto para fundar o de Nossa Senhora das Dores, em Roma.

"Eu conheço o cônego Carboni", disse o santo. "Seu projeto não se realizará." "Como?!", interrogou, admirado, Domingos. Tudo está regularizado: a casa construída, o soberano Pontífice autorizou e abençoou a obra..." "Está bem", concluiu Paulo. "Repito-lhe: este empreendimento não se concretizará. A irmã Maria Crucifixa não sairá de Corneto. Deus vai empregá-la em uma obra que devo fundar."[3]

[2.] Lt. I, 505.
[3.] S. 1. 836 § 74.

Domingos relatou à irmã a conversa que tivera com o pe. Paulo. A religiosa, julgando que o homem de Deus pretendia fazê-la mudar de parecer, ponderou: "Já dei minha palavra àquele digno cônego e não posso voltar atrás".

Não tardou, todavia, em certificar-se de que Paulo fora iluminado pelo alto, ao proferir aquelas palavras. O cônego Carboni, chamado a Portugal por negócio urgente, desistiu da fundação. Decorridos muitos anos, Domingos, que não tinha filhos, deliberara legar os bens ao mais jovem de seus irmãos, a fim de proporcionar-lhe digno matrimônio, mas morte repentina o arrebatou. Resolveu, então, de acordo com a esposa e o cônego Nicolau, seu irmão, edificar em Corneto um mosteiro para as religiosas de que lhe falara o pe. Paulo na conversa que tiveram sobre o mosteiro de Nossa Senhora das Dores, projeto do cônego Carboni.

Paulo aceitou a oferta, prometendo-lhe as bênçãos do Céu.

Obtida licença do bispo e escolhido o lugar, puseram imediatamente mãos à obra.

Na demolição de alguns velhos prédios, depararam-se, pintada numa parede, com antiquíssima imagem da Santíssima Virgem. Coisa prodigiosa! A parede ficou reduzida a fragmentos, mas a imagem da Virgem permanecera intata! É a mesma que hoje se venera no altar da capela do mosteiro.

A construção prosseguia rápida, com grande contentamento do servo de Deus, que escreveria a uma pessoa piedosa: "Queremos edificar um mosteiro para monjas generosas e santas, mortas às criaturas, semelhantes em virtude e mortificação a Jesus Crucificado e à Mãe das Dores. A Santíssima Virgem será a Abadessa do mosteiro".[4]

Furor do inferno

Logo, porém, pressentiu o ressentimento do inferno, advertindo aos fundadores e exortando-os por cartas a permanecerem intrépidos não obstante as oposições que não tardariam a surgir.

[4.] Lt. II, 304.

As provações, com efeito, vieram multiplicar os méritos desta santa obra, motivo de júbilo para as pessoas de bem. Os maus, ao contrário, zombavam da empresa e de seus autores. Já estava bastante adiantada a construção, quando escassearam os recursos.

Convencido Constantino de que os gastos seriam maiores do que previra, viu-se obrigado a suspender a obra. As murmurações e as zombarias aumentavam...

Escrevia-lhe Paulo para animá-lo:

Arme-se cada vez mais de grande confiança em Deus; não se amedronte ante as dificuldades. Deus fará milagres.
Prossiga a obra com humildade e pureza de intenção, tendo por objetivo glorificar a Deus e preparar um asilo para as puríssimas pombas do Crucificado. Elas guardarão perpétuo luto em memória da sagrada Paixão; de seus corações repletos de amor, brotarão mananciais de lágrimas, bálsamo às chagas do Salvador. Oh, que grande obra! Agradeço a Deus que o escolheu para empreendimento tão útil à sua glória. Seja humilde.
Repita com frequência: "Nada sou diante de vós, ó Deus!".[5]

Domingos recomeçou a construção, com muita coragem. Prestes a concluí-la, foi ao encontro do bispo para firmar o contrato em que legava ao mosteiro, depois da morte, todos os seus bens, e dava uma renda de quatrocentos escudos anuais, enquanto vivesse. A renda pareceu insuficiente ao digno prelado: exigia cinquenta escudos para cada religiosa.

Constantini, que não esperava por essa exigência, ficou perplexo. Para cúmulo de desgraça, sofrera sensíveis perdas em seus negócios, sendo, ademais, escassíssima a colheita naquele ano. Teve, pois, de interromper os trabalhos.

Com tais contratempos, queria Nosso Senhor acrisolar-lhe a virtude e a todos manifestar o seu poder, como o santo predissera.

[5.] Lt. II, 785.

Multiplica o trigo

Regressando de Roma, no ano de 1766, Paulo passou por Corneto. Constantini referiu-lhe suas mágoas, acrescentando que tinha apenas dez medidas de trigo, quando lhe eram necessárias pelo menos cinquenta para a manutenção da casa e dos empregados. Pediu-lhe o servo de Deus o conduzisse ao celeiro, onde, após breve oração, benzeu o trigo, dizendo, em seguida, a Constantini: "Não desanime; prossiga firme no santo propósito para glória de Jesus Crucificado".

A bênção do santo foi maravilhosamente fecunda. As dez medidas de trigo, reduzidas a farinha, não chegariam até o fim de maio. No entanto, duraram até o mês de agosto, tempo da nova colheita, bastando para a família, para os empregados e para abundantes esmolas.[6] E as bênçãos do Céu choviam sobre Constantini. Vários negócios, empreendidos com a bênção do santo, saíram-lhe muito bem, de maneira que pôde dar a última demão no mosteiro.

Já não temia nenhum obstáculo.

Regras do novo Instituto

Enquanto se construía o mosteiro, Paulo, na solidão do Santo Anjo, compunha as Regras de suas futuras filhas em Jesus Crucificado.

Entregava-se a prolongadas orações, consultava a dois de seus filhos, repletos da ciência dos santos, e escrevia.

Essas constituições são semelhantes às que Paulo compusera, inspirado pelo Espírito Santo, em São Carlos de Castellazzo. Há pequenas alterações, apropriadas às monjas de Jesus Cristo. Sendo impossível analisá-las pormenorizadamente, lancemos rápido olhar sobre o conjunto.

Basta percorrê-las de relance para concluir-se que foram inspiradas por Deus. Retrata-se nelas, de certo modo, a alma do santo. Quem as lê sente-se abrasado no fogo sagrado que lhe inflamava o coração. Expiram perfumes celestiais.

---

[6]. S. 1. 838 § 77.

Paulo põe como base da vida religiosa a Paixão de Nosso Senhor, princípio gerador de todas as virtudes.

Pela contemplação perene do Redentor, as religiosas reproduzirão em si as dores de Jesus, suas chagas, agonia, morte... Morrerão para o mundo e para si mesmas, haurindo em Jesus Crucificado "todos os tesouros da sabedoria e da ciência" (Cl 2,3).

Caminhando sem cessar pelas pegadas de Jesus Cristo, quais religiosas fiéis, elevar-se-ão de virtude em virtude ao cimo da sagrada montanha da perfeição; unir-se-ão a Deus, vivendo unicamente dele e para ele: vida de amor, "vida oculta em Deus com Jesus Cristo" (Cl 3,3).

O santo Fundador não podia deixar de assinalar, entre os dias da semana, a sexta-feira.

> A sexta-feira será para as irmãs dia solene. Até a hora da refeição, meditarão as dores do Redentor, farão a Via-Sacra ou outras práticas de piedade, mortificar-se-ão em louvor a Jesus Crucificado. Nesse dia, uma religiosa, designada por sorte, visitará por 33 vezes o Santíssimo Sacramento, memorial da Paixão de Jesus Cristo.[7]

Como auxílio à vida interior e para que as religiosas possam desfrutar das delícias da divina presença e da oração, prescrevem as Regras que cada qual trabalhe em sua cela, conservando-se na presença de Deus pela recitação contínua de orações jaculatórias, a exemplo dos antigos anacoretas e dos Padres do deserto, que trabalhavam com as mãos, conservando o espírito e o coração absortos em Deus. "Todavia, façam tudo com Espírito de doçura e tranquilidade".[8]

A vida das religiosas Passionistas deve ser, pois, vida de trabalho, de oração, de paz, de tranquilidade de Espírito, de santa alegria, beijando em silêncio as chagas do Salvador. Maria será o modelo da religiosa que vive sempre ao pé da cruz:

---

[7] Regra 182.
[8] Regra 250.

Em suma, dirijam-se, como fiéis servas e boas filhas, a Maria, a Imaculada Mãe de Deus, invocando-a em todas as necessidades. Esmerem-se particularmente por permanecer em Espírito no Calvário, meditando e compartilhando os cruéis tormentos suportados por Maria na Paixão e Morte de seu divino Filho, procurando, outrossim, com palavras e obras, nas ocasiões que se apresentarem, insinuar com bons modos essa devoção, culto e compaixão para com as dores de Maria.[9]

Além dos votos ordinários de pobreza, castidade e obediência, emitem voto de clausura e de propagar a devoção à Paixão de Nosso Senhor.

Mas como poderão cumprir este último voto, na solidão do claustro?

Vejamo-lo. Porventura, a vida dessas religiosas não é a pregação mais eloquente de Jesus Crucificado? Certamente. O mundo não lhe contempla a imolação diária no altar da cruz, mas cada pedra de seus mosteiros está a bradar: "Cristãos, não olvideis o preço de vossa redenção!". O sino dos conventos, de som melancólico e suave (causa de remorsos para os pecadores), faz-nos pensar no Deus do Calvário, quando, principalmente às quinze horas de sexta-feira, chora a agonia de um Deus! E lá, no interior do santuário, a voz daquelas religiosas, pura como a dos Anjos, que é que nos diz? Pessoas mundanas, se pensásseis nos sofrimentos de Jesus, amaríeis tão freneticamente os prazeres da terra?

Se essas religiosas admiráveis não vão do claustro ao mundo, muitas pessoas tristes e sofredoras vão do mundo ao claustro mendigar-lhes palavras de paz, de luz e de consolação. Quantas jovens, escravizadas pelas vaidades, fonte de amargura e desenganos, desprezaram essas frivolidades ao visitar um mosteiro e ao respirar o suave perfume que se exala das grades do místico jardim do Esposo?!

Ademais, não é a oração o mais eficaz dos apostolados?

Além de rezarem diariamente cinco Pais-Nossos e cinco Ave-Marias para a propagação da devoção a Jesus Crucificado, as religiosas da Paixão pedem a Deus que assista com sua graça os missionários Passionistas neste sagrado ministério. Esforçar-se-ão, por sua vez, em inflamar

---

[9]. Regra 220.

as pessoas de amor às chagas de Jesus, ao explicarem a doutrina cristã às crianças de Primeira Comunhão e às senhoras e moças que se retiram aos seus mosteiros para exercícios espirituais.

Finalmente, propagam tão salutar devoção quando, por necessidade ou caridade, seja por escrito, seja pessoalmente, se comunicam com seus pais ou com outras pessoas seculares.

Se toda Ordem religiosa recebe graças especiais, quão notáveis e fecundas devem ser as que recebem as religiosas da Paixão! Que preciosa coroa há de brilhar na fronte dessas religiosas de Jesus Crucificado!

Se a devoção a Jesus Crucificado, no dizer dos santos doutores, é a origem de todas as graças, o caminho mais breve para a santidade, a vereda segura para a eterna glória e para merecer a incomparável palma dos mártires, que dizer de uma vida toda entregue à prece e às lágrimas, ao pé da cruz?

Tal foi a vida da Santíssima Virgem. Sempre no Calvário, imersa sempre na contemplação dos cruéis tormentos de seu divino Filho!

Santa Maria Madalena, no deserto, suplicava a Jesus que lhe ensinasse como passar os dias de seu desterro. Apareceu-lhe São Miguel com uma cruz. O arcanjo colocou-a à entrada da gruta, para significar a Madalena que deveria meditar continuamente a sagrada Paixão de seu Jesus.

É o que fazem as religiosas Passionistas.[10]

[10.] Saiba o mundo, di-lo-emos bem alto (embora ferindo no mais vivo a modéstia daquelas santas monjas), as religiosas da Paixão souberam até hoje satisfazer às doces esperanças de Jesus Crucificado. Uma revelação à grande serva de Deus Santa Gema Galgani nos revela isso.
Ansiosa por sacrificar-se à justiça divina pelos pecadores, desejava ardentemente abandonar o mundo e tornar-se religiosa.
Ouvira o Redentor dizer que: "A justiça de seu eterno Pai exigia vítimas". E Nosso Senhor acrescentou: "Quantas vezes detive seu braço vingador, ao apresentar-lhe um punhado de pessoas queridas, vítimas de extraordinário valor! Suas penitências, mortificações e atos heroicos aplacaram-no. Agora ainda lhe ofereço vítimas para o apaziguar, mas são poucas".
Perguntou Gema: "Quem são?".
"As filhas da minha Paixão. Se soubesses quantas vezes meu Pai se aplacou ao contemplá-las!"

Se Gema desejava ser religiosa Passionista, a partir daí esse desejo tornou-se-lhe a paixão dominante.

Embora não lograsse consegui-lo, muito trabalhou e rezou para a fundação das Passionistas em Luca. Que Jesus Crucificado conserve sempre este celestial aroma de santidade nos claustros de suas prediletas filhas, as religiosas Passionistas!

Santa Gema Galgani, nascida em Camigliano (Luca), em 12 de março de 1878, de pais verdadeiramente cristãos, deu-se a conhecer desde a infância como pessoa privilegiada, uma dessas vítimas de propiciação, imagens perfeitas do Coração de Jesus, verdadeiros Anjos de paz, enviados à terra para abrasá-la e forçá-la a levantar a vista para o Céu.

A oração e o desejo de agradar a Deus foram a única aspiração dessa mulher; seu único anseio era padecer, consumir-se pela glória de Nosso Senhor, alma de sua alma, vida de sua vida.

Parece que Deus a enviara ao mundo somente para amar e padecer. Aos nove anos recebeu pela primeira vez, em transportes angelicais, ao Deus da Eucaristia, e este primeiro contato com Jesus-Hóstia abrasou-lhe o coração em labaredas de amor. Comungava diariamente.

Distinguiu-se pelo desprendimento total das criaturas, pelo espírito de penitência e mortificação, por profunda humildade, rara modéstia, castidade angélica. Finalmente, singular foi o amor de Gema ao sofrimento, desejando assemelhar-se a Jesus Crucificado e ser vítima de expiação pelos pecadores.

Era esta, não há dúvida, a vontade de Deus em relação a Gema Galgani, pois, desde a mais tenra idade, foram tais e tantos os sofrimentos de sua vida que podemos chamar de duro e continuado martírio.

O demônio a perseguia e cruelmente a atormentava; por outro lado, Jesus e Maria visitavam-na frequentemente, fazendo-lhe antegozar doçuras inefáveis. Tinha quase sempre a presença visível do Anjo da guarda, seu instrutor nas vias do seguimento de Jesus e seu companheiro na recitação dos divinos louvores.

À medida que crescia em idade e em virtude, crescia outrossim no amor a Deus, chegando à perfeita e perene união com o Sumo Bem após passar pelos diversos graus da vida mística. Sublimada à vida celeste, tornaram-se-lhe estreitos os limites naturais do coração, dilatando-se-lhe prodigiosamente, até encurvar três costelas. Desprendia tanto calor dali que chegou a queimar a carne e até as vestes na parte que tocava o coração.

Aplicando-se-lhe o termômetro, subia rapidamente o mercúrio até cem graus, temperatura da água a ferver!

Estava quase continuamente em êxtase. Uma palavra sobre Nosso Senhor arrebatava-a dos sentidos e a inflamava como se fosse um anjo. Teve todos os estigmas do Redentor. Da cabeça coroada de espinhos brotava sangue abundante desde o anoitecer de quinta até à tarde de sexta-feira. Frequentemente suava sangue por todo o corpo, como o Salvador no Getsêmani, e, ao presenciar qualquer ofensa a Deus ou ao ouvir uma blasfêmia, derramava lágrimas de sangue e agonizava com Jesus num mar de dores.

Consumida mais pelos ardores da divina caridade do que pelo martírio do corpo, faleceu a santa donzela aos 11 de abril (sábado santo) de 1903, conforme predissera. Contava cerca de 25 anos de idade, levando ao Céu o lírio da inocência batismal.

Luzes especiais

Retornemos à história de nossa fundação, para a qual Paulo da Cruz não cessava de implorar as luzes do Céu.

Celebrava a santa missa na residência do Santo Crucifixo, no dia de Santa Maria Madalena, quando, de repente, inflamou-se-lhe o rosto e começou a chorar... É que recebera naquele instante luzes especiais a respeito da criação do Instituto das religiosas Passionistas e do primeiro mosteiro da cidade de Corneto. Nada mais o deterá. Dias após, escreveu:

> Alegrou-me intensamente sua carta. Dir-lhe-ei em resposta que, de fato, o mosteiro poderia ter sido inaugurado este ano. Assim o julgava, mas as grandes obras de Deus têm sempre muitas dificuldades a superar. É necessário que eu lute ainda por algum tempo. Dessa luta resultará maior glória para Deus e melhor fundamento para a santa obra. Deixemos passar o vento das perseguições, suscitadas por satanás e por algumas pessoas que pensam servir a Deus, perseguindo e contradizendo as suas obras. Vou falar com o Santo Padre e pô-lo ao par dessa fundação. Tenho firme esperança de obter, pela infinita misericórdia de Deus, um Breve favorável e a aprovação das Regras e Constituições das futuras religiosas.[11]

Deus, sempre admirável em seus santos, não tardou em glorificá-la na terra por maravilhosos prodígios. A fama de sua santidade estendeu-se por todas as camadas sociais, podendo-se dizer com toda verdade que suas virtudes abalaram o mundo inteiro.

A biografia dessa jovem inocente, escrita por seu diretor espiritual, pe. Germano de Santo Estanislau, santo e sábio religioso Passionista, saiu à luz no ano de 1907. Em brevíssimo tempo houve numerosas edições, sendo traduzida em quase todos os idiomas do universo, até mesmo em chinês.

Considerando os admiráveis efeitos produzidos pela leitura dessa biografia, pode-se dizer, sem medo de errar, que a divina Providência a destinou para realizar assinalado bem na terra.

O processo ordinário de beatificação, terminado na Cúria eclesiástica de Luca, foi entregue à sagrada Congregação dos Ritos em dezembro de 1910. Gema foi beatificada aos 14 de maio de 1933 e canonizada no dia 2 de maio de 1940, por Sua Santidade o Papa Pio XII. (Nota do tradutor.)

[11.] Lt. IV, 41.

Aprovação de Clemente XIV

Já estava concluído o código sagrado, escrito com a pena embebida no Sangue divino do Cordeiro. Só faltava a aprovação da Igreja. Antes de apresentá-lo ao Santo Padre, desejava o servo de Deus observar de vislumbre em que ponto estava a construção do mosteiro.

Na última visita aos retiros do Patrimônio de São Pedro, teve a satisfação de vê-lo terminado. De regresso a Roma, em julho de 1770, apresentou pessoalmente a Clemente XIV as santas Regras. O Sumo Pontífice encarregou de examiná-las o pe. mestre Pastrovich, sábio e piedoso sacerdote, consultor do Santo Ofício, mais tarde bispo de Viterbo.

Acompanhemos-lhe o relato:

> Estas Regras não somente são conformes à fé, à santidade dos costumes e à vida religiosa, como também estão repletas de unção, prudência e discrição, e em harmonia com a finalidade do Instituto, de onde se pode esperar, com fundamento, muito proveito espiritual para as pessoas que as professarem.[12]

Do mesmo parecer foi mons. Zelada, a quem o prudente Pontífice encarregara de revisá-las.

Clemente XIV desejava aprová-las por um Breve, mas, a pedido do santo, aprovou-as por um Rescrito, com força de Breve, aos 23 de setembro de 1770.

Paulo, antes da aprovação solene, queria expô-las à experiência.

No dia seguinte, mons. Zelada foi em pessoa à residência do Santo Crucifixo entregar o precioso documento ao santo Fundador.[13]

Novos obstáculos

Tudo estava concluído. Faltava apenas abrir a casa às religiosas, que aspiravam subir para o Calvário. No entanto, o bispo de Corneto continuava a exigir renda superior às posses de Constantini.

[12.] VS. p. 167.
[13.] Boll. 1928, p. 208.

Paulo, do leito de dor, recorreu à generosidade de Clemente XIV, que autorizou a seu tesoureiro, mons. Branchi, mais tarde Sumo Pontífice, com o nome de Pio VI, que destinasse às religiosas da Paixão uma renda anual de trezentos escudos.

Superados todos os obstáculos, marcou-se o dia da inauguração do mosteiro. Dez jovens, impacientes por ocultar-se à sombra da cruz, já estavam em Corneto. Receberam-nas com muita caridade, honra e generosidade.

Faltava, todavia, a que devia governá-las como primeira mãe e mestra.

Uma princesa de Roma, senhora de grande piedade, viúva havia alguns anos, desejava tomar o santo hábito da Paixão. Aconselhara-se com Clemente XIV, que se alegrou com a resolução da princesa, animando-a a consagrar-se a Jesus Crucificado, constituindo-a, com um Breve, superiora do novo mosteiro e autorizando-a a fundar outros.

E a profecia do santo Fundador, de que a primeira superiora, a pedra fundamental desse edifício, seria a irmã Maria Crucifixa?

A solenidade da tomada de posse do mosteiro estava fixada para o dia seguinte ao de "Quasímodo", para, o qual, naquele ano, fora transferida a festa da Anunciação.

O pe. João Maria, delegado do santo Fundador, então enfermo, já se encontrava em Corneto.

Imensa multidão acorrera dos lugares vizinhos para assistir à edificante celebração. Tudo estava pronto para a cerimônia e a princesa não chegava... Mudara, não se sabe por que, de resolução, indo encerrar-se num mosteiro de Narni.[14]

Paulo, ciente, por inspiração do alto, do que devia acontecer, disse ao enfermeiro que o assistia: "Essa pessoa não irá a Corneto. Ela mudou de parecer. A cerimônia não se realizará".

Muitas seriam as murmurações, as críticas e as zombarias do povo ludibriado em suas esperanças; a perplexidade das piedosas postulantes,

---

[14]. Cf. Boll. 1928, pp. 17-29; *St. Paul de la Croix et la Fond. des Relig. Passionistes*, pp. 79-86; VS. p. 170.

vindas de tão longe com a única aspiração de separar-se do mundo quanto antes; e a aflição dos pais, não sabendo se deviam deixa-lás ou reconduzi-las para casa.

O pe. João Maria partiu imediatamente para Roma a fim de relatar o sucedido ao santo Fundador. Ficou estupefato ao ver que o santo, nada ignorando, interrompeu-o logo às primeiras palavras: "Vá, vá imediatamente ao Sumo Pontífice e relate a Sua Santidade a deserção da princesa, nomeada com autoridade apostólica como fundadora e superiora do novo Instituto, e solicite nova permissão para a tomada de hábito daquelas postulantes".

O Papa, surpreso por esse incidente, que ninguém poderia prever, ordenou que se expedisse imediatamente um Rescrito, pelo qual concedia ao vigário capitular faculdade de proceder, sem tardança, à inauguração do mosteiro e à tomada de hábito das postulantes. Por outro Rescrito, permitia a Maria Crucifixa Constantini passar da Ordem de São Bento à Congregação da Santa Cruz e Paixão de Jesus Cristo, para dirigir as novas religiosas, como superiora e mestra da disciplina regular. Cumpria-se, assim, a profecia do santo.[15]

Inauguração do mosteiro

Não foi sem manifesta disposição da divina Providência que se transferiu a cerimônia para o dia 3 de maio de 1771, festa da Santa Cruz. Trinta e quatro anos antes, tinha havido a mesma dificuldade à inauguração da igreja do monte Argentário, realizada, finalmente, no dia da Exaltação da Santa Cruz.

Assim, as duas igrejas-mãe, ambas sob o título da Apresentação, foram dedicadas ao culto no dia consagrado às glórias da cruz, estandarte triunfal de salvação, distintivo do novo Instituto.

Solene foi a cerimônia, geral o contentamento.

---

[15]. A venerável madre Maria Crucifixa morreu em odor de santidade, porém a Igreja ainda não se pronunciou. Conserva-se o seu retrato no convento dos santos João e Paulo, em Roma.
Nas feições fortes e enérgicas, percebe-se uma pessoa nobre, elevada, generosa, da família das ilustres fundadoras, tais como as Teresas e as Chantais.

Somente as pessoas enamoradas do divino amor e da solidão podem compreender o júbilo das novas monjas de Jesus Crucificado ao receberem o santo hábito e transporem os umbrais do claustro para descansar nos braços de Deus.[16]

Terminado o ano de prova, com fervor sempre crescente, mereceram todas ser admitidas à profissão religiosa.

Recebeu-a dom Banditi, prelado digno da primitiva Igreja, mais tarde ornamento do sagrado Colégio. Eis como manifestava seu júbilo, em carta ao santo Fundador:

> Posso, finalmente, anunciar ao meu veneradíssimo pe. Paulo que as onze religiosas do seu Instituto emitiram os santos votos em minhas mãos. Efetuou-se a cerimônia no dia 20 deste mês (maio de 1772), experimentando eu a maior consolação. Contemplei um mosteiro repleto do espírito de Deus e de santo fervor. Todas nos dão esperança de glorificarem a Nosso Senhor, à sua sagrada Paixão e de serem de proveito espiritual a esta cidade. Sim, é-nos lícito esperar que Deus, movido pelas orações dessas boas religiosas, derramará sobre todos nós suas bênçãos. Não podeis imaginar como foi comovente a cerimônia e a emoção que eu senti. Antes de realizá-la, quis conferenciar com cada uma em particular, convencendo-me de que sua vocação é verdadeira e de que abraçaram o estado religioso com desejo sincero de conseguir a eterna salvação… Na sexta-feira de manhã, seguindo as prescrições de vossas Regras, foram eleitas a superiora, a madre vigária e a conselheira. Tudo correu com muita ordem em minha presença, havendo sempre unanimidade de votos.[17]

Foi eleita superiora a madre Maria Crucifixa.

Breve apostólico

Escreveram as religiosas ao Santo Padre, comunicando-lhe a profissão e a eleição das superioras. Clemente XIV, sempre benévolo e cheio de

---

[16]. Em 14 de maio de 1771, M. Crucifixa e suas companheiras enviam uma carta de agradecimento ao Papa, dizendo-lhe que: "no novo Instituto lhes parece viverem num paraíso terreno".
[17]. VS. p. 171.

caridade paternal, dignou-se responder-lhes com um Breve, em que patenteia de maneira perfeita o Espírito do novo Instituto e o vivo interesse de Sua Santidade por essa fundação. Transcrevemo-lo aqui, como coroa do que dissemos a respeito das religiosas Passionistas.[18]

Às nossas amadas Filhas em Jesus Cristo, as Religiosas da Paixão, na nossa vila de Corneto.

CLEMENTE XIV PAPA

Queridas Filhas em Jesus Cristo: Saúde e bênção apostólica.

A carta em que nos relatais a vossa solene profissão foi para nós objeto de grande alegria. Nada pode ser-nos mais grato do que ver o vosso Instituto, por nós aprovado, enriquecer-se com as virtudes que constituem a santidade da vida. Manifestais-nos a paz e consolação espirituais experimentadas ao consagrar-vos a Deus. Isto nos dá motivo de esperar grandes consolações por vossa constância no gênero de vida que abraçastes, bem como pela união de caridade reinante entre vós todas. Eis o que, com grande confiança, esperamos de vós.

No entanto, apraz-nos encorajar-vos e exortar-vos vivamente.

Aplicai-vos, com a maior solicitude, em imitar as virgens prudentes do Evangelho, a quem o Esposo encontrou vigilantes e aparelhadas para recebê-Lo. Vigiai, sem olhar para o mundo que abandonastes; mas, com os olhos fitos no Céu, agradecei continuamente a Deus pelo singular benefício recebido.

Gravai no Espírito e no coração a Paixão de Jesus Cristo, nosso Salvador. É ela a insígnia e o ornamento que nos honra; nela estão a força e a beleza do vosso Instituto. Ponde toda a vossa atenção, todo o vosso estudo e todas as vossas delícias em meditá-la.

Se tiverdes sempre presente a Paixão e Morte de nosso Redentor, nada vos será difícil nem desagradável, pois, até em meio das penas e angústias, a contemplação de vosso Guia e Mestre proporcionar-vos-á os doces frutos da paz e alegria interior, porque nenhuma satisfação, nenhum prazer poder-se-á comparar a esse amor repleto de suavidade celestial,

---

[18] Quanto à resposta à carta que enviaram também ao santo Fundador, veja Lt. II, 323.

a essa alegria com que Nosso Senhor inunda o coração que o procura e o medita.

Se o mundo estiver crucificado para vós e vós para o mundo; se, pela pureza de coração e simplicidade, viverdes unicamente para Jesus, vosso sumo bem, se fordes escrupulosas cumpridoras das Regras do vosso Instituto, o vosso mosteiro espargirá suavíssimo perfume de virtude e santidade.

Poder-se-á, então, dizer de vós e das que seguirem os vossos exemplos: "Esta é formosa entre as filhas de Jerusalém".

Finalmente vos pedimos, queridas filhas em Jesus Cristo, uma coisa que, temos certeza, no-la dareis de boa vontade, considerada a piedade e submissão para conosco; é que peçais sempre a Deus, Pai de misericórdia, por nós e pela Igreja, confiada à nossa debilidade.

Prometemos conceder-vos, quando a ocasião se apresentar, todo o auxílio e a ajuda que possam depender do afeto que vos consagramos.

Como penhor dessa promessa, damos-vos de todo o coração a Bênção Apostólica.

Dado em Roma, em Santa Maria Maior, sob o anel do Pescador, aos 25 de julho de 1772, quarto ano do nosso Pontificado.[19]

Que estímulos nestas palavras do Vigário de Cristo àquelas religiosas que, longe do mundo, permanecem vigilantes e recolhidas aos pés de Jesus Crucificado, encontrando na meditação de suas dores o mais saboroso manjar!

Ditosas, sim, porque, fiéis à vocação, elas se esforçam por seguir cotidianamente os exemplos do divino Redentor!

Terão, não há que duvidar, a ventura de desfrutar de sua glória e de suas inefáveis delícias, no paraíso.

"Se sofremos com Jesus Cristo, com ele seremos glorificados" (Rm 8,17).

---

[19] VS. p. 171.

CAPÍTULO XXXVI
1772-1773

Continua doente em Santo Crucifixo

Voltemos à residência do Santo Crucifixo.

Em pobre e humilde cela, o santo ancião, do leito de dor, entrega a Jesus Crucificado uma nova família religiosa. Esse leito foi para ele, durante dezoito meses, como que o crisol em que se purifica o ouro.[1]

Na primavera de 1772, readquirindo alguma força, amparado pelos enfermeiros e apoiado às muletas, pôde ouvir missa e comungar diariamente.[2] Essa melhora, no testemunho do próprio Fundador, consistiu em levantar-se durante uma hora cada dia ou, melhor, "em ficar sentado fora do leito, sem poder caminhar a não ser com muletas e amparado por dois religiosos, para se poder arrumar a cama", como escreve em 14 de abril desse ano.[3]

Desse jeito, mais ou menos, passou o restante do ano e a primeira metade de 1773.

Na festa do Corpo de Deus de 1773, o mistério do amor o fez transbordar e o reanimou a tal ponto que conseguiu, embora "com grandíssima dificuldade", celebrar três vezes durante a oitava.[4] A seguir, porém, teve que se resignar a celebrar apenas algumas vezes por semana, até que a festa de São Bernardo (20 de agosto) lhe trouxe a consolação de recomeçar o Santo Sacrifício diário.[5]

[1.] S. 2. 835 § 22.
[2.] Lt. I, 799.
[3.] Ibidem.
[4.] Lt. I, 816.
[5.] Lt. IV, 177.

Era o ardor do espírito a triunfar sobre a debilidade do corpo. Terminado o Santo Sacrifício, não se mantinha em pé. Deitado ou sentado, passava os dias na cela, transformada em verdadeira escola de virtude.

As mais insignes personalidades, principalmente sacerdotes, vinham visitá-lo. O santo a todos inflamava no amor a Jesus Crucificado, terminando por recomendar-lhes a meditação assídua da sagrada Paixão do Redentor. Esse assunto fazia-lhe olvidar as dores que o atormentavam. A voz, quase imperceptível, tomava, então, entoações prodigiosas.

Os alunos da Propaganda ficaram tristes ao saber que não podiam ser recebidos por estar o santo muito mal. Paulo, informado pelo enfermeiro, mandou-os entrar. Ao ver aqueles jovens, destinados a derramar pela fé o suor e, quiçá, o próprio sangue, reanimou-se e, com o rosto inflamado e voz sonora, como nos mais belos dias de seu apostolado, pôs-se a exaltar a sublimidade da vocação a que foram chamados. Os jovens levitas, comovidos, retiram-se dispostos a todos os sacrifícios pela salvação das pessoas.

O enfermo consagrava à meditação de Jesus Crucificado o tempo que passava a sós em sua cela. A alma, em efusões de afeto, desabafava-se em jaculatórias, verdadeiros dardos de amor.

Quando as dores eram mais violentas, os colóquios com Jesus Crucificado tomavam inflexões de inefável ternura.

Respondia aos que dele se compadeciam: "É tão grande a felicidade que nos está preparada, que devemos considerar um nada os nossos sofrimentos...". Estava-lhe sempre nos lábios o cântico dos Serafins: "Santo, santo, santo é o Senhor...", bem como este cântico de louvor: "Bênção, glória, sabedoria, ação de graças, honra, virtude e fortaleza a nosso Deus nos séculos dos séculos" (Ap 5,13).

Por vezes, parecia que Deus o abandonara, desaparecendo-lhe os raios da luz celeste. Exclamava, então, resignado: "Tratai-me como vos aprouver, ó meu Deus, jamais deixarei de amar-vos...".[6]

[6.] S. 1. 282 § 116.

Comovedora era a sua humildade. Obrigado por um de seus religiosos a repetir a célebre oração de São Martinho: "Senhor, se sou necessário a vosso povo, não recuso o trabalho", sobressaltado de terror, como na presença de grave tentação, exclamou: "O quê! Eu necessário? Eu necessário? Jesus é necessário, só Jesus é necessário!".[7] Acrescentando ainda: "Ah, se me julgasse tal, crer-me-ia um condenado...".[8]

Não somente se cria inútil, mas também peso a seus filhos, repetindo às vezes ao enfermeiro: "Oh, como sou pesado para a comunidade! Como sinto ver-vos ocupados sempre com minha pobre pessoa! Chamai-me o superior do hospital vizinho; vou pedir-lhe que me receba entre os pobres enfermos".

Respondeu-lhe o enfermeiro que, ao invés de peso à comunidade, era de consolação a todos, e todos chorariam inconsoláveis a sua morte. Replicou o santo: "Vossa grande caridade, vossa grande caridade é que me suporta, porque apenas mereço ser abandonado como uma besta. Sou mais perverso que os próprios bandidos".[9]

Voltando-se em seguida para o crucifixo, batia no peito, dirigindo-lhe palavras de grande humildade. O enfermeiro chorava ao ouvi-lo; o santo enfermo tomou-lhe a mão e acrescentou: "Ah, meu querido irmão, quanto lhe sou obrigado!...".

O mais leve trabalho que lhe prestassem, aceitava-o todo humilhado, a título de esmola. Não cessava de elogiar a caridade dos religiosos, repetindo sempre: "Que Deus lhe recompense a caridade, meu querido irmão".

Pedia perdão de supostas faltas de caridade. Amante da santa pobreza, suplicava que nada gastassem com sua pessoa. Queria morrer, como vivera, despojado de tudo. Aborrecia-se com qualquer coisa que parecesse delicadeza. O cardeal Colona, comovido ante a pobreza de sua cama, enviou-lhe ótima coberta de lã. Paulo não se resolvia a usá-la.

Permitia apenas, para não desgostar a S. Emª, que o enfermeiro a estendesse sobre a cama toda vez que o cardeal o visitava. Mas era

---

[7.] S. 1. 820 § 398.
[8.] S. 1. 813 § 351.
[9.] S. 1. 815 § 360.

possível vê-lo, durante a visita, envergonhado e receoso, como o ladrão surpreendido em flagrante. Terminada a visita, ordenava que a retirassem do leito.

Nosso Santo transformava a sua enfermidade em eloquente pregação para os outros e tesouro de mérito para si.

Clemente XIV, os jesuítas e Paulo

No dia 31 de julho de 1773, duas grandes vítimas se imolavam simultaneamente ao Deus do Calvário: Clemente XIV e a Companhia de Jesus.

Desse acontecimento memorável, que a verdade histórica já esclareceu com suas luzes, consignaremos apenas o que se refere a nosso assunto.

Havia três anos Paulo da Cruz, idoso e gravemente enfermo, não punha os pés fora da residência do Santo Crucifixo. O incidente causou-lhe grande golpe ao coração, pois amava e venerava a Companhia de Jesus, sendo, outrossim, amado e venerado pela Companhia.[10] Essa amizade vemo-la consignada em bela inscrição greco-latina feita pelo pe. Lagomarsini, professor no Colégio Romano, no frontispício de vários livros ofertados ao nosso santo.[11] Temos ainda uma memória escrita pelo pe. João Maria de Santo Inácio, último confidente do pe. Paulo e seu confessor. O pe. João afirma que, a respeito da supressão da Companhia, tão benemérita da Igreja, Paulo não tomou parte alguma, nem deu jamais um conselho, o que, aliás, não lhe foi pedido.[12]

---

[10]. Diz o pe. João Maria de Santo Inácio, nos Anais manuscritos da nossa Congregação: "Na tarde de 16 agosto, cerca de uma hora após o anoitecer, deu-se a supressão da Companhia de Jesus; esta funesta nova foi ouvida com grande consternação pelo nosso Padre, o qual, todavia, adorou os secretos e imperscrutáveis desígnios de Deus... Nos três anos em que se tratou do assunto da referida supressão, esteve ele cravado em seu leito: quando já tudo estava concluído, começou a se levantar..."

[11]. Lt. IV, 20; Boll. 1927, p. 19.

[12]. Citemos suas palavras textuais: "A fim de que as más línguas não acusassem a este Servo de Deus como se tivesse sido o conselheiro do Papa neste assunto da supressão, Nosso Senhor o deteve num leito; só agora está novamente são. Antes que adoecesse, ao irmos à audiência, jamais o Santo Padre nos pediu qualquer conselho a este respeito" (cf. Anais, 1773).

Se fizemos menção deste drama, cujo desenlace foi dos mais funestos, foi unicamente para referir célebre profecia do nosso santo, prova do grande afeto que ele nutria pela Companhia de Jesus.

Em 1767, sendo Sumo Pontífice Clemente XIII, o santo recebeu uma carta do pe. Luís Reali, jesuíta, em que lhe relatava as tremendas perseguições suscitadas contra a Companhia. Em resposta, assim se expressava o servo de Deus:

> Quanto às extremas angústias a que se vê sujeita essa ilustre Companhia, tenho a dizer-lhe que me afligem profundamente. Só em pensar em tantas calamidades faz-me gemer e chorar. Quantos inocentes e pobres religiosos furiosamente perseguidos, os demônios a triunfar, diminuída a glória de Deus, inúmeras pessoas condenadas, porque violentamente privadas do amparo espiritual proporcionado pelo ministério dos jesuítas, em todas as partes do mundo. À vista de tal espetáculo, entrego-me a orações especiais. Espero que, após tantas tempestades, o "Deus que dá a morte e a vida, que *mortificat et vivificat*", saberá ressuscitar a seu tempo essa Companhia, com maior esplendor e glória. Esta foi sempre e continua a ser a minha opinião.[13]

Os eventos confirmaram-lhe a previsão, que somente por luz profética, muito frequente em Paulo da Cruz, poderia ter escrito.

Estão anunciadas claramente a "morte e a ressurreição" da Companhia de Jesus. Na época em que o santo escrevia estas coisas, ninguém poderia prevê-las, muito menos vaticiná-las com tanta certeza. A primeira parte da profecia realizou-se seis anos depois, e a segunda, 47 anos, quando a Companhia, ao sopro de Deus, reergueu-se da ruína, rejuvenescida e fortificada pelas perseguições.

Quando, portanto, desabou a tempestade, continuava o nosso santo retido no leito por grave doença.

---

[13]. "Citamos", diz o Pe. de Ravignan, "esta bela carta, e nos comprazemos de citar outros depoimentos não menos explícitos deste grande servo de Deus em favor da Companhia, por ele amada e estimada até o fim dos seus dias. Isto é fato que não padece dúvida" (Vida de Clemente XIII e Clemente XIV, Parte I, p. 255).

No outono, experimentou alguma melhora, conseguindo andar apoiado num bastão.

Sua primeira visita, como era justo, foi ao Santo Padre, que acabara de regressar de Castel Gandolfo. Alegrou-se sobremaneira o Papa ao rever o velho amigo, após longa ausência, motivada pelo estado de saúde de Paulo.

Mais afetuosa do que nunca foi a recepção. O Santo Padre terminara a missa em sua capela doméstica e, ao retirar-se aos aposentos particulares, levou consigo Paulo, fazendo-o sentar-se a seu lado e obrigando-o a tomar parte em sua colação.

Paulo, com profundo sentimento de respeito e gratidão, disse a Clemente XIV: "Santo Padre, se ainda não morri, devo-o a V. Santidade. Tive grande confiança na ordem que V. Santidade me deu e Nosso Senhor ouviu".

O Papa agradeceu a divina bondade, contente por saber da boca do Servo de Deus a maneira maravilhosa como recuperara a saúde. Fazendo sinal ao companheiro do santo para que passasse a outra sala, continuaram em longa e secreta conferência. Não fosse dia de audiência, a palestra ter-se-ia prolongado por mais tempo.[14]

Doação do retiro dos Santos João e Paulo

O Papa não se esquecia da promessa, feita ao servo de Deus, de doar à Congregação um convento e uma igreja em Roma.

Estava novamente de partida para Castel Gandolfo, quando recebeu a visita do procurador-geral que, em nome de Paulo, fora apresentar-lhe os votos de feliz veraneio. No decurso da audiência, Sua Santidade perguntou-lhe se de fato o pe. Paulo tivera um irmão chamado João, fiel companheiro de sua vida religiosa. Como recebesse resposta afirmativa, replicou: "*Joannes et Paulus...* [João e Paulo]" e calou-se.

[14.] Em 30 de outubro de 1773, dizia o santo, escrevendo ao Papa, que esperava, dentro de poucos dias, ir à audiência (Lt. IV, 206). Este seu desejo, porém, só se realizou em 31 de dezembro (cf. S. 1. 985 § 217; Boll. 1926, p. 114; VS. p. 173).

De volta a Roma, transferiu os lazaristas, encarregados de pregarem retiros espirituais aos ordinandos, ao noviciado de Santo André, no monte Cavalo, lugar mais consentâneo com suas incumbências, e, no dia 6 de dezembro do mesmo ano de 1773, entregava aos Passionistas a basílica e o convento dos Santos João e Paulo.[15]

Trinta anos antes (1743), Paulo e Tomás Struzzieri, que já conhecemos, dirigiam-se à basílica de São João de Latrão. Ao entrarem na praça dos Santos João e Paulo, no monte Célio, o servo de Deus deteve-se de repente e, voltando-se para Struzzieri, perguntou-lhe: "Que igreja é esta? Quem habita este convento?". Depois da resposta do companheiro, replicou: "Ó Deus! Minha casa!... Esta casa é minha!... Aqui devo morrer!...".

Struzzieri percebeu que o santo estava extático, mas não compreendeu, então, o significado de suas palavras.

Quando, à noite, regressou à casa, interrogou ao pe. Francisco Casalini, seu amigo, a que poderia ter aludido o pe. Paulo com aquelas palavras enigmáticas. Este, após várias conjecturas, concluiu que provavelmente Paulo predissera a união dos Passionistas com os padres da missão. Casalini assim julgava levando em consideração as grandes dificuldades que se opunham ao estabelecimento do novo Instituto.[16]

Com a entrega do convento ao servo de Deus e, ainda mais, quando, depois de sua morte, lhe depositaram os despojos na basílica, reconheceram o significado daquelas palavras.

Apesar da revelação, jamais o santo deu um passo para obter aquela casa; jamais falou a respeito com o Santo Padre, nem sequer quando Sua Santidade lhe prometia um retiro em Roma.

Eis os agradecimentos do Santo:

Regozijo-me diante de Deus por ter V. Santidade fundado na Metrópole do mundo uma casa em que se há de pensar continuamente na sagrada Paixão de Nosso Senhor. Essa fundação será, perante toda a

---

[15.] VS. p. 174; Boll. 1926, pp. 108-115.
[16.] S. 1. 864 § 171; VS. p. 526.

Igreja, monumento da piedade e do zelo com que V. Santidade propagou a devoção à sagrada Paixão de Jesus Cristo, a fim de que todos a pratiquem até a consumação dos séculos...[17]

Promete, apesar dos achaques, esforçar-se por celebrar diariamente a santa missa e, acrescenta:

> Além dos votos, que dia e noite dirijo ao Altíssimo por V. Santidade, faço-o também no santo altar e isto, parece-me, com mais eficácia: no momento em que deixo cair a santa partícula no cálice, deposito o piedosíssimo coração de V. Santidade no precioso Sangue do Redentor. Desejo que ele se embeba bem nesse Sangue divino, a fim de produzir muitíssimos frutos de vida eterna entre os fiéis de Jesus Cristo.
> Sinto-me animado, mais do que nunca, da maior confiança, e consola-me imensamente o coração saber que o "Altíssimo cobrirá V. Santidade com seu soberano amparo e que a Santíssima Virgem te-lo-á encerrado e bem guardado em seu puríssimo coração".

Como são comovedoras estas últimas palavras!

Veremos como foram ouvidas as contínuas e fervorosas preces de Paulo em prol de um "Papa manso e afável por natureza", no sentir de todos; Papa a quem cruéis perseguições precipitarão logo no sepulcro, mas o Céu "cobrirá de proteção excepcional" na suprema agonia.

No novo retiro

Paulo vai transladar a pequena comunidade do Santo Crucifixo para a basílica dos Santos João e Paulo.

O cardeal Boschi, titular do templo, feliz por receber a um santo, acolhê-lo-á com toda solenidade. No dia 10 do mesmo mês, enviou ao Santo Crucifixo dois de seus mais belos carros, com empregados trajados de rica libré e com ordem de obrigarem a Paulo aceitar toda aquela suntuosidade. O humilde servo de Deus não podia resolver-se a isso.

[17.] Lt. IV, 206.

Teve, no entanto, que obedecer. Durante o trajeto, choravam, louvando e agradecendo a Deus, ele e seus filhos.

A augusta basílica inspira profundo respeito, pois ali se pisa terra embebida do sangue dos mártires.

O primeiro ato do santo ancião, assim que pôs os pés naquele santuário, foi um cântico de reconhecimento e de amor; prostrou-se ante o altar do Santíssimo, adorou o Deus da Eucaristia com as mais doces efusões de sua alma, venerou as relíquias dos santos mártires e deu princípio àquele cântico eterno, a que respondem os concertos dos Anjos.[18]

A vetusta basílica, Tabor de sua imortal transfiguração, é consagrada aos santos mártires João e Paulo, dois irmãos, oficiais da corte de Constância, filha do grande Constantino.

Em vão persuadia-lhes Juliano Apóstata a que renunciassem à fé a Cristo. O infeliz traidor fê-los degolar secretamente na mesma casa dos heróis.[19]

No século quarto, São Pamáquio, senador romano, da família dos Gracos e dos Cipiões, transformou a casa em igreja, fundando contíguo ao templo um mosteiro sob as Regras de São Pacômio. Morta sua esposa Paulina, filha de Santa Paula, para lá se retirou.

O senador tornou-se humilde monge; após uma vida de grande perfeição, foi seu corpo depositado ao lado da sepultura dos santos mártires.

A basílica, onde São Gregório pronunciou uma de suas homílias, é grande, bela, possui três naves, enriquecidas de pavimento de mosaico, de pinturas de Pomâncio, de colunas de granito, de leões de

---

[18]. S. 1. 104 § 80.
[19]. No ano de 1887, graças ao entusiasmo e assíduo trabalho do pe. Germano de Santo Estanislau, Passionista, arqueólogo insigne, descobriu-se, sob a atual basílica, a casa dos Santos João e Paulo.
Todas as dependências são decoradas com ricos afrescos do IV século da Era Cristã, de grande valor artístico, apreciadíssimos pelos sábios contemporâneos.
Aqui, mais do que em qualquer outro lugar, nos deparamos com a feliz mudança das ideias e dos costumes pagãos para os costumes e ideais cristãos.
Quem desejar mais pormenores deste santo lugar, consulte a magnífica obra escrita pelo sábio arqueólogo Pe. Germano, intitulada *La Casa Celimontana dei Martiri Giovanni e Paolo*.

pórfiro, de monumentos funerários de mármore branco, onde dormem, na Comunhão dos Santos, diversos cardeais, bispos, sacerdotes e outras ilustres personalidades.

As relíquias dos Santos João e Paulo jazem debaixo do altar-mor, em rico sarcófago de pórfiro.

À esquerda da capela-mor, nas grandes solenidades do centenário do nosso Instituto e na canonização do Fundador, vimos inúmeros peregrinos de todas as partes do mundo, de todas as condições sociais, do humilde aldeão e da ingênua mulher dos Campos Romanos, das Marcas, da Úmbria e de Nápoles, às nobres senhoras e cavalheiros, sacerdotes, bispos e cardeais, todos prostrados ante as preciosas relíquias de um pobre religioso, vistas através do vidro, debaixo do altar, com o santo hábito da Paixão, a Cruz de Missionário no peito, o livro das Regras na mão.

Invocavam a "São Paulo da Cruz"!

Como estávamos alegres ao encontrar ali, especialmente, os nossos sacerdotes, os nossos bispos, os nossos cardeais da França! Vários deles, com comovente benevolência, desejavam para suas dioceses os filhos de São Paulo da Cruz.

O convento tem um ar majestoso, que se harmoniza admiravelmente com a oração e o silêncio.

A comunidade é numerosa.

Uma das alas do edifício destina-se aos exercitantes, sacerdotes ou leigos, que, em todas as épocas do ano, para lá se encaminham, em grande número, para o retiro espiritual.

Além do jardim, bastante espaçoso, há o antigo *vivarium*, ou vasta caverna aberta na rocha, onde permaneciam os animais bravios, destinados aos combates do anfiteatro e à arena do Coliseu, toda semeada de galerias subterrâneas.

Sobre essas grutas formidáveis, diz piedoso peregrino, achavam-se as prisões destinadas aos cristãos e aos facínoras, cujos suplícios e morte serviam de diversão ao povo romano. Nada conheço de mais pavoroso que o aspecto daqueles lugares, vistos à luz da tocha do cicerone, que nos dirigia.

E nos aumenta o horror ao pensarmos nas atrocidades assinaladas nos últimos dias do paganismo. E semelhante civilização encontrou e ainda encontra apologistas e admiradores!...

Do jardim descortina-se um dos mais formosos e, ao mesmo tempo, dos mais santos panoramas do mundo: ali bem perto, o Coliseu, o Foro, o Capitólio e as inúmeras basílicas com suas resplandecentes cúpulas, dominadas soberanamente pela basílica de São Pedro. Numa palavra, Roma toda está à nossa vista.

Mais além, os Campos Romanos, que já descrevemos do alto de Montecavi, onde o nosso convento aparece de improviso como floco de neve perdido no azul dos céus.

CAPÍTULO XXXVII
1773-1775

Vigor juvenil

Paulo, octogenário, conserva a alma perenemente jovem! "Transplantado nos novos átrios do Senhor, refloresce como a palmeira do deserto e multiplica-se como o cedro do líbano" (Sl 91,13-14), elevando-se sempre para o Céu com novos perfumes e novos frutos.

Ele vai imprimir naquela casa o primeiro movimento de regularidade, cuja perfeição tanto nos edificou, muitos anos decorridos! O retiro dos Santos João e Paulo é o verdadeiro modelo das casas do Instituto. Parecia-nos ver e ouvir o nosso Santo: sua presença era-nos, de certo modo, sensível.

O servo de Deus reuniu imediatamente no novo retiro trinta religiosos. Como serão fecundos seus últimos anos!

À medida que se lhe aproximava a eterna união com Cristo, trabalhava com tresdobrado ardor para firmar a sua família religiosa na exata observância, no Espírito de fervor, como a herança mais preciosa que desejava deixar-lhes ao partir deste mundo.

Escolhera para si a menor e a mais incômoda das celas, por estar próxima ao Santíssimo Sacramento, mas os pedidos dos filhos e a ordem expressa do cardeal Pallotta obrigaram-no a habitar uma maior e mais bem situada, também contígua à igreja.[1]

No Natal, não deixou de visitar o Santo Padre. Não é necessário repetirmos que a entrevista foi afetuosíssima por parte do Papa e repleta do mais profundo respeito por parte de Paulo.[2]

---

[1]. S. 1. 103 § 77.
[2]. Essa audiência aconteceu no dia 31 de dezembro.

À meia-noite, cantou a santa missa com extraordinária piedade. Todos choravam. Quis também oficiar na festa da Epifania (1774).

Como não pudesse subir nem descer escadas, conduziam-no em cadeira de braços ora à igreja, em visita ao Santíssimo Sacramento, ora à sacristia, para consolar pessoas aflitas, bem como aos andares superiores, às celas dos enfermos.

No dia a dia, conservava-se sentado no quarto, rezando ou ditando cartas ao secretário. Por vezes, chamava a um ou outro de seus filhos ou à comunidade toda, exortando-os à oração e à união com Deus.

Última "festa do amor"

Aproximava-se a Semana Santa, tempo em que mais do que nunca banhava com lágrimas as chagas do Salvador.

Fez questão de celebrar os longos ofícios da Quinta-feira Santa e distribuir, pela última vez, a sagrada Comunhão a seus filhos.

De manhã, falou à comunidade sobre "a caridade de Jesus na instituição da Santíssima Eucaristia". No final do discurso, insistiu no amor e no respeito com que se devem celebrar os santos mistérios, chamados por ele "os funerais" do divino Redentor.

Discorria com extraordinária ternura. Ninguém podia conter as lágrimas.

Terminou exortando-os a pedirem mutuamente perdão, a fim de que a caridade unisse todos os corações num só coração, em Jesus Cristo. Começou ele próprio esse ato de humildade: "Hoje, meus irmãos, é a festa do amor!...". Mas os soluços embargaram-lhe a voz. A custo continuou:

> Oh! Quantas vezes eu, indigno sacerdote, me alimentei da carne imaculada do meu Jesus!... E jamais correspondi a tão grande benefício; jamais pratiquei o menor bem! Fui sempre ingrato ao meu Jesus; destruí as suas obras; em casa e fora, só dei escândalos. Peço perdão, portanto, em primeiro lugar, a Deus, depois aos consultores. Peço, outrossim, perdão aos

reitores, aos sacerdotes, aos clérigos, aos irmãos leigos, aos terciários e aos empregados; perdão ao ar que respirei e à terra que me sustentou. Em uma palavra, peço perdão a todos pelos maus exemplos que dei.

Ah! Não era essa, porém, a minha intenção... Perdoai-me todos, queridos irmãos!... Hoje, na santa missa, porei vossos corações no cálice consagrado, e vós, na sagrada Comunhão, rogai, rogai por mim, rogai pela minha pobre alma!...

Somente a santidade pode exprimir-se assim. Que humildade! Que cena!

De uma parte, os gemidos e os soluços dos filhos, emocionadíssimos; de outra, a humildade do santo ancião, que lhes deixara o exemplo das mais heroicas virtudes!

Transportaram-no em seguida à sacristia, onde se revestiu dos paramentos sagrados. Ajudado pelos ministros e muito mais pelo fervor de sua alma, dirigiu-se ao altar com a fronte coroada da auréola de santidade a todos patente.

Chorou durante toda a missa, mas, de modo especial, quando conduzia o seu amado Senhor ao santo Sepulcro. Dir-se-ia que o coração se lhe desfazia em amor e compaixão para com Deus.

Teve que enxugar-se muitas vezes o rosto, para não banhar as vestes sacerdotais.

Os ministros, os religiosos e o povo, todos choravam à vista do comovente espetáculo.[3]

Audiências memoráveis

No mês de maio, experimentou alguma melhora e foi ao encontro do Santo Padre. Dias depois, Sua Santidade mandou avisá-lo de que na festa dos santos Patronos da basílica, em 26 de junho, iria visitá-lo.

Com que espírito de fé se preparou para receber o Vigário de Jesus Cristo!

[3.] S. 1. 338 § 172.

Após haver venerado na igreja o sepulcro dos santos Mártires, Sua Santidade subiu ao convento. Paulo, como presenciara do próprio Jesus, exclamou em transportes de alegria: *"Hodie salus huic domui facta est"* [Hoje a salvação entrou nesta casa] (Lc 19,9).

Clemente XIV, conduzido a uma sala, onde lhe prepararam um trono, teve a extrema bondade de admitir os religiosos e outras insignes personalidades, eclesiásticos e seculares, ao beijo dos pés.

Retirou-se em seguida com o servo de Deus para um colóquio secreto numa sala mais afastada. De que terão falado? Eis o depoimento do enfermeiro do santo, irmão Bartolomeu:

> Entretanto, o Santo Padre, no quarto preparado, entreteve-se por algum tempo a sós com o pe. Paulo, estando eu presente para assistir o padre, que estava enfermo. O servo de Deus falou com o Papa a respeito de Deus e de sua bondade e discorreu com tal espírito, verdadeiramente superior ao saber humano, que o Santo Padre, admirado, escutava com as mãos cruzadas sobre o peito e a cabeça inclinada, mostrando-se muito consolado interiormente com essa conversa, afirmando que mais se teria prolongado, não fosse a hora adiantada e o receio de incomodar os familiares de sua corte, e se despediu levando grande consolação, como revelou a pessoas da corte.[4]

Clemente XIV não mais tornaria a ver o santo amigo senão no céu.

[4.] S. 1. 222 § 296.
Desse fato, fala também são Vicente Strambi, assim concluindo: "Retirou-se depois Sua Santidade ao quarto interno contíguo à sala e se entreteve por longo tempo a discorrer em segredo com o pe. Paulo. Ao partir, declarou o Santo Padre que estava muito contente e satisfeito, dizendo que aquela era realmente uma casa de servos de Deus" (VS. p. 177).
O pe. João Maria de Santo Inácio, o confessor do Santo, depois de ter dito que a visita foi à tardinha, que o Papa se deteve rezando na basílica e foi recebido pelo Fundador com as palavras – *hodie salus huic domui facta est* [Hoje, a salvação veio a esta casa] –, que subiu ao convento e foi introduzido numa sala onde já fora preparado o trono, e que alguns religiosos e outros receberam o beijo no pé, termina com estas palavras textuais: "Depois... retirou-se ao quarto interno do apartamento e aí se deteve, discorrendo em segredo com o referido pe. Paulo. Despediu-se em seguida o Pontífice, declarando estar muito contente e satisfeito, dizendo ser essa verdadeiramente uma casa de servos de Deus" (S. 1. 918-919 § 145-146).
Cf. também S. 1. 950 § 382; 955 § 413.

Morte de Clemente XIV

A saúde do Pontífice, para quem a tiara fora verdadeira coroa de espinhos e o trono, pesada cruz, estava muito abalada. Crudelíssimas perseguições de diversos potentados da terra, dilacerando-lhe a alma, feriram-no de morte.

No dia 10 de setembro, perderam a esperança de salvá-lo. Paulo, a tal notícia, desejou voar à cabeceira do querido e santo enfermo, mas, sobrevindo-lhe grande indisposição, pôde apenas rezar e chorar pelo Pontífice.

Lágrimas fecundas! Potentes orações, que subiram ao trono de Deus!

O santo dissera ao Papa que "o Senhor o cobriria com seu soberano auxílio e a Santíssima Virgem o estreitaria ao materno coração".

Com efeito, Deus enviou para suavizar e consolar a suprema agonia de seu representante na terra a um de seus servos mais queridos, o grande devoto de Maria: Santo Afonso de Ligório.

Com admirável resignação e singular piedade, recebeu os últimos sacramentos, respondendo às orações da encomendação da alma. Pouco depois, no dia 22 de setembro de 1774, entre oito e nove horas da manhã, Clemente XIV entregava a Deus sua santa alma.

Os Passionistas jamais olvidarão este insigne Pontífice, que muito amou e favoreceu a humilde Congregação fundada por São Paulo da Cruz, estabelecendo-a solidamente na Igreja com sua autoridade apostólica.

Paulo ficou inconsolável. Suas orações e lágrimas em favor do falecido pareciam inesgotáveis. Mandou que se expedissem cartas circulares, ordenando que em todas as casas do Instituto se celebrassem solenes ofícios fúnebres.

Durante o ofício e a missa celebrados na basílica dos Santos João e Paulo, o servo de Deus, penetrado de dor, orava, sentado em sua cadeira de braços, ao pé do cadafalso, como órfão do melhor dos pais. De volta à cela, não quis receber ninguém, nem mesmo a um sacerdote amigo,

---

Diante destes depoimentos, que juízo deveremos fazer do que se refere Centomani, em *Pastor*, vol. XVI, 2, p. 463? Levem sobretudo em conta os futuros historiadores que essa visita se deu nos Santos João e Paulo, em 26 de junho de 1774.

dizendo que não era tempo de falar, mas de orar e chorar. De repente, porém, notou-se-lhe estranha mudança: cessaram as lágrimas, dissipou-se a nuvem de tristeza que lhe cobria a fronte e exclamou, jubiloso: "Hoje é festa! Hoje é festa!". Dirigindo-se ao secretário, acrescentou: "Vá dizer ao pe. reitor que mande passar uma refeição a mais".

Todos se persuadiram de que Deus o consolara, revelando-lhe a glória do amado Pontífice. Aliás, era essa a maneira de exprimir-se, ao saber que alguma alma ingressara no paraíso. Costumava dizer: "Hoje, sim, hoje há grande festa no Céu...".

O novo papa, Pio VI

O nosso Santo viveu sempre a vida íntima da Igreja, compartilhando-lhe as alegrias e as dores. Sofria ao ver a Igreja sempre mais ultrajada, com o crescimento da impiedade.

Em tempos tão calamitosos, fazia-se necessário hábil, santo e experimentado piloto na direção da Barca de Pedro! A esse fim se dirigiam as orações e as penitências de Paulo e de seus filhos.

Durante o conclave, perguntava amiúde, com particular interesse, a mons. Frattini pela saúde do cardeal Ângelo Braschi.

Frattini admirava-se do interesse do servo de Deus para com o seu íntimo amigo. Cresceu-lhe a admiração ao ouvir Paulo dizer:

> Ao celebrar esta manhã a santa missa, depositei no Sangue precioso de Jesus o coração do cardeal João Ângelo Braschi... Glória a ele, glória a ele!... Oh, que ruído fazia naquele preciosíssimo Sangue!

Que ruído! Como exprime bem esta palavra profética o reinado do sucessor de Clemente XIV! Perturbação geral da Europa; sanguinolentas e ímpias ruínas, produzidas pela revolução francesa; mosteiros, igrejas e tronos destruídos, cabeças de reis, rainhas e de outras vítimas sem número a rolarem pelos cadafalsos! Finalmente, o Vigário de Cristo, errante de prisão em prisão, morrerá no exílio! Houve, porventura, pontificado mais combatido?

Veremos, a este respeito, mais explícita profecia do nosso santo.[5]

Frattini compreenderia as palavras de Paulo quando, em 15 de fevereiro de 1775, o cardeal Braschi é eleito Papa, sob o nome de Pio VI, nome que nos relembra um dos mais santos e magnânimos Pontífices da Igreja.

Essa eleição transbordou de contentamento o coração de Paulo, mostrando uma vez mais como Deus lhe revelava a formosura secreta das pessoas.

Pio VI na cela de Paulo

O novo Papa recolheu, na herança de Clemente XIV, como precioso legado, singularíssimo afeto ao venerável Fundador e a seu Instituto. Uma de suas primeiras visitas foi ao nosso santo.

Em 5 de março, primeiro domingo da Quaresma, depois de adorar o Santíssimo Sacramento na basílica, encaminhou-se para a cela do servo de Deus. Avisaram-no, e ele, todo confuso, pôs-se a exclamar: "Como?! Como?! Visitar ao último dos filhos da Igreja!... O soberano Pontífice, o vigário de Jesus Cristo na terra vem visitar-me!...".[6]

Quando Sua Santidade entrou na cela, aumentaram-se-lhe as lágrimas. Tirou o solidéu e, com acento de voz que somente a fé pode inspirar, falou ao Santo Padre: "Santíssimo Padre, como se dignou Vossa Santidade visitar o último membro da santa Igreja?!".

Estas palavras comoveram profundamente a Pio VI, que o beijou na fronte e mandou que se cobrisse. E como o santo não se resolvia a fazê-lo, o Santo Padre tomou-lhe com bondade das mãos o solidéu, beijou-o e o colocou sobre a cabeça dele. Vencido pelo respeito, Paulo o retira e o Pontífice torna a colocá-lo na cabeça.

Sempre chorando, continuou: "Santo Padre, quando faleceu o predecessor de V. Santidade, de feliz memória, eu chorava por considerar-me órfão; agora não, não, já não sou mais órfão: tenho um pai... e que pai, meu Deus!". As testemunhas dessa cena não podiam conter-se.

[5.] S. 2. 175 § 25.
[6.] S. 1. 223 § 297.

São Vicente Strambi, que estava presente, assim se exprime: "Belo exemplo de bondade, de caridade, humildade, verdadeiramente digno do Vigário de Cristo, o mais humilde, o mais afável e o mais amante dos homens!".

Pio VI esteve com Paulo cerca de quinze minutos, em familiar conversa, pondo-se a seu inteiro dispor em qualquer circunstância, indicando por mediador mons. Frattini, ali presente, nomeado, havia pouco, seu prelado doméstico.

Paulo pediu-lhe desculpas por não poder inclinar-se para beijar-lhe os pés. Sua Santidade quis consolá-lo. Apoiou uma das mãos na parede e colocou o pé na pobre cama do servo de Deus, que, com todo o ardor de sua fé e de sua piedade, o beijou e o banhou de lágrimas.

Pio VI retirou-se, enternecido.

Rosa Calabresi

Outra visita, cheia de interesse e de encanto, preparada, sem dúvida, por Deus, revela-nos melhor a alma de Paulo da Cruz, que se vai iluminando sempre mais, à medida que se aproxima dos esplendores eternos.

Uma jovem, natural de Cerveteri, chamada Rosa Calabresi, pura e cândida, experimentou, na idade de 18 para 19 anos, os suaves atrativos de Jesus, chamando-a ao seu seguimento. Ciente de que não poderia, sem guia experimentado, corresponder ao chamamento divino, recorreu à oração. E se lhe apresentou ao pensamento o nosso santo.

Não o conhecia pessoalmente, mas ouvira referir grandes coisas a respeito de seu zelo e caridade.

Cheia de confiança, escreveu-lhe, manifestando-lhe o estado de sua alma e suplicando-lhe que se dignasse tomá-la sob sua direção.

Paulo aceitou a incumbência e começou a dirigi-la pelas veredas da contemplação, até à união mística com Deus.

Para começar, então, estabeleceu-se entre ambos ininterrupta correspondência epistolar.

O servo de Deus dirigiu-a durante dez anos sem a conhecer pessoalmente; não obstante lhe conhecia todos os segredos da alma.

Logo depois de se entregar à direção de Paulo, Rosa viu-se atormentada por sérios temores acerca da salvação. Resolvera fazer confissão geral, mas apenas depositava confiança no servo de Deus. Estando em tais perplexidades, uma carta de Paulo vem restituir-lhe a luz e a paz de que necessitava. "Louquinha de Jesus", dizia-lhe, "afaste imediatamente toda ideia de confissão geral".[7]

Em outra ocasião, um missionário Passionista, grande servo de Deus, pregava em Trevignano, nas vizinhanças da localidade em que Rosa morava.

A piedosa jovem ardia pelo desejo de ouvi-lo, mas seus irmãos impediram-na de ir a Trevignano. Rosa caiu em profunda tristeza. Por revelação divina, Paulo soube da pena que a torturava e escreveu-lhe: "Quanto melhor seria se consagrasse à oração essas horas passadas em gemer inutilmente...".[8]

A jovem já escrevera quatro cartas ao servo de Deus, sem manifestar, por temor, um escrúpulo que a atormentava. Eis as palavras de Paulo: "Já seria tempo de dar-me por escrito o que a inquieta e não continuar a ocultá-lo no coração, tranquilizando-se uma vez por todas".[9]

E declarando-lhe abertamente a causa de suas ansiedades, dizia-lhe provirem do demônio, exortando-a a viver na paz e na alegria do divino Espírito Santo.

Nos últimos dias da Quaresma de 1775, Rosa, desejando conhecer pessoalmente o pai de sua alma, partiu para Roma. Paulo estava mais do que nunca abatido pelos habituais achaques e em grande desolação de espírito. A primeira vez que Rosa foi visitá-lo, ele não pôde recebê-la. Dias depois, tiveram longa conferência espiritual na sacristia dos Santos João e Paulo. Essas conferências se renovaram quase diariamente, pelo espaço de um mês e meio, isto é, durante o tempo em que ela permaneceu em Roma.

[7.] PAR. 2363.
[8.] PAR. 2364.
[9.] PAR. 2364.

Paulo, como já dissemos, ensurdecera; mas, durante essas piedosas entrevistas, recuperava a audição! Maravilhada, a jovem interrogou-o a respeito.

"Minha filha", respondeu-lhe o ancião, "quando se fala das coisas de Deus, eu ouço, e a razão é muito simples: é Deus quem me faz ouvir...".[10]

Para glorificarem juntamente a Nosso Senhor, estas duas pessoas referiam, uma à outra, as graças recebidas. Paulo sentia irresistível impulso para manifestar os dons divinos e o fazia com a maior simplicidade; do mesmo modo que o grande Bispo de Genebra, ao descobrir em Santa Joana de Chantal as operações de Deus em sua vida, dizia Paulo que Nosso Senhor o obrigava àquela íntima confidência. Após lhe manifestar as desolações interiores, como se solicitasse conselho, perguntava-lhe por vezes: "Que lhe parece, minha filha?".

E lançando profundos suspiros, exclamava: "Oh, em que terrível estado me acho, após haver desfrutado tanto de Deus!... Quem sabe, filha minha, se amanhã me encontrará, pois temo que o Senhor ordene à terra que me trague"...". E se recomendava encarecidamente às suas orações.

Rosa, iniciada nos segredos de Deus, garantia-lhe que trilhava o verdadeiro caminho do Céu, embora submerso nos desamparos do Calvário.

Esses celestiais colóquios, qual suave perfume, evolavam-se ao trono de Deus, que se comprazia em honrá-los com sua presença visível e com assinalados favores.

Que espetáculo admirável! Afigura-se-nos contemplar dois anjos cantando as maravilhas do divino amor. Admiramos, ademais, as secretas disposições da Providência que, dessa maneira, nos revelou os prodígios de sua graça em Paulo da Cruz; prodígios que, não fossem essas confidências, ficariam ignorados.

Rosa, depois da morte do servo de Deus, dar-nos-á testemunho jurídico de fatos extraordinários, últimos clarões, porém, de brilho extraordinário, desse sol prestes a esconder-se no ocaso da eternidade, para lá resplandecer com novos fulgores.[11] Narraremos esses fatos no capítulo seguinte.

---

[10] PAR. 2374.
[11] OAM. pp. 229-281.

Seu último capítulo

Paulo parecia dominar a idade e os achaques. Ocupou-se da Congregação, especialmente da observância regular, até os últimos instantes de vida.

Na Bula de aprovação, a pedido do santo, Clemente XIV facultara modificar-se as santas Regras nos pontos em que o tempo e a experiência o aconselhassem.

O venerando ancião, imploradas as luzes do Alto e a assistência dos santos, particularmente dos fundadores de Ordens religiosas, pôs-se a revisá-las, meditando-as ponto por ponto. Aconselhava-se, outrossim, com os religiosos mais antigos.[12]

Estava para reunir-se o Capítulo Geral. Ciente de que em breve deixaria os amados filhos, convocou não somente aos padres capitulares, mas a todos os superiores da Congregação.

Desejava deixar-lhes as últimas recomendações para o bom governo do Instituto e consultá-los a respeito das alterações a serem introduzidas nas Regras, a fim de fixar definitivamente os limites da observância, podendo-se assim responder a futuros reformadores: "*Ne transgrediaris terminos antiquos, quos posuerunt patres tui*" [Não ultrapasses os limites antigos, traçados pelos teus superiores] (Pr 22,28).[13]

Antes de iniciar-se o Capítulo, conferenciou com cada superior em particular, dirigindo-lhes salutares admoestações, recomendando-lhes, sobretudo, a máxima caridade para com os seus irmãos e muito empenho na vida religiosa.

Solicitou orações fervorosas a todos os capitulares, a fim de que Nosso Senhor escolhesse um superior-geral conforme o seu Coração.

Paulo não podia ser reeleito, pois a isto se opunham as Constituições. Aliás, seu maior desejo era depor o peso do governo, a fim de preparar-se para comparecer ante o tribunal de Nosso Senhor.

---

[12] S. 1. 99 § 66.
[13] S. 1. 538 § 246 e seg.

Ao saber, porém, que já haviam obtido dispensa para poderem confirmá-lo no cargo, apressou-se em apresentar-lhes a absoluta impossibilidade em que se achava de aceitar o superiorato da Congregação. Tratava-se de questão de consciência, acrescentou o venerando ancião.

Como, porém, jamais agia por suas próprias luzes, consultou o confessor, que, para tranquilizá-lo, aconselhou-o, caso o reelegessem, a expor candidamente os motivos que o obrigavam a recusar, colocando-se em seguida nas mãos dos Padres Capitulares, cuja deliberação seria a expressa vontade de Deus.

Aceitou o conselho com a docilidade de uma criança.

Apresentou-se à aula capitular com uma corda ao pescoço, chorando, como se merecesse o cadafalso. Acusou-se das faltas que julgara haver cometido no governo do Instituto, solicitando perdão a Deus e aos capitulares, a penitência proporcionada às culpas cometidas.

Ninguém conseguiu reter as lágrimas.

No primeiro escrutínio foi reeleito por unanimidade de votos. Ao conhecer o resultado da eleição, quase desmaiou.

À renúncia, por incapacidade absoluta e por razões de consciência, responderam os capitulares haverem também agido por consciência e que a unanimidade de votos revelava claramente a santíssima vontade de Nosso Senhor. Recusar era ir de encontro ao divino beneplácito. Paulo submeteu-se.

Ao som festivo dos sinos, dirigiu-se a comunidade à sala capitular, a fim de prestar obediência e homenagear o eleito do Senhor.

O santo pronuncia comovente discurso, começando por estas palavras: "Aflige-me, irmãos queridos, a vossa desgraça…", desenvolvendo a ideia com acentos de profundíssima humildade. Por último, abençoou a todos, ajoelhados a seus pés.

Concluído o Capítulo, reuniu novamente os capitulares, propôs-lhes a revisão de alguns pontos das Regras, dizendo que aceitava sugestões baseadas na experiência.[14]

[14.] S. 1. 99 § 67 e seg.

A exortação final foi a respeito da harmonia e da caridade que deviam reinar em nossas comunidades, bem como sobre o recolhimento interior, não deixando de recomendar a doçura por parte dos superiores.

As Regras, assim modificadas, foram apresentadas ao Santo Padre, o qual, após maduro exame por parte dos cardeais Delle Lanze e Zelada, publicou uma Bula em que, mencionando as aprovações de seus predecessores Bento XIV e Clemente XIV, confirmava integralmente as ditas Regras, sancionando as modificações introduzidas e enriquecendo o Instituto de muitas mercês e privilégios.

Essa preciosa Bula, *Praeclara virtutum*, data de 15 de setembro de 1775, primeiro ano do glorioso pontificado de Pio VI.[15]

[15.] S. 1. 104 § 84.

CAPÍTULO XXXVIII
1775

Perfil do santo

Poucos meses de vida restavam ao nosso santo. Tudo o prenunciava. Aliás, havia muito ele já não vivia na terra.

Em breve estaríamos órfãos! Como filhos desolados, com os olhos fitos no pai moribundo, a fim de gravar-lhe as feições no coração, contemplemos pela última vez esta nobre figura, este santo, de partida para a eternidade.

Em Paulo da Cruz uniam-se maravilhosamente os dons da natureza e da graça.

Dotes naturais

Grave, majestoso e cortês a um tempo, inspirava confiança, incutia respeito, atraindo para Deus os corações. De sua pessoa exalava-se como um perfume de piedade, que excitava devoção. Tudo nele respirava harmonia: porte esbelto, compleição robusta, sensibilidade, amabilidade, distinção e encanto; fronte espaçosa, olhar vivo e penetrante, de onde, no púlpito, jorravam relâmpagos, suavizados, contudo, pela bondade e pela modéstia; voz sonora e insinuante, passo majestoso.

Possuía alma ardente e nobre; inteligência lúcida, vasta e profunda; memória fiel, vontade resoluta e perseverante; coração terno, sincero e generoso.

Clemente XIV, ainda cardeal, ao vê-lo pela primeira vez, admirado, exclama: "Encontrei no pe. Paulo um homem 'talhado à antiga'".

Com efeito, pertencia à família das grandes pessoas.

A Igreja, juiz infalível, colocou-o ao lado dos grandes legisladores monásticos, sobre cujas frontes o gênio funde seu brilho com os esplendores da santidade: os Elias, as Teresas, os Bentos, os Domingos, os Franciscos de Assis, os Inácios etc.

A vivacidade e a paciência, a força e a doçura, a prudência e a simplicidade, numa palavra, qualidades as mais opostas, associavam-se, em alto grau, em Paulo da Cruz. Preparara Deus essa natureza para a missão a que a destinara.

De que necessita, com efeito, um Fundador, especialmente em época de implacável guerra contra as Ordens religiosas?

Temperamento possante, a que nada consiga desalentar, nem as dificuldades do empreendimento, nem o ardor de incessantes combates, nem mesmo o tempo, que é necessário saber esperar.

A vida de São Paulo da Cruz é continuada série das mais heroicas virtudes. Este belo astro, desde o seu nascer, lançou vivo esplendor e, na trajetória de sua existência, aumentou sempre de brilho, sem um eclipse sequer.

Vamos agora reunir alguns raios esparsos de suas mais belas virtudes.

Sua fé

A fé, firme e profunda, jamais se lhe abalou. Era o segredo de seu poder sobre as pessoas e os demônios, era a poderosa alavanca com que alçava o mundo e, de certo modo, obrigava Deus a operar milagres. Dizia frequentemente invejar os mártires. Anelava como eles selar a fé com o próprio sangue.

As palavras, os atos, a própria vida, tudo em Paulo da Cruz repousava na fé, fé pura, fé simples.

"Guiai-vos pela fé", era uma de suas máximas. "Oh, como admiro as pessoas que andam em pura fé e se abandonam totalmente às mãos de Deus..."[1]

[1.] VS. p. 200.

Efeito de sua fé era viver continuamente com o coração no Céu, considerando-se peregrino na terra. Exclamou certa vez, em conversa com os religiosos: "Não posso compreender a simples possibilidade de não pensar sempre em Deus". Tomou a mão de um religioso e prosseguiu: "Esta pele é sua, não é verdade? Estas mãos, estes nervos, estes braços são seus, não é verdade? Sim, não há dúvida, pois estão unidos ao seu corpo. No entanto, há alguma coisa mais certa do que isto: é Deus habitar em seu coração. Isto é verdade de fé, ao passo que, pertencer-lhe este braço, podemos pô-lo em dúvida, por ser falível o sentido do tato…".[2]

Ouçamo-lo ainda: "Vós sois o templo de Deus vivo; visitai amiúde este santuário interior, vede se as lâmpadas estão acesas…". Entendia por lâmpadas a fé, a esperança e a caridade.

E, sorrindo: "Permanecei em vossa cela; ide à vossa cela". Por vezes perguntava: "Como está em sua cela?". E explicava: "Sua cela é o seu coração e a sua alma é templo do Deus vivo; lá ele habita pela fé".[3] Dizia, ademais: "Pela presença habitual de Deus, reza-se vinte e quatro horas por dia".[4]

Tudo, já o dissemos, o elevava para Deus. Antes da aprovação das Regras, jamais usou chapéu, pelo respeito que nutria à infinita Majestade de Deus.

Quando o Santo Padre obrigou a usá-lo, Paulo se descobria ao falar com pessoas piedosas, considerando-as templos do Espírito Santo.

Vigiava escrupulosamente a pureza de doutrina das nossas escolas. Quando se estudava o tratado da predestinação, maior era a sua solicitude. "Frequentemente nos interrogava sobre essa matéria", diz um religioso, "temendo sutilezas contrárias ao dogma".

Ele explicava:

Conheci alguns clérigos que, ao estudarem esse tratado, caíam em temores e excessivas perplexidades. Vinham ao meu encontro, muito

---

[2]. S. 1. 225 § 300.
[3]. S. 1. 237 § 337.
[4]. Lt. I, 443.

aflitos, e eu lhes dizia: "*Qui bona egerunt, ibunt in vitam aeternam; qui vero mala, in ignem aeternum: haec est fides catholica*" [Os que praticam o bem irão para a vida eterna; ao contrário, os que praticam o mal irão para o fogo eterno: é esta a fé católica] (Símbolo de Santo Atanásio). Com estas palavras dissipareis, como eles, todas as inquietações e perplexidades do espírito.⁵

A fim de preservar os religiosos de doutrinas suspeitas, prescreveu nas Regras a incontestável doutrina do angélico doutor Santo Tomás de Aquino.

Salvo as tentações que o assaltaram na juventude, não mais teve uma dúvida contra a fé.⁶ De onde o respeito e o amor que votava à santa Igreja Católica e a seu Chefe, o Vigário de Cristo. Por especial disposição da Providência, manifestaram-lhe os Soberanos Pontífices ilimitado afeto. Suas orações em favor do Santo Padre eram fervorosas e contínuas, ordenando, ademais, que se recitassem diariamente, em todos os retiros, as ladainhas dos santos com a oração pelo Papa.⁷

Ao ouvir pronunciar o nome do Pontífice, inclinava a cabeça, recolhia-se e acrescentava: "Falais do Papa, isto é, do Vigário de Jesus Cristo...".⁸

Estava firmemente persuadido de que as orações do Santo Padre são eficacíssimas: "Oh!", exclamava, "quão agradáveis devem ser a Deus tais orações!".⁹

Ao considerar as perseguições da Igreja, lamentava-se e, com a indignação do filho que vê ultrajada sua mãe, exclamava, chorando:

> Como sinto as angústias da santa Igreja, nossa Mãe!... Suas tribulações transpassam-me cruelmente o coração!... Sim... porque me glorio de ser verdadeiro filho da santa Igreja! Um espinho, antes, um feixe de

---

5. S. 1. 184 § 138.
6. S. 1. 164 § 66.
7. S. 1. 193 § 171.
8. S. 1. 222 § 295.
9. S. 1. 183 § 132.

espinhos despedaça-me o coração, ao ter conhecimento dessas funestas notícias. Prouvera a Deus terminassem aqui, mas não terminarão aqui os atuais castigos.[10]

"Sede magnânimos, meus queridos filhos", escreveu aos religiosos, "e lembrai-vos de que devemos caminhar pelas pegadas de Jesus Crucificado...".

A austeridade de sua fé era acompanhada de certa simplicidade cândida e afetuosa, que se manifestava, principalmente, na celebração dos divinos mistérios.

Na véspera do Natal, quando cantava o martirológio, a voz se lhe afogava em lágrimas.[11] À noite, antes das matinas, levava o menino Jesus, colocado em pequeno berço, processionalmente, pelo retiro, acompanhado dos religiosos, entoando hinos ao Deus recém-nascido.

Comprazia-se em contemplar o Todo-Poderoso, a Bondade Infinita, a Sabedoria Divina envolto em pobres paninhos.[12] Os gemidos, o recolhimento, a fé e a caridade de Paulo faziam com que os religiosos olvidassem por completo o mundo e se abismassem naquele mistério de Amor.

Escreveu:

Um Deus Menino! Um Deus envolto em pobres faixas! Um Deus reclinado sobre um punhado de feno e entre dois animais!... Quem recusará a humilhação? Quem recusará submeter-se às criaturas por amor de Deus? Quem se atreverá a queixar-se? Quem não guardará silêncio interior e exterior nas tribulações?

O grande pensamento, o pensamento universal, único, que penetrou, que animou e absorveu a vida toda de Paulo da Cruz, o pensamento que conservou o perfume de sua inocência batismal, que lhe coroou de triunfos os combates da juventude, que lhe fecundou os

---

[10.] S. 1. 219 § 286.
[11.] S. 1. 208 § 242.
[12.] S. 1. 238 § 340; Lt. II, 116.

labores do apostolado e o manteve nas austeridades do claustro e do deserto; o pensamento que, em suma, lhe consagrará o ocaso da vida e a última agonia, comunicando à alma as transfigurações da glória, será o pensamento da sagrada Paixão e Morte de Jesus. O assunto é inesgotável. Seriam necessários volumes para desenvolvê-lo cabalmente. Resumindo, diremos que a vida do nosso santo oferece-nos uma das vivas imagens de Jesus Crucificado, com suas tristezas, angústias, flagelação, coroação de espinhos, fel, vinagre, perseguições dos homens, ódio dos demônios, agonias do Horto das Oliveiras, desolações do Calvário.

Para conseguir essa semelhança, entregou-se Paulo a todos os trabalhos e sofrimentos, superando seu amor todas as dores.

"Lembra-me", diz uma testemunha, "que, perplexo por seu modo de vida, lhe perguntei: 'Pe. Paulo, como pode suportar tais rigores?'. Respondeu-me: 'Deus sofreu tanto por mim! Não é demais que eu faça alguma coisa por seu amor'".[13]

Encontrava a Paixão na sagrada Eucaristia, memorial perene do Sacrifício do Calvário através do tempo e do espaço. Visitava continuamente a Jesus Sacramentado e seu desejo era permanecer para sempre diante do Tabernáculo, como os Anjos no Paraíso, ou consumir-se de amor, como se consome a lâmpada do Santuário. Na velhice, fazia-se transportar ao altar do Santíssimo. Durante a adoração das quarenta horas, na basílica dos Santos João e Paulo, ia de manhã à tribuna, fechava-se a chave e não atendia ninguém. Certa vez, desejando falar-lhe pessoa de muita distinção, atreveu-se o porteiro a avisá-lo.

"Não é tempo de falar com as criaturas", respondeu o santo ancião, "quando o Proprietário da casa, o Senhor dos Senhores, o Soberano do universo está em seu trono...".[14]

Descobria, por atração secreta, onde se achava o Santíssimo Sacramento.

---

[13] S. 1. 263 § 63.
[14] S. 1. 226 § 304.

Um ímpio, que cometera horrível sacrilégio, viera entregar-lhe a hóstia consagrada... Imediatamente percebeu a presença do seu Deus, e Jesus exultou nas mãos do fiel servo.

Na Quinta-feira Santa, conservava consigo a chave do santo Sepulcro; colocava-a no pescoço, beijava-a com devoção e dizia: "Esta é a chave do meu Tesouro, do meu Bem, do meu Deus...".[15]

Paulo amava também a Santíssima Virgem com ternura. Maria o salvara das águas do Olba, quando criança; Maria gerou-o, por assim dizer, à vida divina; Maria foi a verdadeira fundadora do Instituto da Paixão.

As solenidades em honra de Maria eram-lhe renovação de entusiasmo. Preparava-se para festejá-las com fervorosas novenas.[16]

Acreditava que a Santíssima Virgem fora concebida imaculada, embora essa verdade não fosse ainda dogma de fé. "Julgar-me-ia feliz", exclamava, "em derramar meu sangue para defender a Imaculada Conceição... Estou certo de que daria muita glória à nossa augusta Rainha".[17]

O nascimento de Maria arrebatava-o de amor. Ficava extático ao contemplar o "grande coração de Nossa Senhora-Menina que, depois do coração de Jesus, Rei de todos os corações, desde pequenina amava mais a Deus do que a todos os anjos e santos reunidos".

Já descrevemos os transportes com que celebrava a festa da Apresentação, lembrança jubilosa de sua consagração a Deus.[18]

Para a festa da Assunção, preparava-se com a "Quaresma de Nossa Senhora": durante quarenta dias abstinha-se de frutas. Mesmo convalescente, quando o estômago aceitava apenas esse alimento, ninguém, nem sequer os médicos, conseguia fazê-lo dispensar-se dessa mortificação.

"Vede", dizia com graça encantadora, "eu sou como aquele famoso chefe de ladrões que não comia carne às terças-feiras, por ser dia

---

[15.] S. 1. 235 § 333.
[16.] S. 1. 346 § 200.
[17.] S. 1. 615 § 131.
[18.] S. 1. 171 § 91.

consagrado a Santo Antônio, sem deixar, no entanto, de cometer homicídios nesse dia".[19]

Sua maior devoção, porém, depois da Paixão de Jesus, era para com Nossa Senhora das Dores. Propagava com o mesmo zelo a Paixão do Filho e as dores da Mãe.

"Se vos dirigis a Jesus Crucificado", dizia, "aí encontrareis Maria; onde está a divina Mãe, lá estará o Filho".[20]

Por vezes, ideava comovente diálogo de amor entre a Mãe e o Filho, enternecendo profundamente o auditório.

Comparava as dores do Filho e da Mãe a dois mares de mútua comunicação:

> A dor de Maria é como o Mediterrâneo, porque está escrito: "Vossa dor é grande como o mar" (Tren. 2,33); daqui se passa a outro mar e esse sem limites: a Paixão de Nosso Senhor... É ali que a pessoa se enriquece, colhendo as preciosíssimas pérolas das virtudes de Jesus e Maria.[21]

Para ele, a mais intensa dor da Santíssima Virgem foi receber nos braços o corpo inanimado de Jesus, e acrescentava que Nossa Senhora, imersa nessa dor, aparecera a "alguém", mostrando no rosto os vestígios da morte: "Tanto a transfigurava o sofrimento!".[22] Esse "alguém" era o próprio Paulo. Conversando com um sacerdote sobre a Paixão do Salvador e as dores de Maria, tirou da manga pequena imagem de Nossa Senhora das Dores, obra de excelente artista, dizendo-lhe: "Tome-a, eu lha dou; saiba, contudo, que Maria não aparece aqui em toda a intensidade de sua dor. Eu a vi muito mais angustiada e abatida sob o peso da aflição".[23]

Conserva-se essa imagem no mosteiro das Carmelitas de Vetralla.

---

[19] S. 1. 172 § 93.
[20] S. 1. 232 § 325.
[21] S. 1. 172 § 95; Lt. II, 725.
[22] S. 1. 232 § 326.
[23] S. 1. 200 § 209.

Pouco antes da morte, estava Paulo dando as devidas ações de graças da santa missa, quando lhe apareceu Maria, o Coração transpassado de aguda espada e os olhos inundados de lágrimas. Falou-lhe das angústias de seu Coração, em termos tão comoventes que se teria enternecido um coração de pedra. Fez-lhe compreender que atrocíssimas foram as suas dores, pelo ardor de sua caridade e pela grandeza de seu Espírito, capaz de abranger um oceano de sofrimento. Queixou-se da falsa devoção dos que pretendem ser seus servos, ofendendo gravemente ao seu divino Filho. Em seguida, a Mãe de misericórdia, desejando salvar a um pobre sacerdote, revelou a Paulo o seu miserável estado. Quando esse ministro de Deus veio visitá-lo, ouviu dos lábios do santo estas terríveis palavras: "Ah! Tendes aos meus olhos a fealdade do demônio!". A graça, porém, já operara. Confuso e arrependido, lançou-se o pecador aos pés do servo de Deus.[24]

Paulo honrava com culto especial ao Anjo de sua guarda e ao Arcanjo São Miguel, protetor da nossa Congregação; a São José, casto esposo da Virgem e grande mestre da vida interior; a São Pedro, príncipe dos Apóstolos; a São Paulo, valoroso campeão das glórias da Cruz; a São Lucas, modelo de mortificação, e a São Francisco de Assis, em quem o amor gravara visivelmente as chagas de Jesus.[25]

Nutria particular devoção a Santa Maria Madalena, que, afirmava, foi a que mais amou a Deus, depois da Santíssima Virgem; a Santa Teresa, em cuja celestial doutrina muito se comprazia, e a Santa Catarina de Gênova, prodígio do amor divino.[26]

Tinha, outrossim, profunda veneração às santas relíquias; vasos de barro, não há dúvida, mas impregnados de celestiais virtudes; "membros vivos de Jesus Cristo, templos do Espírito Santo".

Em Deus, toda sua esperança

Se a fé de Paulo era admirável, não era menor a sua esperança.

Dizia considerar-se uma criança a quem a mãe suspendesse no alto de uma torre. Ninguém temeria que ela a lançasse no abismo. "Assim",

---

[24.] PAR. 2302-2303.
[25.] S. 1. 217 § 279.
[26.] S. 1. 234 § 331; 552 § 87.

acrescentava Paulo, confiante, "não posso persuadir-me de que Deus me deixe cair nos abismos infernais".

Essa a razão por que descansava, em perfeito abandono, nos braços da divina Misericórdia. Sustentado por essa esperança, fruía dulcíssima paz e inalterável serenidade. Nada o desanimava. Quando se lhe afigurava tudo perdido, redobrava sua confiança: "Tudo está contra nós. Oh! Como isto me alegra... Deus ser-nos-á favorável em proporção às perseguições".[27]

Em se tratando da glória de Deus e dos interesses da Congregação, seu valor, ardor e constância não conheciam limites. De fato, quantas fadigas, quantas humilhações e dissabores não suportou, pelo espaço de quarenta e sete anos, para o bem do Instituto?!

Se, quando de sua primeira viagem à Cidade Eterna, perguntassem ao jovem solitário qual o motivo que o fazia percorrer, descalço e tão mal agasalhado, distância tão longa, e ele respondesse: "Tenho em mira fundar uma Congregação de apóstolos que levem a tocha da fé a todos os recantos do universo", não o teriam, porventura, considerado louco? E se o jovem insistisse, certamente o interrogariam: "Quais são os vossos protetores em Roma? Quais os vossos companheiros? Quais os recursos de que dispondes? Vossa ciência, vosso talento?". "Não possuo protetor, nem amigo, nem companheiros, nem dinheiro, nem ciência... Vou a Roma porque Deus assim mo ordenou; conto unicamente com sua proteção."

Que deduziriam de tal resposta? Este jovem ou estava animado de heroica confiança em Deus, ou era presunçoso, guiado por quiméricas ilusões.[28]

O fato é que Paulo, vencendo todas as dificuldades, conseguira estabelecer a grande obra. Doze retiros de religiosos e o convento das filhas da Paixão são o atestado de seus sacrifícios e, sobretudo, de sua ilimitada confiança em Deus! Inúmeras vezes, é do santo a expressão, ele via essa obra "sustentada por um fio", e jamais desanimou!

---

[27]. S. 1. 275 § 98; 250 § 28.
[28]. VS. p. 238.

"Vereis", exclamava com toda confiança. "Eu sei o que será desta Congregação."[29]

Contava unicamente com o poder de Deus, embora insignes personalidades, sacerdotes, bispos, cardeais, papas, lhe oferecessem seus préstimos, sua influência e seu dinheiro.

Caridade para com o próximo

Falemos algo de sua caridade. Pelos fatos narrados no decorrer desta biografia, sai-nos espontâneo do peito o brado: "Que anjo de amor!".

Paulo se transformara pela caridade em Jesus Crucificado. Podemos compará-lo aos Franciscos de Assis, aos Filipes Néri, às Teresas de Jesus.

O amor de Deus é o princípio e a medida do amor do próximo.

Jesus Crucificado, ao apossar-se de uma pessoa, não entra só, mas a humanidade em peso, encerrada em seu sagrado Coração. Eis a razão por que ateia na alma amor inextinguível e universal, compaixão ilimitada a todas as dores, a todos os infortúnios, a todas as indigências; compaixão ardente, generosa, que arrasta ao sacrifício, à imolação, a fim de lenir todos os sofrimentos. Essa a caridade de Paulo da Cruz.

Viveu para a humanidade, porque viveu para Deus. Anelava, embora ao preço do próprio sangue, outorgar a todos os verdadeiros bens, a luz, a verdade, a paz, o Céu, Deus!

Por uma pessoa, como o divino Mestre, subiria ao Calvário e, como o grande Apóstolo das Gentes, consentiria em ser "anátema por seus irmãos" (Rm 9,3).

Os santos são os verdadeiros amantes dos pobres. Somente eles possuem o segredo da verdadeira caridade que sabe dar e sabe dar-se.

Paulo era paupérrimo, mas sabia tirar da sua indigência algo para os mais indigentes. Em se tratando de alimentar os membros sofredores

---
[29.] S. 1. 260 § 57.

de Jesus, padecia fome. "Dai aos pobres a minha sopa", dizia, "dai-lhes, outrossim, a minha cota de pão. Eu não a mereço, por ser pecador".[30]

Quando idoso, arrastava-se à portaria para entregar pessoalmente aos pobres a esmola. Punha-se de joelhos ante eles e, com a cabeça descoberta, suplicava-lhes, chorando, que comessem. Animava-os, em seguida, a sofrer com paciência, por amor de Deus, as agruras da indigência. Dizia-lhes: "Coragem, pobres de Jesus Cristo, o paraíso é dos pobres. Infelizes dos ricos, porque suas riquezas, se não forem empregadas em boas obras, servir-lhes-ão de maiores tormentos no inferno!".[31]

Aos religiosos dizia: "Fitai a fronte dos pobres e lá vereis gravado o Nome de Jesus…".[32]

Exigia que nossos retiros socorressem a todos os pobres que se apresentassem. Em tempo de carestia, exortava aos religiosos que multiplicassem as mortificações para auxiliar os necessitados, tomando parte em suas penas. A generosidade dos filhos alegrava sobremaneira o coração do pai.

Era todo delicadeza para não humilhar a indigência envergonhada. Em se tratando da inocência, exposta pela pobreza ao naufrágio, realmente engenhosa era a sua caridade.

Recebera de esmola uma moeda de ouro. De volta à casa, duas jovens pedem-lhe algum auxílio e o santo, sem titubear, entrega-lhes o pequeno tesouro, recomendando-lhes a modéstia e a devoção à sagrada Paixão de Nosso Senhor.[33]

Para dotes de casamento, dava às donzelas pobres os móveis dos conventos e o dinheiro necessário.[34]

Em Orbetello, uma senhora moribunda estava para deixar desamparada e na maior penúria a filha única. O coração de Paulo compadeceu-se do perigo da filha e da aflição da mãe. Disse ao pe. Fulgêncio de Jesus: "Oh! Como desejaria socorrê-la!". Na noite seguinte, apareceu milagrosamente à enferma e a curou.

---

[30]. S. 1. 399 § 131; 465 § 472.
[31]. S. 1. 465 § 469.
[32]. S. 1. 432 § 314.
[33]. S. 2. 394 § 204.
[34]. S. 1. 400 § 135; 386 § 35.

Nas missões, a voz do apóstolo insistia na causa dos pobres, chegando a esmolar às portas dos ricos para aliviar a miséria dos desfavorecidos da fortuna.[35]

Era o anjo consolador de todas as enfermidades, aflições e penas. Não pregava missão sem levar aos hospitais e às prisões o bálsamo da caridade de Jesus Cristo.[36]

Socorria também, com preces incessantes banhadas no Sangue do Redentor, as pessoas do purgatório. Com que ternura falava de seus sofrimentos e com que zelo estimulava todos, particularmente seus religiosos, a apressarem a libertação daquelas pessoas.[37] As pobrezinhas apareciam-lhe frequentemente, tristes e desoladas, solicitando o auxílio de suas orações.[38] Multiplicava, então, as preces e as austeridades.

Citemos um fato narrado pelo próprio Paulo a Rosa Calabresi.

Recomendara a certo sacerdote que se emendasse de alguns defeitos; infelizmente, porém, de nada adiantou a recomendação. Uma noite, no retiro do Santo Anjo, ouve forte pancada à porta do quarto onde repousava. Pensando que fosse o demônio que vinha incomodá-lo, gritou Paulo: "Vai-te embora". Passados alguns instantes, nova pancada se fez sentir. E Paulo de novo: "Vai-te embora". A terceira vez achou que não devia ser o demônio e respondeu: "Em nome de Deus, eu te ordeno que me digas quem és e o que queres". Responde-lhe uma voz aflita: "Sou o padre N.; morri esta noite às seis e meia[39] e fui condenado ao purgatório por causa daqueles defeitos de que V. Revmª diversas vezes me avisou. Ai, que sofrimentos! Parece-me que faz milhares de anos que estou no purgatório!". Paulo consultou o relógio; eram seis e três quartos. "Faz apenas um quarto de hora que expirou e já lhe parecem milhares de anos?" "Sim, parecem-me milhares de anos!"

Movido de compaixão para com aquela alma, toma da disciplina e se flagela com grande fervor. Não recebendo nenhum sinal de libertação,

---

[35]. *Esprit et Vertus de St. Paul de la Croix*, p. 94.
[36]. Idem, pp. 68; 92-93.
[37]. S. 1. 440 § 358; 386 § 34.
[38]. PAR. 2286.
[39]. Naquele tempo, as horas começavam ao pôr do sol.

repete a disciplina e reza fervorosamente. Deus lhe dá a entender que essa alma será libertada no dia seguinte. Pela manhã, na santa missa, à hora da Comunhão, vê-a circundada de luz, subindo à glória do Céu.[40]

Tem-se dito que a gratidão é a flor da caridade; ela brilha, pois, sobretudo nos santos. Sensível ao menor benefício, Paulo era gratíssimo para com os benfeitores. "Parecia", diz uma testemunha, "querer dar aos benfeitores o mundo todo e os primeiros lugares no céu".[41] Ordenou que em todos os retiros se cantasse missa na intenção destes, nas festas de segunda classe. Recomendava-os, sensibilizado, às orações dos religiosos, especialmente quando enfermos ou quando os negócios lhes iam mal.[42] Era visível a caridade e a ternura com que os acolhia no retiro! Visitava-os frequentemente nas enfermidades e os assistia na última agonia.

Os benfeitores falecidos eram objeto de especiais cuidados do santo Fundador. Multiplicava as orações, a fim de que pudessem quanto antes desfrutar da glória celeste. Prescreveu nas Regras orações diárias para eles, além de uma missa mensal com o ofício dos defuntos e de uma missa cantada dentro da oitava de Finados.[43]

Descrevemos os milagres por ele operados em prol dos nossos benfeitores Grazi, Constantini, Frattini, Angeletti, Suscioli e outros.

Nutria afeto particular pelos inimigos, pelos perseguidores da Congregação e até pelos que tentaram assassiná-lo. As injúrias, Paulo as considerava assinalados favores e títulos especiais para a sua benevolência. Caluniado, certa vez, não quis justificar-se, dizendo apenas: "Agora assiste-me a obrigação de rezar por eles".[44]

Acusado perante o Santo Padre de difundir erros contra a fé, de fomentar cismas e de usurpar direitos alheios, jamais abriu a boca para defender-se e, quanto dependeu de si, sempre impediu que outros o fizessem, imitando o divino Mestre, que não pronunciou palavra em defesa de sua inocência.

[40.] PAR. 2288.
[41.] Lt. I, 574.
[42.] S. 1. 414 § 212; 547 § 50.
[43.] S. 1. 967 § 85; VS. p. 397.
[44.] S. 1. 250 § 29.

Numa viagem a Roma, foi injuriado por uma pessoa que perdera o Espírito de sua vocação. A mansidão do servo de Deus, longe de acalmá-lo, irritou-o sobremaneira. Lançou-se contra Paulo, atirou-o ao chão, bateu nele com furor diabólico, dando-lhe chutes pelo corpo. Como Jesus no Pretório, o santo tudo suportou em silêncio e sem alterar-se.

Uma só coisa o afligira: a ofensa feita a Deus. Pouco depois, respeitável sacerdote, seu amigo, o pe. Francisco Casalini, vendo-o pensativo, perguntou-lhe pelo motivo: "Rezai comigo", respondeu tranquilamente, "por uma pessoa que corre perigo de perder-se".[45]

Sua humildade

Caridade tão extraordinária era fruto de sua profundíssima humildade, e esta tinha origem nas infinitas humilhações do Redentor.

"Um Deus humilhado! Um Deus abatido!", exclamava e, a essa consideração, jamais se saciava das injúrias e dos opróbrios.

Essa também era a origem do desprezo que votava a si próprio. Ao celebrar a santa missa, imaginava ser um dragão revestido dos paramentos sagrados. Dizia: "Chegou a hora e o Filho do Homem será entregue às mãos dos pecadores (Mt 20,18). Ah, meu Jesus, velai por mim porque, se me abandonardes, serei pior do que Lutero e Calvino. Tenho muito medo de mim mesmo!".[46]

Escolhia sempre as incumbências mais trabalhosas e humildes. Enquanto as forças o assistiram, jamais permitiu que lhe varressem o quarto ou lhe arrumassem a cama.[47] Frequentemente lavava os pratos, cozinhava, servia os enfermos, comia no chão, ajoelhava-se diante dos religiosos, batendo humildemente no peito e rogando-lhes com lágrimas nos olhos: "Rezai por minha pobre alma".[48]

---

[45]. VS. p. 342; S. 1. 656 § 73.
[46]. VS. p. 481; Lt. I, 721-722.
[47]. S. 1. 773 § 89.
[48]. S. 1. 781 § 136.

Conversando certo dia com um de seus religiosos, disse-lhe: "Hoje celebramos a festa de Santo Inácio. Recomendei-me a ele, porque muito o estimo". "Certamente", replicou o religioso, "deve ser vosso amigo, pois também é Fundador." "Cale-se", disse Paulo. "Santo Inácio foi grande santo, e eu sou pior do que uma besta."[49]

Era magoá-lo dar-lhe o título de Fundador.

> Ah, se soubessem que golpe me desferem no coração, certamente evitariam chamar-me de Fundador, se não por outro motivo, pelo menos por compaixão. Esta expressão me faz chorar sangue!... Traz-me à memória as minhas ingratidões, recorda-me de que, com os meus pecados, arruinei a obra de Deus. É Jesus o Fundador do Instituto da Paixão.[50]

Certa vez, o cardeal Orsini perguntou-lhe como fundara a Congregação. Ao que Paulo respondeu: "São coisas muito longas, Eminência". E como este insistisse, desejando saber quem era o Fundador, Paulo replicou: "O Fundador, Eminência, é o divino Crucificado".[51]

Em outra ocasião, em Roma, na antecâmara de um Prelado, os contínuos perguntaram-lhe quem era o Fundador do Instituto da Paixão. "Um pobre pecador", respondeu o servo de Deus. "Um pobre pecador..."[52]

Narra-nos testemunha ocular:

> Certo dia, originou-se santa disputa entre o pe. Paulo e frei Leonardo de Porto Maurício. Os fiéis de Acquapendente desejavam ouvir um sermão de qualquer um desses dois célebres missionários, de passagem pela cidade. Ambos se recusavam, cedendo mutuamente a honra da palavra. Finalmente, São Leonardo se deu por vencido e falou ao povo. Foi nessa ocasião que Paulo solicitou do grande missionário conselhos para o maior êxito de suas missões. Após alguma relutância, disse-lhe São Leonardo: "Sou do parecer de que o missionário ideal deve ter o interior bem ajustado".[53]

---

[49]. S. 1. 794 § 216.
[50]. S. 1. 810 § 323.
[51]. S. 1. 817 § 374.
[52]. S. 1. 774 § 101.
[53]. S. 1. 776 § 110.

Agradou tanto ao servo de Deus essa lição que jamais a esqueceu, repetindo-a amiúde aos seus missionários.

Comprazer-se nas humilhações é a pedra de toque da verdadeira humildade. Paulo amava tanto o próprio desprezo a ponto de andar à procura de vexames. É que ele tinha os olhares perenemente fixos em Jesus, que se comprazia em ser o opróbrio da plebe.[54] E devemos notar que era sensibilíssimo às humilhações, mas sabia domar os impulsos da natureza. Essa a razão por que os desprezos lhe causavam satisfação e as honras, verdadeiro suplício.

Chegando-lhe ao conhecimento que alguma carta ou qualquer escrito continham louvores à sua pessoa, destruía-os e os lançava ao fogo. "Se me fosse possível", dizia do íntimo do coração, "cancelaria o meu nome dos Breves Pontifícios. Não quero que fique recordação minha na Congregação".[55]

Conservavam-se no retiro da Apresentação alguns documentos concernentes aos primeiros anos de sua consagração a Deus. O pe. Fulgêncio trouxera-os de Alexandria, perfeitamente legalizados. Apenas chegou ao conhecimento do servo de Deus, partiu imediatamente para lá, exigindo do modo mais absoluto que lhe entregassem todos aqueles escritos. Como a ordem era por demais explícita, forçoso era obedecer. O pe. Fulgêncio, com o pretexto de não perturbar o descanso dos religiosos, respondeu-lhe que os entregaria na manhã seguinte. E durante a noite, padres e irmãos recopiaram-nos fielmente. Ao receber os originais, Paulo os lançou imediatamente ao fogo.

Afligia-se ao ver-se venerado como santo e exclamava: "Oh! Como estão enganados! A misericórdia divina far-me-ia grande caridade, se me mandasse ao purgatório até ao fim do mundo".[56]

Dom Palmieri colocou no peito de um seu irmão moribundo o "distintivo" usado pelo servo de Deus e, instantaneamente, o enfermo recobrou a saúde. Escreve o prelado ao pe. Fulgêncio relatando-lhe o ocorrido.

[54.] S. 1. 772 § 85.
[55.] S. 1. 775 § 106.
[56.] S. 1. 767 § 58.

Este julgou dever apresentar ao venerável pai a carta do bispo. Paulo caiu em prantos.[57]

Uma mulher, aproveitando-se do momento em que o santo conversava com outra pessoa, cortou-lhe um pedaço da capa. "Que fizeste?", interroga-a Paulo, com ar severo. "Isto não se deve permitir..." Essa indiscrição era coisa comum em suas viagens. "Cortaram-me a capa, julgando que eu fosse o abade, quando não passo do cozinheiro. Oh, se me conhecessem, evitar-me-iam como se evitam os empestados! Deus se compraz em confundir-me e humilhar-me. Seja feita a sua Santíssima Vontade."[58]

Outras vezes, dizia: "Esta boa gente quer fazer meias para suas galinhas. Como são cegos! Os juízos dos homens são bem diferentes dos de Deus!".[59]

Fugia dos lugares onde pudesse receber louvores; cuidava para que não lhe trocassem as roupas, repreendendo severamente a quem ousasse fazê-lo.

Não deixava, nem mesmo aos homens, beijarem-lhe as mãos.

Não podemos passar em silêncio sobre o fato seguinte. Paulo, em companhia de um seu religioso, regressava de Orbetello ao monte Argentário. Um pescador, que apenas o conhecia de fama, saudou-os e lhes disse: "Como sois ditosos em ir àquele convento onde habita o pe. Paulo, o grande santo".

Essas palavras golpearam terrivelmente a humildade do servo de Deus, que no momento não soube o que responder. Passados instantes, perguntou: "Quem é mesmo esse santo de quem está falando? O pe. Paulo?". "Sim", confirmou o pescador, "ele é grande santo". Então o servo de Deus, como para arrancá-lo do erro, replicou: "Pois bem, posso assegurar-lhe com toda certeza que ele não se julga santo". E continuou o caminho. O pescador afirmava-o sempre mais alto e, aborrecido pela opinião contrária do religioso, acrescentou: "Quer o creia, quer não, eu lhe digo que ele é santo, verdadeiro santo, grande santo".

---

[57]. S. 1. 762 § 19.
[58]. S. 1. 812 § 336.
[59]. S. 1. 813 § 347.

Como é difícil, em meio a tantas honras e tantos prodígios, não levantar-se o vento da vaidade! A Paulo, porém, por graça singularíssima, jamais o molestou um pensamento de vanglória! Dizia ao confessor, com encantadora simplicidade: "Graças a Deus, o orgulho nunca se aproximou de mim. Julgar-me-ia condenado se me assaltasse um pensamento de soberba".[60]

Nem sequer podia compreender a possibilidade desses pensamentos. Comparava-se a um pobre maltrapilho, coberto de úlceras dos pés à cabeça, e perguntava: "Poder-se-ia vangloriar esse homem, caso o introduzissem a uma reunião de grandes senhores? Pecador como eu, orgulhar-se? Deus me fez ler num grande livro: o livro dos meus pecados. Rezai pela minha pobre alma, para que Deus tenha compaixão dela".[61]

Nunca se acusou desse pecado.

Por mais que fizessem, jamais conseguiram os religiosos que ele se deixasse retratar. O pintor Tomás Conca conseguiu traçar-lhe fielmente as feições, contemplando-o sentado em uma cadeira de braços, através das fendas da porta. Logo depois, Conca mostrou-lhe a efígie que desenhara. Paulo examinou-a com atenção e exclamou: "Meu Deus, que cara de réprobo...!". Para consolá-lo, disse-lhe Conca: "Pe. Paulo, retratei-o para fazer um ensaio, pois notei em V. Revm.ª uma fronte pictórica. Esse retrato, conservá-lo-ei para mim".

Poderíamos multiplicar os fatos concernentes à sua humildade, mortificação, amor ao sofrimento e à pobreza, mas digamos algo de sua obediência e pureza.

Sua obediência

Já dissemos que, quando jovem, Paulo emitira o voto de obedecer a todos. Que admirável obediência em Castellazzo, em Nossa Senhora das Candeias, em Nossa Senhora da Cidade e, sobretudo, no hospital de São Galicano!

[60.] S. 1. 771 § 82.
[61.] S. 1. 816 § 371.

Mais tarde, como Fundador e superior-geral da Congregação, o amor, que é engenhoso, soube encontrar mil maneiras de praticar virtude tão agradável a Deus.

Escravo das Regras e da obediência, ao primeiro sinal da sineta, corria aos exercícios da comunidade. Considerava como superior o diretor espiritual; nada fazia sem pedir-lhe licença.

Escreveu a uma penitente: "Pedirei licença ao pe. João Batista para ir a Orbetello. Se obtiver permissão, amanhã cedo estarei na igreja de São Francisco; caso contrário, tenha paciência".[62]

Enfermo, obedecia cegamente aos enfermeiros. Igual obediência prestava aos senhores bispos, aos diretores espirituais e, especialmente, ao Santo Padre, o Papa.

Pureza angélica

Em todo o curso desta vida, temos respirado, como num jardim, o doce perfume desta alma virginal, branca e pura como o lírio. Desde os mais tenros anos, tomara por divisa a sentença *"Potius mori quam foedari"* [Antes morrer do que pecar].

Conservou a inocência batismal até o último alento de vida.

Discorreu de sua juventude, acusava-se de ter sido demasiado vivo, mas acrescentava que Deus o preservara dos perigos em que tantos jovens se perdem.

Quando enfermo em Orbetello, julgando-se sozinho, assim desabafava com Nosso Senhor: "Bem sabeis, ó Senhor, que, com o auxílio de vossa graça, o vosso Paulo jamais maculou a alma com falta deliberada".[63]

Não pensemos que nele a virtude fosse fruto espontâneo de temperamento gélido ou de insensibilidade. Muito ao contrário, possuía rara ternura de coração, natural, ardente, imaginação vívida. Alcançara a pureza angelical a preço de lutas e combates cruentos. Sua juventude fora

---

[62]. Cf. *Esprit et Vertus de St. Paul de la Croix*, pp. 310-312.
[63]. S. 1. 328 § 127; 382 § 4.

dotada de riquíssimos dons naturais e do atrativo da virtude; nem por isso foi isenta de perigos. Apesar das mais sérias precauções, encontrou rudes assaltos, que quebrantariam virtude menos sólida.

Numa palavra, nele brilhou o lírio da virgindade, porque soube cercá-lo com os espinhos da mortificação, da modéstia, da fuga das ocasiões e da desconfiança das próprias forças.

Sua modéstia era realmente angélica. Chegou a dizer certa vez preferir que lhe arrancassem os olhos antes que fitar o rosto de uma mulher.[64]

Conhecia apenas pela voz uma senhora espanhola de Orbetello, de rara formosura, a quem dirigira por muitos anos.[65]

A castidade, qual tímida pomba, vê perigo por toda parte.

Em conversa com pessoas de outro sexo, suas palavras respiravam gravidade religiosa e celestial unção. Exigia que a porta do locutório estivesse aberta. O companheiro recebia ordem de não afastar-se muito. Costumava dizer que o companheiro é como o Anjo da guarda. Não admitia exceção com quem quer que fosse.

Estando em conferência espiritual com uma princesa, fecharam por inadvertência a porta do quarto. Bradou Paulo imediatamente: "Abram, abram a porta, pois estarmos de porta fechada é contra as regras de nossa Congregação".[66]

Disse certa vez: "Não confio absolutamente em mim; nesta matéria fui sempre escrupuloso, tornando-me por vezes até descortês".[67]

Santas "descortesias", que levam o religioso a cumprir sua primordial obrigação: a observância das Regras!

Velava o coração a fim de que se não afeiçoasse às pessoas por ele guiadas à santidade. "Nada de latrocínio em relação a Deus!" Essa a sua divisa.

Uma senhora, recomendando-se-lhe às orações, acrescentou com certa afetação: "Lembre-se sempre de mim em suas orações; jamais me

---

[64] S. 1. 730 § 150.
[65] S. 1. 728 § 136.
[66] S. 1. 722 § 88.
[67] S. 1. 725 § 107.

esqueça". "Isto não", replicou o Santo. "Depois de ter atendido às senhoras que a mim recorrem e de tê-las ajudado o melhor possível, recomendo-as a Nosso Senhor e procuro esquecer-me delas."[68]

Talvez pareça pouco satisfatória a resposta, mas era a máxima do servo de Deus que a familiaridade com essas pessoas é espinho capaz de ferir o formoso lírio da pureza.

Seus filhos deviam ser Anjos em carne humana. Exortava-os calorosamente a imitarem a modéstia do Salvador. Recomendava-lhes não somente a modéstia da vida e o combate à concupiscência, mas também modelassem o seu agir às normas da modéstia, que a tudo empresta medida, compostura e dignidade.

Subira tão alto na região do amor celeste que, embora revestido de carne humana, Deus já o constituíra poderoso protetor da castidade.

Na missão de Valentano, dissera a uma jovem: "Minha filha, Deus me fez conhecer que sua inocência será submetida a terrível provação. Muito cuidado, minha filha".[69] Estimulou-a a confiar em Deus, garantindo-lhe a vitória. Quatro anos decorridos, em quatro ocasiões diversas, a jovem sofreu violentos assaltos. Para repelir o brutal inimigo, invocava o nome do pe. Paulo e sempre saiu vitoriosa.

Nosso santo espargia ao redor de si o perfume da pureza. Bastava conversar com ele ou mesmo dele se aproximar para experimentar os atrativos dessa virtude. Odor caraterístico exalava-lhe do corpo, dos objetos de uso e até da cela em que habitava. E esse celestial perfume perdurava por meses e anos.

Por vezes, suas carnes virginais como que tomavam as propriedades do corpo glorioso: impassibilidade, claridade, agilidade e sutileza.[70]

No êxtase, tornava-se insensível à dor, desprendia de si luz vivíssima, elevava-se aos ares, voava como os Anjos, ausentava-se de casa com portas fechadas, como Jesus no Cenáculo, encontrava-se presente

---

[68]. S. 1. 728 § 134.
[69]. VS. p. 467.
[70]. S. 1. 718 § 64.

em vários lugares simultaneamente. Frequentes eram esses prodígios na vida do servo de Deus.

Para retratar com perfeição a Paulo da Cruz, fora mister um raio de luz puríssima, mãos de Anjos, as cores que matizam a celeste Jerusalém.

Prelúdio da glória

Narremos os portentos assinalados nas palestras espirituais do Santo com a virgem de Cerveteri.

Nesses colóquios, o rosto de Paulo inflamava-se como se fosse anjo de amor. Certa vez, arrebatado em êxtase, elevou-se dois palmos acima da cadeira em que estava sentado, saciando-se no manancial da divina luz. O rosto resplandecia-lhe como o sol. Os braços, tinha-os ora estendidos, ora cruzados no peito; os joelhos permaneciam unidos. Manteve-se nessa posição, entre o céu e a terra, pelo espaço de uma hora.[71]

Noutra ocasião, discorrendo sobre a Santíssima Trindade, mistério de que outrora recebera conhecimentos especiais, jorravam-lhe do rosto, como sucedera a São João da Cruz e a Santa Teresa, raios celestes, mais resplandecentes do que nunca, a reverberar-lhe na cabeça em forma de auréola. Ligeiro estremecimento agitava-lhe docemente os membros, prenúncio de próximo arrebatamento. Para impedi-lo, agarrou-se aos braços da cadeira, apoiando-se fortemente no espaldar da mesma. Nada adiantou, no entanto. Juntamente com a cadeira, elevou-se ao ar à altura de um homem. Toda a sacristia se iluminara dos resplendores emanados de seu corpo. Uma hora perdurou o êxtase. Em seguida, agitado por leve tremor, sem separar-se da cadeira, desceu à posição anterior.[72]

Rosa, assaltada por escrúpulos, interrogou a Paulo a respeito da própria alma. O santo convidou-a a implorarem as luzes do Céu. Puseram-se em oração. Ela de joelhos, o santo enfermo sentado em sua cadeira.

De repente, apareceu formosíssimo menino circundado de resplandecente luz. O santo ancião, remoçado, prostrou-se por terra, adorou ao

---

[71]. PAR. 2267.
[72]. PAR. 2271.

Deus-Menino, pedindo-lhe a bênção e exclamando por entre suspiros e lágrimas: "Ó bondade, ó benignidade, ó amor infinito do Eterno Filho de Deus, que se dignou visitar a este miserável vermezinho da terra!". E prosseguiu: "Peço-vos perdão, Jesus, das inúmeras faltas, ingratidões e irreverências, cometidas em tantos anos de pregação, de administração e recepção dos sacramentos..." Jesus-Menino respondeu: "Foi tudo bem, foi tudo bem e conforme a minha vontade...". E como prova de que tudo fora bem, lançou-se-lhe aos braços, acariciando-o com suas mãozinhas. Paulo aconchegava-o fortemente ao coração, abrasado de amor, banhando-o de lágrimas e rogando a salvação de sua alma. Então, o divino Menino, apertando-o mais fortemente, disse: "A salvação de tua alma é tão certa como é certo que me tens em teus braços...".

Desapareceu o Deus-Menino, deixando a alma do santo inebriada de celestiais doçuras. Voltando à habitual debilidade, não conseguia levantar-se, mas dois Anjos de encantadora formosura alçaram-no e o colocaram na cadeira.[73]

Contudo, a Virgem bendita não quer ficar atrás nos benefícios concedidos ao seu servo. Foi ela quem o iniciou em sua sublime vocação; a ela, pois, cabe dar a última demão na vida mística de Paulo. Ei-la, portanto, rivalizando com Jesus nas consolações que ambos concedem ao devotíssimo servo, chegado já às portas da eternidade.

Conferenciava Paulo com Rosa Calabresi. Inesperadamente, de um grande quadro que representava Nossa Senhora com o Menino Jesus parte uma voz articulada, sensível: "Paulo, Paulo!". No mesmo instante, brilhante como o sol, aparece Maria Santíssima em forma natural e humana, trazendo nos braços o divino Filho. Surpreendidos pela visão celestial e inundados de prazer inefável, os dois contemplativos se prostram de joelhos diante da grande Senhora. Dirigindo-se ao santo, diz-lhe a Rainha do céu: "Meu filho, pede-me graças". Paulo, de cabeça inclinada, responde: "A salvação de minha alma!". "Podes ficar tranquilo que a graça te é concedida", replica Maria. Mas Paulo pensava também na obra predileta do seu coração, seu amado Instituto. "Fica tranquilo", diz-lhe a Virgem, "que a Congregação vai indo muito bem e teu agir é muito do

---

[73.] PAR. 2373-2374.

agrado de Deus". Fala depois o Menino Jesus e lhe diz coisas inefáveis, que a feliz espectadora não se sente capaz de exprimir; consolou admiravelmente seu servo e, entre outras coisas, lhe disse: "Que era mártir por suas penas e sofrimentos".

Agora o desejo de Paulo é ser acariciado pelos celestes visitantes, os quais benignamente condescendem e pousam ambos a mão sobre a cabeça dos dois devotos servos. Já outra coisa mais não restava senão desvencilhar-se dos liames do corpo e entrar naquela eterna bem-aventurança que começara a antegozar. Paulo vive desse desejo; a celeste Rainha lhe anuncia que dentro em breve ele se realizará, no próximo outubro, numa quarta-feira.

Antes de findar a visão, Paulo desejava receber a bênção de Jesus e de sua Santíssima Mãe. Sentindo-se indigno de pedi-la, diz à santa filha espiritual que a peça; mas esta, não menos humilde e confusa que o santo diretor, respondeu que a ele cabia pedi-la.

Jesus e sua Santíssima Mãe alegravam-se com essa emulação de humildade, que acabou com o triunfo do santo, o qual impôs à dócil filha que o dissesse em virtude da santa obediência. O pedido foi imediatamente atendido: Mãe e Filho levantaram a mão e abençoaram os devotos servos, que ficaram absortos em êxtase.

A piedosa virgem, voltando a si, viu somente seu venerado pai, levantado alguns palmos do chão, com os joelhos dobrados e com semblante resplandecente de luz. Quanto tempo durou a visão e o êxtase não o sabemos; a devota discípula diz que "durou muito tempo e não acordou nem voltou ao estado natural senão pela tarde".[74]

Ditosa transfiguração a que o conduziram o sofrimento e o amor, prelúdio da suprema transfiguração que se há de operar depois da morte.

---

[74] PAR. 2309-2312.

CAPÍTULO XXXIX
JUNHO A 18 DE OUTUBRO DE 1775

Últimos dias

Esta narração final entristece e alegra ao mesmo tempo nosso coração.

De fato, se chegamos ao dia da despedida, chegamos, outrossim, ao momento da eterna recompensa.

A vida de Paulo da Cruz é agora toda amor sem combate, paz sem temor, luz sem sombra. Nada mais perturba a doce e perene serenidade de sua alma. É como a aurora daquela glória, daquela felicidade, que não conhece ocaso.

Elevara-o tão alto o amor a ponto de consumir o vaso de terra; sucumbia o corpo aos ardores divinos. Os olhares do santo estavam fixos na beleza divina, inúmeras vezes provada. Eram-lhe necessários a solidão e o silêncio.[1] Na cadeira ou no leito, comprazia-se em estar só e de porta e janela fechadas, para melhor ouvir a voz suavíssima do Criador.[2]

Muitos eram, no entanto, os que desejavam vê-lo. Os religiosos, contra vontade de Paulo, viam-se obrigados a introduzir em sua cela pessoas de distinção, notadamente eclesiásticas. O amável ancião, longe de aborrecer-se, acolhia-os com afabilidade. O objeto de suas conversas era sempre a Paixão de Nosso Senhor. Incitava a todos, prelados ou cardeais, a alimentar-se da Paixão do Redentor, presenteando-os com algum pequeno crucifixo.[3]

[1.] S. 1. 976 § 147.
[2.] S. 1. 959 § 25.
[3.] S. 1. 960 § 26; 990 § 258.

Os alunos da Propaganda, atraídos por seus admiráveis conselhos, visitavam-no frequentemente. Paulo alegra-se em dirigir a palavra àqueles jovens, esperanças da Igreja, futuros apóstolos dos gentios. "Meus bons filhinhos", dizia-lhes, "acostumai-vos a sofrer por amor de Jesus; excitai-vos mutuamente no desejo de derramar o sangue e dar a vida pela fé".

Asseverava-lhes que jamais conseguiriam a heroica fortaleza dos mártires sem a diária meditação dos tormentos e das agonias do Filho de Deus. Em seguida, com ternura paterna, perguntava-lhes se amavam de coração a Maria e, à resposta afirmativa, acrescentava: "Amai-a, meus filhos, amai-a sempre mais. É nossa Mãe, pois gerou-nos ao pé da Cruz. Ah, meus queridos filhos, tende sempre presente ao Espírito as suas dores, compadecendo-vos de seu martírio com todas as verdades da alma".

Estas palavras animavam aqueles levitas, admiradores sinceros das virtudes do santo. Davam-se por felizes quando podiam subtrair-lhe alguns fios da capa. Um clérigo estrangeiro, prestes a ser ordenado, desejou falar a sós com o servo de Deus. O religioso que o conduziu à cela de Paulo depôs:

> Ao sair da entrevista, fora de si de contente, chamou-me à parte e perguntou-me: "Quem é esse padre?". Respondi que era o pe. Paulo da Cruz, nosso Fundador. "Pois saiba que ele é um santo. Disse-me coisas tais que estou estupefato! Tem o Espírito de profecia. Repito-o, é um grande santo!"[4]

Anuncia tristes acontecimentos para a Igreja

Quem mais visitava o santo enfermo era Antônio Frattini, seu grande amigo e benfeitor, prelado doméstico do Palácio Apostólico.

Uma dessas visitas assinalou-se por incidente, que merece ser relatado.

Apenas Frattini entrara na cela, Paulo perguntou-lhe como estava o Santo Padre. Sabendo que desfrutava excelente saúde, estático, acrescentou:

---

[4] S. 1. 533 § 234.

"Eu me chamo Paulo da Cruz, mas sou da Cruz apenas de nome... com muito mais razão esse título pertence ao Santo Padre. Diga-lhe da minha parte que se acomode bem sobre a Cruz, porque terá de estar cravado nela por muito tempo...".

Ditas estas palavras, inflamou-se-lhe o rosto e torrentes de lágrimas deslizavam-lhe pelas faces. Voltou-se em seguida para o grande crucifixo, o mesmo que levava às missões, prosseguindo com acento de dor profunda: "Pobre Igreja! Pobre religião católica! Senhor, fortificai o vosso Vigário, dai-lhe luz e coragem, para cumprir em tudo a vossa santíssima Vontade...". Levantou os braços e continuou: "Sim, eu o espero; sim, eu o desejo; sim, eu o quero...".

Saiu do êxtase, fitou a Frattini e perguntou-lhe: "O senhor está aí?".

Este, convencido de que acabara de ouvir lúgubre profecia em relação à Igreja, soube dissimular, passando a outro assunto.

Frattini não se atreveu a relatar o fato ao Papa, temendo amargurá-lo.

Em 1779, convidado a depor nos processos ordinários, julgou em consciência dever calar-se, pois, manifestando ao Pontífice a repugnância que experimentava em revelar certas profecias que a prudência aconselhava silenciar por enquanto, teve por resposta proceder com cautela e moderação.

Irrompida, em 1789, a Revolução Francesa, percebeu que a profecia começava a realizar-se e julgou tudo dever declarar nos processos apostólicos.

O vaticínio cumpriu-se ao pé da letra, quando, para cúmulo de tantas maldades, o Vigário de Jesus Cristo, joguete de paixões coligadas, faleceu em Valença (França), nas amarguras do exílio.

Felizmente a oração que Paulo, vinte e quatro anos antes, dirigira a Jesus Crucificado em favor de Pio VI veio fortificar, qual Anjo consolador, o augusto mártir em seu Calvário![5]

[5.] S. 2. 175 § 25-31.

Adeus paterno

Quando ao servo de Deus faltaram as forças para celebrar o Santo Sacrifício, um sacerdote de voz clara e forte celebrava-o num quarto contíguo à sua cela, administrando-lhe diariamente a sagrada Comunhão.[6]

Na festa do Santíssimo Sacramento, 15 de junho, por supremo esforço de amor, celebrou pela última vez.

A começar desse dia, o santo não experimentou mais melhoras. A morte aproximava-se a passos agigantados.

No dia dos Santos João e Paulo, 26 de junho, teve prolongados desmaios.

Seu estômago com dificuldade suportava apenas algum gole de caldo.[7] Dizia com infantil ingenuidade: "Parece-me ter pedras no estômago".[8]

Os médicos ordenaram-lhe pão dissolvido em água; foi esse o seu alimento pelo espaço de quase um mês, tempo que lhe restava de vida. Tomava-o em pequena quantidade, cada vinte e quatro horas.

Os sofrimentos não lhe alteravam a serenidade do espírito nem a paz do coração. Repetia por vezes: "Não desejo viver nem morrer, mas somente cumprir a santíssima Vontade de Deus".[9]

Aos religiosos que lhe compadeciam as dores, dizia: "Causam-vos mágoa as minhas dores? A mim não... Elas me conservam nas chagas de Jesus".

Persuadido de que em breve morreria, acrescentava: "A terra chama pela terra".

Certa vez, enquanto tomava o escasso alimento, foi acometido de violentos vômitos. Heroico e sereno, repetiu aos religiosos penalizados as palavras de Judas Macabeu: "*Si appropiavit tempus nostrum, moriamur fortiter*" [Se chegou o tempo, morramos valorosamente] (1Mc 9,10).[10]

[6.] S. 1. 957 § 5; 965 § 67.
[7.] S. 1. 956 § 2.
[8.] S. 1. 985 § 221.
[9.] S. 1. 959 § 23.
[10.] S. 1. 959 § 24.

Quando as dores lhe davam alguma trégua, ocupava-se dos deveres de seu ofício, dando sábios conselhos aos religiosos de Roma ou ditando cartas repletas de zelo e prudência aos filhos ausentes.[11]

Jamais deixou as práticas de piedade. Recitava diariamente os quinze mistérios do Rosário, como tributo de amor à divina Mãe. Ao enfermeiro que, notando o esforço empregado na recitação do Rosário, lhe observava: "V. Paternidade não pode mais rezá-lo, pois perde a respiração", respondia: "Quero recitá-lo enquanto viver. Quando não mais puder com os lábios, fá-lo-ei com o coração".[12]

Tinha por costume oferecer à Rainha do Céu, no dia 15 de agosto, a assim chamada "hora do Rosário". Fazia-o das três às quatro da madrugada. Jamais deixou essa prática de piedade, nem mesmo nas enfermidades, pedindo a um religioso que o despertasse àquela hora.[13]

O médico, temendo o desenlace, julgou prudente administrar-se-lhe o santo Viático. Paulo, embora soubesse que a morte não era iminente, quis comungar em presença da comunidade. Era o dia 30 de agosto. O primeiro consultor trazia o Santíssimo, precedido dos religiosos que, com tochas acesas nas mãos, entoavam cânticos litúrgicos. Ao ver entrar na cela o seu amável Jesus, o santo enfermo, imobilizado havia bastante tempo, estendeu os braços com agilidade e exclamou: "Meu doce Jesus, protesto que desejo viver e morrer na comunhão da santa Igreja. Detesto e abomino todo e qualquer erro". Recitou em seguida, com extraordinária expressão de fé, o símbolo dos Apóstolos.

Ao notar os religiosos ajoelhados e chorando ao redor do leito, aproveitou a ocasião para fortificá-los no espírito de Jesus Crucificado. O testamento sagrado do pai moribundo foi escrito por dois sacerdotes, que se encontravam no Oratório contíguo à cela.[14] Ouçamo-lo:

> Em primeiro lugar, recomendo-vos instantemente o santíssimo preceito dado por Jesus aos discípulos, na véspera de sua morte: "Conhecer-vos-ão

---

[11]. S. 1. 957 § 3.
[12]. S. 1. 986 § 227.
[13]. S. 1. 986 § 227.
[14]. VS. p. 184.

por meus discípulos, se vos amardes mutuamente" (Jo 13,35). A caridade fraterna é, meus queridos irmãos, o que de todo o coração desejo de todos os presentes e de todos os que se acham revestidos desse hábito de penitência, memorial perene da Paixão e Morte do nosso amado Redentor, bem como dos que futuramente forem chamados pela divina misericórdia a este pequeno rebanho do Senhor. Recomendo a todos, particularmente aos superiores, amor ao espírito de oração, de solidão e de pobreza. Se este espírito se conservar entre nós, a Congregação resplandecerá como sol, por toda a eternidade, em presença de Deus e dos homens. Amai, eu vo-lo suplico, amai sempre com amor filial e sincero a santa Igreja. Pedi incessantemente por ela e por seu chefe. Sede submissos ao Santo Padre em tudo e por tudo. Trabalhai como infatigáveis apóstolos na salvação das pessoas; inflamai os corações na devoção à Paixão de Nosso Senhor e às Dores da divina Mãe.

Após haver manifestado sincero reconhecimento aos benfeitores, notadamente ao Romano Pontífice, apoderou-se-lhe da alma profundo sentimento de humildade:

Como sou miserável! Estou para deixar-vos e entrar na eternidade... Ai de mim, que apenas vos deixo maus exemplos! No entanto, confesso-vos que sempre tive em vista a vossa santificação e perfeição espiritual. Peço-vos, portanto, perdão, com rosto em terra. Recomendo-vos encarecidamente a minha alma, a fim de que Nosso Senhor a receba no seio de sua misericórdia. Espero-o pelos méritos de sua Paixão e Morte.

Voltando-se para o Santíssimo Sacramento, prosseguiu:

Sim, meu amado Jesus, espero, embora pecador, ir imediatamente ver-vos no Paraíso e dar-vos, ao deixar o corpo, aquele santo ósculo que a vós me unirá para sempre, podendo assim cantar eternamente a vossa infinita misericórdia. Recomendo-vos, meu doce Jesus, a pobre Congregação, fruto de vossa Paixão, de vossa Cruz, de vossa Morte. Abençoai, vo-lo suplico, abençoai a todos os religiosos e benfeitores do Instituto...

Tomou então a voz do Santo entoação de inefável ternura. Prestemos atenção, nós que temos a ventura de ser filhos de São Paulo da Cruz. São Vicente Maria Strambi aconselha-nos que conservemos a lembrança destas solenes palavras:

> Suplico-vos, ó Virgem Imaculada, Rainha dos Mártires, suplico-vos pelas dores que sofrestes na Paixão de vosso amado Filho, lançai a todos a vossa bênção maternal! Coloco a todos e a todos deixo sob o manto de vossa doce proteção.

Despediu-se, por fim, dos filhos queridos:

> Vou deixar-vos, mas esperarei a todos lá no Céu, onde rezarei pela santa Igreja, pelo Soberano Pontífice, pela nossa Congregação, pelos benfeitores. Deixo-vos todos, presentes e ausentes, com a minha bênção.[15]

E levantando com esforço a mão direita, traçou o sinal da cruz sobre os filhos, que choravam e soluçavam. Dirigiu-se em seguida ao Salvador: "*Veni, Domine Jesu*" [Vinde, vinde, Senhor Jesus!] (Ap 22,20). E, chorando, batia no peito e repetia: "*Domine, non sum dignus*" [Senhor, não sou digno...], e com devoção de anjo recebeu em seu coração o amabilíssimo Jesus.

Todos se retiraram, pois o Santo precisava de silêncio, para se abismar em adoração e ações de graças.

Epílogo de uma vida santa

Comungava diariamente e sempre em jejum, suportando ardentíssima sede.

O Santo Padre, ao saber do heroico sacrifício do servo de Deus, mandou-lhe dizer por Frattini que podia comungar quatro vezes por semana sem estar em jejum. Paulo aproveitou-se do privilégio até o último dia de vida.

---

[15]. S. 1. 986 § 232; 977 § 151; 966 § 78.

Enternecido pela bondade do Vigário de Cristo, recomendou novamente aos filhos que jamais omitissem a recitação diária das ladainhas de Todos os Santos, conforme as intenções do Papa e pelas necessidades da santa Igreja, e acrescentou:

Se me salvar, como espero pela sagrada Paixão de Nosso Senhor Jesus Cristo e pelas Dores de Maria, hei de rezar sempre pelo Santo Padre. Como lembrança, deixo-lhe depois da minha morte esta imagem da Virgem das Dores. É prova de meu reconhecimento.

Passados instantes, renova a recomendação de rezarem pelo Papa:

A fim de que a divina misericórdia o conserve em saúde por muito tempo, para o bem da santa Igreja, e o assista em todos os empreendimentos. Como os desejos do Santo Padre são unicamente agradar a Deus, que os realize com todo o zelo possível.[16]

Paulo continuava a consolar os filhos desolados, a exortá-los à fiel observância das santas Regras, a recomendar-lhes que evitassem as menores faltas voluntárias. Que os superiores vigiassem sobre este ponto, "porque os que perderam o espírito religioso são, no campo do Senhor, como ervas daninhas, que põem a perder a boa semente".[17]

Repetiu o que dissera aos superiores, quando gravemente enfermo, em Santo Anjo: "Despojo-me do pouco que tenho em uso e peço-vos a caridade de dar-me de esmola alguma roupa usada, que me servirá de mortalha".

Visitando-o o Revmº pe. João Maria Boxadors, geral da Ordem dos Pregadores e grande admirador do santo, mais tarde cardeal da santa Igreja, Paulo recomendou-lhe seu pequeno rebanho, dizendo-lhe que o deixava sob a proteção da Ordem de São Domingos, cumulada de tantos favores pela Santíssima Virgem. Pediu-lhe autorização para erigir, nos nossos noviciados, a confraria do santo Rosário, e faculdade ao Mestre

---

[16.] VS. p. 185.
[17.] S. 1. 988 § 245.

de Noviços de inscrever na mencionada confraria todos os religiosos que almejassem usufruir desse privilégio.

O pe. Boxadors concedeu-lhe de boa mente o favor solicitado e Paulo regozijou-se no Senhor por enriquecer a Congregação de tão precioso tesouro.

O mal aumentava. O servo de Deus, sempre tranquilo, esperava pela morte. Imagem viva do Redentor, o corpo era-lhe uma chaga. Nenhuma posição lhe mitigava as dores. Sentia sede devoradora e a água aumentava-lhe as dores! Dizia, às vezes: "Parece que me arrancam a alma; não há em todo o meu corpo um espaço de quatro dedos isento de dor".[18] E não se lamentava! Que paz e serenidade inalteráveis!

Alçava, de vez em quando, os olhos ao céu, juntava as mãos, e exclamava: "Bendito seja Deus!", ou mostrava por gestos que adorava a Santíssima Vontade de Deus. O pe. João Maria de Santo Inácio, seu confessor, disse-lhe certa vez: "Jesus deseja fazê-lo morrer crucificado como ele". Manifestou o santo enfermo, pela expressão do rosto, que folgava imensamente em estar pregado à Cruz do seu Senhor.

Fitava amiúde Jesus Crucificado e a Virgem das Dores, haurindo força e alegria para o derradeiro sacrifício.[19]

Passavam os dias e as noites, e ele sempre sofrendo. Era verdadeiro milagre que um homem tão extenuado de forças pudesse viver sem alimento algum.

Temiam os religiosos vê-lo entrar de um momento a outro em agonia, mas Paulo lhes assegurava que a hora do trespasse ainda não chegara. O pe. João Maria devia pregar missão em Tolfa; temendo, todavia, que o santo morresse em sua ausência, adiava a partida de um dia para outro. Paulo, antepondo a glória de Deus e a salvação das pessoas à própria consolação, disse-lhe: "Vá, vá tranquilo, pois não morrerei tão logo". Animado sempre do espírito apostólico, acrescentou: "Ao passar por Rota, incentive aqueles bons habitantes a assistirem à missão".

---
[18]. VS. p. 187.
[19]. S. 1. 989 § 252.

O missionário, após pedir-lhe a bênção, beijou-lhe a mão. Paulo, por sua vez, osculou a mão desse filho que tão bem o assistia nos caminhos espirituais.[20]

Dom Struzzieri, antigo filho do venerável Fundador, então bispo de Amélia, escreveu-lhe pedindo que o esperasse em Roma no dia 18 de outubro. Referiu-lhe o secretário as palavras e o desejo do Prelado. O Servo de Deus respondeu sorrindo: "Sim, responda-lhe que o esperarei".[21]

No entanto, extinguia-se-lhe a voz e as forças se lhe diminuíam dia a dia.

Sentindo aproximar-se o último combate, solicitou o sacramento da Extrema-Unção, escolhendo para ato tão comovente festa da Maternidade divina de Maria, segundo domingo de outubro.

No sábado, 7 do mesmo mês, confessou-se com o pe. João Maria, que já voltara da missão. Domingo de manhã, recebeu em Viático Aquele que é a Ressurreição e a Vida.

Narra o piedoso biógrafo do santo:

Em seguida, para melhor compenetrar-se da graça da Extrema-Unção, mandou chamar a um de seus padres, pedindo-lhe que expusesse os efeitos deste grande sacramento. Ele, que com tanta competência podia ensinar a outrem, quis por humildade ser instruído![22]

O religioso que teve essa honra é o mesmo que nos oculta o nome: "São Vicente: Maria Strambi", então leitor da Teologia dos Santos João e Paulo, mais tarde bispo de Macerata Tolentino. Um santo a doutrinar outro santo!

Terminadas as vésperas, dirigiram-se os religiosos à cela do enfermo.

Com as mãos postas, profundamente recolhido, seguia as orações rituais, enquanto dos olhos deslizavam-lhe doces lágrimas. Os religiosos, à imitação do pai moribundo, rezavam e choravam.

---

[20]. S. 1. 958 § 16.
[21]. S. 1. 973 § 122; 989 § 246.
[22]. VS. p. 188; S. 1. 989 § 248.

Terminada a cerimônia, chegou dom Marcucci, vice-gerente, perguntando pela saúde do pe. Paulo: "Ah, Exª", respondeu chorando o religioso, "é a última vez que vereis ao nosso pai, pois está tão acabado que pouco lhe resta de vida".[23]

Encaminhou-se o bispo para a cela do servo de Deus. À vista daquele rosto, em que se associavam as sombras da morte e os primeiros resplendores do Céu, comoveu-se profundamente, não pronunciando uma palavra sequer.

Como o santo se esforçasse por pedir-lhe a bênção, dom Marcucci, dizendo-lhe que se não fatigasse, lançou-se de joelhos aos pés da cama, rezou três Ave-Marias e pronunciou em voz alta as seguintes palavras: "Que Jesus e Maria, nossa Mãe, nos abençoem...".[24]

Dir-se-ia não atrever-se a abençoar a um santo com a fórmula ordinária dos bispos.

Pode-se dizer que Paulo estava em contínua agonia. Todavia, oito dias depois, com admiração geral, conseguiu escrever de próprio punho uma carta à virgem de Cerveteri. Dava-lhe alguns conselhos e dizia que a esperava no Céu, para onde iria daí a dois dias.[25]

No dia de São Lucas (18 de outubro), de quem era devotadíssimo, recusou a poção de pão dissolvido em água, desejando comungar em jejum.

Foi sua última Comunhão. Dali em diante só vive para o Céu. Quer deixar a terra num ósculo de amor.

Pediu que não permitissem entrar na cela pessoa estranha, pois os derradeiros instantes de vida deveriam pertencer exclusivamente a Nosso Senhor e aos seus filhos.[26]

---

[23]. S. 1. 969 § 94.
[24]. S. 1. 969 § 96.
[25]. Rosa Calabresi depõe: "Estávamos já bem adiantados no mês de outubro de 1775, quando recebi uma carta do Venerável Servo de Deus... a última que recebi. Estava escrita toda de sua mão. Os pensamentos davam a conhecer uma mente clara e uma alma virtuosa. A escrita, porém, indicava a fraqueza das forças, pois as letras não estavam traçadas como de costume e as linhas começavam no alto e iam terminar quase na metade da página. Dava-me diversas recomendações... a última bênção... (dizendo que) dentro de dois dias teria morrido... concluía que tornaríamos a nos ver no céu" (PAR. 2390).
[26]. S. 1. 990 § 258.

Apesar da proibição, os religiosos abriram exceção ao bispo de Scala e Ravello, a um religioso Camaldulense do Convento de São Gregório e a um senhor de Ravena.

O santo, sempre bondoso, acolheu-os, presenteando-os com pequeno crucifixo, exortando-os, por sinais, a meditarem perenemente a sagrada Paixão de Nosso Senhor.

Enternecidos até as lágrimas, exclamaram ao retirar-se: "Ah, na verdade vê-se a santidade estampada em seu rosto! Oh, como são ditosos estes padres, pois têm por pai a um santo! Sim, Paulo é grande santo!".[27]

Pouco antes do meio-dia, chega dom Struzzieri. Desce do carro e corre à cela do amado pai, toma-lhe a mão e cobre-a de beijos. O moribundo reanima-se ao rever o querido filho. Sorri, descobre a cabeça em sinal de respeito ao Prelado e deseja também beijar-lhe a mão, mas o bispo retira-a imediatamente.

Após afetuosas palavras, Paulo disse ao enfermeiro: "Diga ao pe. reitor que trate bem ao bispo e aos seus domésticos, fazendo-os servir pelos religiosos".[28]

Cumprira a palavra, esperando o bispo. Agora, ciente de que lhe chegara a última hora, pediu ao enfermeiro que o ajudasse a mudar de posição, para poder fitar as imagens de Jesus Crucificado e da Mãe das Dores. Nessa posição permaneceu até a morte.

Pouco depois, sentindo calafrios, disse ao enfermeiro: "Chame o pe. João Maria porque minha morte está próxima". Respondeu-lhe este que não via perigo iminente de morte, tanto mais que o médico, horas antes, o achara melhor. "Chamem, chamem o pe. João Maria para auxiliar-me", insiste o Santo.

Os religiosos estavam no coro cantando vésperas. O irmão, não julgando iminente o desenlace, sentou-se junto ao leito do servo de Deus e perguntou-lhe: "Meu padre, porventura não aceita de boa vontade a morte para cumprir a Santíssima Vontade de Deus?". Respondeu o moribundo com voz forte: "Sim, morro de muito boa mente para cumprir a Santíssima

---

[27.] S. 1. 990 § 260.
[28.] S. 1. 990 § 256.

Vontade de Deus". "Coragem, pois", acrescentou o enfermeiro. "Confie em Nosso Senhor!"

Paulo estendeu os braços às queridas imagens e disse com admirável ternura: "Ali estão minhas esperanças, na Paixão de Jesus e nas Dores de minha Mãe Maria...".[29]

O céu recebe mais um santo

Terminadas as vésperas, o enfermeiro chamou o pe. João Batista de São Vicente Ferrer, primeiro consultor. Paulo, apenas o vê, exclama: "Auxiliem-me, porque vou morrer", e entrou em doce agonia.

Pressurosa a comunidade acorreu à cela do pai moribundo. Estão todos de joelhos, orando. O pe. Reitor encomenda-lhe a alma. Os religiosos e mons. Frattini respondem às orações da Igreja. O primeiro consultor, por delegação especial do Santo Padre, dava ao moribundo, com a bênção apostólica, a indulgência plenária em artigo de morte, bem como as indulgências do Rosário e do Carmo.

O pe. João Maria absolveu-o novamente, atendendo ao pedido do Santo.

Dom Struzzieri incitava-o a vivos sentimentos de fé, esperança e caridade. Leu-se em seguida a Paixão de Jesus Cristo segundo São João. Esta leitura pareceu reanimar o enfermo. Percebia-se que hauria, desse manancial de salvação, paz, consolo e amor. Seus olhares fitavam ora a imagem de Jesus Crucificado, ora a de Nossa Senhora das Dores.

Manifestara o desejo de morrer sobre palhas, com uma corda ao pescoço, coroa de espinhos na cabeça, revestido do santo hábito com o distintivo da Paixão no peito.

Satisfizeram-lhe em parte o desejo. O pe. João Maria, ao estender sobre ele a santa túnica e ao colocar-lhe ao pescoço uma corda, disse-lhe: "Alegre-se, pois lhe é dado morrer na cinza e no cilício...".[30]

---

[29]. S. 1. 991 § 261.
[30]. S. 1. 972 § 113.

De repente, entra o moribundo em doce êxtase. Que expressão de felicidade! Os lábios se entreabrem em celestial sorriso, os olhos estão fixos no Céu, os braços estendidos. Com repetidos sinais das mãos, parece pedir aos presentes que deixem passagem livre a misteriosas pessoas que se aproximam.[31]

Foi opinião geral que fruía celestial visão. E não se enganaram, pois, após a morte, apareceu glorioso a uma alma santa, revelando-lhe que naquele instante baixaram à sua cela, circundados de resplandecente luz, o divino Redentor, a Santíssima Virgem, o Apóstolo São Paulo, São Lucas, São Pedro de Alcântara, o pe. João Batista, seu irmão, e todos os seus religiosos que o precederam na Glória, seguidos de inúmeras pessoas por ele convertidas nas santas missões.[32]

O santo já desfrutava dos primeiros albores da eterna bem-aventurança!

Deixou cair os braços e cerrou os olhos.

"Pe. Paulo", bradou o bispo de Amélia, "lembrai-vos no Céu da pobre Congregação e de todos nós, pobres filhos vossos". E o pai amoroso, com sinais, dá a entender que o fará.[33]

Momentos após, ao lerem estas palavras do Evangelho de São João: "Pai, é chegada a hora, glorifica o teu filho, para que teu filho te glorifique" (Jo 17,1), pareceu entregar-se a aprazível sono... e sua alma já contemplava na glória Aquele a quem tanto amara nos sofrimentos.

Eram cerca de dezesseis horas de quarta-feira, 18 de outubro de 1775. O nosso santo contava 81 anos, nove meses e quinze dias.

Lágrimas de júbilo

Os religiosos, quais órfãos, agruparam-se, chorando, ao redor do santo corpo. Beijavam aquelas mãos que tanto os abençoaram, pousavam a cabeça naquele peito que ardera de amor a Deus Nosso Senhor, esperando

---
[31]. VS. p. 191.
[32]. S. 1. 992 § 270.
[33]. S. 1. 993 § 270.

alcançar por esse contato sagrado a plenitude do espírito que deve animar os filhos da Paixão.

De repente, por um desses sentimentos instintivos ou divinos, fenômeno que se dá unicamente na morte dos santos, a dor cede lugar à alegria, as lágrimas, à doce e celestial consolação.

Será, porventura, um raio secreto da felicidade dos bem-aventurados, que baixa do Céu às pessoas, reverberando-se no mortal sepulcro?

Frattini e as demais testemunhas dessa morte, ou melhor, desse triunfo, exclamavam, jubilosos: "Tivemos a felicidade de ver como morrem os santos...".[34]

---

[34]. VS. p. 192.

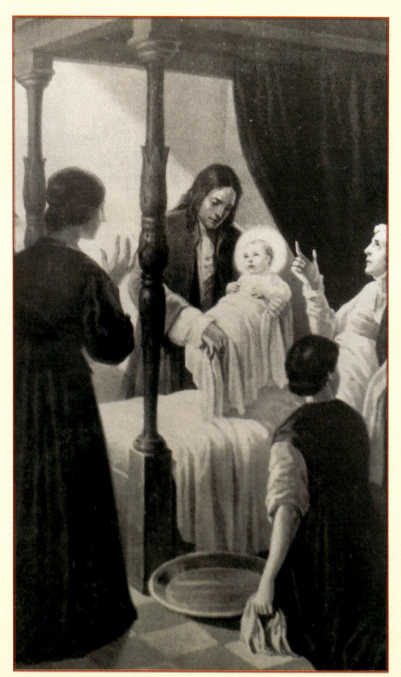

▲ Um fato extraordinário. Nascendo Paulo à meia-noite, no dia 3 de janeiro de 1694, o quarto se enche de uma claridade sobrenatural como se brilhasse o sol em plena noite.

▲ Fotos da casa paterna em Ovada, Itália.

▲ Quarto onde nasceu Paulo da Cruz. Ovada, Itália.

▲ Casa onde Paulo da Cruz viveu, de 1709 a 1721, em Castelazzo (Itália).

▲ Igreja Matriz de Santa Maria, paróquia frequentada por Paulo da Cruz. Castelazzo, Itália.

▲ Em 20 de fevereiro de 1716, ocorre a iluminação espiritual, e Paulo compreende que deve combater na construção do Reino de Deus.

▲ De 2 a 7 de dezembro de 1720, Paulo da Cruz escreve as Regras da nova Congregação com tanta fluência, como se estivessem sendo ditadas.

▲ Com o Irmão João Batista, Paulo da Cruz vive a primeira experiência passionista no Monte Argentário (1721).

▲ Em 1721, Paulo da Cruz vai a Roma, pedir ao Santo Padre uma audiência, mas é repudiado.

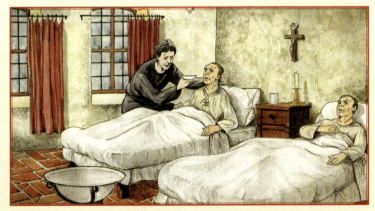

▲ De 1726 a 1728, Paulo da Cruz e o Ir. João Batista cuidam de doentes no Hospital São Galicano, em Roma.

◀ Vista aérea do Convento, no Monte Argentário.

◀ Mar de Orbetello, Itália.

▲ Roma, Basílica dos Santos João e Paulo, Casa Mãe da Congregação

Capela de São Paulo da Cruz, em Roma. As colunas de alabastro foram presente do Santo Padre, o Papa Pio IX.

▲ Detalhe da Capela, onde jaz o corpo do santo Fundador.

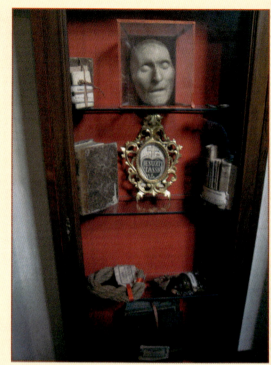

▲ Na Casa Geral em Roma, relíquias de São Paulo da Cruz.

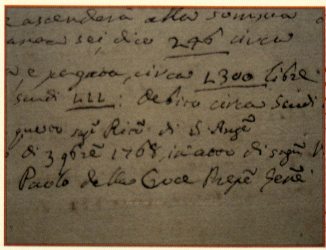

▲ Livro com registro da Visita canônica, datada de 3 de dezembro de 1708.

CAPÍTULO XL

Aparece glorioso

Numerosos prodígios anunciaram à terra que o céu contava mais um santo. Aquele que gravara no coração as chagas de Jesus Crucificado devia revestir-se dos traços de Jesus glorioso.

Depois de sua morte, apareceu Nosso Senhor às santas mulheres e aos apóstolos. Paulo também apareceu a algumas pessoas santas.

No instante em que o nosso santo deixava o mundo para entrar na eternidade, sua penitente Rosa Calabresi rezava, em Cerveteri, retirada em seu quarto. Eis que, de repente, o aposento se ilumina com extraordinária luz, no meio da qual, elevada no ar, vê uma pessoa revestida de paramentos sacerdotais e tão resplandecente que não podia fitá-la.

Por três vezes a visão a chama pelo nome: "Rosa!".

Mas a jovem, temendo se tratar de alguma ilusão diabólica, não respondia. Então ouviu distintamente estas palavras: "Eu sou o pe. Paulo. Vim trazer-te a notícia de que faleci há pouco e agora vou para o céu para desfrutar de Deus... adeus, até o céu!".

Rosa rogou-lhe que pedisse a Deus para que ela também se tornasse digna de ir desfrutá-lo no céu. E a visão desapareceu.[1]

Na manhã seguinte, eis que chega uma carta do pe. Inácio, seu novo diretor, na qual este lhe notifica o feliz trânsito do nosso padre. Em vista do que já vira, nenhuma tristeza experimentou a boa moça. Já era

---
[1.] S. 1. 987 § 122.

inútil rezar por ele; todavia, para manter a promessa que lhe fizera nas conferências espirituais, correu à igreja e começou a via-sacra.

Chegando à terceira estação, vê uma grande luz e, no meio dela, o servo de Deus, não vestido de Passionista, "mas de lindo manto branco e vermelho, cercado e cortejado por grande multidão de anjos".

Admirada por vê-lo vestido daquela maneira, perguntou-lhe o que significava aquilo. E o santo diretor disse: "Isto é o símbolo de minha ilibada pureza e de minha ardente caridade, virtudes que tanto amei e pratiquei durante minha vida, e de meu martírio pela penitência e pelo sofrimento".

Dizendo-lhe que aplicasse aquela via-sacra pelas pessoas do purgatório, deixou-a, depois de lhe dirigir estas textuais palavras: "Adeus, filha! Espero-a no céu para ver a Deus, para louvar a Deus, para possuir a Deus por toda a eternidade".[2]

Precioso legado para o Papa

Enquanto fora de Roma aconteciam estes fatos maravilhosos, o nosso santo recebia demonstrações de estima também por parte do Santo Padre. Recebendo do Sr. Frattini a dolorosa notícia, depois de um primeiro momento de pesar, Pio VI exclamou: "Feliz dele!". E dirigindo-se a quem lhe trouxera a comunicação: "Não se entristeça pela morte do pe. Paulo; era grande servo de Deus e não duvidamos de que já esteja no céu. Morre num belo dia, pois se lê de São Lucas que trouxe sempre em seu corpo a mortificação da cruz; e o servo de Deus soube muito bem imitá-lo".[3]

O Papa deu ordem que o seu sagrado corpo fosse encerrado em dois caixões, um de madeira e outro de chumbo, correndo as despesas por sua conta, em monumento a lhe ser construído.[4]

Antes de morrer, dispusera o servo de Deus que o quadro de Nossa Senhora das Dores que lhe fora tão caro fosse doada ao Papa em sinal de gratidão filial para com o Vigário de Jesus Cristo.

[2.] PAR. 2397.
[3.] S. 1. 922 § 170.
[4.] S. 1. 1020 § 202.

Pio VI ficou tão satisfeito com o presente que o mandou colocar numa moldura de prata dourada, com a seguinte inscrição composta por ele mesmo: "*Pio VI Pont. O. Max. effigiem hanc suma a se Religione cultam moriens legavit P. Paulus a Cruce Clericorum excalceatorum Sanctissimae Crucis et Passionis Jesu Christi Fundator*" [A Pio VI, Sumo Pontífice, a quem Pe. Paulo da Cruz, Fundador dos Clérigos Descalços da Santíssima Cruz e Paixão de Jesus Cristo, deixou, ao morrer, esta imagem como legado, venerada com grande devoção].[5]

Tal foi a estima do Papa por essa imagem que a colocou aos pés do crucifixo de sua capela particular, e, quando passava do Palácio Quirinal ao Vaticano, levava-a consigo. Será dos pés desse quadro e dessa cruz que o executor da sacrílega violência napoleônica virá arrancá-lo para o exílio, depois de o heroico mártir exclamar, levantando-se com a fronte serena e a coragem no coração: "Deus o quer!... Vamos!...".[6]

Homenagem do povo romano

A notícia do falecimento do pe. Paulo invade os recantos de Roma. A cidade se comove e se agita. Prelados, religiosos, adultos e crianças, todos bradam: "Acaba de morrer um santo!".

Na mesma tarde de 18 de outubro, imensa multidão se dirige à basílica dos Santos João e Paulo, para contemplar os sagrados despojos.

Conforme a previsão da Regra, os religiosos o revestiram do santo hábito, puseram-lhe a estola ao pescoço, o crucifixo entre as mãos, e o colocaram sobre uma tábua nua, na cela em que falecera, com um tijolo por travesseiro e a cabeça coberta de cinza.

Como já era noite, apenas alguns sacerdotes e insignes benfeitores puderam satisfazer o piedoso desejo de ver os restos mortais do servo de Deus. Os religiosos, que não podiam separar-se do amado Pai, passaram a noite orando ou salmodiando ao pé do santo corpo.[7]

---

[5]. S. 1. 1052 § 191.
[6]. Cf. Darras, ed. 10, tomo IV, p. 510.
[7]. S. 1. 1000 § 30.

Na manhã seguinte, levaram-no processionalmente à basílica e colocaram-no no centro da nave principal. Apenas quatro círios ardiam ao redor do cadáver.

Abertas as portas, verdadeira multidão de fiéis precipitou-se para o interior do templo. Todos desejam contemplar o santo, beijar-lhe as mãos ou os pés, obter alguma coisa que lhe pertencesse. A devoção começa a ser indiscreta e, momentos depois, a túnica do bem-aventurado está em pedaços.

Tiveram de proteger aqueles despojos. Alguns senhores se encarregaram de velar pelo santo corpo. Os sacerdotes e pessoas de distinção tocavam nele terços, medalhas e outros objetos, enquanto distribuíam fragmentos daquelas sagradas vestes.[8]

Desde o raiar da aurora, houve missas em todos os altares da basílica, celebradas por sacerdotes Passionistas e por padres seculares e regulares, entre eles cardeal Boschi, titular da basílica, dom Macucci, subadministrador, dom Tibério Ruffo. Todos assistiram aos funerais.

Às dez horas, cantaram o ofício dos defuntos, seguindo-se a missa solene.

O corpo ficou exposto até às dezenove horas. Apesar da chuva torrencial e da distância do convento ao centro da cidade, foi sempre aumentando a afluência do povo. As vastas naves do templo transbordavam de fiéis.[9]

Primeiras vozes do céu

O entusiasmo cresceu com os portentosos milagres operados naquele dia. Do corpo sagrado, inocente vítima imolada no Calvário, templo agradável a Deus, irradiava maravilhosa virtude. Revestiu-se o rosto de celestial formosura, como se Paulo estivesse em êxtase.

Desprendiam-se-lhe das faces como uns raios de luz, elevando as pessoas para Deus. Não se cansavam de contemplá-lo, exclamando: "Como é belo! Como é belo! Que pena sepultá-lo tão depressa!".[10]

[8.] S. 1. 1001 § 35.
[9.] S. 1. 1010 § 120.
[10.] S. 1. 1013 § 143.

Um piedoso sacerdote, ao beijar-lhe a mão, percebendo suave e misterioso perfume, perguntou ao irmão enfermeiro se o haviam embalsamado ou ungido com aromas.[11]

Depois de muitas horas, o corpo ainda se conservava flexível. Do rosto deslizava-lhe suor, que os presentes enxugavam com lenços de linho, para conservar como preciosas relíquias.[12]

Uma senhorita, por nome Gertrudes Marini, que um tumor maligno no rosto mantinha de cama havia três meses, foi levada pelos pais à basílica dos Santos João e Paulo. Empregando grande esforço, conseguiu chegar junto ao corpo do servo de Deus. Apenas o tocou, ficou radicalmente curada, embora já estivesse desenganada pelos médicos.

"Milagre, milagre!", exclamaram as testemunhas do prodígio. O brado repetido por todos aumentou sobremaneira o entusiasmo geral.[13]

Muitos outros milagres atestavam o poderoso crédito de que já desfrutava Paulo da Cruz, de maneira que esse dia foi mais de triunfo que de pesar.

Anoitecera e o povo não deixava a basílica. Foi necessária a autoridade do subadministrador para que se pudesse fechá-la.

O pintor Domingos Porta fez então, em gesso, a máscara do santo.[14]

Transportaram depois o sagrado corpo à capela do "sepulcro", assim chamada porque nela se colocava Jesus Eucarístico na noite de Quinta para Sexta-feira Santa.

A boca do santo se conservava aberta. Irmão Bartolomeu, vendo inúteis seus esforços para fechá-la, valeu-se do seguinte recurso: "Pe. Paulo,

---

[11.] S. 1. 1011 § 122.
[12.] S. 1. 1006 § 85.
[13.] Irmão Bartolomeu, o feliz enfermeiro do santo, após referir o fato, concluiu: "O certo é que, apenas tocou no servo de Deus, no mesmo instante ficou boa e voltou para casa sã e livre, com admiração e pasmo de todos os que a tinham visto enferma. Eu o sei porque fui com o pe. postulador à casa da referida jovem, a qual, na presença de diversas testemunhas, atestou com juramento a narração por mim feita acima e deu fé publicamente disso" (S. 1. 1010 § 121).
[14.] S. 1. 1012 § 139.

vós sempre me obedecestes em vida, obedecei-me também agora. Fechai a boca". E imediatamente a boca se fechou![15]

Na presença do subadministrador, da comunidade e de algumas pessoas, o tabelião redigiu a ata do levantamento do corpo. Substituíram-lhe a túnica, que a piedade dos fiéis reduzira a farrapos. Cortaram-lhe os poucos cabelos que ainda lhe restavam, distribuindo-os como relíquias.

Foi então que observaram com todo vagar o Nome Santíssimo de Jesus gravado no peito com ferro em brasa,[16] e o prodígio de amor que lhe levantara diversas costelas.

Nada, porém, chamava mais a atenção do que o rosto do santo, sempre mais brilhante e resplandecente.[17] Todos, inclusive o subadministrador, exclamavam: "Como é belo! Como é belo!".[18]

Após as últimas despedidas, colocaram-no num caixão de madeira, um tijolo sob a cabeça, o crucifixo no peito e ao lado um tubo de metal revestido de chumbo, contendo uma inscrição latina, sinopse de sua vida.

Selaram a caixa com seis chancelas, quatro do subadministrador e duas da Congregação. Fecharam as portas da capela, guardando dom Marcucci as chaves.

No dia seguinte, maior afluência do povo esperava na praça. Desejavam venerar os restos mortais do grande missionário. Ao saberem que o ataúde já fora selado, a consternação foi geral.

Todos se queixavam de haverem ocultado tão depressa os venerandos despojos, privando a muitos do prazer de contemplá-los.[19]

Até o Santo Padre se lamentou. Era intenção de Sua Santidade mandar extrair o coração; os superiores, ignorando os desejos do Papa, não julgaram prudente tomar essa iniciativa sem ordem expressa de sua Santidade.[20]

---

[15]. S. 1. 1002 § 47.
[16]. S. 1. 1013 § 144.
[17]. Ir. Bartolomeu depõe: "De seu semblante desprendiam-se como que raios de luz" (S. 1. 1013 § 143).
[18]. S. 1. 1019 § 190.
[19]. S. 1. 1002 § 49.
[20]. S. 1. 1003 § 53.

Foi tal a santa indiscrição dos fiéis que chegaram a cortar fragmentos da porta para conservá-los como relíquias.[21]

No dia 21, ao anoitecer, fez-se o reconhecimento do caixão, que foi depositado em outro de chumbo. Este foi igualmente lacrado com chancelas do subadministrador e da Congregação. Ambas as caixas foram colocadas em outra de madeira e sepultadas em humilde túmulo, no fundo da nave esquerda, perto da porta da capela, enriquecido pouco depois de modesto monumento.[22]

Sepulcro glorioso

Deus glorificou esse sepulcro, centro de atração para as pessoas e manancial de inúmeros prodígios.

Contínuas eram as romarias, provenientes de toda parte. E Nosso Senhor recompensava a fé dos peregrinos.

Entre os numerosos milagres operados por Deus junto ao sepulcro de seu servo, narraremos apenas os seguintes.

Teresa Leoni, de Uriolo, estava prestes a expirar, pondo, outrossim, em perigo o fruto que trazia no ventre. O esposo, Constantino Gori, escreveu ao pe. Paulo, então enfermo na residência do Santo Crucifixo. Pôs-se o bem-aventurado em oração. Momentos depois, respondia ao esposo aflito: "Confiança, a mãe e a filha que dará à luz superarão todos os perigos". Com efeito, Teresa deu felizmente à luz uma criança que, em memória do benefício, recebeu o nome de Paula.

Ao chegar ao uso da razão, diziam-lhe os pais que ela deveria santificar-se, pois tivera por pai e protetor um santo.

Logo depois da morte do servo de Deus, Paula, estando com 6 anos de idade, foi atacada de sarampo. O mal afetou-lhe especialmente os olhos, transformados em carne viva. Durante seis meses a pequena esteve completamente cega. Todos os remédios foram inúteis. Causava-lhe alívio a efígie de Paulo sobre os olhos ou o seu solidéu na cabeça.

---

[21]. S. 1. 1002 § 49.
[22]. S. 1. 1014 § 156.

Numa segunda-feira, entrando a mãe no quarto, disse-lhe Paula: "Mamãe, eu vi o pe. Paulo". "Viste a sua imagem", respondeu a mãe. "Não, vi a ele em pessoa. Disse-me que, na próxima quinta-feira, abrirei os olhos". "Vamos, explica-te", replicou a pobre mãe, tremendo, não acreditando no que ouvira. "O pe. Paulo perguntou-me: 'Paulinha, conheces-me?' 'Sim', respondi. 'Quem sou eu?' 'Sois meu pai.' 'Desejo curar-te: na quinta-feira, abrirás os olhos. Não o digas senão à tua mãe'".[23]

Na quinta-feira estava curada, com grande admiração dos médicos. É de notar que a pequena não conhecera o pe. Paulo, nem jamais vira o seu retrato; no entanto, descrevia perfeitamente bem as suas feições. Quando, para certificar-se melhor da verdade, combatiam os pais algumas de suas afirmações, ela defendia com persistência o que afirmara.

O cônego Vespasiano de Sanctis, de Soriano, diocese de Terracina, fora atacado de "cólica miserere". Como já sofresse de enorme e perigosa hérnia, perderam a esperança de salvá-lo. O médico ordenou que se lhe administrassem os últimos sacramentos.

Na tarde em que todos supunham que morreria, pediu o enfermo um pedaço de pão que ele subtraíra do pe. Paulo, quando este almoçava na casa de um benfeitor.

Comeu algumas migalhas dissolvidas em água e imediatamente se entregou a profundo sono, que durou a noite toda.

Ao despertar-se pela manhã, estava radicalmente curado. Até a hérnia desaparecera! A partir dali, nunca mais padeceu desse incômodo.[24]

Madalena Ciancaglioni, de Bieda, diocese de Viterbo, tinha a espinha dorsal inflamada. Sentiu certo dia dores tão fortes que julgou chegada sua última hora. Possuindo pequena imagem do santo, toma-a nas mãos e disse: "Pe. Paulo, por caridade, livre-me deste mal; não posso mais".

[23.] S. 1. 1040 § 101.
[24.] S. 2. 979 § 77.

No mesmo instante sentiu como mão invisível a tocar-lhe a parte enferma, desaparecendo para sempre as dores.[25]

No convento de Santa Clara, em Castellana, irmã Maria Inocência de Jesus achava-se havia muitos anos em tal estado de fraqueza que não podia acompanhar os atos da comunidade. Isto muito a afligia. Certo dia, ajoelhada ante a imagem do servo de Deus, exclamou: "Pe. Paulo, vós que fostes tão amante da observância regular, obtende-me a graça da saúde, a fim de que possa cumprir as prescrições das santas Regras".

Mal pronunciara estas palavras, irmã Maria sentiu novo vigor, seguindo desse dia todos os atos de observância da austera regra de São Francisco, inclusive os mais rigorosos jejuns da Igreja.[26]

É preciosa a proteção de um santo nas necessidades da vida material, mas muito mais o é no que diz respeito à salvação da alma. Muitos fatos poderíamos referir que nos demonstram a intervenção de Paulo neste campo imenso e geralmente desconhecido, mas nos limitaremos a um somente.

Venerando Colombo, ourives de Roma, havia muito que desejava fazer confissão geral. Dirigira-se para este fim a várias igrejas, mas, por fúteis motivos, sempre a adiava. Por esse tempo, Roma em peso se admirava dos prodígios operados no sepulcro de Paulo da Cruz.

Venerando pensou encontrar ali tranquilidade para sua consciência. Em 22 de outubro de 1775, de joelhos junto à sepultura do santo, pronunciou as seguintes palavras: "Pe. Paulo, se sois, como apregoam, grande servo de Deus, obtende-me verdadeira contrição de meus pecados". Proferir essas palavras e sentir-se compungido até as lágrimas foi uma só coisa. Pediu um confessor, mas, sendo muito tarde, disseram-lhe que voltasse no dia seguinte. Venerando não pregou o olho a noite toda, ouvindo de vez em quando misteriosa voz: "Vai confessar-te nos Santos João e Paulo".

De madrugada já se encontrava aos pés do confessor. No dia seguinte, a caminho da basílica para terminar a confissão geral, surpreen-

---

[25]. S. 1. 1034 § 72.
[26]. S. 1. 1032 § 66.

deu-o forte aguaceiro ao aproximar-se do Capitólio. Na dúvida se devia prosseguir caminho ou voltar atrás, invocou o auxílio do santo e continuou a andar. Chegando à igreja, notou que nem sequer uma gota de água lhe molhara a roupa!

Terminou a confissão e retornou contentíssimo, apregoando por toda parte a santidade do grande taumaturgo.[27]

Ascensão luminosa

Enfim, foram tantos os milagres a atestarem a santidade de Paulo que se julgou dever começar os processos ordinários de beatificação.

Pio VI, em setembro de 1784, dava ao servo de Deus o título de "Venerável".

No mês de maio de 1792, novo decreto permitiu prosseguir-se à causa de beatificação. Tudo corria celeremente, quando, em 20 de fevereiro de 1798, dia para sempre lamentável, foi o augusto Pontífice violentamente arrebatado de seu palácio para não mais voltar.

Pio VII, logo após seu retorno triunfal a Roma, empenhou-se para o bom êxito desta causa, proclamando, em 18 de fevereiro de 1821, a "heroicidade das virtudes do V. Padre Paulo da Cruz".

Os milagres para a beatificação

Dentre os inúmeros milagres operados por sua intercessão, dois foram aprovados pela Sagrada Congregação dos Ritos para a sua beatificação.

Vamos relatá-los como se acham nos Processos.

Francisco Maria Giorgi, de Fondi, sofria desde o berço frequentes vômitos e prolongadas síncopes, provenientes de aneurisma no coração. À idade de nove anos, acometeu-o o tifo. Desenganaram-no os médicos.

Os pais, conformados com a vontade de Deus, já providenciavam os funerais.

---

[27]. S. 2. 985 § 101.

Lembrou-se então o pai de que tinha um fragmento das vestes do nosso santo. Colocando alguns fiapos numa colher de água, puseram-se ele e a piedosa esposa de joelhos diante da imagem do servo de Deus, suplicando a cura do filho. Passados instantes, enquanto a pobre mãe continuava a orar e a chorar ante a sagrada efígie, o pai entrou no quarto do agonizante e, com muito esforço, conseguiu fazê-lo beber algumas gotas de água com a relíquia do santo.

O enfermo abriu imediatamente os olhos e chamou pela mãe. Esta correu para junto do filho, apertou-o nos braços, perguntando-lhe o que desejava.

Francisco quer levantar-se e comer...

A ternura sempre temerosa da mãe não se atreveu a satisfazer-lhe os desejos.

O filho insistiu. A mãe, vencida finalmente pelos rogos de Francisco, trouxe-lhe algum alimento. O pequeno comeu-o com apetite e dormiu tranquilamente a noite toda.

A mãe, desejando saber se com o tifo desaparecera também o aneurisma, pôs a mão sobre o coração do filho. Com grande mágoa, percebeu as mesmas violentas palpitações.

"Já que me obtivestes a graça de fazê-lo tornar à vida, dignai-vos também livrá-lo deste mal."

Pela manhã, a mãe e o esposo, que era cirurgião, aproximaram-se do menino para examiná-lo. Também o aneurisma desaparecera!...

Francisco se levantou, vestiu-se sozinho, alimentou-se e foi participar das brincadeiras dos coleguinhas.[28]

Vejamos o outro milagre, não menos portentoso.

A jovem Maria Rollo, de humilde família de Roccasecca, pequena aldeia do reino de Nápoles, sentia, havia muito tempo, agudíssima dor no peito.

---

[28]. Summ. super miraculis.

Por sentimento de pudor, não se atrevia a manifestá-lo a ninguém, nem mesmo à mãe.

Pelo fim de julho de 1844, já não podendo suportar a veemência das dores, abriu-se com o confessor. Este a animou a sofrer com resignação por amor de Nosso Senhor Crucificado, mas ao mesmo tempo a persuadiu que recorresse aos médicos.

Qual não foi, porém, sua aflição ao saber que seu mal era um tumor e que se não se submetesse imediatamente ao tratamento prescrito devia resignar-se a dolorosa operação ou a morrer de câncer!

Sendo pobre, não pôde seguir o tratamento. No mês de outubro, os médicos reconheceram indícios certos de câncer, declarando que o único recurso era a operação imediata. A pobre jovem não se resolvia a fazê-lo.

A partir desse dia, aplicou sobre a parte enferma um fragmento das vestes do nosso santo, suplicando-lhe que a curasse. Entretanto, o mal progredia.

Sobrevieram-lhe frequentes e horríveis convulsões, dores intoleráveis, cruéis insônias, enjoo por qualquer alimento.

Num sábado, arrastou-se como pôde à igreja, para adorar o Santíssimo Sacramento, solenemente exposto.

Enquanto se recomendava fervorosamente à intercessão do pe. Paulo, abrasou-se-lhe extraordinariamente o peito e faltaram-lhe as forças. Julgando chegada sua última hora, lançou-se nos traços da Providência. Momentos depois, reanimou-se e voltou para casa. No caminho, percebeu que estava curada.

Não quis, todavia, naquela tarde, revelar o milagre. Na manhã seguinte, relatou o milagre a duas de suas mais íntimas amigas. As jovens não puderam conter os transportes de júbilo, publicando o prodígio e, em companhia da agraciada, renderam vivíssimas ações de graças ao santo protetor.

Desse dia em diante, usufruiu de perfeita saúde e, havendo contraído matrimônio, amamentou vários filhos.[29]

---

[29] Positio super miraculo.

Enquanto corria o processo concernente a estes milagres, subia ao trono de Pedro o imortal Pio IX. Após sua volta triunfal do doloroso exílio a que o condenara ingrata e ímpia conjunção, aprovou o grande Pontífice esses milagres operados pela intercessão de Paulo da Cruz, inscrevendo-o solenemente, no dia 1º de maio de 1853, no catálogo dos "bem-aventurados".[30]

Processo de canonização

Deus continuava, entretanto, a evidenciar a santidade de seu servo com novos prodígios.

Reabriram-se, pois, os processos para a canonização.

Vejamos os dois milagres apresentados à Sagrada Congregação dos Ritos para a sua canonização.

Rosa de Alena, distinta senhorita de Campo di Mele, diocese de Gaeta, tinha um tumor no lado esquerdo do peito. Rosa Rollo, por modéstia, não se decidia a manifestá-lo, quando a violência das dores a obrigou a recorrer ao médico, mas já era demasiado tarde. Inúteis foram os remédios, degenerando o mal em câncer incurável.

Recorreu ao pe. Paulo, de quem era devotíssima; porém, não experimentando melhoras, resolveu submeter-se a operação. Ao aproximar-se de Pontecorvo, onde devia ser operada, divisou, no alto de uma colina, a igreja e o convento dos Passionistas. Para lá se dirigiu a fim de confessar-se,

---

[30] As sagradas relíquias de Paulo da Cruz foram expostas à veneração pública. Como a devoção ao grande apóstolo de Jesus Crucificado se estendia extraordinariamente pela Itália e pelos demais países da cristandade, seus filhos e inúmeros devotos aspiravam por construir elegante e rica capela, que perpetuasse a memória das virtudes e dos milagres de tão insigne taumaturgo.
Começaram a juntar o dinheiro necessário para obra tão grandiosa e, logo após a solene canonização, principiaram-se os trabalhos. Em 1880 a obra estava concluída. Em 26 de abril, festa de São Marcos Evangelista, foram solenemente transladados os restos mortais de Paulo da Cruz para a nova capela. Lá jazem sob o altar, depositados em belíssima urna de bronze dourado.
O altar, verdadeira joia de arte, foi dádiva do egrégio e piedoso príncipe Alexandre Torlônia. Pio IX, grande admirador e devoto de São Paulo da Cruz, doou as colunas de alabastro, que tanto realce dão à capela.

antes de pôr-se às mãos do cirurgião. Encomendou, outrossim, uma missa solene no altar do bem-aventurado.

Ajoelhou-se ante a estátua de Paulo, suplicando-lhe, mais com lágrimas que com palavras, que obtivesse de Deus o milagre da cura.

Sente intenso calor no peito... Terminada a missa, dirige-se ao hospital, onde o médico que devia operá-la já não encontra vestígio algum da enfermidade.

E a jovem, em arroubos de contentamento, corre aos pés do santo a fim de agradecer-lhe o insigne favor.

Os cirurgiões que a trataram, fizeram questão de certificar-se do milagre. Foram todos concordes em testemunhar a realidade do prodígio, que correu célere pela cidade e arredores, contribuindo para aumentar a devoção ao servo de Deus.

O segundo milagre quis o bondoso Pai operá-lo em favor dos seus filhos.

Em 1853, como perderam completamente a colheita, os religiosos do retiro do Santo Anjo de Vetralla não receberam dos fiéis o trigo necessário até a próxima colheita.

O irmão porteiro perguntou ao reitor se podia continuar a distribuir aos 150 pobres, que diariamente se apresentavam à portaria, a mesma quantidade de pão. O caridoso padre, confiando na divina Providência, respondeu que continuasse a dar a cada pobre meia libra de pão, como antes.

O irmão que tomava conta do trigo quis saber exatamente quanto ainda havia. No dia 6 de março de 1854, restavam apenas nove "rubros", que, peneirados, mal chegariam a oito. Reunidos a outra pequena quantidade, havia ao todo doze "rubros" e pouco, o que não bastaria até o mês de maio, pois gastavam-se, somente com a comunidade, seis "rubros" mensalmente.

O pe. provincial, ao saber que o reitor não podia comprar o trigo de que necessitava, ordenou à Comunidade fizesse um tríduo invocando a intercessão do santo Fundador, mandando ainda aos jovens estudantes que fossem recitar algumas preces especiais à entrada do celeiro.

Ouviu Paulo as súplicas de seus filhos.

Estamos no fim de maio e no celeiro continuam os seis "rubros" de trigo! Notemos que de 6 de março ao fim de maio foram ao moinho vinte e três sacos de trigo, mais de treze "rubros"!...

O milagre era patente. Os religiosos colocaram no celeiro a efígie do santo, continuando as orações.

Dos seis "rubros" que havia em fins de maio, mandaram ao moinho mais oito. De toda parte acorriam ao convento para obter alguns grãos do trigo milagroso.

Resumindo. Com o acréscimo de dez "rubros" e sete medidas de trigo obtidos milagrosamente pela intercessão de Paulo, houve o suficiente para alimentar até a próxima colheita, trinta e seis religiosos, sem contar os que para lá se dirigiram para o Capítulo provincial, os hóspedes, sempre numerosos em Santo Ângelo, e a multidão de pobres de que já falamos.

Estes dois milagres foram aprovados pelo Vigário de Cristo e, na fronte de Paulo da Cruz, no dia 29 de junho de 1867, Pio IX colocava a auréola dos santos.

A suprema apoteose

Desde as vésperas, à noite, a voz do canhão do forte do Santo Anjo repercutia no Tibre, nos vales e nas montanhas que circundam a Cidade Eterna.

As casas adornadas, o alegre repicar dos sinos, a cúpula de São Pedro toda iluminada, esse ar de festa invadindo toda a Roma, anunciavam a secular solenidade do dia seguinte.

Aos primeiros albores da aurora, imensa multidão se comprimia na basílica e na praça de São Pedro.

Contemplemos os quadros que representam o bem-aventurado.

Na fachada da igreja aparece Paulo pregando Jesus Crucificado; sob o pórtico, seu glorioso sepulcro circundado de fiéis e enfermos a venerá-lo e a pedir-lhe saúde; no interior da basílica, à esquerda, nos arcos próximos à "Confissão", os dois milagres aprovados para a canonização: a cura súbita do câncer e a multiplicação do trigo; no centro, ao lado da cátedra de Pedro, num mesmo quadro, estão Paulo da Cruz e Leonardo de Porto Maurício elevando-se para o Céu; no estandarte, que será levado em procissão, Nosso Senhor desprende a mão direita da cruz e abraça o nosso santo que, em êxtase, se sacia no manancial do sagrado Coração. Este quadro é cópia do que foi doado ao Santo Padre.

A basílica está adornada de tapeçarias, festões e grinaldas, dispostas com arte, predicado do povo romano.

Mais de quinze mil círios dardejam raios de luz; infinidade de lampadários formam, nos arcos e nos quatro ângulos da cúpula, brilhantes revérberos em deslumbrantes ondulações. No centro da vasta nave, um lampadário maior, desprendendo mil raios, ostenta as "armas" de São Pedro.

Após longa espera, por volta das sete e meia, ressoam piedosos cânticos, anúncio da procissão que sai do Vaticano.

Aparece a cruz à porta da basílica. A emoção é geral. Que espetáculo inaudito!...

Eis os ungidos do Senhor; eis todos esses Pontífices convocados de todos os recantos da terra por um simples sinal de Pedro: a Europa, a Ásia, a África, a América e a Oceania, todo o universo católico lá se encontra...

Em meio ao numeroso e augusto cortejo, aparece Aquele a quem todos anseiam contemplar. E na comoção geral, pelas cabeças inclinadas e joelhos em terra, divisa-se a pessoa augusta do Vigário de Cristo, do Sucessor de Pedro, do Chefe universal da Igreja...

É Pio IX!... O imortal Pio IX, o doce e querido Pontífice, que se adianta majestosamente, na cadeira gestatória, abençoando efusivamente os filhos prostrados a seus pés.

> Como te apresentas formosa nessa união, ó Igreja Católica! Como és formosa! Formosa como Jerusalém, bela em tua paz, quando, anunciando suas verdades aos fiéis!...

Mas como és também terrível, ó Igreja santa, quando caminhas, Pedro à frente, unindo-te estreitamente à cátedra da unidade, abatendo aos soberbos e a toda a alteza que se leva contra a ciência de Deus, acossando as hostes inimigas, confundindo-as com a autoridade da História, entregando-as à execração dos séculos futuros!...

Principia a cerimônia da canonização...

Após as três petições, ajoelha-se o Papa e entoa o *Veni Creator*, continuado por todos os fiéis, com entoações dignas de tão augusta solenidade.

Terminado o hino, levanta-se o Pontífice e, com lábios inspirados, proclama ao mundo todo a "santidade" dos heróis da caridade e da fé.

Em seguida, com voz firme e sonora, começa o cântico de ação de graças, o triunfal *Te Deum*, prosseguido por quatro mil vozes entusiastas.

Nesse instante, o canhão do forte anuncia à cidade o decreto da canonização, respondido com jubilosas vibrações por todos os sinos de Roma.

Pio IX sobe ao altar e dá início ao Santo Sacrifício...

Ao ofertório, três dos cardeais juízes fazem sucessivamente as misteriosas oferendas dos círios, do pão e do vinho, com duas rolas, símbolo da vida contemplativa e solitária, duas pombas, figura da vida ativa, porém pura e fiel; finalmente, é aberta a gaiola com as aves, que se lançam para o céu, alegoria do voo das pessoas santas para Deus.

Entretanto, cânticos piedosos repercutem pelas arcadas do templo. Jamais o texto evangélico: "*Tu es petrus, et super hanc petram aedificabo ecclesiam meam*" [Tu és Pedro e sobre esta pedra edificarei a minha Igreja] (Mt 16,18), recebeu da harmonia interpretação mais solene e enternecedora.

Três coros dessas vozes, que somente Roma costuma apresentar, figurando os três Estados da Igreja – a Igreja docente, a Igreja discente e a Igreja triunfante –, proclamam os imortais destinos da "barca" de Pedro e lançam, como estímulo às ondas impotentes da impiedade delirante, as últimas palavras do texto sagrado: "*... et portae inferi non praevalebunt adversus eam*" [... e as portas do inferno não prevalecerão sobre ela] (Mt 16,18).

Que impressão religiosa! Que recolhimento profundo durante a missa celebrada pelo Vigário de Cristo!

Afinal, logo que a grande Vítima tudo sancionou e consagrou com seu Sangue, o Pontífice, abrindo os braços e o coração à multidão prostrada, lançou-lhe a bênção apostólica, retirando-se em seguida.

Por esse triunfo secular dos Príncipes dos Apóstolos Pedro e Paulo, acabava a Igreja de unir mais e mais as pessoas ao centro divino da unidade; acabava, outrossim, de provar sua perpétua e virginal fecundidade, coroando com o diadema dos santos aos heroicos mártires de Gorcum, da Polônia e da Espanha, às religiosas puras de Pibrac e de Nápoles, aos grandes apóstolos Leonardo de Porto Maurício e "Paulo da Cruz".[31]

Ó Paulo, ó pai amado, frui agora da visão de Jesus a quem tanto amastes, mas lembrai-vos de que nesta terra vivem ainda pessoas intimamente unidas convosco pelos laços do mais estreito parentesco espiritual. São vossos filhos e filhas, espalhados pelo mundo inteiro... É a santa Igreja, cujo augusto Chefe continua sempre a dispensar-nos o mesmo carinho...

Obtende para a Igreja apóstolos zelosos, paz para as nações nestes tempestuosos dias que atravessamos e, se forem necessárias lutas sangrentas, fortifiquem-nos os ânimos e alentem-nos nos desfalecimentos os vossos luminosos exemplos.

Ó Pai, pedi para vossos filhos e filhas a graça de caminharem sempre pelas sendas traçadas por vossas virtudes, pelo vosso zelo, pelo vosso amor a Jesus Crucificado e à Virgem das Dores, para poderem um dia, formando coroa em torno de vós, cantar eternamente as glórias da cruz, único manancial de santificação.

---

[31] Em virtude do decreto da sagrada Congregação dos Ritos de 14 de janeiro de 1869, Pio IX estendeu e tornou obrigatória a toda a Igreja a festa, com ofício e missa, de São Paulo da Cruz, fixando-a no dia 28 de abril.

DECLARAÇÃO

Em obediência às leis canônicas, o autor, o revisor e o tradutor desta obra declaram que não pretenderam dar aos fatos aqui narrados, salvo o que já foi sancionado pela Sé Apostólica, outra autoridade senão a humana.

Declaram, outrossim, submeterem-se com toda docilidade, eles e a presente obra, ao juízo infalível da santa Igreja Católica, em cujo amoroso regaço querem viver e morrer.

ÍNDICE

Nota à nova edição 5
Apresentação 7
Família Passionista 12
Santuário de São Paulo da Cruz 14
Cronologia de Paulo da Cruz.. 17
No Pórtico 25
Prefácio 27
Abreviações 43

CAPÍTULO I
1694-1709

Nascimento de Paulo.. 45
Sua infância... 48
Devoção à sagrada Paixão 50
Seus primeiros estudos... 52

CAPÍTULO II
1709-1715

Sua juventude... 55
Uma graça extraordinária.. 56
Provações espirituais 57
Entre os cruzados 58

CAPÍTULO III
1715-1719

Crescendo sempre em fervor... 61
Seu confessor.. 65
Proposta de casamento 67
Herança preciosa 68
Primeiros ensaios de apostolado... 68
A voz dos prodígios 70

CAPÍTULO IV
1716-1719

Novo diretor 73
Deus prepara o fundador dos Passionistas 74
Doença misteriosa 76
Sacrifícios pela direção 77

CAPÍTULO V
JANEIRO A NOVEMBRO DE 1720

Dom Francisco M. Gattinara 81
Nossa Senhora aparece-lhe 84
Paulo é revestido do hábito religioso 86

CAPÍTULO VI
NOVEMBRO 1720 – JANEIRO 1721

Retiro de quarenta dias 91
Escreve as regras do futuro Instituto 98
Aprovação do bispo 101

CAPÍTULO VII
JANEIRO – SETEMBRO 1721

Na ermida da Santíssima Trindade 105
Na ermida de Santo Estêvão 106
Os primeiros companheiros 106
Em pleno apostolado 108

CAPÍTULO VIII
SETEMBRO A NOVEMBRO DE 1721

Paulo vai a Roma 115
Misterioso convite de Maria 117
Dirige-se ao monte Argentário 120
O monte Argentário 121
Volta a Castellazzo 123

CAPÍTULO IX
1721-1723

João Batista recebe o santo hábito 127
Adeus à família 128
A viagem 131
Como viviam no monte Argentário 132

CAPÍTULO X
1723-1725

Convite do bispo de Gaeta 135
Ermida de Nossa Senhora das Candeias 136
Recebe autorização para pregar 139
Rápida visita a Castellazo 139
São Januário 141
Vão a Troia 142
No santuário do monte Galgano 143
Com dom Cavalieri 144
Vão a Roma 146

CAPÍTULO XI
1725-1727

Encontro providencial 147
São apresentados a Bento XIII 148
Volta a Gaeta 149
Junto a Nossa Senhora da Cidade 152
Morte de dom Cavalieri 153
Partem definitivamente para Roma 154
Enfermeiros em São Galicano 156

CAPÍTULO XII
1727-1728

São ordenados sacerdotes por Bento XIII 159
O santo no altar 160
Visita inesperada 163
Morte do pai 164
Última visita a Castellazzo 165
Novamente em Roma 168

CAPÍTULO XIII
1728-1730

A caminho do Argentário 173
Na ermida de Santo Antão 174
Apostolado em Porto Ercole 175
Fatos prodigiosos 177
Primeiros companheiros 178
Como viviam os primeiros Passionistas 180
Deserções 183

CAPÍTULO XIV
1730-1733

Missões em Talamona 185
Recebe de Clemente XII o título de missionário 189
Apóstolo de Orbetello 190
Nossa Senhora lhe mostra o local para o primeiro retiro 191
Outras missões 193

CAPÍTULO XV
FEVEREIRO A OUTUBRO DE 1733

Primeira missão em Orbetello 195
Prossegue a construção do retiro 196
Quaresma em Piombino 197
A fonte do pe. João Batista 198
As missões continuam 199
Suspensa a construção 200
Peregrinação a Coreto 201

CAPÍTULO XVI
1733-1736

Situação perigosa 203
Conquistas 204
Preparativos de guerra 205
O capelão militar 207
Outros ministérios sagrados 209
Novos companheiros 212

CAPÍTULO XVII
1736-1738

Vai a Nápoles conferenciar com Carlos III 215
Viagem a Pisa 216
Obstinadas perseguições 217
Intervenção de São Miguel Arcanjo 220
Inauguração da primeira igreja do instituto 221
A novena da Apresentação 224
Nas culminâncias da mística 225

CAPÍTULO XVIII
1738-1740

Tenta obter a aprovação da regra 229
Missionário apostólico 229
Indeferida a aprovação das Regras 229
Missões na diocese de Città della Pieve 230
Outras penosas provações 233

CAPÍTULO XIX
1740-1741

A eleição de Bento XIV 239
Poderoso protetor: o cardeal Rezzonico 241
Audiência papal 243
Aprovação das Regras 244
A profissão religiosa 247

CAPÍTULO XX
1741-1742

O apóstolo dos soldados 249
Missões em Orbetello 250
Missões em Porto Ercole e em Porto Longone 255
Defensor dos soldados 256

CAPÍTULO XXI
1742-1745

Missão em Vetralla 259
Duas deserções 260
Novos recrutas 262
Fervor dos primeiros noviços 263
Fundação de Vetralla 263
Fundação de Soriano 264
Inauguração de dois retiros 267

CAPÍTULO XXII
1745-1748

O pe. Tomás Struzzieri 271
Gravíssima enfermidade 275
Outra aprovação das Regras 276
Misteriosa promessa 280
Primeiro Capítulo geral 282

CAPÍTULO XXIII

Governo de Paulo 283
Sua prudência 284
Amável simplicidade 284
Confiança em Deus 285
Justiça para com todos 287
Invicta paciência 287
Caridade para com os súditos 288
Ternura paternal para com os doentes 288
Carinho para com os jovens 289
Firmeza inabalável 290

CAPÍTULO XXIV
1748-1749

Fundação em Ceccano 297
Fundação em Tuscânia 300
Outros pedidos de fundação 302
Furiosa tempestade 302

CAPÍTULO XXV
1749-1758

Mais provações e sofrimentos 307
Visita de Paulo a Ceccano 308
Cartas amigas 308
Prega o jubileu 309
Fundação em Falvaterra 311
Fundação em Terracina 311
Fundação em Paliano 313
Fundação em Montecavo 313
Visita aos seus conventos 314

CAPÍTULO XXVI
1758-1761

Morte de Bento XIV 317
Clemente XIII 318
A igreja de Ischia 321
Construção do noviciado no Argentário 322
Pedido da Propaganda Fide 323
Paulo e a Inglaterra 324

CAPÍTULO XXVII
1761-1765

A Paixão de Jesus o transforma 327
Feridas e sede de amor 330
Tudo o eleva a Deus 331
Seu domínio sobre a natureza 333

CAPÍTULO XXVIII

Arauto da Sagrada Paixão 339
Crucificado com Cristo 340
Benevolência para com os outros 342
Seu método nas missões 343
Frutos consoladores 347
O meio infalível 348

CAPÍTULO XXIX

O apóstolo dos bandidos 351
Os bandidos de Montiano 352
O salteador de Magliano 352
Temerosa surpresa 353
"Há doze anos não me confesso" 354
Sua voz é ouvida ao longe 355
Bilocação 356
Seu Anjo ou ele mesmo? 357
Poder sobre os elementos 359
Deus prega em lugar de Paulo 362
Conhece o futuro e as coisas ocultas 363
Proteção divina 366

CAPÍTULO XXX

Retiros ao clero 369
Anjo dos claustros 370
Descobre as vocações 372
Prudente diretor espiritual 373
A Sagrada Paixão, base da vida espiritual 375
O abandono em Deus 377
Morte mística 380

CAPÍTULO XXXI
1765-1767

Doloroso pressentimento 383
Os dois irmãos 384
Morte do pe. João Batista 385
Uma residência em Roma 387
Última visita à província da Campanha 389
Manifestações populares 389
Acontecimentos prodigiosos 392

CAPÍTULO XXXII
1767-1769

Grave enfermidade 397
Assaltos do demônio 397
Desolações interiores 402
Abandono por parte de Deus 405
Canções de amor 407

CAPÍTULO XXXIII
1769-1770

Morte de Clemente XIII 409
Clemente XIV 409
Solene aprovação das regras 412
Paulo prega o jubileu em Roma 415
O Papa o detém em Roma 418

CAPÍTULO XXXIV
1770-1771

Visita à província do Patrimônio 421
Breve de Clemente XIV 425
Volta a Roma 427
Estima de Clemente XIV pelo santo 427
Gravíssima enfermidade 430
Cura improvisa 435

CAPÍTULO XXXV
1771-1772

As religiosas da Paixão 437
Madre Maria Crucifixa e Domingos Constantini 438

Furor do inferno..439
Multiplica o trigo...441
Regras do novo Instituto..441
Luzes especiais..446
Aprovação de Clemente XIV...447
Novos obstáculos...447
Inauguração do mosteiro...449
Breve apostólico..450

CAPÍTULO XXXVI
1772-1773

Continua doente em Santo Crucifixo..453
Clemente XIV, os jesuítas e Paulo...456
Doação do retiro dos Santos João e Paulo..458
No novo retiro...460

CAPÍTULO XXXVII
1773-1775

Vigor juvenil...465
Última "festa do amor"...466
Audiências memoráveis..467
Morte de Clemente XIV..469
O novo papa, Pio VI..470
Pio VI na cela de Paulo...471
Rosa Calabresi..472
Seu último capítulo...475

CAPÍTULO XXXVIII
1775

Perfil do santo...479
Dotes naturais..479
Sua fé..480
Em Deus, toda sua esperança..487
Caridade para com o próximo...489
Sua humildade..493
Sua obediência...497
Pureza angélica..498
Prelúdio da glória...501

CAPÍTULO XXXIX
JUNHO A 18 DE OUTUBRO DE 1775

Últimos dias 505
Anuncia tristes acontecimentos para a Igreja 506
Adeus paterno 508
Epílogo de uma vida santa 511
O céu recebe mais um santo 517
Lágrimas de júbilo 518

CAPÍTULO XL

Aparece glorioso 521
Precioso legado para o Papa 522
Homenagem do povo romano 523
Primeiras vozes do céu 524
Sepulcro glorioso 527
Ascensão luminosa 530
Os milagres para a beatificação 530
Processo de canonização 533
A suprema apoteose 535
Declaração 539

Rua Dona Inácia Uchoa, 62
04110-020 – São Paulo – SP (Brasil)
Tel.: (11) 2125-3500
http://www.paulinas.com.br – editora@paulinas.com.br
Telemarketing e SAC: 0800-7010081